集人文社科之思 刊专业学术之声

刊　　名：重庆大学法律评论
主办单位：中国·重庆·重庆大学法学院
主　　编：陈　锐
学术顾问：陈德敏　陈忠林　许明月

# Law Review of ChongQing University (Vol.1)



**第1辑**

集刊序列号：PIJ-2018-271
中国集刊网：http://www.jikan.com.cn/

中国·重庆·重庆大学法学院 主办

主编 陈锐

# 重庆大学法律评论

LAW REVIEW OF CHONGQING UNIVERSITY (Vol.1)

（第一辑）

社会科学文献出版社
SOCIAL SCIENCES ACADEMIC PRESS (CHINA)

文章千古事，得失寸心知。作者皆殊列，名声岂浪垂。
骚人嗟不见，汉道盛于斯。前辈飞腾入，余波绮丽为。
后贤兼旧列，历代各清规。法自儒家有，心从弱岁疲。
永怀江左逸，多病邺中奇。騄骥皆良马，骐驎带好儿。
车轮徒已斫，堂构惜仍亏。漫作潜夫论，虚传幼妇碑。
缘情慰漂荡，抱疾屡迁移。经济惭长策，飞栖假一枝。
尘沙傍蜂虿，江峡绕蛟螭。萧瑟唐虞远，联翩楚汉危。
圣朝兼盗贼，异俗更喧卑。郁郁星辰剑，苍苍云雨池。
两都开幕府，万宇插军麾。南海残铜柱，东风避月支。
音书恨乌鹊，号怒怪熊罴。稼穑分诗兴，柴荆学土宜。
故山迷白阁，秋水隐黄陂。不敢要佳句，愁来赋别离。

# 发刊词

陈 锐

在为数众多的法学院中，重庆大学法学院是一个年轻的法学院；在灿若繁星的各类刊物中，《重庆大学法律评论》是一本年轻的集刊。“年轻”，虽有不成熟、不稳重和无经验之嫌；但同时也意味着有朝气、有干劲以及有较大的上升空间，更意味着有胸无陈腐观念、敢为天下先的担当精神。

本刊注重文章的思想性、学术性、前瞻性，严守“独立、自由、宽容”的编辑信条。只要您的文章探讨的是严肃的学术问题，言之有物、言之成理，且有一定的前瞻性，我们都欢迎！我们不关心您来自何方，来自哪一阶层，也不问您的学历、职称及职级，正所谓“英雄不问出处”，我们只关心文章的质量；本刊尤愿为那些以学术为志业的年轻学者提供发表作品的平台。我们不挑剔文章的选题，只要是真问题、学术问题，我们一概接纳！我们不在乎您研究的是国内法还是国外法，是古代法还是现代法，是程序法还是实体法，是法的基础理论还是法的应用技巧，是抽象的法哲学还是实在的法理学；本刊只青睐那些有着隽永价值的学术论文。对于不同的研究方法，我们持包容的态度：既拥抱法教义学的研究方法，也欢迎社科法学的研究方法，更鼓励交叉科学、边缘科学研究方法以及比较研究方法。本刊虽在不同流派、风格之间持中立的态度，但非常愿意看到不同流派、风格之间的交锋，希冀撞出思想的火花。文章长短随性，短小精悍的小文我们欣然接受，皇皇数万言的鸿篇巨制我们亦不厌其繁巨。

我们希望，今日刚刚诞生的《重庆大学法律评论》，能像它的简称（“重大法律评论”）一样，登重大议题，载厚重文章，揽重量级作者，最终一跃成为重大期刊！

最后，兹录杜甫诗一首，以为结语：

# 目录

## 【中国传统法文化漫谈】



## 【法制人物研究】



## 【法学理论前沿】

## 【法学教育研究】



## 【外国法译评】



## 【学术快讯】

# Contents

# 中国传统法文化漫谈

# 中国传统法律文化的模式与价值及其转化

张中秋[*]

**内容摘要**：现代中国的法律，无论是在形式、内容还是精神上，与传统中国均已有很大的背离，这是不争的事实。但如果从历史的角度宏观地看，中国法律传统虽已中断，但与现代中国法制的联系依然存在，且这种联系是一种客观的、内在的联系，不以人的意志为转移。因此，认识上肯定、态度上积极、操作上谨慎，是我们对中国传统法律文化与现代中国法制联系的一个基本认识和立场。

**关键词**：中国传统法律文化模式　连续性　现代价值　创造性转化

## 一　中国传统法律文化模式的连续性

现代中国的法律，无论是在形式、内容还是精神上，与传统中国均已有很大的背离，这是不争的事实。[①] 然而，这不过是问题的一面，且不免有表面化和文化本质主义的迹象。如果历史性地宏观来看，中国法律传统虽已中断，但联系是依然存在着的。我们不妨先厘清法律与政治关系模式的内在联系，从而可以清晰地观察到历史的连续性。

---

* 张中秋，法学博士，中国政法大学教授，博士生导师，教育部人文社会科学重点研究基地中国政法大学法律史学研究中心常务副主任，研究方向为法律文化。

① 现代中国的法律源自清末“变法修律”，移植自日本化的西方法律文化，与传统中国的法律文化，别为两种样式。

在中国文明形成的最初时期，法律大致是由各种原始习俗所构成，政治主要由宗教礼仪所体现，表现为“巫”。[①] 虽然巫亦发挥法律的功能，但首先是政治性的，原始习俗与宗教或者说与巫的关系完全可以看成远古中国社会法律与政治的关系。在这对关系中，巫是决定性的，对习俗具有解释和操作上的支配权，习俗在很大程度上成为体现政治权力“巫”的一种工具。[②] 远古社会的这种模式被继承和发展下来，在夏商周三代表现为刑与礼的关系。礼的成分要比刑复杂一些，但与巫有着密切的联系，可以说是巫的精神和内容在后时代的转化。如同巫一样，礼本身并不是严格意义上的法律，只是由于得到了刑的支持才拥有了现代意义上的法律性质。[③] 无可否认，相对于刑，礼是经国大典，政治上具有宪法性，所以刑之存废亦以礼之取舍为标准，礼纲刑目成为中国法律与政治关系在新时代的表现。东周以降，社会震荡，礼与刑的关系受到破坏，经过近500年的分化组合，到汉初，礼与刑的关系在政治上被重新确定下来，发展到唐代，即是“德礼为政教之本，刑罚为政教之用，两者犹昏晓阳秋，相须而成者也”[④]。此后千余年直至晚清“变法修律”，法律与政治的关系便是“德主刑辅”，亦即体现政治精神和原则的德礼对服务于这种政治的法律具有统摄性，亦可以说法律是道德政治的工具。[⑤] 晚清以来，社会紊乱，中华法系整体瓦解，法律与传统道德政治的关系在内容上受到猛烈冲击，法律走上实证主义的道路，形式上摆脱了传统政治的控制，但实际上仍然是统治阶级意志的体现、国家政治的工具，民国历届政府宪政的实际遭遇即是最好的注解。可见，法律与政治关系的模式实质上没有改变。1949年以来，中国大陆的法制建设历经坎坷，“文化大革命”时期法律虚无主义肆虐，法律完全为政治所消解和取代，即便实证主义形式上的法律亦为政治性的专政暴力所不容。及至1980年代，大学法律教科书对法律的定义、对法律与政治（政策）关系的解说，明显融合了苏联的法学理论和传统中国法律与政治关系的精髓。[⑥] 这种情形确与我们的

---

① 参见〔美〕张光直《中国青铜时代》（二集），三联书店，2013，第261~290页。

② 参见蒲坚主编《中国法制通史》第一卷，法律出版社，1999，第1~84页。

③ 有关这个问题的详细讨论，参见张中秋《回顾与思考：中华法系研究散论》，《南京大学法律评论》1999年春季号。

④ （唐）长孙无忌等：《唐律疏议》，刘俊文点校，中华书局，1983，第1页。

⑤ 参见〔美〕金勇义《中国与西方的法律观念》，陈国平等译，辽宁人民出版社，1989，第29~30页。

⑥ 20世纪80年代至90年代中前期出版的《法学基础理论》和《法理学》教科书，几乎异口同声地认定法是统治阶级专政的工具，法律从属于党和国家的政治和政策。

时代精神和日常生活的内在趋势有所不合，但理论和观念的变化，仍将是而且必然是缓慢的。可以预料，这种法律与政治关系的模式不会有很快的变革，它已成为中国历史内在性[①]的一种体现。

因变革法律而引起的文明模式的变迁，是中国历史内在性体现的又一显证。在社会管理（控制）的制度文明模式上，夏商周以来中国经历了从“礼乐文明”到“礼法文明”再到“法治文明”的三大变迁，且每次变迁都与法律变革及其所引起的争论密切相关，亦与中华民族的文化理念息息相关。从具有蒙昧色彩的“巫术文化”到青铜时代的礼乐文明，中华民族在寻求社会管理的模式上前进了一大步。惜乎这场变革的内情因远古文字记载的缺乏，很难获知。但礼乐文明从“巫术文化”而来，并在文明的路途上实现了质的飞跃，诚是历史的事实，亦为多种研究所证实。[②] 历时千年而在西周达到顶峰的礼乐文明，意图借助礼乐的互补性达至血缘等差社会的和谐。尽管这是一种直接明显的血缘伦理政治，其首要目的亦是政治控制和经济利益，但将其置于3000年前的历史环境中，我们应该看到，在人类许多地区的文明还没有出现，甚至希腊文明才初露曙光时，礼乐作为一种社会管理模式，其文明性和先进性，特别是它基于人之为人的德性而蕴含的人文性，确是中华民族远离野蛮、奔向文明的伟大象征。

礼乐文明在春秋战国时期因受到各种挑战而处于礼崩乐坏状态，变革法律是诸种挑战中最直接的一种。法律在中国上古时期主要表现为“刑”，相对于文雅的“礼”，它是一种惩罚性规则。就其起源和适用对象来说，是和战争、野蛮、夷狄等联系在一起的，所以史书上称“刑起于兵”，“刑不上大夫，礼不下庶人”。[③] 因此，在文化上刑与礼成为野蛮与文明的象征，礼对刑的支配体现了文明对野蛮的控制这样一种文化理念。春秋战国时期刑法崛起，由“临事议制”的秘密法状态转向“使人皆知”的成文法，由慑服于礼的刑转向与礼分离而具有独立性的法。面对这种转变，孔子和叔向都发出了保守的呼吁，[④] 从而引起了有关变法的历史性争论。从政治和法律上

---

① 这是笔者依据自己的认识所拟的一个措辞，意指在长期历史中形成并在根本上制约和支配中国历史走向的内部因素及其力量。

② 参见陈来《古代宗教与伦理》，三联书店，2017，第17～151页。

③ 参见张中秋《中西法律文化比较研究》，法律出版社，2009，第2～19页。

④ （战国）左丘明：《左传·昭公二十九年》《左传·昭公六年》，上海古籍出版社，2016，第912、774页。

讲，孔子等人的意见反映了西周贵族的传统信念，即礼乐是一种理想文明，变法是对这一文明的破坏，法律不是不要，而是应保持西周时期刑的状态，法律一旦公开并铸刻于象征国家权贵尊严的鼎上，礼乐所构成的文明秩序（“法度”或“社会秩序”）必将混乱以至于消亡。这种担忧隐含了一种文化理念，认为刑或法远不是文明本身，只是文明的工具，而文明是目的，是理想，是人之所以为人的本质使然。借用现代话语，文明和体现文明的礼乐是价值理性，刑和法是工具理性，工具理性只有为价值理性所支配并为其服务，才是理想的文明社会。所以，孔子的意见在政治上是保守的，在文化上却是一种忧患，一种关怀。他提出“克己复礼为仁”是要人们发扬人的德性（对立面是兽性），以进于西周那样的理想社会。联系到他的政治主张，这一点尤显其然。他曾明确表示，即使吴、越之类的夷狄比齐、鲁之属的诸夏强大，他亦不欣赏，因为是夷狄变诸夏还是诸夏变夷狄，这关系到是野蛮胜文明还是文明代野蛮，他希望诸夏能保持自己优越的礼乐文明而不是退回到夷狄般的野蛮状态。[①] 这应是那个时代与“变法”相关的“华夷之辨”的文化实质所在。但历史总是无情的，礼乐在西周是文明，在春秋战国已不适时，社会结构的内在变化终使“礼法文明”从西汉开始成为传统中国管理社会的新型文明模式。

“礼法文明”是对“礼乐文明”的替代，但不是对它的彻底革命。它变革了礼乐文明中有关西周贵族优越及其制度化的部分，现实地吸纳了法家关于“法治”的部分思想，以取代和充实礼乐文明被变革的部分，但礼乐文明中最根本亦即孔子等所坚持的“礼”所体现的人文性被继承和保留了下来。在中国文化理念中，这是先进和文明的象征，是中国文化价值系统的核心所在，所以有论者指出，“礼法结合（文明）”是中国法律文化对春秋以来“礼乐文明”价值系统破裂的重建。[②] 重建的实质，恰如礼乐文明对巫术文化的替代一样，是中国文明框架内新文化对旧文化的继承和超越，是中国历史内在联系性的体现和表征。

由礼乐文明破裂到礼法文明确立，前后经春秋战国秦至汉初近500年的社会激荡，从中不难看出，一种社会管理文明模式的形成要经历多么漫长艰难的磨合。这似乎是普遍的历史现象。理性的希腊文明、法律化的罗马文明

---

① 这是笔者从南京大学历史系颜世安教授的讲座中所获得的一个认识。若有错误，责任在我。

② 参见梁治平《寻求自然秩序的和谐：中国传统法律文化研究》，商务印书馆，2013，第249～322页。

是这样，西方市场经济法律体系（法制经济模式）的形成亦是如此。[①] 这显示一种文明模式的形成所历时间愈久、所覆空间（含地域、人口、社会规模）愈大、所涉文化愈复杂，其效用亦相应成正比。礼法文明在传统中国辽阔的疆界、众多的人口和关系复杂的社会中，有效运作至少在框架和形式上保持运作状态近2000年，这是人类文明史上的一个奇迹。尽管近代以来它已不适应变化了的以西方为主导的世界，备受各种指责，但不能否认它是传统中国社会的结构化体现，是辉煌的中国古典文明的精华，亦是世界法律文化宝库中的一个特有景观。它与中国社会一样，受中国历史内在性的支配，在从传统到近代的转变中，再一次经历了断裂与联系的变迁。

放宽历史的视界，法律化和东亚化的礼法文明——中华法系——宋代以来已有不适社会之虞，明清时期制度与社会的脱节更加明显，但若不是西方法律文化的介入，礼法性的中华法系还将存续多久，仍是一个历史的问号。面对西方的冲击，晚清中国不得已“变法修律”。与以往一样，这同样引起了争论。从表面上看以前是“华夷之辨”，这次是“中西之争”，其实还是同一个历史课题，即连续不断的文明与野蛮的较量及其选择。清末“礼教派”坚称中国不应放弃五千年立国之根本、文化之精粹，唯“礼教（法）”而已；“法理派”面对形势的变化，认为固守“礼教（法）”已不可能，要富国强兵、收回治外法权，必须“变法修律”，移植日本化的西方法律文化。[②] 历史的结局是折中妥协，既保留了部分礼教（法）的内容，又更大规模地输入了异于中国传统礼教（法）的西方“法治文明”。法治文明对礼法文明的替代是形势使然，这一进程在中国仍未完结。“依法治国”是这一进程在新时代的表现，而本土资源亦不妨看作中国固有文明和现代经验的结合，它昭示着我们要认真对待中国法律文化自身的连续性问题。从近代开始的这一进程虽然导致了中华法系整体瓦解、价值断裂，但并没有完全中断历史的联系。且不说具体的制度和观念，就其面对现实（挑战）、趋向文明而言，仍是中国文化真精神的体现，是“礼乐文明”对“巫术文化”、“礼法文明”对“礼乐文明”、“法治文明”对“礼法文明”，这种连续不断的前后替代中那种一以贯之地对文明性选择的体现。尽管保守的礼教派囿于文化

---

① 西方市场经济法制即近代意义上的私法体系从10世纪开始，经800年左右时间才臻于完善。参见徐忠明《西方市场法制的成因探源》，《法制与社会发展》1996年第1期。

② 参见各种版本的《中国法制史》清末部分。

成见和时代局限不能正视西方法治文明的优越性，但法理派和近代以来中国的历史在实践上还是接纳了这种优越性。透过这段历史，透过中国社会管理文明模式的变迁，我们不难看到中国文化趋向文明的力量及其历史的内在联系性。这种力量和联系性从上古时期开始，历经遭际，至今仍顽强不屈，正成为构建有中国特色的现代法制文明的精神资源和历史根据。

## 二　积极对待中国传统法律文化的经验、智慧和社会理想

中国传统法律文化与现代法制的联系自然不止于上述方面，我们还可以从法的观念、刑治主义、群体思维及法律学术风格诸方面获得相同的认识。值得关注的是，人们对这一客观存在表现出极不相同的态度。一种是极端的否定，认为中国法律文化传统在近代变革中已经中断，现代法制从精神、观念到制度都是西方的，因此不存在联系问题。另一种在认识上虽不否定联系的客观性，但否认联系的积极性，认为中国固有的礼法文明与西方的法治文明在价值上是背离的，现代中国的法制建设应尽量摆脱这种联系。笔者以为，这不仅是错误的，还是无益的。因为历史的联系并不以人的意志为转移，何况这种联系并不完全是消极的。

正视历史的联系，认识到这种联系具有不以人的意志为转移的客观性，是我们面对世界所应持有的一种恰当的现实主义态度。它要求我们不应因对联系意义的认识有分歧而改变对历史的客观态度，即使这种联系是消极的，我们亦应积极认真地对待它。这样，不仅可以有效地为因应它的消极性而做好充分准备，同时还有可能转移、减少、化解甚至转化利用它的消极性。否则，消极性完全有现实化的可能。譬如，普遍存在于中国民众中的以刑为核心的法观念，显然与中国的法律传统有着密切的联系，对现代中国法治信念的确立无疑是消极的，但这不妨碍我们以积极的姿态来分析、认识它的成因、影响、分布等，从而为法观念的转变创造条件。事实上，中国传统法律文化与现代法制的联系是一个复合体，并存、交织、混合着各种要素，这需要我们认真地挖掘、引导、弘扬其中的优秀成分。

中华民族五千年来有关法律的经验、智慧和社会理想等富有价值的遗产对现代中国法制的健康发展有积极的意义。这种意义可能是启发性的，亦可能是补充性的。从经验层面讲，法典化的成文法传统、法律语言的简洁性、

司法人员的人文修养、节约成本追求和谐的调解制度、对经济犯罪的严厉制裁、重信诺的习惯、财产流通中的典当制度，以及对外贸易法律调整中的国家利益主义等，既是中国固有的法律文化，又不失挖掘、改造的价值。在法的智慧方面，中华民族虽不同于西方着力从权利的角度来关注法（权）与人（权）的关系，从而没有发展出系统的法学理论，但这不等于说中华民族在法的问题上没有自己的思考。它是从另一个角度，即个体与群体的关系来关注人类生存状况的。寺田浩明教授的研究极富启发性，他说："西欧似乎是选择以个人作为秩序形成出发点的发展道路。把秩序理解为就是保护每个个体所拥有的正当利益而得到的总和。个体所拥有的正当利益被称为'权利'，而权利完全实现的状态则被称为'法'。权力就是实现这个法的机关。其观念形态的发展最终归结为社会契约论。与其相对，中国则是以全部个体的共存为基础。无论其基本的经济单位如何趋向于个体化或分散，但要求所有个体都顾全大局并作为一个和谐的集体中的一员来生活却一直被视为不证自明的道理。首先有全体的生存，才会有个体的生存。代表全体的利益要求每个个体互助互让，同时对于每个个体有时会出现的私欲膨胀予以抑制和处罚，这些都被看作是公共权力应该履行的职责。"① 法律从来都是公共权力的核心部分，中国传统法律基于个体对群体的义务优先而发挥的抑制和处罚作用，可能不完全符合但亦没有完全违背现代法制原则。依博登海默的意见，前资本主义社会法律的主要任务是为社会提供安全和秩序，义务优先具有普遍性。② 考虑到传统中国的幅员、人口、文化价值和政治体制，基于群体和谐的法思维本身即是一种解决现实问题的智慧，且对人类理想社会的建立亦不失积极意义。

每一文明都有自己关于理想社会的设计。西方自柏拉图以后的主流思想关于理想社会的设计往往与法律联系在一起，没有法律的道德世界在柏拉图的《理想国》、康帕内拉的《太阳城》等著作中虽受到极力推崇，但理性的西方文化总将其视为乌托邦，而法治社会就是现实中的理想社会。由此，以法的标准来衡量社会的理想度成为西方文化的通识和传统，但移之于评判别的文化则难免偏颇。法国比较法学家勒内·达维德曾提到中国

① 〔日〕寺田浩明：《清代民事审判与西欧近代型的法秩序》，《中外法学》1999 年第 2 期。

② 参见〔美〕E. 博登海默《法理学——法哲学及其方法》，邓正来等译，华夏出版社，1987，第 244 ~245 页。

是“没有法的社会理想”的社会，[①] 似亦与此相关。实际上，中国文明不仅很早而且一直没有放弃对理想社会的追求，或许它追求理想社会的途径和表现方式与西方不同，但关于理想的实质应是相通的。中国文明的理想是实现大同世界，用法律话语来讲就是无讼之世。依中国文化，实现和支配这个世界的主要途径和基本力量是道德，法律是辅助性的，这与西方大异其趣。西方依靠正义的法律实现权利的平等，中国凭借道德的自律达到个体与群体的和谐。和谐与正义自有差别，但作为不同文明的理想同样给人以幸福；或许幸福的内容不同，但相信人们对幸福的感觉是相通的。这样看来，中国文化及其所含的法律文化关于理想社会的设计和追求并没有违背人类文明价值的基本倾向，与现代法制社会的终极目标亦有一定程度和某些方面的契合。所以说，中国没有西方那样的法的社会理想，但同样有基于理想社会而对法的另一种思考，延伸到现实的法律制度和基本的法律观念，亦就不可能违背人类赋予法律的终极使命：秩序和正义。其中的道理并不复杂，法律毕竟是人类社会生活关系的秩序（规范）化，毕竟是人类对公正理想的追求，即使人类的法律千差万别，其实质仍有相通之处，不同文明的法律仍有相同或相近的功能。这即是德国比较法学家所说的，“每个社会的法律在实质上都面临同样的问题，但各种不同的法律制度以极不相同的方法解决这些问题，虽然最终的结果是相同的”[②]。这提示我们既不能忽视特定法律文化的差异及其自身的内在联系性，亦不能无视不同法律文化基于人类共性的相通及其互补性。因此，合理的态度是，我们既不能亦无法割断历史的联系，还应努力在人类文化的异同中寻求各种可能的联系。

从我们的未来出发，积极地对待历史和历史与现实的联系，同样是必要的。在历史文化范畴内，人们的观察角度和目的不同，对问题至少有原意、历史和现代这样三种解释。无疑每一种解释都是需要的，亦是合理的。如果用一种解释去排斥其他解释，特别是借原意去排斥历史和现代解释，就多少反映出其对历史文化的某种苛求态度。这种态度认为历史的联系不存在现代解释问题，它关注的主要是历史的过失而不是历史的经验，它寻求的只是一种直接对应的古今联系。显而易见，这种态度不仅会剥夺我们对历史的同

① 〔法〕R. 达维德：《当代主要法律体系》，漆竹生译，上海译文出版社，1984，第489页。

② 〔德〕K. 茨威格特等：《比较法总论》，潘汉典等译，贵州人民出版社，1992，第56页。

情，亦将使我们失去未来从联系中寻求历史文化资源的可能。[①] 文明史告诉我们，只有抱着对历史同情、对未来积极的态度，才能从历史与现实联系的荆棘中开辟通向未来的道路，才能发现有益于现在和未来的人类经验和智慧。以中国传统法律文化研究为例，只有摆脱至少修正以往那种思维和态度，才有可能改变其呈现给世人的那样一种近乎专横残酷、保守过时的法律画面的印象。画面也许是真实的，但肯定不是真实的全部，更不是我们最需要的。我们不仅需要真实的全部，更需要真实中的有益部分；我们从中汲取的不仅是前人在法律上的教训，更多的是经验、智慧和理想。进而言之，我们理应以一种积极宽容的态度，努力从历史文化的联系中寻求哪怕是间接、零碎以至点点滴滴的资源，切不可轻易放弃从自己的文化传统中寻求推动现代中国法制建设的各种因素的努力。如果我们放弃了这样一种努力，我们就会失去对自己文化的解释权，中国也将成为一个没有自己法律传统和文化之根的法治国家。然而，我们已深切地意识到，即便现实世界的法律版图是以源于西方的法律文化为主色调，但人类文化本来就是多元的，它是人类不同经验、智慧和理想的呈现，亦是人类走向更丰富、更平衡、更合理的未来的重要条件。中国传统法律文化，毕竟是在相当长的时间、相当广阔的空间和相当部分人类的生活环境中生长起来的协调人与人、人与社会、社会与自然的智力成果，它要求我们在解决法律问题时，仍要以人为本，仍要有道德关怀，仍要关注法律的人文性。这又提示我们思考，对中国传统法律文化与现代法制的联系究竟应持何种态度才是合适的。

从我们的立场出发，采取一种积极的态度，很大程度上亦是由中国历史内在性所决定的。在人类的所有行为中，没有不受历史法则制约的。面对历史法则，我们可以发挥人的创造性，但我们的生活和社会走向在根本上仍受着它的制约。只有积极应对，才有可能最大限度地引导出潜存在社会内部的历史推动力，即如历史上的中国由法律变革所引起的文明模式的变迁所展示的那样，中华民族对文明理念的坚守和选择绝不是任何个人哪怕是领袖人物所能改变的，它过去是，现在仍然是支配我们法制建设的内在力量。尽管这个力量不易为我们所觉察，但事实上它已部分内定了传统法律文化与现代法制的联系。这亦是我们所取态度的核心依据。

---

① 笔者在《寻求历史的资源》一文中，有以儒家义利观为例的认真讨论。参见张中秋《寻求历史的资源》,《南京大学法律评论》1995 年秋季号。

## 三 创造性地转化中国优秀的法律文化传统

如何挖掘发挥、转化利用中国传统法律文化中的优秀成分，已成为中国法制现代化建设中一项充满风险的实践，它时时警示我们要注意操作上的谨慎。笔者所理解的谨慎，简单地说就是要有所限定、有所转换、有所扬弃。

传统中国有自己的特性，表现为道德的弥散性和政治的控制性。相对于西方，中国政治在社会进程和历史的转折关头具有决定性的作用，经济在性质上被视为政治的一部分，其发展不能有违政治目标、有害政治结构和性质，社会由政治维持并由政治控制和带动，所以刑事、行政性的公法文化突出。可以说这已构成传统中国历史内在性的一个突出方面。近代以前，中国一直依其固有的特性运行着。近代伊始，中国的路向被强行扭转，原因是主导世界历史进程的西方的介入。如同中国一样，西方有自己的历史路径，不同于中国的是，正如马克思在《德意志意识形态》中所揭示的那样，经济基础决定上层建筑，政治最终为经济服务，社会发展由经济所推动，所以私法文化的发达成为传统。西方的历史法随列强扩张逐渐侵入非西方地区，从而不同时速、不同强度地冲击、扭转、中断以至改变了非西方社会固有的历史走向。尽管传统中国在时间、空间、规模和文化传统上都是一个巨人，有强大的历史惯性，但时代的落差终使它在西方的冲击下不得不改变自己的路向，由传统转向西方主导下的近代。时至今日，中国社会并存、交织着两种不同性质的历史动力，一种是传统中国政治对社会（经济）的控制力，另一种是西方经济对社会（政治）的决定力。前者基于中国传统的强大和历史的惯性，构成当代中国历史内在性的主要方面；后者源于西方历史方向的现代性，成为近代以来中国努力的主要方向。这两种力量将长期并存于中国社会，并将在相互激荡、相互纠缠、相互妥协中推动中国向前，直至中国真正成为有自己特点的现代国家。

法制的情形亦不例外。具体来说，未来中国的法制不仅拥有现代性（世界的），亦必然带有本土性（民族的），这是内存于中国社会中的传统与现代联系的体现，亦是我们在处理传统法律文化与现代法制联系时操作上谨慎的原因所在。它表明中国的现代法制不可能是传统法律文化的简单再生，而是与西方法制文明的融合。对中国传统法律文化来说，这是一个继承、改造并最终使之现代化的过程，所以必须有所限定、有所转换、有所扬弃。让我们回首思量一下，前述中国管理社会文明模式的每一次变迁不都是在转换和扬弃中完成的吗？再有，作为一个恰当的范例，中国传统法律文化中的人文精神之于现代法制亦是一个很好印证。中国文明具有人文性，中国法律文化蕴含人文精神，这是事实，但这一精神要成为现代中国法制的一部分，似乎没有直接的途径。虽然人文精神是一个具有历史内涵的宽泛概念，但我们今天亦不能用现代意义上的人文精神来苛求中国的传统法律文化，因为人文精神必然含有对个体人格价值的尊重。借此观察传统中国的法律文化，毋庸讳言，在精神实质上，它所肯定的是群体而不是个体。个人价值受到了身份、性别、血缘、等级的严格限制，个人权利相对其义务是第二位的，恪守义务是实现有限权利的前提，而不是权利优先或权利与义务的平衡；并且随着人的社会分层，权利与义务的背离愈发体现出以血缘为纽带的群体主义和以官为本位的特权主义色彩。发展到极端就有了群体对个体、血缘对事实、身份对契约、官方对民间的替代与否定的危险。实际上，这种危险一直存在，且相当程度地现实化了。这应是我们认识中国传统法律文化的人文精神时应予以考虑的。

同时，我们还不能忽视中国传统法律文化中工具理性与价值理性的矛盾。就西方法律文化而言，崇尚个人价值、人格尊严的人文精神既表现为制度化了的工具理性，又是一种在精神原则上支配这种制度的价值理性。这种工具理性与价值理性贯通的完美形态，在西方虽是长期历史磨合的结果，但两者始终是并存于西方法律文化中的。从广义上讲，中国传统法律文化中的人文精神是贯通并存的；从狭义上看，又似乎是分离的。所谓广义上的中国传统法律文化，自然是“礼乐刑政”一体化了的政治法律文化形态。在这一形态中，工具理性和价值理性是联通的，具体来说，“礼乐刑政”作为实现中国政治理想的理性工具，本身就表达着并在一定程度上实践着某种特定的价值理念，也就是对无讼和谐社会的追求。然而，依实证主义法学观，将传统中国的法律限定在刑、法、律的范畴内，其工具理性与价值理性的矛盾就凸现出来了：刑、法、律本身是一种工具，其价值和形式是礼的价值的延伸和形而下化，一旦脱离了礼，它们将失去精神支柱，成为没有灵魂的规则。因而其理性只能是工具性的而不是价值性的。当然，笔者赞成对中国传统法律文化做广义的理解，毕竟实证主义的解释过于狭隘了。无论如何，礼与刑是不能分离于中国传统法律文化之外的。但我们同时要小心，广义的理解不能简单地与现代相对应，现代中国的法律在制度上是实证主义认定的国家法，道德、政教、习俗与法律在形式上已根本分离。因此，广义上的中国传统法律文化中的人文精神怎样对应现代中国的法律制度，确实需要我们做有所限定的转换工作。

中国传统法律文化一向重视生命，并为此创制了一些颇具特色的法律规定，诸如录囚、秋冬行刑、复奏、秋审、朝审等恤刑制度。在近代以前的世界范围内，这些规定和制度称得上是仁慈的、人道的。[①] 但人文精神既重视人的自然生命，更关注人的精神生命。它要求人不仅仅为活着而活着，而是要有尊严地活着。这尊严反映到法律上体现为人权，其核心是对人的自由意志的认定和实现。人一旦没有了自由意志，没有了相互协调、共同实现的权利，人文主义的精髓必然有所局限。中国传统法律文化是万物人为贵的道德人文传统，亦即《唐律疏议·名例》所说的，“夫三才肇位，万象斯分。禀气含灵，人为称首”；“德礼为政教之本，刑罚为政教之用”。这种“人为称首”与“德礼为本”相结合的道德人文传统，既表现为对人的自然生命的一视同仁，亦表现为对人的精神生命的高度重视。这两者构成了传统中国法中固有的道德人文价值传统，即人的自然生命价值平等，人的精神生命价值不等。法律既依据人的自然生命价值的平等，又依据人的精神生命价值的高低不等，来分配权利义务和定罪量刑。这表明传统中国法在平等对待人的自然生命价值的同时，更重视人的精神生命价值。

譬如，人生来是一样的，亦即人的自然生命有同等价值，这是天理。所以，法律首先依据这个理而规定，人命关天，杀人者死、伤人者刑，不分高低，这可以说是一种基本的概括性的合理正义观。然后，在实践中又该如何来理解和解释这样的正义观呢？实际是根据具体和特定的情境，亦即依据实际的理来加以理解和解释。如人生来是一样的，但后来发展不一样，集中表现为人的德和能的不同，亦即人的精神生命和社会生命的价值有差别，这是实际的理或者说是理的现实，所以，法律又依据人的精神生命和社会生命价值的高低这个理，来分配权利义务和定罪量刑，高者高，低者低，等者同

① 参见〔美〕B. 布迪等《中华帝国的法律》，朱勇译，江苏人民出版社，1993，第435页以下。

等，不等者不等。这样，法律在理这个支点上又形成了可上下移动的阶梯结构，其结果即是我们所看到的礼法合一的差序结构。因此，笔者把这样的正义观称为动态的合理正义观，亦即有机辩证的而不是机械教条的正义观。其实，这正是传统中国法的正当性所在，亦是传统中国法的人文价值所在，即在平等对待人的自然生命价值的同时，更重视通过德和能所体现出来的人的精神生命和社会生命的价值。这可以说是人的主体性和精神价值在传统中国法中具有崇高地位的法理依据。

不过，西方法律文化的人文精神是由悠久而系统的法律思想和法学流派来表达和支撑的，这是认识中国传统法律文化的人文精神时同样不能忽视的。自古希腊斯多噶学派始，西方法学特别是法律哲学就一直受惠于人文精神的滋润，其结果表现在制度上是私法体系和宪政体制的建立，表现在理论上是各种价值论法学的衍生。[①] 相形之下，中国传统法律文化中有很丰富的人文精神和一定的制度设计，但缺少独立、系统又蕴含人文精神的法学理论。这给我们现今的继承发扬造成了不小的困难，它要求我们非常有耐心又细心地，一点一滴地去寻觅、去挖掘、去做披沙拣金的工作。还有，中国传统法律文化中的人文精神主要是一种价值趋向，表达的是中国文化的目标追求，用韦伯的话说，只是一种理想类型。这种理想与制度有关，通过制度对大众的日常生活产生影响，但理想与制度、制度与现实毕竟是有距离的。中国传统法律的实践一般给我们这样的印象：理想、制度与现实之间存在脱节。尽管这种脱节具有普遍性，但传统中国的情形尤为突出，所以才有古人“律设大法”“设而不用”谓之理想的说法，亦才有黄宗智教授关于清代民事审判的表达与实践背离之论。[②] 因此，我们对中国传统法律文化中的人文精神不仅应从理想、制度与实践三个层面做贯通切实的理解，还要在与现代法制的联系中做继承、改造、出新的工作。

概而言之，认识上肯定、态度上积极、操作上谨慎，是我们对中国传统法律文化与现代中国法制联系的一个基本认识和立场。

① 参见〔美〕E. 博登海默《法理学——法哲学及其方法》，第 34 ~ 68、161 ~ 205 页。

② 参见〔美〕黄宗智《民事审判与民间调解：清代的表达与实践》，中国社会科学出版社，1998，第 1 ~ 21、213 ~ 226 页。

## On the Pattern, Value and Transformation of Chinese Traditional Legal Culture

*Zhang Zhongqiu*

**Abstract**: It is without a doubt that Modern Chinese Laws have deviated from traditional Chinese laws, not only in the forms but also in the contents and spirits. But if we see these phenomena from historic and macroscopic viewpoint, we will find that although Chinese legal traditions had discontinued in modern times, there are many connections between modern and past Chinese legal institution. Those connections are objective, internal and independent from people's will. Therefore, the positive attitude and prudent use is the basic standpoint for the connections between Chinese traditional legal culture and legal system of modern China.

**Keywords**: Chinese Traditional Legal Culture Pattern; Continuity; Modern Value; Creative Transformation

# 大变局与“西学东渐”：重新发现法家的契机和思想资源

程燎原*

**内容摘要**：在中国的法家学史上，近代的法家学是极为重要的部分。这一方面源于中国近代历史变局的压力和挑战，法家学必须做出回应；另一方面，“西学东渐”使近代中国的学者不得不面对西方的思想学术，西学也因而成为重新研究法家学的新动力和新资源。由此，“救世”、“富国强兵”和“法治主义”成为中国近代法家学的核心概念和思想主调。

**关键词**：西学东渐　法家复兴　历史变局　西学资源

中国近代的法家学，尽管在考据、校勘、训诂等方面必以明清渐兴的法家学为基础，但对法家思想的重新阐释，则需要放在一个大的思想学术背景之下加以讨论。这个大背景包含的一个重要方面就是中国近代思想学术界阐释传统经典之立场与路向上的重大转向。对此，梁启超在《先秦政治思想史》一书中，有一段颇有价值的解释：

> 国故之学，曷为直至今日乃渐复活耶？盖由吾侪受外来学术之影响，采彼都治学方法以理吾故物。于是乎昔人绝未注意之资料，映吾眼而忽莹；昔人认为不可理之系统，经吾手而忽整；乃至昔人不甚了解之语句，旋吾脑而忽畅；质言之，则吾侪所恃之利器，实“洋货”也。坐是之故，吾侪每喜以欧美现代名物训释古书，甚或以

* 程燎原，重庆大学法学院教授，研究方向为法治理论、法思想史与法家学。

欧美现代思想衡量古人，加以国民自慢性为人类所不能免，艳他人之所有，必欲吾亦有之然后为快。于是尧舜禅让，即是共和；管子轨里连乡，便为自治；类此之论，人尽乐闻。平心论之，以今语释古籍，俾人易晓，此法太史公引尚书已用之，原不足为病。又人性本不甚相远，他人所能发明者，安在吾必不能，触类比量，固亦不失为一良法。①

这段具有总结意味的解释告诉人们：伴随“西学东渐”而来的“洋货”，实为中国近代复活“国故之学”的一大利器和法宝。在法学领域，用西式的法律思想、法学理论和法律制度作为参照乃至标准，认定、诠释与衡断中国传统的法律思想和法制，也成为一个重大的议题和论域。这种转变当然有其时代机缘与历史语境。

## 一　近代中国的大变局与法家学的回应

法家学在中国近代的复兴，并未完全与传统中国的法家学一刀两断。相反，这一复兴乃是以先前时代的法家学为重要条件，特别是清代的考据学为此提供了不可缺少的基础。“19 世纪末叶中国传统的一个重要发展，是古典非正统哲学，即所谓‘诸子学’的复兴。这种复兴很大程度上导源于汉学演化的内在逻辑。推进汉学的主要动力，源于 17 世纪和 18 世纪儒生们对宋明理学的儒学原则诠释的不满，和他们通过时间上更接近圣人的原始资料来超越理学的注解恢复儒家原始学说的尝试。”② 要达到这一目的，仅靠回归儒家原典是不够的，于是，先秦诸子的原典逐渐受到儒者和考据家的重视。其结果就是：“‘诸子学’在 19 世纪末成为合法的、甚至在思想界流行的思想。”③

---

① 梁启超：《先秦政治思想史》，张品兴主编《梁启超全集》第 12 卷，北京出版社，1999，第 3609 页。

② 〔美〕张灏：《危机中的中国知识分子——寻求秩序与意义》，高力克等译，山西人民出版社，1988，第 14 ~ 16 页。

③ 〔美〕张灏：《危机中的中国知识分子——寻求秩序与意义》，第 14 ~ 16 页。此前，晚清经学大师俞樾也做了同样的判定：“圣人之道，具在于经，而周秦两汉诸子之书，亦各有所得，虽以申韩之刻薄，庄列之怪诞，要各本其心之所独得者，而著之书，非如后人剽窃陈言，一唱百和也。且其书往往可以考证经义，不必称引其文，而古言古义，居然可见。”参见（清）俞樾《诸子平议·序目》，中华书局，1954，第 1 页。

清代的法家学对于近代法家学复兴的意义有三。第一，清代法家学冲击了儒学一统学术的格局，让法家学等“诸子学”开始进入读书人与学者的视野，成为关注点。第二，经过大量的考据、辨伪、校勘、训诂及研判，清代法家学使不少诸子之书变得可读、易读。邓实在1905年曾指出清代考据学和子书（诸子原典）研究的价值：“乾嘉以还，学者稍稍治诸子之书……虽仅掇拾丛残，雠正讹伪，然先秦之书，赖此可读。道咸至今，学者之爱读诸子，尊崇诸子，不谋而合，学风所转，各改其旧日歧视之观。其解释诸子之书，亦日多一日，或甄明收诂，或论断得失，或发挥新理。”① 第三，清代法家学引发了思想性的思考。虽然清代的儒者和考据家对子书的研究，“就其性质而言大体上是语言学和校勘性的，但这些技术性研究与哲学和思想性研究之间的界线有时相当淡弱。甚至在汉学发展的顶峰，也不乏对于古典非正统典籍的哲学和思想性兴趣”②。这是因为，当一个人阅读子书时，子书阐述的思想和主张完全有可能引起他/她的兴趣。特别是身处晚清的读书人，时局的压力、世事的刺激、西学的冲击更能激发其对诸子思想的共鸣。晚清的章太炎就有这样的心路历程：“遭世衰微，不忘经国，寻求政术，历览前史，独于荀卿、韩非所说，谓不可易。”③ 总归而言，对近代法家学的复兴，清代法家学功不可没。故而，我们考察近代诸子学、法家学的兴起，必须重视清代诸子学、法家学演变的历程及其已经开辟的道路。

但是，清代的法家学还远不足以启动与推动一场法家思想的复兴运动。清代尤其是乾嘉时代的法家学对法家原典的研究，集中于文献学、考据学，常常欠缺思想性，或者对法家思想只有零星的点评，因而也就难以诱发和掀起阐发、弘扬法家思想的巨大潮流。如果我们着眼于法家思想在中国近代的复活和开新，那么，大变局的时代背景和“西学东渐”带来的不同于传统的思想资源，显然是更重要的动因，从而具有更重要的意义。从晚清开始，“则世变日亟，而与域外之交通大开。世变亟，则将穷思其所以致此之由，而对于现今社会根本的组织，起怀疑焉；

---

① 邓实：《古学复兴论》，张枏、王忍之编《辛亥革命前十年间时论选集》第2卷上册，三联书店，1963，第58~59页。

② 〔美〕张灏：《危机中的中国知识分子——寻求秩序与意义》，第15页。

③ 章太炎：《菿汉微言（选录）》，汤志钧编《章太炎政论选集》下册，中华书局，1977，第734页。

交通开，则有他社会之思想以为比较，而激刺之、淬厉之”[①]。所以，这两个因素至关重要，而且它们并不是截然分开的，而是相互交织、扭成一体的。

对于晚清中国的大变局及其牵动的思想文化之变，学术界已有不少阐述和论说。[②] 对此，本文不再详述，但仍有必要做一总体考察。同时，笔者认为，尽管“变局”之议论主要出自晚清，但“变局”本身绝非仅仅限于晚清。自晚清以来的中国实际上一直处于这个大变局之中。因此，这里还需要把晚清至1940年代的近百年变局视作一个完整而连贯的历史过程，并揭示这个变局的真正含义。进而追问，面对这样的变局，法家学将会做出何种回应，或者怎样予以应对。

晚清中国已进入变局中，在第一次鸦片战争之后不久，就开始被有识之士揭破挑明。[③] 不过，这类空谷足音在当时并未引起多大回响。但在第二次鸦片战争（1856～1860）之后，变局之说再次兴起，汇成一时之强音，从而成为当时士人探寻救国强国方案和研究思想学术问题的新契机与新动力。对此，王尔敏总结道：

> 近代中国一切新观念的创发，大体以时代的觉醒为基础，由于能认清世变的严重，而后才会设想适应世变的方法。中国人对于中国所处地位“变局”的发现，在19世纪后半期成为中国先知先觉之士议论中一项重要前提。这些人的共同认识，以为中国正面临数千年来一个巨大的变局，在中国历史上，将产生一个从所未见的创新机运。就现有资料计算，自1861～1900年间，申述当前变局之意旨者不下37人。最早黄恩彤认为道光年间中国已面临数百年来大变局。同治年

① 梁启超：《论中国学术思想变迁之大势》，张品兴主编《梁启超全集》第3卷，北京出版社，1999，第618页。

② 参见金耀基《从传统到现代》，法律出版社，2010；袁伟时《帝国落日：晚清大变局》，江西人民出版社，2003；程梦婧《〈人权宣言〉在晚清中国的旅行》，广西师范大学出版社，2017。

③ 如1844年，黄钧宰在《金壶七墨》一书中说，中国人“初不知洋人状，英法国何方也。乃自中华西北，环海而至东南……亦古今之变局哉”（齐思和等编《中国近代史资料丛刊·鸦片战争》第2册，神州国光社，1954，第623～624页）。徐继畬1844年的《瀛环志略·凡例》中也指出：“汉以后明以前，皆弱小番邦，朝贡时通。今则胥变为欧罗巴埔头，此古今一大变局。”参见宋大川校注《瀛环志略校注》，文物出版社，2007。

> 间，丁日昌认为中西接触之扩大是千载未有之变局。李鸿章认为西人之东来侵略是三千年来大变局，王韬认为是四千年来大变局。光绪年间，曾纪泽认为是五千年来大变局，而张之洞亦认为是中国自上古以迄当代前所未经见的变局。①

譬如曾纪泽（曾国藩之子，晚清著名外交家）同李鸿章一样，屡次把中国所处的时局称为数千年未有的“创局”“奇局”。他在《〈文法举隅〉序》（1878）中说：“上古之世不可知，盖泰西之轮楫旁午（纷繁交错）于中华，五千年来未有之创局也。天变人事，会逢其适。”又在《改订俄约办事艰难情形疏》（1881）中指出：“西洋大小各邦，越海道数万里以与中华上国相通，使臣来往于京城，商舶循环于海上，实为数千年未有之奇局也。”在《巴黎复陈俊臣中丞》（1882）中再次指出：“西洋诸国，越海无量由旬，以与吾华交接，此亘古未有之奇局。”② 曾纪泽所说的“创局”“奇局”，主要是指国门大开，通商互市，西洋人、西洋船、西洋货都来了。

近代中国最大的“变局”就是“见此西洋”（包括“见此东洋”），从而变成了薛福成所称的“中外联属之天下”与梁启超所称的“世界之中国”。薛福成在《筹洋刍议》（1879）中说：“而今之去秦、汉也，亦二千年，于是华夷隔绝之天下，一变为中外联属之天下。”③ 1901 年，梁启超在《中国史叙论》中认为，中国数千年的历史，大而观之，可分为三期：第一期，自黄帝到秦统一中国，“是为中国之中国”；第二期，自秦至清代乾隆末年，“是为亚洲之中国”；而第三期，“自乾隆末年以至于今日，是为世界

① 王尔敏：《十九世纪中国士大夫对中西关系之理解及衍生之新观念》，《中国近代思想史论》，社会科学文献出版社，2003，第 11 页。王尔敏又指出：“19 世纪后半期，中国知识分子提起所遭遇之时代，不但十分注意，而且颇热心探讨；不但议论频繁，而且颇感叹惊惧；不但关心时变，而且颇分析其内容；不但明白变局之事实，而且一致相信变局是由西洋势力之东来而产生。统计当时提出变局之言论者不下 81 人，就思想概念之传播而言，能有如此人数之言论见诸文字，实可谓影响频仍。何况若干人物申论变局意义并不止一次，如王韬、薛福成、郑观应三人，生平言及变局之处均不下 10 次之多。李鸿章、陈炽二人亦均不下 5 次，故对一般读书人之影响，一定相当普遍。”（王尔敏：《近代中国知识分子应变之自觉》，《中国近代思想史论》，第 325 页）

② 《曾纪泽遗集》，喻岳衡点校，岳麓书社，1983，第 135、51、194 页。

③ （清）薛福成：《筹洋刍议·变法》，丁凤麟、王欣之编《薛福成选集》，上海人民出版社，1987，第 555 页。

之中国”。这个第三期的最大特点是：“中国民族合同全亚洲民族，与西人交涉竞争之时代也。又君主专制政体渐就湮灭，而数千年未经发达之国民立宪政体，将嬗代兴起之时代也。此时代今初萌芽，虽阅时甚短，而其内外之变动，实皆为二千年所未有，故不得不自别为一时代。”① 梁启超所界定的“世界之中国”，从内部政治制度到外部关系，大大异于前两期的中国，的确为数千年所未有。

那么，这个“变局”仅仅意味着西洋、东洋来了吗？仅仅意味着“世界之中国”时代的到来吗？显然并非如此。更重要的是，西洋、东洋的入侵与压迫使人们认识到，对于中国而言，这是一个列国并争的“新战国时代”。而这个由近代国家组成的“新战国”并非自外于中国。恰恰相反，从近代开始，“新战国”的版图，渐次从欧洲至非洲，美洲再至亚洲、东亚，最终使中国从闭关锁国走向门户洞开，长期独立自尊的帝国随时可能被列强侵略和吞噬。这是中国所处变局最根本的变化。由此，中国进入了“列国并立并争的时代”：“今何时乎？列国交通竞争，互校优胜劣败之时也。”② 显而易见的是，中国被迫加入了“新战国”的世界，也被迫来应对这个“新战国”的世界。

“新战国时代”的认知，初起于晚清，而至陈启天臻于完善。19 世纪末，康有为的“上清帝书”系列多次揭示中国处于列国包围之势中。其《上清帝第二书》就尖锐、急切地指出，甲午战后，

> 诸夷以中国之易欺也，法人将问滇、桂，英人将问藏、粤，俄人将问新疆，德、奥、意、日、葡、荷皆狡焉思启。有一不与，皆日本也，都畿必惊；若皆应所求，则自啖其肉，手足腹心，应时尽矣，仅存元首，岂能生存？……甲午以前，吾内地无恙也，今东边及台湾一割，法规滇、桂，英规滇、粤及西藏，俄规新疆及吉林、黑龙江，必接踵而来，岂肯迟迟以礼让为国哉？况数十国

① 梁启超：《中国史叙论》，张品兴主编《梁启超全集》第 2 卷，北京出版社，1999，第 453 ~ 454 页。

② 康有为：《请计全局筹巨款以行新政筑铁路起海陆军折》（1898 年 9 月 5 日后），姜义华、张荣华编校《康有为全集》第 4 集，中国人民大学出版社，2007，第 439 页。

之逐逐于后乎?[①]

19、20世纪之交，有人提出“大列国”一说：“战国小列国也，今日大列国也，不待智者而知矣。”[②] 在“大列国”时代，欧美诸国虎狼相伺，以至于弱者“任人吞割，藩篱尽撤，并及腹心”[③]。亦有学者将时局定义为“战国”，即“今之言经济者，拟时局为战国，目俄为强秦，一人倡之百人和之，其说遂若确乎而不可易”[④]。还有舆论指出：在一个“竞争之新世界”中，要“立国世界，能自强则存，不能强则灭”[⑤]。至于康有为所论中国已进入“列国并立并争的时代”，亦是众所周知的。而在1930年代至1940年代初，中国受日本侵略凌侮，故“新战国时代”的论说尤为突出。[⑥] 其中，陈启天对“新战国时代”做了最系统、最深入的分析。他认为，这个“新战国时代”与旧战国时代最大的不同就在于：它是由具有全新精神、制度与特点即国家化、国防化、科学化、工业化、法治化

① 康有为：《上清帝第二书》（1895年5月2日），姜义华、张荣华编校《康有为全集》第2集，中国人民大学出版社，2007，第32～33、37页。《上清帝第一书》中已指出：“窃见方今外夷交迫，自琉球灭、安南失、缅甸亡，羽翼尽翦，将及腹心。比者日谋高丽，而伺吉林于东；英启藏卫，而窥川、滇于西；俄筑铁路于北，而迫盛京；法煽乱民于南，以取滇、粤；教民、会党遍江楚河陇间，将乱于内……窃维国事蹙迫，在危急存亡之间，未有若今日之可忧也。”故而，“夫治平世，与治敌国并立之世固异矣。”参见康有为《上清帝第一书》（1888年12月10日），姜义华、张荣华编校《康有为全集》第1集，中国人民大学出版社，2007，第180、183页。此外，《京师强学会序》（1895年9月）也认为：“俄北瞰，英西睒，法南瞵，日东眈，处四强邻之中而为中国，岌岌哉！况磨牙涎舌，思分其余者，尚十余国。辽、台茫茫，回变扰扰，人心皇皇，事势儳儳，不可终日……中国孱卧于群雄之中间，鼾寝于火薪之上……蒙盟、奉吉、青海、新疆、卫藏土司圉徼之守，成为异墟。燕、齐、闽、浙、江、淮、楚、粤、川、黔、滇、桂膏腴之地，悉成盗粮。吾为突厥、黑人不远矣。”参见姜义华、张荣华编校《康有为全集》第2集，第89页。

②

③ 《孟子仁义富强辨》，邵之棠辑《皇朝经世文统编》卷2《文教部二》。

④ 何树龄：《论今之时局与战国大异》，邵之棠辑《皇朝经世文统编》卷104《通论部五》。

⑤ 《论自强图存》，《东方杂志》第6期，1905年。

⑥ 除本文谈到的陈启天、常燕生外，还可参见孟锦华《现在是战国时代》，《新阵地》第15期，1938年；樊仲云《新战国时代》，《中央导报》第1卷第1期，1940年；林同济《战国时代的重演》，《战国策》第1期，1941年；林良桐《民主政治与战国时代》，《战国策》第15、16合期，1941年；等等。也有人对林同济“新战国时代”的说法提出批评，参见洪亮《现在是战国时代的重演吗：评“战国策”同人的思想》，《上海周报》第3卷第17期，1939年。

和民主化的近代国家组成的。这就更进一步说明了近代中国面临的真正挑战之所在。

无论是“世界之中国”，还是“新战国时代”，都揭示了这样一个事实：因“世界进入中国”而成“世界在中国”（王汎森引郭颖颐语），又因“中国进入世界”而成“中国在世界”。这无疑是大变局固有的、不可割裂的两个方面，也是大变局给中国带来的真正变化，包括遭遇的各种问题。近代以来的一切思想学术，包括国学或专研中国古代思想学术的学问，都脱离不了这个大格局和大方向。因此，如何面对和处理“世界在中国”与“中国在世界”的问题，决定着近代至当代中国思想学术的根本方向、价值和意义。而本文关注的是，中国近代的法家学将怎样面对这个问题、回应这个问题。

首先，在主导精神上，近代法家学着力于发掘和弘扬法家的“救世”精神。在近代中国，“救时”“救世”“救国”之声不绝于耳，而在法家学者看来，先秦法家本就已有此心此志。梁启超较早在《中国法理学发达史论》中将子产运用法律“救世”的想法，提升为法家的真精神。他说：

> 法治主义起于春秋中叶，逮战国而大盛。而其所以然者，皆缘社会现象与前古绝异，一大革命之起，迫于眉睫。故当时政治家，不得不应此时势以讲救济之道。子产铸刑鼎，晋叔向难之。子产曰：“侨不才，不能及子孙，吾以救世也。”（《左传·昭公六年》）。救世一语，可谓当时法治家唯一之精神，盖认为一种之方便法门也。①

他还在《先秦政治思想史》一书里三番五次重申这一精神。倡导光大诸子之学的邓实，也指出法家可以“救人国之急”：“老子之道术，庄子之齐物，墨子之兼爱，申韩之法制，孙吴之兵谋，荀之名学，管子之经济，用其一皆可以有裨于当世。夫诸子之多为其术，以救人国之急，可谓勤矣。”

---

① 梁启超：《中国法理学发达史论》，张品兴主编《梁启超全集》第5卷，北京出版社，1999，第1279页。

并忧虑“当代之君民能用其说者几何也！”[①] 实际上，所有主张借助法家思想以救时局的人，都高度认同法家的“救世”精神。他们认为，这一精神应当超越先秦时代，而进入近代中国，并发扬之，以切时用。

其次，法家学认为“救世”的纲要在于两端，一曰富国强兵，一曰以法治国（“法治”）。前者旨在“救国”（“救亡图存”），后者旨在“富国”、“强国”和“建国”（建立“近代国家”）。为实现这两大目标，在可供借取和倚重的中国传统资源中，居首者自然非法家莫属。这是中国近代许多士人和知识人的一种共识。例如晚清有学者指出：

> 然则于神州旧学中，求其适时应用者，夫亦曰兴诸子之学，以救孔学之敝而已。诸子之学，最宜于今日，老、墨、管、商而已……若墨翟、管、商者，其真救时之良药乎？……今天下之言救时者，竞讲求宪法矣。而究其原理，实莫备于《管子》二十四卷之书，其真宪法之渊海哉！……管子之立法也，法最贵而君民皆受治焉，故其法可以大公而持久。今吾国始议立宪，即有疑立宪则君民同权有悖于孔义者，得管子之说以破之，不无小补乎。至其下手施行之策，则商子之故事，可为导师矣。以吾国百度之废弛，欲新法亟行，苟非有非常之力以震动之，其尚能有济乎？商子之立法，实合君臣上下悉受治焉，其精意固不背于管子，特手段较辣耳。[②]

陈启天的阐明更可视作代表：

> 乃思考求古人成功之道……继觉我国自海通以还，已由闭关之国，转入国际竞争之局。在此局中之列强莫不内求统一，外求独立，有若我国古代之“战国”然者，命之曰“新战国”，亦无不可。旧战国时代，所恃以为国际关系竞争之具者，厥为法家思想，此不可争之事实也。近百年来，我国既已入新战国时代之大变局中，将何恃以为国际竞争之具乎？思之，重思之，亦惟有参考近代学说，酌采

---

① 邓实：《国学无用辨》，张枬、王忍之编《辛亥革命前十年间时论选集》第 2 卷下册，第 632 页。

② 蛤笑：《述学卮言下：论今日宜讲诸子之学以辅翌孔学》，《东方杂志》第 4 期，1907 年。

> 法家思想，以应时代之需求而已。因发愤研讨法家之历史与理论已先后成《中国法家概论》、《商君书校释》、《商鞅评传》、《张居正评传》等书。[①]

对于富国强兵一端，儒学长期纠缠于王道、霸术之争，并因崇王道贬霸术耻言功而轻贱法家。至晚清时，屡屡战败、割地、赔款所导致的刻骨铭心的伤痛，使不少人倡导富国强兵，追求霸术。时人有言，在此危急局势之下，"犹复株守旧习，动遵祖宗成法，稗贩孔孟，虚张仁义空名"，且"斤斤辨义利，区区讳富强，于国事奚补哉！"[②] 在这样的思想氛围之下，法家自然开始受到推崇，正如有人指出："夫王道远高于霸功，人人知之。然王道难成，故收效迟，不如霸功易就且收效速。故欲救贫弱之弊，不如先图霸功，再行王道。"因此，"由功仍可臻于王道，何必动称王道耻言功哉！"正如"欲求管仲之才，先立管仲之功也"。泰西诸国近代以来之所以富强，不过是与管子的治法暗相符合而已。[③] 唐才常说得更明白："故欲捄今日民穷财尽、公私窳敝之病，则必治之以管学……欲捄今日吏治废弛、弄文骫法之病，则必治之以申、韩之学。"[④] 由此可知，在这些人的心目中，法家俨然一大救世主。

事实上，倡导经世之学的魏源，在《默觚下·治篇》中就已开始批评俗儒不懂王道与富强的真正关系，并主张可用法家之长。他指出："自古有不王道之富强，无不富强之王道。"所谓"王道"，并非仁义空言，亦非心性迂谈，而是"至纤至悉"，举凡足民、农桑、树畜、井牧、徭役、兵赋、边防等，无一不是圣门之事。他指责"后儒特因孟子义利、王伯之辩，遂以兵食归之五伯，讳而不言"，而"不知腐儒之无用亦同于异端"，天下岂能"用此无用之王道？"[⑤] 在魏源看来，真正的王道，不仅实际上包含各种事功，而且应以富强为基石。为求富强，以实现"富强之王道"，则可取法

---

① 陈启天：《韩非子校释自序》，《韩非子校释》，中华书局，1937，第2页。

② 《孟子仁义富强辨》，邵之棠辑《皇朝经世文统编》卷2《文教部二》。

③ 参见《孟子霸者章书后》，邵之棠辑《皇朝经世文统编》卷2《文教部二》。

④ 唐才常：《治新学先读古子书说》，湖南省哲学社会科学研究所编《唐才常集》，中华书局，1980，第31页。

⑤ 参见魏源《默觚下·治篇一》，赵丽霞选注《默觚：魏源集》，辽宁人民出版社，1994，第41～42页。

家之长而用之：“兼黄、老、申、韩之所长而去其所短，斯治国之庖丁乎！”[①] 魏源对耻言富强、事功之俗儒的斥责，以及法家可用的宣示，为晚清法家学的兴起打开了希望之门。

在洋务运动时期，颇具法家习气的汪士铎（1802～1889）[②] 也猛烈抨击儒家与儒学，而倡议法家之言。在他心目中，周公、孔子贤于尧舜一倍，而申子、韩非则贤于尧舜十倍。从儒家的立场论之，这自然是大逆不道的狂悖之论。汪士铎明确反对那种空言王道的政治言论：“盖时时欲以王道行而卑论霸术也，然而百万生灵死于王道矣，哀哉！”[③] 他在同治二年（1863）回答朋友“为学大恉”问题时，就对儒学不屑于谈论管、商、申、韩、孙、吴之术相当不满，认为必须依靠法家、兵家，才能使中国“拨乱世而返之治”。他指出：

> 管、商、申、韩、孙、吴，后人所唾骂，而儒者尤不屑置齿。类要而论之，百世不能废，儒者亦阴用其术，而阳斥其人尔。盖二叔之时已不能纯用道德，而谓方今之世，欲以儒林道学两传中人，遂能登三咸五，拨乱世而返之治也，不亦梦寐之呓言乎！然则管、商、申、韩、孙、吴与吾儒交相济，亦如服郑程朱之为博为约宜相资助，而后可以窥见洙泗体用之全也。[④]

汪士铎又说：

> 今日之法度规画，虽使尧舜周孔为之，未必有过；今日之治平，虽唐虞三代之盛，未必愈此。然而至于此极者，士大夫宗宋人之空谈，讳

---

① 魏源：《默觚下·治篇三》，赵丽霞选注《默觚：魏源集》，第52页。

② 邓之诚在《汪悔翁乙丙日记序》中说：“悔翁不离黄老、刑名之见。”因具有经世之志，“故悔翁通晓世务，而渐渍黄老、法家之言……尝疑曾、胡定乱必有为之谋主者，文正自谓学商鞅耕战之术，文公则综核名实，皆近法家。及观悔翁所论尊主权，重名实，峻刑戮，深恶理学及承平拘牵之事。”见邓之诚辑录《汪悔翁（士铎）乙丙日记》，台北，文海出版社，1967。余英时在分析汪士铎时判断说：“我们可以断定，他中年以后思想的偏激是经历了世变的结果。西方势力的凌逼和太平天国的动乱使他认识到富国强兵已成当务之急，因此他才特别提倡法家与兵家。”见余英时《中国现代价值观念的变迁》，《现代儒学的回顾与展望》，三联书店，2004，第92页。

③ 邓之诚辑录《汪悔翁（士铎）乙丙日记》卷1，第24页。

④ 萧穆：《汪梅村先生别传》，《敬孚类稿》卷12，台北，文海出版社，1966，第582页。

富强之至计，朝廷鲜名实之核。而休养生息既久，民生日众，民俗日漓，非法韩非之综核名实，商鞅之令行禁止，白起、王翦、韩信之伦草芟而兽狝之。恶木不去，嘉谷不生，虽使孔子为之亦不能治，而况他人哉！①

稍后，何如璋（1838～1891，进士，曾出使日本，任福建船政大臣并率部抗击法军，主潮州韩山书院讲席）作《管子析疑》36卷（1886年，有抄本存上海图书馆）。他大力称赞管子乃“伟人”、乃“天壤不可少之人”，尤其推重管子的功业和治平之道，极力表彰《管子》一书：“施之一国而有余，放之四海而皆准，即俟之百世而不惑。”其《管子析疑序》曰：

管子承太公之遗，所学出于周礼，迹其相齐四十年，九合诸侯，一匡天下。本平生所规画者笔之于书，故能综贯百王，不名一家，要厥指归，皆可施于实用。苟得王者之心以行之，虽历世可以无弊。如管子者，乃天壤不可少之人乎？……夫管子之学，周公、太公之学也。管子所传之道，五帝、三王之道也。其言礼义廉耻，则治世之纲、安民之要也。其言术数权谋，则措施之准、制用之宜也。本书具在，可考而知也。俗儒不察，一切鄙而弃之，反以空言为经济，是率人背道而驰，使三代下无真治术也。良可慨已！②

这段引文表明，何如璋一方面批评放言空论的俗儒对管子的鄙弃，另一方面又为管子辩护，宣扬管子的功业，希望借其治道、法制以匡扶国家。

1910年，有学者认为，商鞅的霸术、任法和富国强兵之策都有裨益于变局之世。

吾读卫鞅所为《商君书》，而慨然有感于今之世也。自史迁论鞅刻

① 邓之诚辑录《汪悔翁（士铎）乙丙日记》卷2，第75页。

② 何如璋：《管子析疑序》，吴振清、吴裕贤编校《何如璋集》，天津人民出版社，2010，第85～86页。

薄少恩，卒受恶名于秦，后之谈治者，咸斥为帝王罪人，以为彼初见孝公，所谓说以帝道，说以王道，不过假迂远悠谬之词，姑先入尝试焉。因以大伸其任法之旨，而讵知亡其身以亡人天下。是其论鞅诚确。吾独惜夫论者执世之常理，而未参世之变局，亦无以关任法之人之口而服其心。今吾国撄开辟以来未有之奇变，慴于东西法治国之富强，而自顾僬焉不可终日，实偪处此以争旦夕之生存。设以商鞅厕身其间，明知其势之必穷，而希望其策之必效，束缚之，驰骤之。苟有借手以收富强之资，徐而返诸帝道王道，则鹰虎何必非麟凤之前驱也乎。①

更令人惊讶的是，倾力抨击韩非的熊十力，在1940年代也因韩非倡导霸术而称道韩非：“然当列强竞争剧烈之世，总有崇尚霸术者兴，霸术者必重国家之权力，而不免抑人民以听命于国家，乃易富强其国而便于制敌。”而“韩非生于危弱之韩，故其政治思想在致其国家富强以成霸王之业，其坚持尚力”。以此而论，“韩非之思想，古今中外竞争之世所必有也”。而且，“霸术用之审而无过甚，则当竞争之世，此其良图也”。所以，“吾国人当今日，尤当奉为导师。”② 中国近代新儒家一向对法家诸子没有好感，对法家思想也是诘难甚多，但就连身为其开山鼻祖的熊十力，对韩非的强国霸术也不免心有戚戚，尽管他对韩非的称许是有条件的。可见法家在近代中国受到了广泛的欢迎。

“以法治国”或“法治”也是近代中国一个极其重要的目标。一方面，不仅富国强兵要倚重法治，而且整肃秩序、凝聚国力也要倚重法治，以应对“大变局”和“新战国时代”的急切需要。另一方面，也更为重要的是，建设一个法治的近代国家，以完成中国作为一个近代国家的制度建构，这是比“救世”更具有深远意义的制度变局与创举。

法家的“法治”（任法）之于强国和整肃的功效，人们屡有所言。晚清何如璋的《管子析疑总论》云：

考证引东莱吕氏曰：“六经、孔、孟之教，与人之公心合，故治世

① 《子书·商君书》“录者序”；《尚贤堂晨鸡录》“丛钞门”，第7期，1910年。
② 参见熊十力《韩非子评论与友人论张江陵》，上海书店出版社，2007，第9页。

> 宗之。申、商、韩非之说，与人之私情合，故末世宗之。”按：此乃迂儒一偏之见，谓申、商之刻薄，其行法失之严则可，若因议申、商欲并弃治世之法，则大不可。周公，儒之圣者也，《周官》分职夏、秋二官与司徒并重，教以兴化，法以定分，二者相辅而行，岂能偏废？盖法立令行，乃不便于小人之私，人之情欲废法者多，故纷然以法为不便。儒者不深察治道之纲领，又信其言而笔之书，驯致末流，法制荡然，而终于不可收拾也。[①]

这是要资取法家思想及其治法来收拾时局。

梁启超也主张借法家的法治精神和严厉措施，锤炼国民，齐一国家，严整秩序。在1903年《新大陆游记节录》中，他表达了渴望中国由管子、商君等强权政治家来治理的思想，让他们“雷厉风行，以铁以火，陶冶锻炼吾国民二十年、三十年乃至五十年”[②]。随后不久，梁启超又倡导“开明专制”，以之作为建立立宪政体的预备。《开明专制论》（1905）特别以专章“述开明专制之学说”。在论及法家时，他认为，“法家者流，可谓注重国家利益之开明专制家也”，“吾谓法家非必野蛮专制者，而实为开明专制者。管子、商君、韩非之书具在，可覆按也”。又说：“法家之开明专制论，其精神则与十五六世纪欧洲之学说同。”而征稽史实，实行开明专制的前例，在中国多为法家或有法家倾向的政治家，包括管子、子产、商君、诸葛亮、王猛、王安石。[③] 显然，在梁启超心目中，无论是从学说上还是历史实践上，法家对于他所设想的“开明专制”都大有助益。他对法治与富强的关系也有所阐明。其《中国法理学发达史论》指出：子产、李悝、申不害、商鞅等“大政治家，莫不取殖产主义与军国主义，即所谓‘富国强兵’者是也。而欲举富国强兵之实，唯法治为能致之”[④]。

1915年，严复鉴于民初的混乱局势，亦期待效法法家任法而治、循名责实，以求强效。他指出：

---

① 何如璋：《管子析疑总论》，吴振清、吴裕贤编校《何如璋集》，第91页。

② 梁启超：《新大陆游记节录》，张品兴主编《梁启超全集》第4卷，北京出版社，1999，第1188页。

③ 参见梁启超《开明专制论》，张品兴主编《梁启超全集》第5卷，第1456～1460页。

④ 梁启超：《中国法理学发达史论》，张品兴主编《梁启超全集》第5卷，第1280页。

> 中国前途，诚未可知，顾其大患在士习凡猥，而上无循名责实之政。齐之强以管仲，秦之起以商公，其他若申不害、赵奢、李悝、吴起，降而诸葛武侯、王景略，唐之姚崇、明之张太岳，凡为强效，大抵皆任法者也。而中国乃以情胜，驯是不改，岂有豸乎?①

> 是故居今而言救亡，学惟申韩，庶几可用，除却综名核实，岂有他途可行。贤者试观历史，无论中外古今，其稍获强效，何一非任法者耶? 管商尚矣；他若赵奢、吴起、王猛、诸葛、汉宣、唐太，皆略知法意而效亦随之；至其他亡弱之君，大抵皆良懦者。②

至于法家的“以法治国”思想与任法实践对于中国实行法治、建立近代法治国家的积极意义，更是被中国近代的许多思想家、学者或知识人所宣扬。正如熊十力一言总而括之：“清季讫于民国，知识之伦诵言远西法治者，辄缅想韩非。”③ 实际上，除韩非之外，人们亦缅想管子、商君。

清末预备立宪的启动和推行实为当时中国迈向法治的关键一步。一方面，预备立宪的目标显然包含了法治，另一方面，预备立宪的种种举措和过程，如宪制的创建、法律的修订、司法机构的筹组、法政教育的展开等，也有助于法治的准备与积累。建立法治国家与预备立宪是一体两面，而法家的理论与经验自然可供借鉴和吸纳。正如时论指出的：中国“迫于世界之大势，幡然改图，宣布立宪，殆将进而为法治国矣”。不仅如此，一国政治和各项事务要“无巨无小，秩然各得其序”，也只能“恃有法而已矣”“令法之必行而已矣”。而历史的经验值得借鉴，这就是法家的厉行法治：“稽之我国之历史，凡能张国势而致治安者，其道罔不由是。是以管仲用齐而齐霸，商鞅辅秦而秦兴，诸葛治蜀而蜀治，王猛佐秦而秦强。王安石之相宋，张居正之相明，皆能举废兴坠，弼成一代之治。我国二千年来，号称政治大家，其勋业事功，赫然焜耀

① 严复：《与熊纯如书（十九）》，王栻主编《严复集》第3册，中华书局，1986，第619页。
② 严复：《与熊纯如书（二十）》，王栻主编《严复集》第3册，第620页。
③ 参见熊十力《韩非子评论与友人论张江陵》，第4页。

于后世者，其人必法家者流，能以严厉手段实行法治主义者也。”[①] 在这里，法家再一次被视作了不起的前驱，成为可供仿效的榜样。

另一个例子是马其昶（1855～1930）的《读管子二》（1908）。马其昶，字通伯，号抱润翁，安徽桐城人，曾从事教育，后任职学部，民初任县议会议长、清史馆总纂等。作为桐城派学者，他一生以治古学为主，兼论法政。他曾言道：“夫变法，大事也；立宪政，尤创举也。今欲变法而创古今未有之举，而上下承以敷衍之心，臣诚不知其可也。”[②] 对于法家学，他在清末撰写了《读管子》两篇，《读韩非子》一篇。其中，《读管子二》专论管子的“法治”思想及其“至今可存”的价值，而重点在于讨论“以法持人”而不能“以人持法”“预立一法而上下同范于其中”的道理。文章以引证管子“任法”的言论开篇，进而论及当世，并由管子思想推及己见。[③] 这是当时学者文人行文述理的习惯做法，晚清的章太炎、梁启超、沈家本等人的法家学著述也往往类此。

民初至1940年代，将中国建设成近代法治国家的倡议，以及当借镜法家“法治”以为其助力的论说，尤其遍于群书众论之中。如曹谦在《韩非法治论》一书中写道：“宣扬法治的理义，增强守法的观念，为今后厉行法治的初步工作。将我国旧日法家理论，加以整理，采取适合今后国情的部分，与当代新说，现行国策相融合，建立新法家，当有益于法治的推行。”[④] 甚至连文学家林语堂都呼吁“用韩非来救中国”。他认为，韩非的人性论、法治主张具有“惊人的现代性”，故而韩非是“一个二十世纪的预言家”或“一个现代中国的预言家”，所以，应当“把韩非的贡献提陈给现代的中

① 《论筹备立宪当先整肃纪纲》，《国风报》，转引自《申报》1910年8月26日。亦有学者指出：“天下何以治？恃法而已……世固未有无法之国，亦未有立法而不求其美备之国。然而其盛衰存亡异焉者，视其行法之精神，能否周遍于全国耳。善为治者，虽以万里之遥、兆人之众，而能以一人之神智，驱使而操纵之，如臂之运指，如领之挈衣，必合天下之心思才力，以惟吾之所措，而后其法乃行，其治乃固，此固古今言治之经常。而在法制陵夷、人心涣散、国势积衰之日，则尤亟。证诸吾国历史，管仲之于齐，子产之于郑，商君之于秦，武乡侯之于汉，王猛之于苻秦，王介甫之于宋，张江陵之于明，虽功业之大小有殊，要未有能悖于斯义者。”见蛤笑《本治篇》，《东方杂志》第9期，1907年。

② 马其昶：《宣统二年上皇帝疏》，《抱润轩文集》卷8，北京刻本，1923，第687页。

③ 马其昶：《读管子二》，《抱润轩文集》卷2，《续修四库全书》第1575册，上海古籍出版社，2002，第687页。

④ 曹谦：《韩非法治论》，中华书局，1948，第1～2页。

国”，以救治中国。[①]他还撰写了《半部〈韩非〉治天下》一文，认为“今日中国政治问题，有超乎一切政体问题之更大问题，就是人治与法治……得法治则治，不得法治则乱，此可断言”。那么，这与韩非有什么关联？林语堂认为：“韩非所欲矫正之弊失，非二千年前之弊失，乃今日中国之弊失。韩非所欲清的病源，也正是今日中国的病源。”所以他断定“韩非法治学说，为今日救国之唯一正途”[②]。中国近代许多思想家、法学家重点关注的正是建设法治国家这一中心议题，所以这里不再赘述。

## 二 “西学东渐”与法家学的复兴

“西学东渐”（“洋货”入中）的过程及其原因，尤其是采西学精华以求“国故”（“故物”）重光的种种作为，学术界已有许多研究成果面世，本文不另强为之作解，但又需要有所提示，以便明了从“传统内”的诠释进入到以“洋货”观照的思想学术背景与动力。晚清“洋货”东渐的缘由、情形，可由“局中高手”梁启超的论说中了解一二。梁启超指出：

> “鸦片战役”以后，志士扼腕切齿，引为大辱奇戚，思所以自湔拔，经世致用观念之复活，炎炎不可抑。又海禁既开，所谓“西学”者逐渐输入，始则工艺，次则政制。学者若生息于漆室之中，不知室外更何所有，忽穴一牖外窥，则粲然者皆昔所未睹也，还顾室中，则皆沈黑积秽。于是对外求索之欲日炽，对内厌弃之情日烈。欲破壁以自拔于此黑暗，不得不先对于旧政治而试奋斗，于是以其极幼稚之“西学”知识，与清初启蒙期所谓“经世之学”者相结合，别树一派，向于正统派公然举叛旗矣。[③]

梁氏所论在于揭破一个必然趋向以及如何应对的可取态度：中国近代

① 参见林语堂《中国圣人》，沈沉译，朔风书店，1941，第140~147页。

② 林语堂：《半部〈韩非〉治天下》，《林语堂名著全集》第14卷，东北师范大学出版社，1994，第239页。

③ 梁启超：《清代学术概论》，张品兴主编《梁启超全集》第10卷，北京出版社，1999，第3094页。

"洋货"东来，实为国门洞开之后不得不然的事情；而中国学者争言争议西法、西学，求索、追慕"洋货"，不应简单以"洋货"取"故物"而代之，而是要借用"洋货"的眼光与视野，求得对"故物"的新见新解，从而能够"经新世致时用"。近代一些学人以"西学"比观"国粹"的华彩，以"洋货"探知诸子的义理之学，正是这一追求的体现。

实际上，"西学东渐"是伴随着大变局而发生的，但它本身也是大变局举足轻重的组成部分。所以，上述近代法家学对大变局的回应，亦可以思想学术上的回应待之。世事时局之变与思想学术之变，从来都是水乳交融的，而不是截然两分。因而，西学、"洋货"不仅成为身处大变局之中的中国思想学术界必须迎接的新挑战，也是使中国思想学术研究走出传统范式的最大资源。王汎森就此指出：

> 以"思想资源"这一点来看，宽泛一点说来，清末民初已经进入"世界在中国"（郭颖颐语）的情形，西方及日本的思想、知识资源大量涌入中国，逐步充填传统躯壳，或是处处与传统的思想资源相争持。我们不能小看"思想资源"与"概念工具"。每一个时代所凭借的"思想资源"和"概念工具"都有或多或少的不同，人们靠着这些资源来思考、整理、构筑他们的生活世界，同时也用它们来诠释过去、设计现在、想像未来。人们受益于思想资源，同时也受限于它们……大量流入近代中国的西方及日本的知识，是继佛学进入中国后另一次大规模的"思想资源""概念工具"的变动，人们诠释过去、设计现在、想像未来的凭借也不同了。[①]

在这样的思想学术背景下，法家学的研究出现了全新的局面与格调。中国近代法家学对大变局的回应，当然主要是以思想学术的方式呈现的，而不是直接照搬法家之言、法家之法。中国思想学术界对法家思想尤其是其"法治"思想，进行了别具新意的诠释，以开一思想学术的新生面。这一局面，实则发于晚清，而盛于民国。其开创与延伸，无疑是以"洋货"的扑面而来及其透入中国近代的思想学术研究过程为前提条件的。或者说，它正

① 王汎森：《"思想资源"与"概念工具"——戊戌前后的几种日本因素》，《中国近代思想与学术的系谱》，河北教育出版社，2001，第150～151页。

是中国近代思想学术界自觉运用“洋货”观照“国故”的一种必然结果。在与“故物”不同的“洋货”的烛照、探明与评定之下，近代中国学人发现了“故物”一片新的天地、一些新的含义与价值。应当看到，在西学的影响下，中国思想家和学者对法家的研究，无论是问题意识与思维视野，还是思想立场与研究方法，抑或概念体系与叙述方式，都发生了根本性的变化。由此，法家走上了一条近代式的复兴之路。

“西学东渐”对中国近代法家学的影响，主要有三重。

其一，引起法家学的复兴和发展。从晚清开始，因西学的进入与刺激，人们通过“西学中源论”、“中学西学同源论”或“中西暗合论”，发现中国的诸子之学与西方的经济、法政学说存在许多相通相合之处。而法家思想与西学的契合也是一大重点。较早阐述这一点的是薛福成，他在1890年的日记中写道：“《管子》一书，以富国强兵为宗主，然其时去三代未远，其言之粹者，非尽失先王遗意也。余观泰西各邦治国之法，或暗合《管子》之旨，则其擅强盛之势亦较多。”他举例说，《管子》云：“量民力，则无不成。不强民以其所恶，则诈伪不生。不欺其民，则下亲其上。”而“西国之设上下议政院，颇得此意”。还不止于此，《管子》与西方思想“指归相同、措施相合者，尚未易以一二数”。所以，他感慨道：“岂非开辟稍迟，天地之气运有不期然而然者欤?”[①] 湖南学政使徐仁铸在《輶轩今语·诸子学》中虽然批评“西人之学悉出中土”的论调，属于“自大之习，致为无谓”，但他也断言：“东西虽辽绝，而政学之暗符者，不一而足。”而“诸子之学多与西政、西学相合”[②]。

20世纪初，宣扬包括法家在内的周秦诸子学说合于西学的种种观点，屡出于学人之著述。有人认为，周秦诸子都有“自成一子之思想”，今人“展诵遗书，往往新理新法，为近代欧美大儒所精思力究而得之者，周秦诸子已早及之”[③]。也有人指出：自戊戌变法之后，仁人志士“倡改革之说，由政界而推之学界，改良学术之言，乃渐昌于学士大夫之口”。于是培根、笛卡儿的哲学，伯伦知理、孟德斯鸠的法政学说，“输入中土，家庋其籍，

① 参见薛福成《出使英法义比四国日记》，岳麓书社，1985，第253页。

② 参见（清）叶德辉《叶吏部〈輶轩今语〉评》，（清）苏舆编《翼教丛编》卷4，上海书店出版社，2002，第86页。

③ 云窝：《教育通论》（节录）（1903），张枏、王忍之编《辛亥革命前十年间时论选集》第1卷下册，三联书店，1960，第554页。

人口其辞，呜呼盛已”。然而，中国的“诸子之学，其璀璨光辉于战国之时”，如“管商申韩，主张法治”，亦即“其学本专于法者也，其视法也，尊于君主，必君臣上下，悉范围于轨物之中，其事乃完全而无缺憾，而不能以九重之高，独岸然自尊于法之外”[①]。力主复兴国学的邓实更是认定西学“多与诸子相符”：

> 夫周秦诸子，则犹之希腊七贤也……呜呼！西学入华，宿儒瞠目，而考其实际，多与诸子相符。于是而周秦学派遂兴，吹秦灰之已死，扬祖国之耿光，亚洲古学复兴，非其时邪。考吾国当周秦之际，实为学术极盛之时代，百家诸子，争以其术自鸣。如墨荀之名学，管商之法学，老庄之神学，计然白圭之计学，扁鹊之医学，孙吴之兵学，皆卓然自成一家言，可与西土哲儒并驾齐驱者也。夫周秦诸子之出世，适当希腊学派兴盛之时。绳绳星球，一东一西，后先相映，如铜山崩而洛钟应，斯亦奇矣。[②]

而梁启超在《管子传》（1909）中宣称欧美人雄于天下所依靠的治术，如国家思想、法治精神、经济竞争，中国的管子早已发明，实为不期而若合符节。

其后，在1919～1940年，对“整理国故”、诸子学以及法家学的研究，尽管话语有所不同，但实质上仍延续了上述看法与思路。例如，胡适主张用比较研究对“国故”的材料进行整理与解释。陈启天认为，“新战国时代”列强最强有力的思想，包括“国家观念”“法治观念”“军国观念”等，也是与先秦的法家思想相近。

以上这些论说和做法的共同之处在于：认为诸子之学可与西学相互参阅、相互证成、相互发明以及相互驳议。既然诸子之学与西来之学“皆有冥合之处，互观参考”，必定“所得良多”，故无论治西学、治诸子学，均可对西学与诸子学兼而治之。[③] 尤其是在西学潮涌而来的形势下，宣示诸子

---

① 蛤笑：《述学卮言上：论今日宜讲诸子之学以辅翌孔学》，《东方杂志》第11期，1906年。

② 邓实：《古学复兴论》，张枬、王忍之编《辛亥革命前十年间时论选集》第2卷上册，第57页。

③ 邓实：《古学复兴论》，张枬、王忍之编《辛亥革命前十年间时论选集》第2卷上册，第59页。

之学与西学的契合，既可使诸子之学得到受西学冲击的中国学人的瞻顾，又可部分消解“西学”给“中学”造成的压力。与此同时，中国学人也可理直气壮、心安理得地运用西学攻治诸子之学（“以西释中”）。

其二，以西方法治思想为资源，诠释和整理法家的“法治”。自晚清西方法政思想学术传入中国开始，其法治概念与思想一直是中国学人研究法治问题的圭臬和资源。法家学者认为，此举不仅可以沟通中西的法治理论，亦可发现先秦法家在“法治”问题上的创见与贡献，从而为近代法治国家的建设提供本土思想文化上的支持。虽然不时有所比附，但打通中西古今的尝试，也功莫大焉。如梁启超所撰的《中国法理学发达史论》《管子传》以及后来的《先秦政治思想史》,[①] 无不以“西学”包括法治学说作为其概念工具和思想资源，乃至评估衡断的重要标尺。其《管子传》，阐述管子的“法治”主义及经济政策，尤“以东西新学说疏通证明之，使学者得融会之益”[②]。而萧公权也承续了晚清凭“洋”观“故”、释“故”的思想学术潮流。他既是以“洋货”诠解、评析“故物”的积极倡导者，也是卓有建树的坚定实践者。在其代表性著作《中国政治思想史》一书的《凡例》中，萧氏明言其研究的理论预设与方法：“本书采政治学之观点，用历史之方法，略叙晚周以来二千五百年间政治思想之大概。”[③] 法家管、商、韩、李的思想，也是其中的重要篇章。萧先生曾获美国康奈尔大学政治学的硕士和博士学位，其所说“政治学之观点”，显然是他所熟知、精通的西洋政治哲学、政治学说与法治思想。

其三，“以西例中”（罗志田语），推重传统思想与文化，重拾自我思想文化的自信心。“西学东渐”以及 20 世纪之后进入中国的各种“主义”、思潮，是改变中国近百年来思想学术走向最主要也是最重要的力量。但这一态势不仅没有使中国思想学术界被西学与外来文化完全压垮，反而激起了一些

---

① 除《管子传》（1909）外，另两书并非法家思想研究的专著，但法家思想是其中极其重要的内容。《中国法理学发达史论》（1904）论“法治主义之发生”，占其约一半的篇幅。《先秦政治思想史》“本论”部分，“法家思想”共有四章；该书“附录”“先秦政治思想”中，也有专节讨论“法家思想”。所论“法家思想”，其重中之重，就是“法治”思想。可以说，就法家“法治”思想的研究而言，《中国法理学发达史论》乃首出的大著，《管子传》为精妙的续作，《先秦政治思想史》则是繁茁的终篇。

② 梁启超：《管子传·例言》，张品兴主编《梁启超全集》第 6 卷，北京出版社，1999，第 1858 页。

③ 萧公权：《中国政治思想史》，新星出版社，2005。

研究国学、诸子之学包括法家之学的人士对传统文化的热爱和卫护。

邓实在1905年指出：

> 我周秦诸子，本其所得，各自为学，波谲而云诡，不可谓非吾国学术史一代之光矣……而吾乃等之瓦鼎康匏，任其沈埋于尘埃粪土之中，视若无睹。家有至宝，而遗于路人，岂不惜哉！故吾人今日对于祖国之责任，惟当研求古学，刷垢磨光，钩玄提要，以发见种种之新事理，而大增吾神州古代文学之声价。是则吾学者之光也。[①]

而梁启超歌颂管子为中国“学术思想界一巨子”、商君为中国的“伟人”，麦孟华赞美商鞅为中国“法学之巨子而政治家之雄”，当然也具有同样的思想、文化情怀。

陈烈在《法家政治哲学》（王宠惠题签，吴经熊作序）一书的《自序》中，也表达了对法家文化的情感和自豪。他满怀深情地写道：

> 在这个德意志以歌德骄，英吉利以莎士比亚高傲，乃至意大利以但丁为荣耀的世界，我深深地感到——感到一个韩非可以使我们骄，我们也有一个商鞅可以使我们高傲，乃至我们也有一个慎到尽足为我们荣耀。总之，我们中国在春秋战国那个时代，我们的祖先，早已留给我们不少丰富的遗产，其间尤其是法家的政治哲学。[②]

常燕生、陈启天等人也同样高举法家思想及其治国主张，认为它是中国固有文化宝库中的佼佼者。

这是一个历史的吊诡。

诸子之学（主要是诸子的思想与治法）在两汉之后至清代逐渐被儒家打入谷底，其人频遭讥骂，其学隐而不彰，其理抑而不发，其法阴而用之，多归属异端、伏流，更别说发扬光大了。但是，西学一朝传进中土，“洋货”一旦涌入国门，本土的诸子之学却显出不同寻常的流光溢彩与一时之

---

① 邓实：《古学复兴论》，张枬、王忍之编《辛亥革命前十年间时论选集》第2卷上册，第58、60页。

② 陈烈：《法家政治哲学·自序》，华通书局，1929。

盛。许多“国故”“故物”的光辉，恰恰是被西学、“洋货”映照、挖掘出来的，正如西方文化的东来，让一些人更加欣赏和盛赞中国的传统文化。这并非仅仅出于压力之下的本能反应和对民族、国家的情感表达，更重要的是，在西学与诸子之学相通相契的认知之下，西学之光又何尝不是诸子学之光？西政、西法之理又何尝不是诸子之思想？因此，弘扬诸子之学对于吸纳西学并无妨碍。反之，学习西学对于光大诸子之学亦无阻滞。毋宁说，两者不仅可以相互补充，而且可以共同进益。

“西学东渐”对近代法家学的三重影响，其实只是一件事：西学作为压力与参照系，作为思想资源和学术样式，催逼、启发、引动和推展了近代法家学特别是法家思想的复兴。

## The Drastic Turn and Eastward Spread of Western Learnings: Rediscover the Chances and Thought Resources of Legalists

*Cheng Liaoyuan*

**Abstract**: In the history of Legalists in China, the modern time is a brand new phase for Legalists. On the one hand, legalists must respond to the stresses and challenges from the drastic turns of modern Chinese history. On the other hand, since eastward spread of western learnings have encouraged Chinese scholars of modern times to face the western academy, western learnings become the new motives and resources to restudy Legalists. Therefore, "salvation", "enriching the country and enhancing the military force", and " theory of rule of law" become the core concepts and thought mainstreams of Legalists in modern China.

**Keywords**: Eastward Spread of Western Learnings; Renaissance of Legalists; Historical Drastic Changing; Western Learning

# “沈学”的建构与沈家本先生非法学著作浅谈

沈厚铎*

**内容摘要**：沈家本先生以法学名于世，他的法学著作受到了广泛重视，这是不言而喻的；但沈家本先生同时还是一位国学大家，为后世留下了很多宝贵的非法学研究成果，同样值得学者重视。以沈家本先生的法学成就为龙头，集沈家本先生在经学、史学、版本目录学（文献学）以及诗歌创作、随笔等诸多成果于一体，建构一个全面研究沈家本先生的“沈学”，不仅是可能的，而且是必要的。唯有如此，才不至于忽略沈家本先生留下的诸多文化遗产，也才能更准确地评价沈家本先生的贡献。

**关键词**：沈家本　非法学著作　沈学

中国政法大学出版社出版的八卷本《沈家本全集》，1～4卷收入的是法学著作，第8卷是沈家本先生整理、编辑的书籍，5～7卷收入的全都是非法学著作。从这些非法学著作中，我们可以看出，沈家本先生不仅是一位伟大的法学家，而且是一位很有功底的国学大家。因此，笔者认为，构建一个以沈家本研究为中心的“沈学”是完全可能的，也是非常必要的。因为唯有如此才能还原完整的沈家本；也只有创建一个全面研究沈家本先生的“沈学”，才不至于忽略沈家本先生留下的法学之外的诸多文化遗产。

---

* 沈厚铎，沈家本曾孙，中国政法大学教授，沈家本研究中心主任。

也许只有通过对沈家本的全面研究，我们才能发现，沈家本先生不仅是一位通过科举进身的读书人、一位深受中国传统儒家思想影响的读书人，而且是一位勤奋且有责任心的学者、一位生于动荡时代的知识分子。

## 一 “沈学”的内涵及其建构

众所周知，自《红楼梦》诞生的那一天起，围绕着这部旷古名著及其作者，便形成了一门综合性的学科，那就是“红学”。“红学”主要包括曹学、版本学、探佚学、脂学四大支，即对《红楼梦》的作者、版本、“佚稿”以及脂砚斋评的研究。也就是说，“红学”是以一个作者、一本书为基础的学术研究。由于涉及诸多学科，“红学”俨然成为一种综合性的“国学”研究，并因而得到了广大学者的重视。

文学界有“红学”，法学界应有“沈学”。我们之所以提倡建设“沈学”，是因为沈家本作为时代的、具有代表性的历史人物，其学术成就能构成一个综合性的学科体系。正如沈家本先生在1907年亲自整理编辑的《寄簃文存》“小引”中所说的：“乙丑举于乡，复困于礼部试。癸未始脱举籍。此数十年中，为八比所苦，不遑他学。间或从事经史考证之书，若古文词未之学也。癸未后复困于簿书，所讲求者案牍之文，多作狱讼驳诘之语，昕夕从公，幸无陨越而已。迨癸卯岁，奉命修订律例，不得不研究法学之编。”沈家本先生毕生致力于“经史考证之书，若古文词未之学”，并为此花费了大量时间，其著作的分量也说明了他的学术研究绝不仅限于法学之一科。况且，在对中国历代法制研究时，他充分运用了经史学研究中的考证、训诂、类比等方法。另，从沈家本先生的日记中，我们也可以了解，在沈家本先生毕生的精力中，花费在经史、文辞方面的时间要大大超过法学研究的时间。

由此，我们提倡的“沈学”是以沈家本先生的法学成就为龙头，集沈家本先生在经学、史学、版本目录学（文献学）以及诗歌创作、随笔等诸多方面成果于一体的研究。包括对沈家本先生佚稿的研究，沈著版本的研究，沈家本先生身世、生平、生活、社交的研究以及沈氏学术方法的研究等丰富的内容。

由于“沈学”是一门综合性的学科，仅靠法学界的学术力量是不可能完成的。因此，“沈学”应该在法学学术队伍的基础上，充分调动国学研究、史学研究、文字训诂学研究、考据学、版本目录学、文献学研究、文学评论、文学史研究、人文地理研究等诸多方面学者参与其中，形成一种综合性研究氛围，这样才能逐步构建一个以沈家本及其著作为中心的学术范畴。

## 二　沈家本先生的非法学著作

有关“沈学”的研究，自然应以当下人对沈家本先生的认识与研究为基础，以法学为龙头。四十余年来，有关沈家本先生的法学思想、司法改革等有关法律、法学方面的研究已有大量的佳作，但对沈家本法学著作的研究尚寥寥无几，这是需要法律学人专注的。对于沈家本先生的非法学著作，学界虽也有些许关注，如有学者开始研究沈家本先生的《汉书琐言》，但毕竟屈指可数。为倡“沈学”，笔者以老迈浅薄之力，对沈家本先生几部重要的非法学著作略加介绍，以供诸贤参考。

沈家本先生一生两进刑部。其 16 岁中秀才，25 岁取得举人资格，43 岁得中进士。在 24 岁时进入刑部，这是他第一次进入刑部，一待就是整整 30 年。他的非法学著作大多是在这一时段完成的。1901 年，沈家本先生二进刑部。在此段时间，他把全部的精力都用在了变法修律方面，除了零星写一些随笔和诗歌以外，无暇研究他酷爱的经史了。直到 1911 年，他脱离政坛，回到自己的书斋，才得以重操学术旧业。然而人生苦短，最后只完成了《汉律摭遗》《枕碧楼丛书》便与世长辞。

综观沈家本先生的非法学著作，大体可分为五类：一曰经学，二曰史学，三曰版本目录，四曰诗歌与日记，五曰古籍整理与杂纂。大体不离“经史考证之书，若古文词未之学”，笔者依次简约介绍，以飨读者。

### （一）沈家本先生经学研究著述要览

沈家本先生 16 岁考中秀才，算是有了功名。在此一时期，他开始对经史研究产生兴趣，虽进入刑部为官，仍不减其好。直到 1883 年，沈家本考中进士并升任奉天司主稿兼秋审处坐办，他才不得不移目法律之学。正是此前长期经史研究的训练为他后来从事法学研究打下了良好的基础。沈家本先生经学研究的代表性成果主要有以下 3 种。

**1.《周官书名考古偶纂》**

《周官书名考古偶纂》是沈家本先生的处女作。1859 年，沈家本先生 19 岁，其时，他正为参加乡试、考取举人功名做准备。课读之余，他发现，郎兆玉的《周官古文奇字》中引用的书名存在许多舛误，于是，他对江苏仪征阮元的《周官校刊记》、段玉裁的《周礼汉读考》、惠士奇的《礼说》以及各种字书、韵书做了一番考据，编写了《周官书名考古偶纂》（又名《周官书名异同考》），纠正了其中的一些错误。他在自序中说："唯自成童后，专力举业，六书之学未获穷流溯源，兼以家鲜藏书，未由检校纰缪知不免矣。"可见，他自知此时学力尚不足。然而，对于出自 19 岁童生之手的这本书，世人仍多赞颂，《清史稿》撰写者在《沈家本传》中评述道："少读书，好深湛之思，于周官多创获。"

**2.《日南读书记》（十八卷）**

从日记记载的读书情节看，《日南读书记》的成书时间应在同治三年（1864）至光绪十九年（1893）。在这段时间，沈家本从刑部候补郎中做起，直至成为部中要员，独占奉天司主稿、秋审处坐办、律例馆管理提调三个要职；同时，他在功名方面也有收获，从举人一跃成为进士。沈家本的经史研究成果大多成于此时。《日南读书记》中的"日南"是因家在皇城之南而得名；"读书记"，顾名思义，即为读书笔记。

《日南读书记》是沈家本先生读古人列为"经"的诸书笔记。先生从《易经》始读，得两卷，继而为《尚书》一卷、《诗经》一卷、《周礼》一卷、《礼记》一卷、《左传》六卷、《公羊传》一卷、《穀梁传》一卷、《论语》两卷、《孟子》一卷、《孝经》《尔雅》共一卷，计十八卷。所记内容大体可分为四类：一曰对难点、疑点的考证；二曰纠正说解、注疏中之舛误；三曰对历史事件的评价；四曰整合散见的事件线索，使成为完整事件。

《日南读书记》不同于一般的经书之说解，完全是沈家本先生读书理解、考证、梳理的收获，内容丰富，极具文献价值，是研读经书者极好的导读、参考书目。

**3.《说文引经异同》（二十一卷）**

《说文引经异同》因"引经"而被列为经学之作，其实，它是一部目录学之书。

《说文引经异同》成书于光绪七年（1881）。沈家本先生在《自序》中说："光绪己卯之冬，余始纂此书，严寒夜课仅毕《易》、《书》二经，因事中辍。庚辰夏秋之交，续纂又未成。今夏重理此稿，入秋甫竣，凡得二十二卷。"也就是说，这本书的编纂前后经过了三年时间。沈家本在《己卯日记》十月初十记曰："灯下纂《说文引经异同》，以吴、陈为稿本，以诸家说附益之，分经而不分部，则与吴陈二书殊旨。"从他的这一段自述来看，《说文引经异同》始纂之日应是1879年11月23日。《辛巳日记》八月初九又记曰："纂《说文引经异同》毕。"正文下注曰："此书己卯冬初，纂辑旋辍，客夏续纂仍未毕而辍。今下复纂，今始脱稿，然尚草创，无条例也。"日记与《自序》相应，说明了编纂的准确时间。从中还可看出，沈家本先生对已经完稿的著作并不满意，故在《说文引经异同》正文之首专门写了"寄簃集记，初稿"几个字，以明心意。从日记来看，或许由于时间的关系，沈家本先生此后再也未动过这部书稿。

所谓《说文引经异同》，顾名思义，就是对历来注《说文解字》的诸书中引用经书文字异同的考证。从体例上看，它仍采取诸经分列的形式。全书共二十一卷，其中第十五卷分了上、下两部分，因此，实则有二十二卷。一卷和二卷是关于《易经》的，三至八卷与《尚书》有关，九至十三卷为《诗经》，十四、十五卷上谈的是《周礼》，十五卷下、十六卷关于《仪礼》，十七卷论及《春秋传》，十八、十九卷关于《左氏传》，二十卷论及《国语》，二十一卷关于《论语》。

《说文引经异同》条目清晰，分别引"经"异同相较，以求正误，是一部经典的、以比较考证为方法的经学著作。它对吴玉搢的《说文引经考》、陈瑑的《说文引经考证》等书之"引经"做了正误甄别。这一研究在《说文》引经研究中占有重要的学术地位，但对于这部流传至今的要籍，尚未有学者进行深入的研究。

以上是沈家本先生经学著作要略。这些著作具有很高的文献价值，但由于沈家本先生以法学著作而称于世，故湮没至今。

## （二）沈家本先生史学著作概要

### 1.《诸史琐言》（十六卷）

《诸史琐言》含《史记琐言》三卷、《汉书琐言》五卷、《后汉书琐言》三卷、《续汉书志琐言》一卷、《三国志琐言》四卷，共计十六卷。所谓"琐言"，其实就是沈家本先生的读书笔记。书中记下了沈家本先生读史时所见的疑点，以及自己所做的考证。对于这些疑点，他或做正误之结论，或存其疑。沈家本先生学识渊博，所以，其中记述的研究成果应是史学研究之重要参考。

《史记琐言》，光绪三年（1877）六月初一（7 月 11 日）始纂，八月十二成书。沈家本先生在这天的日记中这样写道：“自六月初一日看起，至此为六十四日，看《史》一周，此第四过矣。南窗多暇，偶有所见，书之短册，成《史记琐言》三卷。虽不足以言学问，然岁月消磨于此中矣，故录而存之。”这就是《史记琐言》的成书过程。

《汉书琐言》。沈家本先生刚完成《史记琐言》，在过完中秋后的四天，即八月十七又开始了《汉书琐言》的编纂。在这天的日记里，他写道：“不观书者四日矣。午后看《汉书》四页，以德藩本、官本、毛本、凌本相校。”至光绪四年（1878）四月初八，《汉书琐言》始告完成，全书共五卷。同时完成的还有《汉书侯国郡县表》。

《后汉书琐言》《续汉书志琐言》。据光绪四年（1878）五月初十日（6 月 10 日）的日记：“不能读书者月余矣，今日读《后汉书》五页。”也就是说，从这天开始编纂《后汉书锁言》。至八月二十（9 月 16 日）完成。《日记》是这样记录的：“《后汉书》并《续汉志》已过，此书戊辰夏曾读一过，此为两过矣。随手札记《琐言》四卷，学不加进，聊当过夏之课。”为读《后汉书》对照之需，沈家本同时读了《续汉书志》，故同时完成了《续汉书志琐言》的编纂。

《三国志琐言》《三国志校勘记》。从日记来看，沈家本先生从光绪四年（1878）八月二十七（10 月 22 日）开始编纂《三国志琐言》和《三国志校勘记》，前者四卷，后者七卷。其在《三国志校勘记》后记中写道：“前南、北雍所刊诸史，讹谬不胜枚举。”又说：“去年秋，从黄再同太史借得南雍本，乙毛本、官本、局本校勘，颇有异同，因之记前贤旧说、有关考订略加汇集，管见所及亦间附焉。”该日记对编纂的方法和过程进行了说明，最后的落款时间是“己卯闰月”，即闰三月，也就是 1879 年四五月间。这两部书无论是对《三国志》的研究和考证，还是对三国史的研究，都很有价值。

**2. 《明史琐言》**

《明史琐言》对《明史》中的矛盾、错误之处予以了考证，并附有按语。这本书也是沈家本先生的读书笔记，于研究明史亦有一定的参考价值。该书仅得一卷。

**3.《古今官名异同考》**

该书对历代主要官名做了考证。对历史上官名中名同而实异者做了较详尽的考证，是研究古代官名、官制很好的工具书。

**4.《晋书五行刑法二志校语》**

沈家本先生似乎对《晋书》的关注度不是很高。从日记来看，他很少研究《晋书》，故该书仅对《晋书》之《五行志》和《刑法志》做了校刊和考订。

## （三）沈家本先生版本、目录学著作述略

**1.《古书目四种》（十四卷）**

沈家本先生之所以选取这四种古注并为之编目，一是他研读史书所及，二是（或更主要的是）这四种古注向以保存颇多已佚古籍而著称。从古书目的选择可以看出，沈家本先生在文献辑选方面很有见地。

《三国志注书目》，又名《三国志注所引书目》，为《古书目四种》之第一编。在《三国志注所引书目・自序》中，沈家本先生写道："宋裴松之《三国志注》纂于宋元嘉中，古书目可考者此为最古矣。"又曰："所引事迹首尾完具，不似他书之割裂剪裁。六朝旧籍赖此以存。"这正是沈家本先生以此目为《古书目四种》之第一编的原因。在此序的最后，沈家本先生说道："循斯目以求之，正不胜望古遥集之思焉。"这表明了沈家本先生编纂《古书目四种》的初衷。

《世说注所引书目》，被列为《古书目四种》之第二编。沈家本先生在《世说注所引书目・自序》中说道："古书之存于注释家者，裴世期为最先，稍后即为刘孝标之刘义庆《世说》注。共所引之书，今存者十不及一，赖之以传。"沈家本以所藏明万历庚辰王世懋刻八卷本《世说新语》为底本，逐行著录，均注出处，考证对照。

《续汉书志注所引书目》，《古书目四种》之第三编。在沈家本之前，有金武祥的《续汉志刘昭注引书目》，仅列160余种书目，且对所列书名既不著出处，也不加考证。沈家本的《续汉书志注所引书目》以金武祥书为蓝本，共列出引书242种。其中经部66种，史部112种，子部42种，集部22种。对于所列书目，沈家本先生详尽地注明了首见于某处，并一一解题，详加考证。

《李善文选注所引书目》，《古书目四种》之第四编。因该书稿本于"文革"中丧失，至今无法做出介绍，故只得存疑。

**2.《借书记》**

《借书记》成书于同治四年（1865）。当时，沈家本先生奉父命，追随其父往贵州职所，却因故滞留长沙，在此期间，"以道远且阻，书多置不携，惟向人借观"，"闲取所借读书，摭具大旨，以存崖略"（《借书记》开卷语）。在《借书记》的卷尾，沈家本先生又说："右记一册，起壬戌，时浮寓星沙，讫乙丑之冬，时以应试返里。"由此可见沈家本先生在寄寓长沙时读书写作的情况。《借书记》共记录了其所读书籍 348 部，其中大部分是经史子集，也有神仙怪异之书。而最令人惊讶的是，其中还有一些早期西方传教士的著作或译作，以及明末清初启蒙思想家的代表作。

这些书大体可分为三类。一为西方地理民俗类，主要记述西南洋诸国奇草异兽，也有小部分涉及民俗。如《坤舆外记》《新释地备考全书》等。二为西方科学类。如有关人体解剖学的《全体新论》，利马窦口述、李之藻记录、演算撰成的数学著作《圜容较义》以及《测量法义》《几何原本》、《同文算指前编》等。三为明末清初启蒙思想家的代表作，有《日知录》和《明夷待访录》两部。

沈家本先生记录了所读每部书的作者、年代、版本，归纳了大致内容，并做了简要的评价，有些还有所考据。如果仔细阅读《借书记》，可以看出沈家本先生在这四年的读书、成长经历，可以了解到，他通过读书，增长了过去所读经史子集之外的新知识，这对他的思想产生了相当重要的影响。

沈家本先生有关版本、目录的著作，除了上述专书以外，还有一些散见于《日南随笔》《枕碧楼偶存稿》之中，也很值得注意。

## （四）沈家本先生的诗歌、日记

**1. 诗歌**

诗歌是中国古代文人常用的一种文体，它既可表达自己也可唱诵他人，既是一种交流工具，也是一种自娱、抒情的载体。诗歌伴随着沈家本先生的一生，他一生共创作了 600 多首诗歌。通过这些诗歌，沈家本先生聊以抒发情感，表达心志，记录生活。

沈家本先生的诗歌收录在《沈寄簃先生遗书·枕碧楼偶存稿》的七至十二卷之中。其排列以年代为序，起自辛未（1871 年，即咸丰九年），终于癸丑，即沈家本先生逝世之 1913 年。由于沈家本先生的部分日记遗失，因此，我们可以凭借这些诗歌追踪沈家本先生的行迹；诗歌中提及的许多人、事、古迹、山水，也可以成为人文地理的考证文献。研究沈家本先生的诗歌，对解释他的思想、感情的变化、发展具有十分重要的意义，对了解那个时代也有重要的意义。

**2. 日记**

日记是了解人的基本素材。沈家本先生的日记既有朴实的生活记录，又有对时事的评论、思想感情的抒发，对我们了解沈家本先生的生平、行迹、思想有重要的参考价值。

现存的沈家本先生日记有 1861 ~ 1866 年（6 年）、1871 ~ 1883 年（13 年）、1890 年、1891 年、1893 年、1894 年、1898 年、1912 年，前后共有 25 年。由于沈家本先生有写日记的习惯，因此从 1861 年起至 1913 年沈家本先生逝世止，应存 53 年的日记。所缺者如下：1867 ~ 1870 年，1884 ~ 1889 年，1892 年，1895 ~ 1897 年，1899 ~ 1911 年，1913 年。特别是1900 ~ 1910 年以及 1913 年日记的阙如，的确是十分重大的损失，致使我们无法了解修律十年沈家本先生的生活与思想，这也必是“沈学”探佚的重要任务。

## （五）沈家本先生的古籍整理与其他著作

### 1. 沈家本先生在古籍整理方面的贡献

沈家本先生十分注重古籍整理，特别注重珍稀善本书籍的整理与推广。他在《枕碧楼丛书·序》中说：“天下之物，以有用于世为贵。世苟知之，知而能用之，使物果足以副所用，则遂为有所用之物矣。若有用之物而置诸无用之地，乌足贵？今夫书，物之至贵者也；藏书，又名之至贵者也。挟至贵之名，储至贵之物，天下称之。而其病则有两焉。一失之贪多。贪多则鉴别不精，真伪杂糅……一失之固秘。固秘则孤本旧钞视为希有什袭，惟恐有失，不以示人；即或著诸目录，以炫他人，而原书则庋之深宫严宇之中，虽至友亦不获一睹，此正所谓有用之物，置诸无用之地者。其病，书受之，而人亦未尝不蒙其诟也。”他又指出：“夫书之用，可以考古制、征故事、决群疑……窃谓藏书之家有二便焉：举藏本之精要者，叙厥源流，编成目录，风行于世；好学之士，得就目录中择其所必用者，乞代造写，不惮烦读，力任钞胥；由是一家之书可变而为数家之书，流传遂广，则此书不第为世知并为世用矣，此其便一也。传写固佳刊刻尤善，其为宏篇巨帙，集资困难。若数卷之书，以至十数卷之书，算字无多，匄工尚易，一付剞劂，则孤者不孤，秘者不秘，以一人好书之心，推知天下之人好书之心，其心至公，其事斯溥。寻常之深藏固秘而等于无用者，如是则皆有用矣。此其便二也。夫私诸一人，不若公诸天下人，此理之显然者也。私诸一人而设遇刀兵水火之劫，归于无何有之乡，虽欲私之而不可得，此事之难料者也。则何若公诸天下，或此亡而彼存，或彼亡而此存，犹可希冀长留于天壤，岂非幸事哉。”这就是沈家本先生整理古籍的心愿和目的，不必赘言其他。

沈家本先生古籍整理的代表作是《枕碧楼丛书》，所刊计十二种。其中法学著作七种，含《南轩易说》《内外服制通释》《刑统赋解》《粗解刑统赋》《别本刑统赋解》《刑统赋疏》《无冤录》。非法学著作五种，含《河汾旅话》《河南集》《花溪集》《来鹤亭诗集》《玉斗山人集》。

整理古籍是沈家本先生的毕生心愿，他在《枕碧楼丛书·序》中说：“余抱此愿久矣。”然而“龄颓神衰，庚续无力姑存此虚愿而已”。正是在《枕碧楼丛书·序》付梓的这一年端午，老人存此虚愿驾鹤西归。当然，沈家本先生一生整理的古籍不仅限于此，此外还有《汉律摭遗》、沈刻《唐律疏议》等，不一而足。总之，为书籍的传播，沈家本先生付出了毕生的努力。

**2. 沈家本先生的其他著作**

除了上面提到的各类书籍外，沈家本先生还有一些其他类的著作。例如《枕碧楼偶存稿》一至六卷，收录了其写作于不同时期的各类文章，实际上也是他非法学类文章的总集。文集包括论、考、释、书后、序、跋等各种文字，亦不乏关于版本、目录的论述，从中，我们可以了解沈家本先生对许多事物的看法，知悉他的思想。

《日南随笔》更是一本随性而成的见闻记录，不仅包括了其不同时期的读书随记、所到地域之人文舆地见闻，而且包括对一些事物的考证、考察。这些随笔或许是沈家本先生回京任官以后，居于皇城之南，闲暇时整理编辑而成，而非一时之作。

沈家本先生还有诸如《吴兴琐语》《奇姓汇抄》之类的作品，可能是兴起之作；从教育、警示子孙后代的《药言》《冰言》中，我们也可读出沈家本先生的为人与性格。

总之，沈家本先生的非法学著作内容丰富，涉猎广泛，思想深邃，与他的法学著作一起，共同撑起了“沈学”的大厦，其基础十分深厚。由于笔者学术能力有限，且老迈思钝，无力对“沈学”之概做较为详尽的论述，只能求其大旨，以为号召，愿后起诸君多多努力。

## On Construction to "Shenology" and An Introduction to the Non-law Works of Mr. Shen Jia-ben

*Shen Houduo*

**Abstract**: It is well-known that Shen Jiaben is famous for his researches on law, and people have paid more attention to his legal works. But it is little-known that Mr. Shen is also a master of Sinology, and gives us many valuable non-law works, which are worthy of our attention similarly. I think, it is not only possible but also necessary that we construct Shenology by collecting together Mr. Shen's all works, such as the study of Confucian classics, historiography, bibliography, poetry and casual literary notes, and headed by Mr. Shen's legal works. Only in this way can Mr. Shen's numerous cultural heritages be remembered by all of us, and only by this can we evaluate Mr. Shen's contribution rightly.

**Keywords**: Shen Jiaben; Non-law Works; Shenology

# 法制人物研究

# 周旋于学术和政治间的钱端升先生

刘　猛*

**内容摘要**：钱端升先生一生周旋于学术和政治之间。前半生，他曾冀图入仕，将平生所学应用于政治实践，无奈事与愿违；后半生，他成了党政国家的一分子，学术研究的路被人为切断，不可避免地牵扯到政治旋涡里。钱端升先生历经晚清、民国、共和国，经历了几个时代的风雨沧桑，见证了中国国家现代化的前进与坎坷。钱端升先生有远大抱负、家国情怀，所追求的无非中国的学术现代化与政治现代化。无论是在学术方面，还是在实践方面，钱端升先生都为国家的现代化建设做出了很大的贡献，为国家和民族奋斗了一生。综合观之，最适合钱端升先生的道路或许还是教书和学术，但他因政治而耽搁了学术，最终没能发挥出最大的能量。

**关键词**：钱端升　学术和政治　北京政法学院　学术现代化　政治现代化

## 一

钱端升（1900～1990 年），字寿朋，中国著名法学家、政治学家、社会活动家。1900 年 2 月出生于江苏省松江府上海县钱家塘的一个中医世家，五岁开始入私塾读书识字，学习中国传统典籍，八岁前可勉强背诵四书和《史鉴节要》《诗经》《左传》《唐诗三百首》的部分篇章。当时，他还学习

* 刘猛，清华大学政治学系助理研究员，法学博士，主要研究方向为法理学、法律思想史和政治思想史。

了数学、英文、史地等科目，这些新鲜科目让他耳目一新，进步很大。

1910 年，钱端升到上海城内就读，先在敬业学堂，后转到养正学堂。小学毕业后，1913 年春考进松江省立三中；为了报考清华学校，1916 年转到上海私立南洋中学。1917 年 7 月，清华举行高等科插班生考试，分别在上海和北京招考，310 人报名，其中上海 176 人，北京 134 人，最终录取 80 人，[①] 钱端升应考并被录取。在清华学校，中等科和高等科各四年，彼此分开，中等科在校河以北，高等科在校河以南的清华学堂。钱端升插班就读于高等科三年级，上午上西学课程，用英语讲解，下午上国文各课。当时的校方规定，高三时同省籍者不准同寝室，高四便没有了这一限制。清华学校管理严格，作息规律，每天下午 4 点，所有寝室、教室、自修室一律锁门，学生须到室外从事体育活动。[②]

五四运动时，正在清华高等科读四年级的钱端升也参与其中。5 月 4 日下午火烧赵家楼，清华同学 5 月 5 日才进城，贴标语与北平学生会联系。到了 6 月 3 日，清华学生全体进城游行宣传，清华被捕者有 20 多人，与其他学校的学生一起被关在北大理科大楼里，后来又被关到北大法科大楼（三院）。被监禁的共有 1000 多人，钱端升也是其中之一，一直到 8 日才由清华全体同学迎接回校。[③]

在清华学堂就读两年后，依惯例于 1919 年放洋赴美读书，从毕业放洋时间看，钱端升这一级属清华己未级。出国前几日，各界在上海南洋公学操场集会欢送，孙中山到场，张溥泉（继）演讲。1919 年 8 月 17 日，这一级学生乘坐“哥伦比亚”号的头等舱由上海出发赴美，横穿茫茫太平洋，9 月 11 日抵达旧金山，半夜分发火车票，次日早晨继续东行。[④] 与他们这一级同船赴美的，还有其时在清华任教赴美就读哈佛大学的林语堂及其夫人、郝更生、樊际昌、吴南轩诸人。[⑤]

到美国后，钱端升入读北达科他州立大学，插班进入四年级学习政治学，1920 年夏天获得文学学士学位。在北达科他州立大学，他如饥似渴地

---

① 参见苏云峰《从清华学堂到清华大学（1911～1929）：近代中国高等教育研究》，中研院近代史研究所，1996，第 222 页。

② 参见钱昌祚《浮生百记》，传记文学出版社，1975，第 13～14 页。

③ 参见柏生《几个“五四”时代的人物访问记》，《人民日报》1949 年 5 月 4 日，第 6 版。

④ 钱昌祚：《浮生百记》，第 15 页。

⑤ 林太乙：《林语堂传》，联经出版公司，1989，第 45 页。

吸收新知识，选修了政治学、公共财政、公开演讲、新闻学、美国政府和政治、美国立宪史、美国工业和经济史、法语口语等课程。他希望一口气修34小时的课程，但学校只批准了22小时的课程。课余，钱端升参加演讲，了解当地风土人情，还参加教会活动，他的娱乐活动主要是去电影院看电影。在此地，他收获了一年的“愉悦与情谊”，“为人很受欢迎，是一个成功的学生，全系和同学团体对他充满爱惜与感谢”[①]。1920年6月15日，钱端升大学毕业，他在日记中写道：

> 大学毕业典礼日，当然景象万千。毕业生校友午餐聚宴盛会，讲演人很多。到 Dr Bek. 家去看望——过得愉快。在 Dr Gillettes 处去吃晚饭——过得愉快。在接受学位证书时，李民兴（Min Him Li），Letessier，Pat，以及两位优胜者都受到在场观众的最强烈欢呼。我是唯一欢呼不多的外国学生，对我的欢呼是我那一系的同学同侪们给的。[②]

1920年6月28日，钱端升在密歇根大学暑期学校注册上课，课程共八个学分，包括国家政治学、社区问题、英国的政府与行政、国际公法。但在这个暑期学校，钱端升的课程成绩不甚理想。[③] 在暑假密歇根大学政治系简短学习之后，钱端升又去了麻省剑桥。9月23日在哈佛大学注册，9月29日开始上课，“所学各课属历史、政治和经济三系合成科目，偶尔也旁听哈佛法学院的一些课目”[④]。钱端升修习的课程包括美国宪法（两学期）、国家行政学（两学期）、政治组织、政府系统、欧洲史、政治权力、公共财政学、政治学说史、州政府和审计、西洋史、统计学、国家哲学、德国史、行政地理学等，课业可谓繁重。1921年7月6日，钱端升参加佛蒙特大学暑期班，修习了货币与银行学、希腊罗马史、英国史的课

---

① 潘惠祥：《在政治与学术之间：钱端升思想研究（1900～1949）》上册，花木兰文化出版社，2015，第56～58页。

② 《钱端升留美日记》，转引自潘惠祥《在政治与学术之间：钱端升思想研究（1900～1949）》上册，第57页。

③ 潘惠祥：《在政治与学术之间：钱端升思想研究（1900～1949）》上册，第58页。

④ 钱端升：《我的自述》，《钱端升学术论著自选集》，北京师范学院出版社，1991，第695页。

程。1922 年 6 月，获得硕士学位。1922 年 7 月 10 日，他再次参加佛蒙特大学暑期班，学习拉丁语、西班牙语、打字。[①] 1923 年 11 月，钱端升在哈佛大学口试完毕，完成博士学位所需的程序，并准备前往欧洲游历，绕道回国。[②]

1924 年夏，钱端升以《议会委员会——比较政府研究》（*Parliamentary Committees: A Study of Comparative Government*）的论文获得博士学位，其实此时，他已离开美国。为了写作这篇论文，钱端升奔赴华盛顿，到国会图书馆查阅资料，并参观了参、众两院，向各委员会主席了解工作情况。[③] 这篇论文以英国、美国、法国、德国的议会为研究对象，采用比较方法和历史方法，研究因应时代需要出现的议会内部的各种委员会。[④] 该论文以法律与制度的视角研究政治，这与他其后学术生涯中的注重描述性分析和公共行政研究的视角不同。[⑤]

当时的美国大学，以哈佛大学和哥伦比亚大学在中国最为知名，但两校有很大差异。“以博士学位而论，在哈佛获得学位的人常有一定的学识水准，但少有成名的论文，哥伦比亚出来的人，程度容有参差，惟论文成为名著的却常有所闻。”[⑥] 当时，哈佛的中国学生大都很努力用功。哈佛为全美最高学府，学校章程上自我鼓吹教授和图书馆两项，皆为大学翘楚。“清华同学对于这二项资产，都能享用不遗余力。每星期六晚上在书库里，——专修学生在图书馆书库里，一人可占一大书桌，——读到关门的时候，不乏有人。”[⑦]

钱端升从一个中西部大学到东部美国最好的大学就读，体会良多。他觉得，在北达科他州立大学学六七门科目，每周近 20 个小时，所得万不及在

① 潘惠祥：《在政治与学术之间：钱端升思想研究（1900～1949）》上册，第 58～62 页。

② 浦薛凤：《大波斯顿清华同学联旧会志盛》，《清华周刊》第 300 期，1923 年 12 月 28 日，第 10 页。

③ 陈文秋：《钱端升先生年谱简编》，载赵宝煦等编《钱端升先生纪念文集》，中国政法大学出版社，2000，第 401 页。

④ 关于钱端升博士学位论文的简单介绍和评论，可参见潘惠祥《在政治与学术之间：钱端升思想研究（1900～1949）》上册，第 109～134 页。

⑤ Chalmers A. Johnson：《社会主义花园中的思想毒草：以钱端升为例》，黄福得译，杨肃献校订，载史华慈等《近代中国思想人物论——自由主义》，时报出版公司，1980，第 407 页。

⑥ 张忠绂：《迷惘集》，台北，文海出版社，1978，第 53 页。

⑦ 沈宗濂：《哈佛的清华同学》，《清华周刊》第 318 期，1924 年 6 月 13 日，第 43 页。

哈佛学四门课，每周 12 小时。[①] 钱端升在哈佛读书非常刻苦，曾在 1920 年最后一天的日记中写道："一年读到晚上，苦极矣！"[②] 朋友说他"好学不倦"。至于他好学的程度，我们找不到确切的描述，但从另一个清华同学沈乃正的身上，我们可以看到那辈学者在国外镀金时的求学样貌：

> 非但平日自朝至夕在图书馆里埋首，连星期日都不肯一息放松。我有一次劝他同去吃中国饭，告诉他一去就吃，吃完就走，左譬右讲，保他不费时候。但是乃正说：路上来回电车上的二十五分钟很可惜，下星期再去罢。[③]

当时的波士顿，群贤云集，学人来往去留，在此度过知识积累的宝贵年华。钱端升在波士顿期间，赵元任、李济、叶企孙、袁同礼、萧蘧、浦薛凤、沈乃正、李干、刘驭万、朱世明、甘介侯、沈宗濂、谢冰心、顾毓琇、施嘉炀等在中国近代史的天空或重或淡都要勾勒上一笔的群星们，也在此地求学或驻足。"天涯万里，寂寞枯干。"祖国依稀，家山入梦，在美的同学"提到'清华'二字，都有一种说不出来的感情"，于是清华同学在波士顿经常举行聚会，组织筹备委员会，钱端升曾担任这个委员会的会计。[④] 钱端升在哈佛读书时，赵元任在哈佛任教，中国学生常常去赵家聚会，钱端升便是其中之一。[⑤]

毕业后，钱端升拿着罗威尔（Lawrence Lowell，1909～1933 年掌校哈佛）校长的介绍函，漫游欧洲各国半年有余。他拜会各大学的教授，访问各国议会议员，参观一些大图书馆。钱端升尚在欧洲游历"习比较政府学"之际，清华因有改办大学之意向，校长曹云祥开始淘汰教员，罗致良善师资，酝酿"拟请钱端升先生来校教授历史，或文化"[⑥]。1924 年 5 月，钱端升结束五年的游学生涯，回到上海。

---

① 钱端升：《清华改组之商榷》，《清华周刊》第 25 卷第 2 号，1926 年 3 月 5 日，第 81 页。

② 《钱端升留美日记》，转引自潘惠祥《在政治与学术之间：钱端升思想研究（1900～1949）》上册，第 58 页。

③ 沈宗濂：《大波士顿个人消息一束》，《清华周刊》第 318 期，1924 年 6 月 13 日，第 47 页。

④ 朱世明：《大波士顿清华同学欢聚会》，《清华周刊》第 285 期，1923 年 6 月 8 日，第 56 页。

⑤ 杨步伟：《杂记赵家》，广西师范大学出版社，2014，第 31、38 页。

⑥ 璈：《与曹校长谈话记》，《清华周刊》第 306 期，1924 年 3 月 21 日，第 26 页。

## 二

钱端升回国后开始在清华学校任教。1924年9月，被清华学校正式聘为教员，教授历史。① 当时的清华尚未改制为大学，正处在一个新旧交替的时期。在旧制的留美预备部，钱端升讲授世界史、比较政治课程。②

从1925年开始，清华学校在旧制部高等科外设立大学部和研究院国学门。其后，钱端升开始在大学部授课。钱端升积极献言献策，革新校政。他提议清华设立教授会和评议会，实行“教授治校”。在钱端升的催促下，校长曹云祥成立“清华学校改组委员会”，以曹云祥为主席，以梅贻琦、戴超、陈达、钱端升、孟宪承、吴宓为委员，开会制定了“清华学校组织大纲”草案，修正后经教职员会议通过施行。这个大纲设立了评议会和教授会，对于清华以后的发展意义重大。③

关于清华改办大学，钱端升有一套自己的制度图景。在办学理念和方向上，他认为“大学目标当以人文教育为主：文科学生应有相当的科学知识，理科学生亦应有相当的文献知识，文质彬彬，可以挽士风而敦实学”④。因此，清华应当以建成中国文理科的最高学府为目标，先集中精神办一个完美的文理科，再说专门学问之科（与技术有别），争取建设成中国的巴黎大学。具体来说，以美国普通科大学为低层次标准，以欧陆的法国文理科或德国哲学科为高层次标准，逐步递进，先办文理科大学，开设哲学、史地、政治经济、古代文学、近代文学、物理化学、自然科学、数学等课程，进行“士人教育”（Humanistic education），培养士风，造就读书知礼的现代“士人”；然后进行造就专家的“职业教育”。“礼义为本，技术为用”，则国运可昌。⑤

在改办大学的细节上，钱端升批评清华靡费（校舍多、教职员多）、机关太多、组织太无根据、教员地位太低、美籍教员大多水平低却待遇优、学

---

① 清华大学校史研究室编《清华大学一百年》，清华大学出版社，2011，第41页。

② 《1925年秋教员授课表》，载清华大学校史研究室编《清华大学史料选编》第1卷，清华大学出版社，1991，第338~341页。

③ 苏云峰：《从清华学堂到清华大学（1911~1929）：近代中国高等教育研究》，第46~53页。

④ 钱端升：《清华学校》，《清华周刊》第362期，1925年12月4日，第39页。

⑤ 钱端升：《清华改办大学之商榷》，《清华周刊》第333期，1925年1月2日，第39页。

科杂乱等弊病，倡导提高教员地位，实行“至今日已为京中各大学之宪政原理”的教授治校，实行大学里的民治，限制校长的权力；修订学制，合并普通科和专门科，取消研究院（国学门）；公决预算决算；裁并机关；添招学生；制止董事会干涉校务。[①] 他对大学类型、新生规模、男女同校、新生免学费、留美问题、房舍问题、教员添聘、经费都提出了建议，制定了一个比较完整的规划。他认为，清华彼时需要的是创建新大学、新学府之新精神、新观念、教职员新团结精神、新课程。[②]

1925 年 10 月，时任清华校长的曹云祥扬言要辞职，引发新校长之争。校外的南开派、北大派、圣约翰派、东南大学集团跃跃欲试，都想插手此事。保卫清华者是外交部、美国大使馆、清华师生。在清华教师中，也有派系之分，主流派为受清华长期教养出身者，非主流派为直接考选留美、短期插班生和留美津贴生。其时，钱端升是清华校内一个 H. H. 教员社团的组成人员，其他成员还有庄泽宣、吴宓、陈达、王文显、叶企孙和一个叫 T. L. 的人。钱端升和北大留英的《现代评论》派都主张由胡适做校长。到了 1926 年四五月间，北京政局发生变化，曹云祥无意他去，扰攘了半年的风波暂时平静下去。[③]

1926 年 2 月，校长曹云祥与张彭春的矛盾激化，张彭春辞职。清华有学生挽留张，开大会，并将反张诸人分为三等：元凶三人，王祖廉、庄泽宣、徐然；次凶五人，全绍文、曹霖生、虞振镛、陈达、蔡正；陪凶三人，张歆海、钱端升、吴宓。学生强迫校长答应迎接张彭春回校。[④]

其后又传曹云祥要去商务印书馆做经理，钱端升再度为胡适出任新校长积极奔走。他给胡适写信，自谓“并不是清华派，平常也不甚重视清华的。不过我常常有两种思想：第一，我既然进了清华，一天不离清华，便一天不能忘情于清华的改良；第二，清华进款每年有二百万左右，以后还可增加，在现在中国财政状况之下，的确不算少。依我看来，二三年内，北方国立大学，不会得有进行的机会；而教会学校，总是教会学校，不可教也；私立学

---

① 钱端升：《清华学校》，《清华周刊》第 362 期，1925 年 12 月 4 日，第 35 ~ 42 页；钱端升：《清华改组之商榷》，《清华周刊》第 369 期，1926 年 3 月 5 日，第 1 ~ 15 页。

② 钱端升：《清华改办大学之商榷》，《清华周刊》第 333 期，1925 年 1 月 2 日，第 1 ~ 8 页。

③ 苏云峰：《清华校长人选和继承风波（一九一八 ~ 一九三一）》，《中央研究院近代史研究所集刊》第 22 期下，1993 年 6 月，第 188 ~ 192 页。

④ 吴学昭整理注释《吴宓日记》第 3 册，三联书店，1998，第 147 页。

校，总是小家气，不能立也。所以不绝如缕的大学教育，在北方只得从清华着想。若是能把清华本身弄好，把出洋的糜费减少，清华便有百余万的经费。以此吸收北京各大学的像样教授和像样学生，也绰乎有余”①。他建议胡适来做清华的校长，因为胡适是学者，有勇敢心，并且有好的 taste，担任校长外交部不反对，美使馆不反对，学生不反对。“清华在未来几年内，负有维持北方大学教育的重任，凡有能力做他的校长者，不可不试。校长不是一种有趣的事情，我可承认。但是我敢说，若是我自己的年岁大一点，资望深一点，我也一定敢牺牲自己安闲读书的生活，去尝一尝校长的辛味。”② 胡适当时在英国，说愿意考虑钱端升的提议。后来曹云祥留任并未离去，此事遂作罢。

三一八惨案发生时，钱端升也涉身其中。在即将开枪时，他关照学生们后退，自己和朋友逃到赵元任夫人杨步伟的医院，又怕又气。③ 钱端升认为，学生的本务在求学。因此，他一方面不赞成学生积极参与学潮，认为那样会“荒时失业”；另一方面，他也不赞成如大多数清华学生那样过度安分守己，如此的“平稳”“无声无臭，无善足录”④。

1927 年，钱端升在北京大学兼课，讲授政治系和法律系的宪法课。这一年奉军入关，北京教育界受到非常大的影响，各学校教授纷纷南下避难，钱端升也离北京赴南京，在国民政府大学院教育行政处任职。⑤ 1928 年 4 月，《大学院组织法》第二次修正，内设机关改组，钱端升出任文化事业处处长⑥、全国教育会议大学院提案预备委员（出版物组）等职务⑦。在大学

① 《钱端升致胡适》，载中国社会科学院近代史研究所中华民国史研究室编《胡适来往书信选》上册，社会科学文献出版社，2013，第 294 页。

② 《钱端升致胡适》，《胡适来往书信选》上册，第 294 页。

③ 杨步伟：《杂记赵家》，广西师范大学出版社，2014，第 95 ~ 96 页。

④ 钱端升：《赠新旧诸生二则》，载孙宏云编《中国近代思想家文库·钱端升卷》，中国人民大学出版社，2014，第 10 ~ 12 页。

⑤ 《大学院公报》第 1 年第 2 期，1928 年 2 月，第 48 页。1927 年 6 月，蔡元培向国民党中央政治会议提出设立大学院案，认为“欲改官僚化为学术，莫若改教育部为大学院”。《大学院组织法》规定大学院“为全国最高学术教育机关，承国民政府之命，管理全国学术及教育行政事宜”，会议当即议决任命蔡元培为大学院院长。1927 年 10 月 1 日，中华民国大学院正式成立，蔡元培就职视事。参见高平叔《蔡元培年谱长编》下册（1），人民教育出版社，1998，第 54 ~ 56、80 页。

⑥ 钱端升当时 28 岁，为最年轻的处长。《中华民国大学院职员录》（1928 年 8 月编），载民国时期文献保护中心、中国社会科学院近代史研究所编《民国文献类编·教育卷》，第 658 册，国家图书馆出版社，2015，第 175 页；高平叔：《蔡元培年谱长编》下册（1），第 194 页。

⑦ 《大学院公报》第 1 年第 4 期，1928 年 4 月，第 103 页。

院，钱端升草拟和审查各种草案，还帮助院长蔡元培草拟部分文件。[①]

后来钱端升去到中央大学法学院，就任政治学系副教授。[②] 1929 年，因为中大的派系之争，学生罢课，钱端升被迫辞职。失去了教职，为糊口，他只好翻译屈勒味林的《英国史》。1929 年 6 月，钱端升与萧淑娴女士在北海公园举行婚礼，[③] 萧淑娴是音乐家萧友梅的侄女。[④] 1930 年，钱端升继续任教清华，并在北大兼课。钱端升"教风严谨，为学生所敬佩，上课从不迟到早退，课堂讲课，内容丰富，条理清楚。他对学生要求严格，除讲课之外，开列参考书目，要求学生课外阅读"[⑤]。

这一时期是清华大学政治学系发展的黄金时期，教授皆为一时之选。有治政治思想史的张奚若、浦薛凤、萧公权，还有治中国政府和政治的钱端升、王化成、陈之迈，因为他们大多为美国留学生，政治学系的美国色彩愈来愈浓厚。钱端升也秉持美国政治学发展进路，主要研究政治学中的行政学分支，较少注重传统的国家学部分。[⑥] 学术研究本来不一定与实践密切相

---

① 潘惠祥：《在政治与学术之间：钱端升思想研究（1900 ~ 1949）》中册，花木兰文化出版社，2015，第 221 ~ 230 页。

② 《国立中央大学法学院教职员表》，载《国立中央大学一览·第四种·法学院概况》，1930。据钱端升自己说，他在中大职称为副教授，副教授是该校的最高职称，因为有人认为只有像巴黎、里昂等大学的教授才配称"教授"，凡受聘者不论男女、不论学科，一律贬称"副教授"，令人啼笑皆非。参见钱端升《我的自述》，《钱端升学术论著自选集》，第 696 页。据钱端升纪念馆展出的中央大学 1928 年 9 月 15 日给钱端升的聘书，确实为"副教授"。

③ 吴学昭整理注释《吴宓日记》第 4 册，三联书店，1998，第 261 页。

④ 两人于 1932 年 9 月离婚，参见《钱端升年谱简编》，载孙宏云编《中国近代思想家文库·钱端升卷》，第 479 页。萧淑娴（1905 ~ 1991），音乐家，广东中山人，1924 年考入北京女子师范大学学习音乐，1928 年毕业后到上海国立音乐院教授钢琴，1930 年出国赴比利时布鲁塞尔皇家音乐学院留学，1934 年毕业时考得对位法头奖及和声学二奖。1935 年回国执教于上海国立音乐专科学校（原国立音乐院）。1936 年与来华的德国指挥家海曼·舍尔兴（Hermann Scherchen）结婚，并移居瑞士。1950 年返国，任教于中央音乐学院。可参见段平泰《记萧淑娴先生》，《中央音乐学院学报》1983 年第 2 期；萧曼《奉献的一生——怀念我的母亲萧淑娴》，《人民音乐》1992 年第 5 期；萧勤《我的堂姐萧淑娴教授》，载《萧淑娴复调作品集》，人民音乐出版社，1992，第 23 ~ 25 页。萧淑娴的叔叔是萧友梅，姑父是王世杰，这个裙带关系使钱端升在 1958 年被批判污蔑为"为了与王世杰取得更为紧密的联系，与王世杰的内侄女结了婚"。参见《彻底揭露"比较宪法"著者钱端升的反动面目》，载北京政法学院国家法教研室二、三、四年级部分师生联合批判小组编《批判王世杰钱端升著比较宪法》（初稿），1958 年 10 月 1 日。

⑤ 王铁崖：《宪法与国际法——为纪念钱端升 100 年冥诞而作》，载赵宝煦等编《钱端升先生纪念文集》，第 4 页。

⑥ 潘惠祥：《钱端升的美国政治学背景析论》，《中国政法大学学报》2009 年第 5 期，第 13 ~ 32 页。

关，但作为“政治学系”，在外行人看来却不大正常：

> 有一天物理教授吴政之（他对清华是兼有教研之外的功劳的）说了一句极特别的话：“怪事，清华的政治系好像不懂政治。”这句话指的是浦、王两先生。吴先生大概没有意识到流行于美国的“政治科学”，而同时又认识许多国民党的中级干部和他们的斗争。吴先生之所长正是浦、王二先生之所短，而他们之所长又是吴先生之没有意识到的事。①

吴政之即吴有训，物理学家。从他的话中可以看出内行和外行对于政治学的理解并不一样。外行人难免忽视背后的学理往往是高于现实的，平常当然应用很少，但在历史关键处则功效显著。

在清华的这段时期，钱端升与北京学者交往密切，经常参加梁思成、林徽因夫妇家的聚会，并结识了来华求学的费正清夫妇。在清华校政方面，他参加了驱逐校长吴南轩的运动，连续当选为第五届、第六届、第七届清华教授会代表。其间还被任命为国民政府国难会议御侮委员会委员，与他人一起提起“共同御侮案”②。

天津《益世报》在主笔罗隆基去职后，寻找继任人选，蒋廷黻推荐钱端升继任。1934 年，他离开学校，去天津任《益世报》社论主笔。每天一篇社论，非文思泉涌、倚马可待不能胜任该工作。几个月后，因为他的一篇《华北战区之整理》社论③让蒋中正大为恼火，“电河北省政府予以停止邮递

---

① 刘培育主编《金岳霖的回忆与回忆金岳霖》（增补本），四川教育出版社，2000，第 117 ~ 118 页。

② 范亚伶：《追梦的旅程——钱端升生平与思想研究》，硕士学位论文，华东师范大学，2007，第 29 ~ 32 页。

③ 钱端升在自述中说：“不料后来蒋介石终因我的一篇社论《论华北大势——兼送黄委长南行》大为恼火，并立即勒令邮局对《益世报》停邮，使我在该报呆了八个月写了百七十篇社论后被迫离去。”钱端升：《我的自述》，《钱端升学术论著自选集》，第 698 页。王文彬回忆说：“《益世报》1934 年 8 月 19 日发表社论《华北战区之整理》一文引起国民党政府不满，通令邮电机关停止该报的邮递与收发电讯。”王文彬：《新闻工作六十年》，重庆出版社，1990，第 12 页。《论华北大势——兼送黄委长南行》是 4 月 7 日的《益世报》社论，距离禁邮尚有很长的时间，禁邮是 8 月份的事，似乎后者的回忆在时间上来说更为准确。胡适在 1934 年 8 月 30 日的日记中写道：“钱端升来谈天津《益世报》被剥夺邮运权的事。”曹伯言整理《胡适日记全集》第 7 册，联经出版公司，2004，第 138 页。

及邮电交通”，将该报的邮运权给剥夺了。[①] 他不得不于任主笔九个月后辞职离去，再度就职南京中央大学。[②]

“9·18”后，国家飘摇、民族散漫，知识分子纷纷谋求中国发展之道，中国应该走什么样的道路？关于政治制度方面出现了“民治与独裁”的讨论。钱端升参与其中，与蒋廷黻、胡适、吴景超、丁文江等就世界大势与中国问题在公共媒体上来往笔还，展开讨论。[③] 钱端升认为，当时的中国并不具备民主政治所需要的条件，且碍于世界大势，中国所急切需求的不是民治而是发展国力，尽快实现经济现代化，在世界众多国家中崭露头角，实现富强的梦想。要短期内达到这个目标，必须要有“一个有能力，有理想的独裁”，先不谈民治、立宪、自由，先采行国民党的党治，以增进行政效率，发展国民经济。

反对一方的代表胡适则认为，独裁于中国不合适，他不信“中国民族今日的智识经验够得上干那需要高等知识与技术的现代独裁政治”[④]。与平常认为的“议会式的民主政治需要很高等的公民知识程度，而专制与独裁只需要少数人的操纵”[⑤] 不同，胡适不觉得民主宪政高不可攀。他认为，民主政治是常识政治，是幼稚园的政治，适合训练像中国这样缺乏政治经验的民族；而开明专制是精英政治，是研究院的政治，新式的独裁政治不但需要

① 这期间，不单单《益世报》被停邮，受处分的还有《华北日报》《民生报》及民族通讯社、《时事新报》《晨报》等，是蒋中正因黄郛、汪精卫的“哀诉”，参见王仰清、许映湖标注《邵元冲日记（1924～1936年）》，上海人民出版社，1990，第1124、1141、1147、1156页。

② 颜惠庆在1934年9月28日的日记中写道：“钱端升来访。他由于批评了黄郛的下属，现已离开了《益世报》。他将去中央大学执教。黄郛将于年底离职。”《颜惠庆日记（一九二一～一九三六）》第2卷，上海市档案馆译，中国档案出版社，1996，第839页。经过各方疏通，《益世报》于10月16日解禁，“同时总编辑钱端升辞职，而以整委会秘书朱枕薪为总编辑”。参见《益世报解禁》，《摄影画报》第10卷第32期，1934年，第7页。整委会即华北整理委员会，换总编辑大概是解禁的条件之一，故钱端升正式辞职应为10月16日左右。潘惠祥依据《中华民国大事记》认为《益世报》8月、9月两次遭禁，不确，参见潘惠祥《在政治与学术之间：钱端升思想研究（1900～1949）》中册，第366～367页。关于《益世报》的研究，可以参看马艺等著《天津新闻史》，天津人民出版社，2015。

③ 关于这次争论的总体情况，可以参见胡适《一年来关于民治与独裁的讨论》，载沈寂等整理《胡适全集》第22卷，安徽教育出版社，2003，第201～218页。

④ 胡适：《中国无独裁的必要与可能》，载沈寂等整理《胡适全集》第22卷，第195～196页。

⑤ 胡适：《一年来关于民治与独裁的讨论》，载沈寂等整理《胡适全集》第22卷，第203～204页。

一个开明的领袖，还需要无数专门的技术人才。[①] 他断言，“中国今日若真走上独裁的政治，所得的决不会是新式的独裁，而一定是那残民以逞的旧式专制”[②]。

其时，自由民主政治遭遇危机，独裁专制成为世界各国的政治状况或政治趋势。钱端升和同人展开的争论，将道理愈辩愈明，推动了中国的进步。

1935 年，钱端升在上海再婚，据金岳霖回忆，结婚前还出了一场风波：

> 钱端升和陈公蕙在结婚酝酿过程中出了一点小岔子，陈公蕙突然到天津去了。钱端升请求梁思成开汽车追。汽车中除梁思成、林徽因外，也有我。还好，到天津后，陈公蕙还在天津。陈钱和好了。他们俩一同到上海去结婚了。[③]

1935 年 4 月 6 日，钱端升在上海杏花楼待客，宴请蔡元培，“座有李拔可、释勘昆弟及巽甫、子竞等，宴明日证婚及介绍诸人也”。4 月 7 日，钱端升和陈公蕙女士在上海新亚大酒店结婚，由蔡元培证婚，钱夫人是李拔可的外甥女。[④] 新婚宴尔，钱氏夫妇借住在赵元任家新盖的房子里，住了半年。[⑤]

1936 年秋，钱端升在中大主持建立行政研究室，采取分工合作、共同研究的方式从事中国行政研究，旨在“现在从事研究中国的一般政治制度，将来更将对于各实际的行政问题，分别为精深的研讨；冀于中国行政之改良，能有所贡献，而于大学之行政学教材亦可有所补充”[⑥]。期望“在三四年内，能将民国各种行政问题，择其较重要，较易知，较与前代（即民国以前）无关连者，一一加以研究。如能有成，然后再研究较艰难而与前代

① 胡适：《中国无独裁的必要与可能》，载沈寂等整理《胡适全集》第 22 卷，第 196～198 页。

② 胡适：《答丁在君先生论民主与独裁》，载沈寂等整理《胡适全集》第 22 卷，第 235 页。

③ 刘培育主编《金岳霖的回忆与回忆金岳霖》，第 17 页。

④ 王世儒编《蔡元培日记》下卷，北京大学出版社，2010，第 409 页。李拔可（1876～1952），福建闽侯人，光绪二十年举人，祖母是沈葆桢之女。他与张元济、鲍咸昌、高凤谦并称商务四老。

⑤ 杨步伟：《杂记赵家》，第 149 页。杨步伟说这是“钱端升娶第二个太太”。

⑥ 《中央大学概况》，载《南大百年实录》上卷，南京大学出版社，2002，第 324～325 页。

较多关连之诸问题。行有余力，则更及较不重要之问题”[①]。显然，这个计划为抗战的全面爆发所毁，努力的仅有成果是几年后出版的论述民国政制发展变化的《民国政制史》。这部合作的著作“只客观地叙述变迁经过，分析法制要点，而不参以赞否之意见”，“旨在欲有裨于中国政制与行政问题之研究，而不在提供任何方案也”[②]。

## 三

1937 年夏，钱端升返回北平任教于北大，一周后卢沟桥事变爆发。

7 月中下旬，北大同人在松公府大厅聚会，钱端升也参加了。他被公推与曾昭抡、罗常培一起，起草宣言，申述中国国民素爱和平的本性，指出现在的情形，并预测将来的责任。他还被公推与张忠绂、叶公超联络各方面，组织对外宣传团体。8 月 9 日，钱端升和郑天挺、饶毓泰、叶公超、罗常培在欧美同学会晤谈，大家有早离危城的打算。[③]

时任教育部长的王世杰向蒋中正推荐钱端升和张彭春赴美宣传，最后商定胡适、钱端升、张忠绂三人赴美宣传，实行国民外交。[④] 此时国民政府同时往多个方向派人，蒋方震和于斌赴欧洲宣传。[⑤]

1937 年 9 月 8 日，胡适、钱端升、张忠绂启程出发，在南京上船。11 日到汉口，张忠绂家在武昌。12 日，钱端升对胡适说，“他因母妻皆病，他是独子，不敢远离，故想不同我们出国。我劝他不必勉强，许他取消同行之议”[⑥]。但其后张忠绂仍旧去了美国，只不过比胡适和钱端升晚到一段时间。9 月 13 日，胡适和钱端升搭飞机到香港，住在半岛饭店，因天气原因停留了几天。9 月 18 日，两人在饭厅吃晚饭，叫了一瓶白葡萄酒，举杯祝福前方的士兵。[⑦] 大概两人此时都很兴奋，摩拳擦掌，等候一施拳脚，觉得马上

---

① 钱端升等：《民国政制史》上册，商务印书馆，1946，“序”。

② 钱端升等：《民国政制史》上册，“序”。

③ 罗常培：《七七事变后北大的残局》，载陈平原、夏晓红编《北大旧事》，北京大学出版社，2009，第 119 页。

④ 林美莉编辑校订《王世杰日记》上册，中研院近代史研究所，2012，第 37、39 页。

⑤ 张忠绂：《迷惘集》，第 107 页；也可参见蒋复璁等口述、黄克武编撰《蒋复璁口述回忆录》，中研院近代史研究所，2000，第 90 页。

⑥ 曹伯言整理《胡适日记全集》第 7 册，第 440 页。

⑦ 曹伯言整理《胡适日记全集》第 7 册，第 442 页。

到了可以为国家出力的时候。9 月 20 日上午，两人搭乘“飞剪”号从香港起飞，途经菲律宾马尼拉、关岛、威克（Wake）岛、中途岛、檀香山，26 日到达旧金山。“飞剪”号兴办不久，海陆两栖，只有两台发动机；中途的岛屿没有跑道，飞机须在水面降落，进港时好似小船，颠簸特别厉害。[①] 10 月 5 日再起飞，6 日到达纽瓦克机场，8 日早晨到达华盛顿，开始了在美国的宣传活动。

钱端升等三人去美国，主要目的在于：“一面使美国政府能了解我们的国情和我们政府被迫而抗战的苦衷，一面加强美国民间对中国的同情，并唤起美国民众对孤立政策知所警惕，等待时机成熟，然后可以有所举动。”[②] 到了美国后，他们没有雇用秘书，三人都是学者，都没有邀功的心理，于是约定不求时誉只问工作的效果，不做无用的自我宣传。在美国期间，除胡适的活动有时不能避免刊载外，钱端升和张忠绂的活动，很少见诸中国国内报纸。[③]

三人在美国，十分为国家节省。胡适和钱端升到纽约后，住在国宾大饭店（Ambassador Hotel）。钱端升住的房间仅八元一天，胡适的客人多，需要一点空间招待客人，但也只是选了一个十元一天的房间，并没有像其他的正式或非正式外交使节，动辄在旅馆中租一层楼，或至少租一个附有客厅的里外间。[④] 纽约大旅馆的门口常有侍者伺候，代为叫车并开汽车门，但那样须给他两角五分的小费。“适之和我们外出时，总不肯在旅馆门口叫汽车，情愿走出街口或转一个小弯，不让旅馆的侍者看见，然后再叫汽车。虽然麻烦一点，而且行动有点鬼祟，但每次可以代公家省二角五分美金。”[⑤] 但是，他们又不盲目地省钱，以至于“有损国体”。据张忠绂所记：

> 在美国旅馆中的同样早餐，代价分别很大，看你在哪里吃，如何吃法。最贵的吃法是由你的房间，拿起床头电话，叫餐厅送上来。等你漱洗完毕，穿白衣的侍者早已推了一个餐桌上来。鸡蛋、面包等等都是用

---

① 张忠绂：《迷惘集》，第 109 页。
② 张忠绂：《迷惘集》，第 115 页。
③ 张忠绂：《迷惘集》，第 115～116 页。
④ 张忠绂：《迷惘集》，第 120 页。
⑤ 张忠绂：《迷惘集》，第 121 页。

> 赛银器盖好保暖送来的。其次是自己到楼下旅馆餐厅去吃。最便宜的吃法是到旅馆附设的咖啡店去吃，连小账都可以少给，有一天早晨，端升和我约好到咖啡店吃早餐。一进咖啡店的门，端升拖着我说，快走快走。我素来五官不灵，还没有知道为什么，只好随着他走。出门后，端升说："这地方再去不得了，国体攸关。你没有看见吃早餐的人全是我们旅馆的侍者和开电梯的吗?"[①]

除了钱端升和张忠绂每月拿几百元给家中用之外，三人都不拿月薪，在美国的费用，则是实报实销，不用记账。可以看出学人即使从政，还是和官僚的做事风格有很大的区别。钱端升为人正直，不取不义之财，但穿着比较考究。有一天，他拖着张忠绂到纽约 Macy 百货公司去买大衣，自己选好了一件，也叫张忠绂买一件，并指着张忠绂那件穿了十几年的大衣说："你这件大衣已经见不得人了！好意思再穿吗？何况国体攸关?""国体攸关"是钱端升那时的口头语。[②]

三人赴美活动，并无确定的目标，事情自然不很好做。以至于到了次年一月，"端升甚不耐我们这种不活动的生活，但我们谈了许久，也想不出什么活动的方式"[③]。这种活动本不好做，不似事务性的工作，弄得三人都很疲倦，胡适在日记里记载道：

> 与端、缨两人谈。他们都想回去。子缨近日稍好，他想到 Washington 去写文章，我不甚热心，因为他写文章太平凡，怕没有发表之处。
>
> 端升总恨无可立功，此念使他十分难过。他说，我们去年初到旧金山时，黄总领事背后问他，是否是我的秘书，他听了"差不多可以哭出来"，只好装做不懂，搪塞过去。
>
> 他今天说此事，我听了真"可以哭出来"。我们二人同行，同为国家作事，外人问这句话，有何可耻，何必要哭出来！
>
> 我深知中国士人不甘居人下，故事事谦逊，从不敢以领袖自居。但

① 张忠绂：《迷惘集》，第 121 页。

② 张忠绂：《迷惘集》，第 123 页。

③ 曹伯言整理《胡适日记全集》第 7 册，第 457 页。

此种心理实在是亡国的心理。[①]

不知道钱端升是耻于做秘书，还是耻于做胡适的秘书。1938 年 1 月 17 日，在芝加哥的胡适得到张忠绂的电报，说“他得家电不得不归，今日就走了。我不知他走何路，也无法慰问他。他去年早因家事想走，我也不劝他留，后来他又决定不走了”[②]。这样三人只剩了两人，而

> 端升总嫌没工可做，今年病后也想回去。
>
> 我对他们说：本来深知来此无事可做，无功可立，所以当时不肯来。既来了，必须耐心住下去，有事就做事，无事就留心研究。
>
> 端升自信太大，自恃过高，总觉得来此无人赏识，无用武之地，故很牢骚。子缨则因家事，心甚焦急。[③]

两个人完全契合是不可能的，钱端升对胡适也有意见。他认为，“适之对大局看法甚是，做法亦不恶，彼之反对各方乱活动亦有道理”，可是“适之成见颇深，对人对事均然”，“适之之缺点在未能分配工作，使大小之事均有人担任奔求”[④]。

未出国前信誓旦旦要为国效力，及至具体环节，才知道做事并不易。这次应国家之召，胡适觉得，留得青山在，不怕没柴烧，“青山就是我们的国家，我们今日所以能抬头见世人者，正是因为我们背上还有一个独立的国家在。我们做工，只是对这个国家，这青山，出一点汗而已”[⑤]。这虽然是胡适的话，钱端升、张忠绂定也是抱有同样的念想。

他们具体所做的工作，我们不得而知，但是从胡适的日记里，可见一斑：

---

① 曹伯言整理《胡适日记全集》第 7 册，第 468 页。

② 曹伯言整理《胡适日记全集》第 7 册，第 471 页。

③ 曹伯言整理《胡适日记全集》第 7 册，第 471 页。

④ 任骏选辑《周鲠生等为汇报美国外交走向事致王世杰函（1939 年 4 月 ~1944 年 5 月）》，《民国档案》2010 年第 2 期，第 20 页。

⑤ 《致王世杰、傅斯年、钱端升、翁文灏、周炳琳、张忠绂》，载沈寂等整理《胡适全集》第 24 卷，第 586 页。

> 今天中午与此地（Spokane）的商学宗教界领袖人物二十余人同午餐，饭后他们问话，我答他们，两点始散。
>
> 散后我走到楼梯边，有一个白衣的雇役招我说话，他拿着三块银元给我，说要捐给中国救济。我接了他的银元，热泪盈眼眶，谢谢他的好意。他说："I wish I could do more"……我把这钱交给 Dr. Kizer，托他转交红十字会。我又把昨天所得的讲演费卅五元捐出，以陪衬此人的义举。①

在美国期间，国内的傅斯年给他们写信，述说国内的纷乱：

> 我们外交的机构真是要命。外交部之徐次长（按：徐谟），头脑清楚，手续明白，但小胆，做官，绝无以国家事为责之心。如此之人，如有好的部长，自然很有用，只是在王氏（按：王宠惠）之下，便等于0了。王之好话，层出不穷，只是"死人一条"，也有与之同情者，谓外交主张，本不是他能主张的。在这时候，用这样死人，唉！汪先生对外交实在无定见，似乎他心中有隐忧。②

1938 年 4 月 6 日，在美国待了半年后，钱端升与胡适分别乘坐"玛丽王后"号赴英国。4 月 9 日，钱端升在船上看到台儿庄战役大败日军的消息，兴奋不已，拍手雀跃，想找人喝酒以贺。③ 到英国后，钱端升关注相关时事。1938 年 6 月，钱端升给王世杰写信，告之中英借款难于成功，系因李滋罗斯（Leith Ross，英财部要员）对孔庸之的印象甚恶。④

在英国，钱端升还见到了他以前的学生，包括楼邦彦、龚祥瑞、王铁崖这三个当时在英国留学的学生。钱端升常请他们去唐人街吃饭，这几个年轻人，"常同钱老师闹别扭，爱表现出自己已经独立自主的心态，不爱听钱老师讲'看不起去看他的某些中国留学生'一类的话。并不以为我们是清华

---

① 曹伯言整理《胡适日记全集》第 7 册，第 476 ~ 477 页。

② 《傅斯年致胡适、钱端升（残）》，载王汎森、潘光哲、吴政上主编《傅斯年遗札》第 2 卷，社会科学文献出版社，2015，第 630 页。

③ 《钱端升致胡适（一九三八年四月九日）》，载北京大学图书馆编《北京大学图书馆藏胡适未刊书信日记》，清华大学出版社，2003，第 141 页。

④ 林美莉编辑校订《王世杰日记》上册，第 120 页。

人就比其他学校出身的光荣，反而误解他的话是侮辱人”[①]。每次钱端升邀请他们三人和周鲠生的女儿周如松一起共度周末，他们总是摆“学生架子”，不情愿接受他的请客，把他的善意歪曲为“恩赐”而任性地加以拒绝。但钱端升不以为芥蒂，从来不生气。当钱端升关心他们的学业时，也被冷冷地挡了回来，龚祥瑞很生动地记述当时场景：

钱先生后来约我陪他去一趟牛津，我答应了。在动身前的一个晚上，我们三个学生商量好怎样对付钱先生。我们猜想，钱先生这次去牛津必定和我们回国就业有关。我们果然猜对了。在从伦敦到牛津的三个多小时的行程中，钱先生问道：“你们回国后有什么打算没有？”他用的是你们，果然不出我们三个人的预料，正好把我们三个人前夕议定的方案经我的口提了出来。

“没有打算。”冷漠的口气是伪装的。

“教书，怎么样？”先生诚挚地问我。

“我们都认为自己没有当教授的资格。”这句话也是假的，恰恰相反，话中含有几分骄傲，似乎自己是一个意志坚定的人。回答时，我记得，很果断。似乎学了两年已经变了一个人，有了文凭，又有新思想，怎么会没有当教授的资格呢？

“正在抗战时刻，还不知道回国之后，持枪还是握笔呢？”这本是拉斯基在中国西安事变后，全国进入全面抗战时，追问未来去向时问我的话，我把这个球踢给了钱先生。

先生若有所思，静默了片刻。

火车走得很慢。

“那么你们的意思呢？”钱先生本来口才不很好，结结巴巴的说得不明不白。话还是问得很柔和，很关心我们。

“去报名参加高等文官考试吧！”这是我们商定好了的“对策”。“这是我们共同的志愿，不想依赖任何人。”我如是回答。

我表示希望得到他在道义上和理性上的支持。

“要是考不上怎么办？”钱先生变得认真起来。

按着自己的意思行事，我回答说：“登报寻求职业。”

“依靠自己，信赖自己，当然好。”他表示着赞赏。

---

① 龚祥瑞：《盲人奥里翁：龚祥瑞自传》，北京大学出版社，2011，第85页。

> 钱先生脸上显露出一点失望的样子，接下来又谈了其他的事，这个问题就撇开了。
>
> 等他回国之后，我和楼到法国，在那里我和楼邦彦君接到了钱先生从昆明寄来的聘书，这正好符合我俩的心愿。①

谁会想到自视甚高的钱端升却在自己的学生面前碰了钉子！他并不生气记恨，可见他对后辈的爱护和提携。学术史上的很多名家，才大如海，对自身、同辈或长辈要求苛刻，但对晚辈却是爱护有加，对他们的一点点进步就温言勉励，尽力提携，诚可谓大家风范。

7 月 19 日，钱端升在法国赤堡（Cherbourg）与从美国前去的胡适会合，一起前往巴黎。彼时英王和王后访问巴黎，法国人民狂热欢迎，胡适和钱端升“也在大街上趁热闹，很有趣”②。他们在一起活动三日，“久别重逢，话旧，谈新；甚乐”③。7 月 22 日，钱端升乘“阿拉米斯”号船回国。在回国的船上，头等舱仅他一个中国人，三等舱倒是有 30 余个学生，于是钱端升戏言做了“三等舱上行走”，常去找学生谈天。他认为学生中有不少极好的，并为他深知，可以为经济部翁文灏部长用之于建设事业，但是不知翁有此自由否？④

## 四

1938 年，钱端升返回中国，最初情绪上比较悲观。“回国最感痛苦者，即国人之散漫及无组织。香港高等华人之享乐挥耗无论矣，此间大员亦多如是……乱而不举，我国之谓也。但一般精神尚不差。”⑤ 但在与朋友谈心时，又劝别人勿太消极，勿过分悲观。⑥ 他原来的同事陈之迈也乐观地认为，“一年多的抗战，使得中国大变了。这个刺激既深且广，虽然从前的许多弊

① 龚祥瑞：《盲人奥里翁：龚祥瑞自传》，第 85 ~ 86 页。

② 曹伯言整理《胡适日记全集》第 7 册，第 574 页。

③ 《钱端升致胡适（一九三八年七月二十五日）》，载《北京大学图书馆藏胡适未刊书信日记》，第 143 页。

④ 《钱端升致胡适（一九三八年七月二十五日）》，载《北京大学图书馆藏胡适未刊书信日记》，第 143 页。

⑤ 《钱端升致胡适》，载中国社会科学院近代史研究所中华民国史研究室编《胡适来往书信选》中册，社会科学文献出版社，2013，第 674 页。

⑥ 浦薛凤：《浦薛凤回忆录》中册，黄山书社，2009，第 171 页。

端一时尚不能改正过来，进步则可谓异常迅速。战事也许不如意的地方尚多，但也出乎意料，支持一年后更显得坚强。看了这个现象，中国的前途尚极可乐观”[①]。可见，大家都在沉闷中怀着迷蒙的希望。

钱端升回国经过香港时，拜见了停留香港的蔡元培。[②] 北大校长蒋梦麟在港和钱端升晤面，邀请他回北大任教，接替周炳琳的法学院院长职位，他答应了。与此同时，陈布雷受人之托，为钱端升设法在政府谋取职位；9月15日，钱端升去见蒋中正，蒋“精神颇佳，且作极愉快状，所谈者俱不相干”。钱端升也极高兴，“因为有机会讲到自身行止，告以北大欲我回去继枚荪之事”。蒋中正“即曰很好”，但这个决定却让陈布雷大感其窘。[③]

此时，北京大学已经与清华大学、南开大学合组为西南联合大学，迁到云南昆明。钱端升遂到西南联大任教，出任北京大学法学院院长兼政治学系主任，[④] 直至抗战结束。在西南联大，钱端升讲授“近代政治制度”“国际关系”“宪法”“中国政府”“极权政府”“战后问题”的课程。[⑤] 钱端升学识渊博，上课时授课材料很多，参考书一大堆，“期考的时候，要同学把参考书全抱到教室，随意翻阅。但如果平常不熟读，笔下不快，你也休想及格”[⑥]。众口难调，任何人讲课都不会合乎所有人的口味，有人说他讲课并不精彩，“当时听说钱先生要讲宪法学，大家都兴高采烈地抢前排位子，但听了一堂课后，都不想听第二堂了。钱先生言词琐碎，不能突出重点”[⑦]。

抗战期间，全国上下都较以往更为艰苦，钱端升也不能例外。在滇活命成了第一等的问题：

---

① 《陈之迈致胡适》，载《胡适来往书信选》中册，第673页。

② 王世儒编《蔡元培日记》下卷，第575页。

③ 《钱端升致胡适》，载《胡适来往书信选》中册，第674页。亦参见浦薛凤《浦薛凤回忆录》中册，第171页。

④ 《国立北京大学参加西南联大服务之教职员名单（1939年7月27日）》，载北京大学、清华大学、南开大学、云南师范大学编《国立西南联合大学史料·教职员卷》，云南教育出版社，1998，第293~294页。北京大学、清华大学、南开大学虽然合为西南联大，但各自的行政组织仍保留。

⑤ 参见北京大学、清华大学、南开大学、云南师范大学编《国立西南联合大学史料·教学、科研卷》，云南教育出版社，1998，第148~402页。

⑥ 李钟湘：《西南联大始末记》，载钟叔河、朱纯编《过去的学校》，湖南教育出版社，1982，第274页。

⑦ 陈道毅：《西南联大旧事杂忆》，载文史精华编辑部编《军统职业杀手的末日》，中国文史出版社，2005，第308页。

> 此间人心，颇为奇怪。敌机如连日来，大家叫苦。如多日不来，则又轻信和平谣言。联大同事，亦未能免此。至以空袭损失而言，同人所受者尚不算大。惟 Pollart-Urgnhut 逃警报，为汽车撞伤，三日内中毒而逝；丁信因逃警报，至一浮水池，次日乃去浮水，竟没顶以死；又一学生为防空部队击死；斯均无妄之灾耳。同事逃警报不一其道。梅月涵有报始走，孟麟住乡下，除开会应酬外不进城，其别之大者也。教授中，有远走高飞，并一周之课于一日者；有至今住乡下，未肯上课者，联大饶树人、云大徐敦璋均为显例。弟三四日住城，三四日住乡，尚可称常人。陈福田等住一度被毁、旋告修复之城居，几日日去学校，则又高弟一等矣。公超为其叔理产，在沪被其庶婶所陷，入日人之缧绁，一月余备受刑责，今虽释放，犹不能离沪，则言之至可痛心。[①]

跑警报成了生活常态，有时候住在乡下的教授“每天早晨在城里有课，常常要在早上五点半从这个村子出发，而还没来得及上课空袭就开始了，然后就得跟着一群人奔向另一个方向的另一座城门、另一座小山，直到下午五点半，再绕许多路走回这个村子，一整天没吃、没喝、没工作、没休息，什么都没有！这就是生活”[②]。

战时为了避免空袭，西南联大的教授开始疏散到昆明的郊外住家。当时自然集合成两个文化中心，在东郊区是龙头村，在西郊区是大普吉。疏散到大普吉的大半是清华的人，清华的几个研究所就在那里；[③] 西南联大、中研院历史语言研究所、北大文科研究所则纷纷疏散到离昆明城十七八里东北郊的龙头村。

钱端升一家和梁思成一家都住在龙头村，两家的房子都是林徽因设计的。[④] 钱家的住房由简易的竹篱笆敷上当地土红色泥巴筑成，房屋开间不小，独门独户，还带有一个几十平方米的庭院，院中植美人蕉和大理花，盎然生趣。钱夫人在院里养鸡、种瓜豆和蔬菜以解决生活问题，钱端升工作之

---

① 《钱端升致胡适》，载《胡适来往书信选》中册，第 754 ~ 755 页。

② 《一九三四年至一九四八年致费正清、费慰梅》，载陈学勇编《林徽因文存：散文　书信　评论　翻译》，四川文艺出版社，2005，第 125 页。

③ 冯友兰：《三松堂自序》，三联书店，1989，第 105 页。据其他资料，此地名为“大普集”。战后，清华重建，为了纪念，将新建成的居住区命名为“普吉院”。

④ 费正清：《费正清对华回忆录》，陆惠勤等译，知识出版社，1991，第 221 页。

余带着小孩去乡村的小路和田埂上散步。[①] 然而，由于物价的升涨，盖房子耗费很大，梁家盖的房子高出预算三倍，把本就不多的积蓄都耗尽了，“以致最后不得不为争取每一块木板、每一块砖，乃致每根钉子而奋斗”，并且“得亲自帮忙运料，做木工和泥瓦匠”[②]。钱端升家估计也是如此。

金岳霖原本随梁家一起居住。1940 年冬，中国营造学社跟随中研院历史语言研究所搬去四川，梁家迁走，金岳霖又跟钱端升一家居住。金岳霖曾经记述当时的生活：

> 在西南联大时期，钱梁两家都在昆明东北乡间盖了房子，房子当然非常简便，木头架子竹片墙壁。目的只是不逃警报而已。男女分工是女的做饭，男的倒马桶。我无事可做，有时也旁听一些倒马桶的精义。女的做饭的成绩惊人。林徽因本来是不进厨房的人。有一次在几个欧亚航空公司的人跑警报到龙头村时，林徽因炒了一盘荸荠和鸡丁，或者是菱角和鸡丁。只有鸡是自己家里的，新成分一定是跑警报的人带来的。这盘菜非常之好吃，尽管它是临时凑合起来的。
>
> 做饭的成绩特别好的是陈公蕙，她是能够做大件菜的。新近住医院时还吃了她的红烧鱼。她做的白斩鸡非常之好吃，把鸡在香油姜丁里蘸一下，味道就特别好了。她还告诉过我，到市场上买母鸡，应该注意些什么。我还是不能照办。我年轻时虽然买过养着玩的大黑狼山鸡，从来没有买过预备吃的鸡。公蕙的特别小品是她的煮鸡蛋。煮出来的鸡蛋，就蛋白说，有似豆腐脑；就蛋黄说，它既不是液体，因为它不流；也不完全是固体，因为它不硬；看着是一个小红球；吃起来，其味之美，无与伦比。[③]

战争岁月，苦中作乐，但多数时光是乐不起来的。西南联大到昆明的最初两年，教授们的经济尚且优裕，与学生在生活方式上有显著区别，在学生心目中，教授仍是高不可攀。但从 1941 年起，持续的通货膨胀改变了这种

---

① 钱大都：《为西南联大 65 周年而作——父亲钱端升的治学和为人》，转引自范亚伶《追梦的旅程——钱端升生平与思想研究》，第 52 页。

② 《一九三四年至一九四八年致费正清、费慰梅》，载陈学勇编《林徽因文存：散文　书信　评论　翻译》，第 122 ~ 123 页。

③ 刘培育主编《金岳霖的回忆与回忆金岳霖》，第 17 ~ 18 页。

居住生态，西南联大变成了一个几乎没有身份架子、相当平等、风雨同舟、互相关怀的高知社群。[①] 1942 年度，钱端升在西南联大的薪给是 470 元，近乎教授中的最高水平。[②] 但在物价不断飞涨的大环境下，微薄的薪水渐渐难以支撑五口之家用，钱家常常过着月底举债月初还债的生活，一家的开支够了月头就没有了月尾。幸亏有金岳霖等几个单身朋友慷慨解囊，帮助他们一家暂时渡过难关。[③]

在西南联大，钱端升不想放弃学术研究，无奈"既无书可读，又苦无事可做"。为了办好行政研究室，他向政府申请补助，向美国洛氏基金会申请资助。在西南联大，钱端升主持的行政研究室是一个独立并直接隶属联大的机关。[④] 该机关主要由一群年轻学者组成，《国立西南联合大学行政研究室规程》（1939 年 10 月 3 日第 122 次常委会通过）对其使命和组织架构如是规定：

一、本研究室以研究中国现代及过去各种行政问题为目的。

二、本研究室由本大学法商学院担任行政部门之各教授与研究助理员若干人组织之。

三、本研究室主任由本大学政治学系主任兼任。

四、研究助理员以各大学毕业生中曾任行政研究工作或对行政研究确有兴趣及能力者充之，其人选由担任研究之教授审核推荐。

五、本研究室经费由本大学担任，并得受各学术机关之补助。[⑤]

钱端升担任行政研究室主任，赴美期间则由政治学系主任张奚若暂代。钱端升回国后，张奚若认为"为促进行政研究室之行政效率起见"，应该还是由钱端升来做主任，因此，应该改规程中的第三条为"本研究室主任由

① 何炳棣：《读史阅世六十年》，广西师范大学出版社，2005，第 151～152 页。

② 全校教职员中吴宓、温德、冯友兰、姜立夫、吴有训、杨石先、高崇熙、邱宗岳、陈桢、冯景兰、袁复礼、张奚若、陈岱孙、陈达、陈序经、张泽熙、黄钰生、马约翰的薪给为最高的 480 元。参见《国立西南联合大学史料·教职员卷》，第 118～129 页。

③ 陈公蕙：《金岳霖轶事三则》，载刘培育主编《金岳霖的回忆与回忆金岳霖》，第 209 页。

④ 北京大学、清华大学、南开大学、云南师范大学编《国立西南联合大学史料·总览卷》，云南教育出版社，1998，第 99～100 页。

⑤ 王学珍、郭建荣主编《北京大学史料（1937～1946）》第 3 卷，北京大学出版社，2000，第 358 页。

本大学于政治学系教授中选聘之”[①]。张奚若不愿担任行政研究室主任，一则行政学不是他的研究范围，他难以切实地负领导之责；二则有可能如当事者所说，行政研究室的工作“实为高谈阔论从柏拉图到卢梭的政治哲学的政治系主任张奚若先生所不齿而不屑一顾”[②]。

1940年6月18日，西南联大常委会第146次会议，议决聘请钱端升为联大行政研究室主任。[③] 9月11日，西南联大聘请钱端升、周世逑、龚祥瑞、戴修瓒、秦瓒为行政研究室委员会委员，钱端升为该委员会主席。[④] 钱端升在西南联大的官方活动不多，行政研究室是他的活动重心。抗战时期，国民政府提出“抗战建国”的口号，军队在前线抗战，学人则希望研究建国问题，行政研究室的同人为建国设计了一项“行政研究计划”。“明白无疑地提出了当代问题主要是行政管理问题，而不是‘政治’问题。”[⑤] 进而开展相关的研究。

西南联大八年，几多风雨。学生印象里的钱端升是这样的：

> 这位老北大政治系主任，想来是很多人熟知的了。关于钱先生渊博的学识，用不着我们多加介绍。他特有的刚直和正义感，倒值得我们年青人学习。自从“一二·一”复课以后，钱先生就从来没有参加过任何学校的会议。有一次，联大政治系某教授不通知任何人就径赴重庆就任三民主义研究委员会的副主任委员。钱先生曾经对同学说：“这些人对学生罢课非常不感兴趣，自己罢课倒很感兴趣。”钱先生对同学也是非常严格的：在联大政治系一九三八级第一次“各国政府”的讲堂上，钱先生告诉同学们说，英文程度太差，要好好努力。几年来的剥削，他的身体一天天坏下来，据检查，钱先生的血球已经

---

① 《国立西南联合大学行政研究室规程》，载清华大学校史研究室编《清华大学史料选编》第3卷下，清华大学出版社，1994，第261页。

② 龚祥瑞：《盲人奥里翁：龚祥瑞自传》，第110页。张奚若似乎看不上很多事物，如冯友兰的“新理学”，他认为没有什么“新”（参见何兆武口述、文靖撰写《上学记》，三联书店，2008，第146页）；又认为中国没有值得研究的政治思想（参见萧公权《问学谏往录》，黄山书社，2008，第97页）。

③ 北京大学、清华大学、南开大学、云南师范大学编《国立西南联合大学史料·会议记录卷》，云南教育出版社，1998，第139～140页。

④ 《国立西南联合大学史料·会议记录卷》，第151页。

⑤ 龚祥瑞：《盲人奥里翁：龚祥瑞自传》，第110页。

> 比正常状态差了一百万，就是平常走到教室时，都要休息几分钟才能开始讲课。去年“一二·一”后，学校宣布复课，而同学还没有决定复课的时候，钱先生走上讲堂，看了看学生，说了一声：“人不够，今天不上。”就扬长而去。弄得那些对“上课”很感兴趣的同学啼笑皆非。①

1944 年 11 月，教育部因为教授“教学辛劳、家累复重而又安贫乐道，未在校外兼任其他工作，甚堪嘉许。兹各给予研究补助费一万元”，西南联大钱端升与其他 27 位教授获得奖励。②

在西南联大，除了上课和学术研究外，钱端升也积极参与校务。他当选为联大第三届、第五届、第六届、第七届校务会议教授代表和第八届校务会议教授候补代表。③ 出任“联大与北平图书馆合作之征辑中日战事史料委员会”委员；与冯友兰等人起草“中英文化合作宣言”和响应英国同盟国大学教授联合会谴责轴心国家摧残教育宣言的信函；讲演鼓励学生从军；与冯友兰等人起草《国立西南联合大学全体教授为十一月二十五日地方军政当局侵害集会自由事件抗议书》；④ 任“一二·一”事件联大法律委员会委员；⑤ 担任中英文化协会英国文化专题讲座昆明区讲师；⑥ 在西南联大举办的国际形势系列演讲中讲“国际关系之思想背景”；⑦ 在学生自治会举办的时事问题演讲会中讲“战后的国防问题”。⑧

此外，他还在 1942 年 5 月协助王世杰增订《比较宪法》，撰写增订部分的初稿。⑨ 在昆明，钱端升办了一个叫作《今日评论》的周刊，目的以团结抗日为主。⑩ 这个刊物从 1939 年 1 月 1 日创刊，到 1941 年 4 月 13 日停

① 西南联大除夕副刊主编《联大八年》，新星出版社，2010，第 202 页。

② 《国立西南联合大学史料·教职员卷》，第 534 页。

③ 《国立西南联合大学史料·总览卷》，第 107～110 页。

④ 蔡仲德编撰《冯友兰先生年谱长编》上册，中华书局，2014，第 285、336、360、379、418 页。

⑤ 《国立西南联合大学史料·会议记录卷》，第 553 页。

⑥ 《国立西南联合大学史料·会议记录卷》，第 353 页。

⑦ 王学珍等主编《北京大学纪事（1898～1997）》，北京大学出版社，2008，第 345 页。

⑧ 王学珍等主编《北京大学纪事（1898～1997）》，第 366 页。

⑨ 林美莉编辑校订《王世杰日记》上册，第 432 页。

⑩ 钱端升遗稿《〈现代评论〉与〈今日评论〉》，转引自潘惠祥《在政治与学术之间：钱端升思想研究（1900～1949）》中册，第 448 页。

刊，共出版五卷114期。[①] 办刊的经费，是经过罗隆基向云南省的官员和实业家缪云台要的。[②] 钱端升作为社长和主笔，撰写了43篇文章，[③] 其他参加者大多为联大同人，他们常常举行宴会讨论。[④] 最后停刊的原因，公告说是印刷困难，有当事人说是因为1941年外交部内定钱端升出使某国，钱端升“认为他应即停办《今日评论》”，不顾同人的反对“坚决立即停刊”[⑤]。至于是不是还有深层次的原因则不得而知。[⑥]

《今日评论》关注宪政、经济、外交诸方面，[⑦] 作者们以抗战时期第一次宪政运动为契机，以专业的学理理性分析和评论时事，彰显了中国知识分子在抗战建国进程中推动中国现代化的不懈努力。然而，具体到操作层面，却不是所有人都赞同钱端升的观念。浦薛凤曾说“似窥见其依旧拉唱自由主义，对于对内对外重要问题，却除掉打官话，或类于打官话外，模棱两可。我深信此种作风，在言论则为落入窠臼，在行为则为随波逐流。今日整个局面之收拾与善后，在在需要伟大眼光，非常见解，而滔滔天下，却多轻狂幼稚”[⑧]。

抗战期间，钱端升两度赴美。1939年10月，钱端升和周鲠生赴美出席太平洋国际学会[⑨]第七届会议。出发前，蒋中正接见钱端升和周鲠生，嘱他

① 谢慧：《钱端升与〈今日评论〉》，载伊继东、周本贞主编《西南联大与现代中国研究》，人民出版社，2008，第186页。

② 也有的说办刊的钱来自重庆；来自缪云台是钱端升的自述，限于叙述年代，是否事实，还有待确证。参见“好险恶毒辣的阴谋，看罗隆基反共集团的内幕，核心分子是张东荪、叶笃义、周鲸文、潘光旦、曾昭抡，民盟第八次整风会上揭露出一些怵目惊心的材料”，载《人民日报》1957年8月28日，第2版。

③ 谢慧：《钱端升与〈今日评论〉》，载伊继东、周本贞主编《西南联大与现代中国研究》，第191页。

④ 浦薛凤：《浦薛凤回忆录》中册，第172页。

⑤ 伍启元：《抗战期间的教学生涯》，《传记文学》第65卷第6期，1994年。

⑥ 论者认为停刊可能是因为钱端升受到国民政府的压力，参见谢慧《钱端升与〈今日评论〉》，伊继东、周本贞主编《西南联大与现代中国研究》，第190～191页。

⑦ 详细的讨论，可参见谢慧《知识分子的救亡努力——〈今日评论〉与抗战时期中国政策的抉择》，社会科学文献出版社，2010。

⑧ 浦薛凤：《浦薛凤回忆录》中册，第172～173页。

⑨ 太平洋国际学会（Institute of the Pacific Relations，IPR）是一个国际非政府组织，1925年成立于夏威夷，1936年总部搬到纽约，存在35年，举办国际会议13次，出版书籍千余种，在14个国家和地区设立分会。参见张静《中国太平洋国际学会研究（1925～1945）》，社会科学文献出版社，2012，“序言”。

们“留美半年，相机协助外交活动”[①]。他们从香港转，10 月 31 日飞抵纽约，见到颜惠庆和胡适；11 月 4 日赴华盛顿，住在大使馆里。[②] 11 月 22 日，太平洋国际学会在美国弗吉尼亚州的弗吉尼亚海滩开会，中国代表十人，有颜惠庆、胡适、周鲠生、陈光甫等人，钱端升向大会提交了题为《中国国家统一：政治与管理方面》的论文。这次会议“日本不出席，苏联无船来，荷兰不出席，美、加代表尚重要。其余各国代表数既不多，人也不重要”，钱端升参会前认为“此次会议实无重要可言”。[③] 会议的总主题是“欧洲战争对远东的影响”，四个圆桌会议分别为：日本的处境与政策；中国的处境与政策；西方列强在远东的地位与政策；调整的方法。会议重心在于考察中日战争的现状并探讨解决方式，[④] “讨论中日问题甚详，一般对中国表赞助，但无具体之决议，英国代表略言中日事惟美国之马首是瞻，而美国则极端同情中国，但不愿卷入战争漩涡”。所以胡适和钱端升都对禁运案不抱希望，但周鲠生认为此事还有希望，主张积极努力。[⑤]

12 月 2 日，太平洋国际学会会议闭幕，钱端升和周鲠生经华盛顿、波士顿、纽黑文回到纽约。途中在波士顿住了四天，会晤洛厄尔（Lowell）、庞德（Pound）及何尔康（Holcombe）等人，“并参观哈佛大学各部，印象甚佳，耶鲁大学只在外部略看，亦未去看人，哈佛空气对华甚同情，而耶鲁则似乎孤立派有力也”[⑥]。

他们去美国，不仅仅是开会，还负有外交使命。刚到美国的钱端升向王世杰汇报情况，认为世界大势，化零为整，由国家之战一变而为欧战，再合亚战为世界大战，[⑦] “如万一德苏日大联合，我国须准备作十二分的苦撑，

---

① 林美莉编辑校订《王世杰日记》上册，第 226 页。

② 任骏选辑《周鲠生等为汇报美国外交走向事致王世杰函（1939 年 4 月 ~ 1944 年 5 月）》，《民国档案》2010 年第 2 期，第 20 页。

③ 任骏选辑《周鲠生等为汇报美国外交走向事致王世杰函（1939 年 4 月 ~ 1944 年 5 月）》，《民国档案》2010 年第 2 期，第 21 ~ 22 页。

④ 参见张静《中国太平洋国际学会研究（1925 ~ 1945）》，第 123 ~ 134 页。

⑤ 任骏选辑《周鲠生等为汇报美国外交走向事致王世杰函（1939 年 4 月 ~ 1944 年 5 月）》，《民国档案》2010 年第 2 期，第 23 页。

⑥ 任骏选辑《周鲠生等为汇报美国外交走向事致王世杰函（1939 年 4 月 ~ 1944 年 5 月）》，《民国档案》2010 年第 2 期，第 22 页。

⑦ 任骏选辑《周鲠生等为汇报美国外交走向事致王世杰函（1939 年 4 月 ~ 1944 年 5 月）》，《民国档案》2010 年第 2 期，第 24 页。

因最后之胜利必操于美英法，我国万不可对日苏稍作妥协，以自丧地位也"[①]。此外，他还向王世杰表达了对驻美大使胡适的不满，述说胡适的长处与短处。"馆中工作人员不充实，看不起中国来人，因之相处不欢，且不肯探听奔走，是其短处；主张抗战，熟悉美情，与美人相处甚佳，且为朝野所信，是其长处"，"我人为国家计，如无比适之更相宜之人可以来美，则惟有忘其短取其长，而以全力支持之"。[②] 大概是国内经常派人去美宣传，引起了驻美大使胡适的不满，因为去者的宣传"与使馆方面似尚缺乏联系"。周鲠生向王世杰汇报说"适之并非反对宣传，特对于以前宣传之人多而杂及宣传之方法不以为然乎。弟意在美国做宣传的人应充分与大使取得联络，表面上尽管与使馆不生关系，而实际则应合作，以免方针及言论上有出入也"[③]。

会议尚未开幕，钱端升即有思归之心，因为"我等在此更无多大接洽"，"所以想早回，因如此间无甚事可做，而上课则比较重要也"。[④] 会议结束后，他已定了返国之期，他"觉得在此无事可做，且不便自由活动，校事又着急，故急于返国"。这种情绪也影响到了周鲠生，他说"因知在此久留无大益处，且多不便，亦如端升所感觉，如果端升肯多留，弟尚可勉强在此，渠既急切，弟意兴亦消沉矣"[⑤]。1940 年 1 月 18 日，钱端升离华盛顿西行，"预定二月一日由金山乘船出发，八日由檀香山搭飞机飞港"[⑥]。联大 2 月 15 日上课，他预定"二月十三日到港，即返滇"[⑦]，但路上还是耽搁了时间，2 月 24 日左右到香港，[⑧] 再回到云南

---

① 任骏选辑《周鲠生等为汇报美国外交走向事致王世杰函（1939 年 4 月 ~ 1944 年 5 月）》，《民国档案》2010 年第 2 期，第 20 页。

② 任骏选辑《周鲠生等为汇报美国外交走向事致王世杰函（1939 年 4 月 ~ 1944 年 5 月）》，《民国档案》2010 年第 2 期，第 24 页。

③ 任骏选辑《周鲠生等为汇报美国外交走向事致王世杰函（1939 年 4 月 ~ 1944 年 5 月）》，《民国档案》2010 年第 2 期，第 27 页。

④ 任骏选辑《周鲠生等为汇报美国外交走向事致王世杰函（1939 年 4 月 ~ 1944 年 5 月）》，《民国档案》2010 年第 2 期，第 21 页。

⑤ 任骏选辑《周鲠生等为汇报美国外交走向事致王世杰函（1939 年 4 月 ~ 1944 年 5 月）》，《民国档案》2010 年第 2 期，第 25 页。

⑥ 任骏选辑《周鲠生等为汇报美国外交走向事致王世杰函（1939 年 4 月 ~ 1944 年 5 月）》，《民国档案》2010 年第 2 期，第 26 页。

⑦ 任骏选辑《周鲠生等为汇报美国外交走向事致王世杰函（1939 年 4 月 ~ 1944 年 5 月）》，《民国档案》2010 年第 2 期，第 25 页。

⑧ 王世儒编《蔡元培日记》下卷，第 662 页。

昆明。

1944年底，钱端升再次赴美，参加在弗吉尼亚温泉镇召开的太平洋国际学会第九届会议。中国代表团共有18人，包括蒋梦麟、张君劢、胡适、施肇基、钱端升等人。1945年1月6日会议开幕，主题为“太平洋之安全及发展”，讨论战后问题，包括：1944年各国之重要发展；日本之将来；太平洋各国经济复兴与发展；各国文化及种族关系；各属地的未来；安全问题。[①]

1944年冬，第三期中央训练团高级班在重庆郊外复兴关附近的山中受训，受训的多是中级的文武官员；钱端升与钱穆、冯友兰、萧公权、陶孟和等学者一道担任教官。在这次培训中，钱穆的讲授最受学员尊崇。钱端升主讲各国政治制度，效果并不理想。有一天教务主任托萧公权转告他，说学员不满意他的讲授，酝酿罢课，请他提前结束课程，钱端升当天就结束了课程。讲各国政制“不免要涉及多党，两党，一党等制度的运用和效果。可能他无意之中，引起了反感”[②]。由此可看出军中弥漫的反现代空气。正可谓秀才遇到兵，道不同不相为谋。在昆明，钱端升还帮助费正清，协助其完成对驻昆明美军的系列演说。[③]

抗战时期，钱端升的一个比较重要身份是国民参政会的参政员。根据1938年3月31日中国国民党临时全国代表大会的决议，抗战期间成立国民参政会，并写入《抗战建国纲领》中，以实现“在抗战期间，集思广益，团结全国力量”的目标。国民参政会为战时机关，性质不同于一般国家的议会，也不是行政咨议机关，实际上介乎议会与咨议机关之间。[④]国民参政会的职权包括议决战时政府对内对外重要方针，听取政府施政报告及向政府提出询问案，向政府提出建议案，还可以组织调查委员会调查政府委托的考察事项。此外，国民参政会还设有特种委员会，负责草拟或审查特种事项的议案。但是国民参政会也受有限制，它的决议须经过国防最高委员会通过才能生效；遇到紧急情况，国防最高委员会可以不受国民参政会职权限制，用命令为便宜措施。

---

① 张静：《中国太平洋国际学会研究（1925～1945）》，第144～153页。

② 萧公权：《问学谏往录》，第124～125页。有论者考证这个训练班是在1943年冬，参见范亚伶《追梦的旅程——钱端升生平与思想研究》，第68页脚注3。

③ 费正清：《费正清对华回忆录》，陆惠勤等译，知识出版社，1991，第272页。

④ 王世杰、钱端升《比较宪法》，商务印书馆，2010，第551页。

国民参政会自1938年7月成立，到1948年3月结束，共开会四届十三次。参政员分甲、乙、丙、丁四项，甲项代表各省市，乙项代表蒙藏，丙项代表海外侨民，丁项代表文化或经济团体。参政员任期一年，国民政府认为必要时可以延长。参政员虽非民选，但都是一时人望。第一届200人，第二届和第三届各240人，第四届第一次和第二次各290人，第四届第三次也是最后一次362人。[①] 钱端升以丁项资格被遴选为参政员，并连任四届。

在任参政员期间，他有时想，天气热何必跑去开会，但又想假如能对献议工作有所贡献，又何必自视清高。[②] 任职期间，钱端升提出了不少议案。1938年11月2日，他与周炳琳等40人临时动议，设立特种委员会，审查贸易委员会及外汇办法。[③] 1939年9月，钱端升被指定为国民参政会宪政期成会委员之一，由罗隆基主稿，修改“五五宪草”，但修订后的草案提交国民参政会，没有通过。[④] 1944年9月的第三届三次国民参政会上，钱端升联合其他人提交了“请政府刷新政治以慰民望而奠国基”案，对国民政府提出广开言路，赋予人民合法结社权，扩大参政会及各省级民意机关的职权，雇佣有才能、有操守的新人，增强行政执行力，实行分层负责制的建议。[⑤] 他也有让当局头疼的时候，如1945年7月14日，在召开国民大会问题上，“周枚荪、钱端升在参政会大会发言，与本党的决定不一致，蒋先生甚愤”[⑥]。

1945年10月1日，钱端升起草《国立西南联合大学张奚若等十教授为国共商谈致蒋介石毛泽东两先生电文》，与张奚若、周炳琳等署名发出。号召两党领导人“刷新政治，改正方向”，建议召集包括各党派和无党派人士

① 参见陈之迈《中国政府》，上海人民出版社，2015，第431～440页；王世杰、钱端升《比较宪法》，第543～551页；张宪文、张玉法主编《中华民国专题史》第11卷，南京大学出版社，2015，第182～189页。

② 钱端升：《僵局如何打开——论中国政治的前途》，《民主周刊》第2卷第7期，1945年，载孙宏云编《中国近代思想家文库·钱端升卷》，第319页。

③ 李学通等整理《翁文灏日记》，中华书局，2010，第280页。

④ 参见范亚伶《追梦的旅程——钱端升生平与思想研究》，第56～57页。

⑤ 《我馆赴第二历史档案馆征集钱端升档案》，中国政法大学档案馆，http://web.cupl.edu.cn/html/dag/dag_2708/20160107093214454509087/20160107093214454509087.html，最后访问日期：2017年1月11日。

⑥ 林美莉编辑校订《王世杰日记》上册，第714页。关于此事，可参见张友仁编《周炳琳文集》，北京大学出版社，2012，第64页。

的政治会议，共商建立联合政府，选举国民大会代表，召开国民大会，制定根本大法，产生立宪政府。电文中指出四点当务之急，且为国家根本之图并应该立即施行者：纠正一人独揽政权之风，变用人专重服从为注重德能，军人不应再主政，惩治奸逆叛国的元凶和直接通敌者。[①]

1945 年冬，受内战阴云的笼罩，各行业出现罢工、罢课、罢市、罢战、罢税风潮。11 月 25 日晚 7 点，在钱端升、伍启元、费孝通、潘大逵、尚钺、闻一多、吴晗、周新民等多位教授的号召下，西南联大、云南大学、中法大学、英文专校的部分师生召开时事讨论会，讨论内战问题。要求停止内战，美军撤退，撤换赫尔利和魏德迈，活动遭到军警干预，遂酿成罢课运动。12 月 1 日，军官总队学员与西南联大学生发生冲突，学生被炸伤十余人，四人因伤致死，这就是昆明“一二·一”事件。其后，学校开始罢课，在多方斡旋之下，直到 12 月 26 日联大学生全部复课，学潮才完全平息。[②] 1946 年 2 月中旬，国防最高委员会发布“一二·一”事件中的负责人李宗黄任党政考核委员会秘书长，四校学生在西南联大操场开会。闻一多、褚辅成、钱端升、费孝通、吴晗等教授先后上台发言，主张反对李宗黄出任新职，号召取消特务组织等，事后举行游行示威。

钱端升当时的身份是国民党员，1939 年 10 月，国民党决定设立西南联大区党部，钱端升与周炳琳、查良钊被任命为西南联大区党部筹备员。[③] 经过筹备，于 1941 年 7 月 23 日召开全校党员大会，钱端升与周炳琳、姚从吾、田培林、冯友兰、查良钊、王信忠当选为第一届执行委员，12 月 23 日举行第一次执行委员会议。1944 年 1 月，党部改选，钱端升当选为新一届执行委员。[④] 1944 年，李公朴带头成立了“宪政问题研究会”，“盖以研究宪政为掩护，以批评政府、实现私图为主旨”。西南联大国民党区党部“为先发制人计，乃决议由钱端升、周炳琳两同志用联大法学院宪政讲演会名义，举办宪政问题十讲（主讲人中六人为党员，四人为非党员）。以资倡

① 张友仁编《周炳琳文集》，北京大学出版社，2012，第 65～66 页。

② 张宪文、张玉法主编《中华民国专题史》第 16 卷，南京大学出版社，2015，第 305～310 页。

③ 王奇生：《革命与反革命：社会文化视野下的民国政治》，社会科学文献出版社，2010，第 249 页。

④ 王奇生：《革命与反革命：社会文化视野下的民国政治》，第 250～251 页。

导”，但效果并不好，钱端升、周炳琳等人的演讲也同样批评了政府。[①]

西南联大期间，钱端升的思想开始转变。1941 年之际，在钱端升眼里，当时的中国困难重重，最糟糕的是“政治无进步”，“自号进步者无论共或反共，均是 totalitarian，亦是不愿入轨道者，其余更可知，奈何”。[②] 在 1942 年缅甸战役失利后，钱端升不同意政府对英国在缅甸失败的指责，而政府拟向该年底中国出席太平洋国际学会代表团发出指示，要求在会上评述缅甸战役的失败原因，并指出英国人缺乏准备和按兵不动是造成失败的原因。钱端升认为，就缅甸局势来说，中国的看法不正确，中国军队的表现也不好。[③] 1943 年 12 月，钱端升写信给《芝加哥日报》驻外通讯处主管卡维尔·宾德（Abner Carroll Binder），表示对国民政府失望，对言论不自由极度沮丧；他认为，战时“不论自由主义分子批评与否，均处于一个尴尬地位。公开批评，将不利抗战；不批评，则战后革命可能无法避免”。他认为，实行民主是中国唯一的希望，盼望美国能尽力说服国民党领袖。[④] 1945 年，周鲠生劝钱端升“再办刊物、大家公开说说话，他回信敬谢不敏。他近来很悲观，尤其昆明联大惨案学潮令他多所感慨”[⑤]。

在 1946 年出版的《观察》里，记者缕述西南联大教授的不同派别：

> 联大容忍精神最好的表现，就是它包容了各党各派的教授与学生。记者虽然不能完全指出谁是那一党那一派，但至少可以说在联大之下，有共产党、第三党、民主同盟、民主社会党、中立派、国民党、三青团和国家主义等党派的教授与学生。教授方面：在属于左派政党的教授中，有闻一多和曾昭抡等先生；在民主社会党中，有潘光旦和费孝通等先生；没有党派而批评政府的有张奚若和陈序经等先生；比较中立而对政治常有意见的有陈岱孙和王赣愚等先生；在经济问题方面批评政府的有伍启元、杨西孟、戴世光等先生；属于国民党反对派的有钱端升等先

① 王晴佳：《学潮与教授：抗战前后政治与学术互动的一个考察》，《历史研究》2005 年第 4 期，第 39 页。

② 《钱端升致胡适》，载《胡适来往书信选》中册，第 765 页。

③ 参见《顾维钧回忆录》第 5 册，中国社会科学院近代史研究所译，中华书局，2013，第 109 页。

④ 潘惠祥：《在政治与学术之间：钱端升思想研究（1900～1949）》中册，第 434 页。

⑤ 《周鲠生致胡适》，载《胡适来往书信选》上册，第 879 页。

> 生；属于国民党批评派的，有周炳琳、杨振声等先生；国民党开明分子有冯友兰和雷海宗等先生；三青团的有姚从吾和陈雪屏等先生……在联大这许多教授中，有一件可喜的事，就是联大是没有顽固派的分子。[①]

作为国民党员，钱端升已经不是国民党内的开明分子，也不单单是国民党的批评派，而是树起了在党却反对党的旗帜。他态度的完全转弯发生在1943年与1944年之交。但总体来看，钱端升的转变是个较为顺畅自然的过程，他不像其他很多知识分子那样急转直下。

1945年8月，日本投降，抗战结束。钱端升拿出一瓶珍藏多年的好酒与张奚若共饮，庆祝胜利分享喜悦。[②] 西南联大于1946年5月10日开始回迁，7月31日开完最后一次常务委员会议宣布结束。钱端升也随北大回到北平，讲授政治制度和中国政府；他不再担任行政职务。[③] 1947年10月，钱端升应邀赴美，到哈佛大学担任一年的客座教授，并将讲课内容编著为《中国的政府与政治》（*The Government and Politics of China*）一书，实现了二十年来的愿望。

在剑桥，钱端升住在老朋友费正清的家里，费家“颇为舒适，交通亦便”，相处“宾主极相得”。[④] 剑桥的行人街27号（27 Walker Street）赵元任的家，是一个在美的学者和学生们的聚会场地，可是那时赵元任已经去西海岸柏克利加州大学任教，只是偶尔回来。他回剑桥时，钱端升就与一班朋友和学生如丁声树、任之恭、杨联陞等到赵家聚会，排遣异国他乡的客居之苦。[⑤]

1948年3月27日，身在国外的钱端升当选为第一届中研院院士。他以“研究比较政治制度及现代中国政治制度”的政治学专长当选，为政治学三位院士之一。这是对他学术的一个肯定。

---

① 《观察通信版：抗战业已结束·时代转入新页　西南联大·任务完成·化整为零》，《观察》第1卷第6期，1946年，第17~18页。

② 钱大都、钱仲兴、钱召南：《回忆我们的父亲》，载赵宝煦等编《钱端升先生纪念文集》，第52页。

③ 王学珍等主编《北京大学纪事（1898~1997）》，第413页。

④ 《杨联陞致董作宾函（1948年7月31日）》，转引自吴兴文《花果飘零哪是家——1948年后的董作宾、杨联陞与钱端升》，载刘瑞琳主编《温故》（五），广西师范大学出版社，2005，第51页。

⑤ 赵新那、黄培云编《赵元任年谱》，商务印书馆，1998，第301页。

此时的钱端升，“对国民党很失望，强烈批评蒋介石，认为蒋是一位有高度专制主义活动倾向的军事家。同时，他对中国共产党也抱有一定疑虑，包括觉得中国共产党与苏联走得太近”①。其时，国共内战已接近尾声，钱端升准备启程回国，无论如何，“故国可家”，美国虽好，然而“虽信美而非吾土兮，曾何足以少留！”临行前夕，在杨联陞家聚会，他在留言簿上写下了一己之心愿和期许：

> 民国卅七年春重来康桥哈佛街三三一号。先后有〔李〕方桂及莲生卜居，时相过从，请益之外，亦作桥戏，弥足为乐。今返国有日即须言别，诚有不胜依依者，第望天下太平，舟车畅通，或北平或康桥重聚匪遥耳。1948 年 9 月 5 日。②

9 月 21 日，钱端升到了加州，见到赵元任，并到赵家小住。吴有训当时也住在赵家，赵元任劝他们留下，但他们还是决定回国。10 月 21 日，钱端升和吴有训回国，赵元任开车将他们送到码头，依依惜别；由于战后商船还没有完全恢复，他们乘坐美国海军运输船 P115 号，住在一间 48 人的船舱里。③

船行期间无事，恰逢美国总统大选，船客们举行假投票盛典，头等舱多为政府官员，可能全投杜鲁门，三等舱可能投杜威。开票的结果出人意料，选出来的竟然是华莱士。路过马尼拉时，除了护照注明可以登陆外，其余中国人一律禁止登岸，钱端升愤愤不平。历时一个月，军舰驶入弥天大雾的吴淞口，钱端升回到阔别一年的祖国。他环行南京、上海一周后，飞回北平。④

1948 年 12 月初，钱端升回到北平北京大学。此时的北平，已是山雨欲来，校长胡适设宴为他接风，情境悲凉：

---

① 斯卡拉皮诺：《从莱文沃思到拉萨：经历大变革年代》，刘春梅、胡菁菁译，北京大学出版社，2010，第 37 页。

② 周一良：《哈佛大学中国留学生的“三杰”》，载周一良《郊叟曝言：周一良自选集》，新世界出版社，2001，第 37 页。

③ 赵新那、黄培云编《赵元任年谱》，第 304 页。

④ 徐盈：《解放前夕的北平文化界》，载中国人民政治协商会议北京市委员会文史资料研究委员会编《文史资料选编》第 29 辑，北京出版社，1986，第 141 ~142 页。

> 晚上公宴钱端升，主人是北大的行政首领居多，故我们大谈。我最后说，我过了十二月十七日（五十周年纪念日），我想到政府所在地去做点有用的工作，不想再做校长了。不做校长时，我也决不做《哲学史》或《水经注》！
>
> 至于我能做什么，我自己也不知道。[①]

只是，他和胡适在观念上早已分道扬镳，他可能并不彷徨无助，而是有点期待，还有点害怕地等待一个新世界的到来。

## 结　语

钱端升这一代中国知识分子，历经晚清、民国的风雨沧桑，每个时代里又有不同的风景，见证了中国国家现代化的前进与坎坷。像钱端升这样有抱负、有家国情怀的人，从学理和实践上积极推动国家现代化的前行，为国家奋斗了一生。在中国文明史上，他们这一代知识分子，既是极幸运的一代，也是极悲沉的一代。

### （一）从政的志愿

中国历代的知识分子，秉持学统与道统，存有与当政者疏离不合作的传统，这种状况在民国时期特别是南京国民政府前期有所改观。那时的中国，经历革命立国开始建国，面临着从非常态国家向常态国家的转变，至于能否转型成功实现中国的现代化，还是个未知数。有抱负的学人都期望贡献一己之力，推动这个现代化的进程。正如胡适之先生所说的，他本来反对武力革命同一党专政，但是革命既已爆发，便只有助其早日完成，才能减少战争，从事建设。目前中国所急需的是一个近代化的政府，国民党总比北洋军阀有现代知识，只要他们真能实行三民主义，便可有利于国，一般知识分子是应该加以支持的。[②]

这种看法代表了当时很多知识分子的心态，他们处在北洋军阀统治

① 曹伯言整理《胡适日记全集》第 8 册，第 371 页。

② 沈刚伯：《我所认识到的胡适之先生》，载冯爱群编辑《胡适之先生纪念集》，台北，台湾学生书局，1973，第 9 页。

下多年，现实的对比效应使得他们疏离北洋政府支持南京国民政府。当然，他们也不是觉得国民政府无可挑剔。例如叶公超说他加入国民党，是希望两脚踩到泥里，可以把国民党救出来，虽然几十年后回视，结果不尽如人意，他不但没把国民党救出来，反倒把自己陷进去了，不胜悔恨，但初心却是为了国家。[①] 浦薛凤曾述“一般从政教授之抱负与行径以及可能之遭遇”：

> 窃尝屡与友好谈论，咸认为大凡“教书匠”置身政界，不见显露其共同特性。以言抱负，总觉其所以出仕乃是人求我而非我求人，而其出仕目的固在“做事”而不在“做官”。因此之故，既无患得患失之心，更有可进可退之志；故总愿改进革新，不甘敷衍塞责。以言行径，不事奉迎，不谋私利，破除情面，奉公守法，而且往往直言无隐，据理力争。由此之故，自不能与掌权者左右之核心分子发生密切关系，遂如无源之水或无根之木，孤立无援。以言遭遇，不见引起忌怨谗谤与掣肘排挤，而各界不肖之徒常因所求不遂，利用其各种地位与机会，或则造谣中伤，或竟施诸行动，结果则黑白混淆，是非颠倒，致使整个社会不明真相。此则所谓宦海风波，从古为然，迄今不灭。[②]

风浪虽大，他们却甘于逆水行舟，他们所贡献的在于国家，而非一党一派。正如钱端升在1921年针对《纽约时报》关于华盛顿会议的社论之读者来函中所说：“我们中国人，作为中国主权的主人，最希望的是看到代表们提出的是代表整个中国的利益。因此，我们对代表们代表哪个政府不太关切。”[③] 可见他可以超越党派利益而注重国家利益，这个信念贯穿他的一生。在波澜起伏一波三折的人生岁月中，他采取实用主义的观念，不以功劳长久追随一派，也不因错误永远否定一派，凡是对国家好的即可，他不再计较政

① 李敖：《国民党大使垮台秘闻》，载李敖《李敖大全集》（12），台北，成阳出版公司，1999，第108页。

② 浦薛凤：《记何廉兄生平——治学从政树立风范》，载浦薛凤《音容宛在》，商务印书馆，2015，第94页。

③ 钱端升：《华盛顿会议与中国——致〈纽约时报〉编辑》（1921年9月25日），转引自潘惠祥《在政治与学术之间：钱端升思想研究（1900～1949）》上册，第76页。

权属于哪个政党。从深层次来说，这与他治行政学而非政治思想史的学术路径有很大关系。这个立场的弊病在于，其舍弃价值判断，相较于坚定但可能有些浅薄的自由主义，在一个思想激荡、多元并存、政治动荡、变动不安的大时代里往往成为无根之木，终究撑不过时代的惊涛骇浪，在极权的浪潮中人仰马翻却不自知。

民国时期的钱端升，是有浓厚的入仕情结的，这是那个时代学人的生存常态，自然毋庸讳言。可是他并非一味迎合，而是“为了理想的实现，并不拒绝与当局者的合作，同时并保有批判的立场”①。钱端升的同事和老朋友萧公权在晚年回忆录里这样评价他和张奚若：

> 这两位先生都抱着“学优则仕”的志愿。在清华、中大政治系教了多年的书，政府还不曾借重他们。平日言语之间不免流露出“怀才不遇”的苦闷。端升弃清华而就中大，可能是认为身在首都，较便活动。熙若曾一度到南京去营谋教育部的某职位。两人都未能如愿。他们投共，我想是为了满足他们的政治欲，而不是因为笃信“马列主义”或者尊奉“毛泽东思想”。十多年前，奚若曾动议检讨宣扬马克思主义的张申府。他和端升的政治立场以及生活习惯都脱不了“小资产阶级”的形态。②

虽然因为政治理念的不同和时代的关系，萧公权的评价难免带有主观意见，只看到了表面现象，但他这个说法也有一定的道理。

外部推力方面，在钱端升通往实际政治的道路上，王世杰一直是个鼎力推荐者。③ 钱端升随胡适去美国，就是王世杰极力推荐的。早在 1937 年 3 月，王世杰就向行政院长蒋中正提名杨振声、钱端升、周炳琳为教育部次长人选。④ 后来抗战时期，王世杰还有一个想法，在英、德、法各设立一永久性质的机关，来统一宣传工作，并提议由钱端升主其事。⑤ 1940 年郭泰祺出

---

① 许章润：《所戒者何——钱端升的宪政研究与人生历程》，高鸿钧主编《清华法治论衡》第 4 辑，第 241 页。

② 萧公权：《问学谏往录》，传记文学出版社，1972，第 110 页。

③ 关于此点，也可以参见李村《钱端升的转变》，《书城》2014 年第 10 期。

④ 林美莉编辑校订《王世杰日记》上册，第 12 页。

⑤ 林美莉编辑校订《王世杰日记》上册，第 91 页。

任外长，推荐钱端升为次长，没有获得蒋中正的同意。[①] 1942 年 12 月，王世杰考虑中央设计局工作事，“深觉增约专门人才为最急之务，而人才之罗致极不易。予思及钱端升”[②]。

1943 年，为了回应上一年来华的英国访问团，也为了弥合中英两国的裂痕，国民政府组织访英团，初步打算从国民参政会中遴选参政员组成，王世杰主导其事，向蒋中正推荐吴贻芳、陈源、杭立武、钱端升、王云五诸人。[③] 7 月，蒋中正决定参政会由王云五、胡政之、钱端升、杭立武四人代表参加。[④] 钱端升“表示愿往”[⑤]。

1943 年 7 月底，钱端升分函丘吉尔和英国重要阁员，谈论中国政局：国民党专制；党外优秀分子无法参加政府；经济状况危急，弊端百出；政府要人亦通同舞弊。[⑥] 钱端升和他们说，国民党和中国军人都是反英的。[⑦] 此事引起若干纠纷，因为当时中英关系紧张，访英团的使命就是借此机会“极力转移视听”，弥合两国的对立情绪。[⑧] 钱端升如此作为，无异于火上浇油，自然不再被列入候选之列。

到了 9 月 29 日，蒋中正决定将访英团原定八人减为四人，蒋廷黻、萧同兹、钱端升、杭立武四人均不必去。王世杰则说钱、杭两人至少应有一人前往，否则团中能讲演英语之人太少。在这个二选一中，钱端升又落选了。最后决定王云五、胡霖、温源宁、杭立武、王世杰五人前往，李惟果任秘书。[⑨] 虽然经过王世杰的一再努力，但钱端升最后还是被排除在名单之外，这必然与他的反英倾向有关系。

---

① 郭廷以校阅，沈云龙访问，谢文孙纪录《傅秉常先生访问纪录》，中研院近代史研究所，1993，第 99 页。

② 林美莉编辑校订《王世杰日记》上册，第 473 页。

③ 林美莉编辑校订《王世杰日记》上册，第 493、516 页。

④ 林美莉编辑校订《王世杰日记》上册，第 523 页。

⑤ 任骏选辑《国民政府军委会、外交部等为筹备中国访英团出访事往来函电（1943 年 7 月 ~ 11 月）》，《民国档案》2009 年第 1 期，第 48 页。

⑥ 《宋子文致蒋介石密告钱端升致丘吉尔及英阁员函内容电（1943 年 7 月 29 日）》，载吴景平、郭岱君编《宋子文驻美时期电报选（1940 ~ 1943）》，复旦大学出版社，2008，第 205 页。

⑦ 《顾维钧回忆录》第 5 册，第 319 页。

⑧ 任骏选辑《国民政府军委会、外交部等为筹备中国访英团出访事往来函电（1943 年 7 月 ~ 11 月）》，《民国档案》，2009 年第 1 期，第 47 页。

⑨ 林美莉编辑校订《王世杰日记》上册，第 541 页。

英国方面，也不欢迎钱端升加入访英团。在访英团名单尚未最后确定时，英国外交部就告诉驻华大使薛穆，向中国暗示英国不欢迎钱端升。薛穆在和代理外长吴国桢交谈时，也明确表示了这个顾虑，因为“钱端升以批评英国的战争努力、怀疑英国的政策而闻名”，但是吴国桢告诉他，“他的性情就是这样，喜欢批评，不仅仅是批评英国，但是他相信钱端升是真心希望中英合作的。如果他参加访英团，无疑所见的景象会给他留下很深的印象，这对中英关系必然产生好的影响”。薛穆虽然不想在此问题上纠缠，却对吴国桢的话表示怀疑。① 虽然参加访英团未成功，但是钱端升积极协助王世杰起草了访英团在英国国会人员招待会中的讲演稿。② 王世杰访英结束，绕道美国回国，1944 年 3 月电蒋中正请其考虑加派钱端升来美。③ 此外，“抗战前后，钱端升很想做官，王世杰便先后推荐他任国民党政府教育部次长和驻澳公使，但没有得到蒋介石的批准”④。不仅如此，西南联大时期，朱家骅在与联大常委蒋梦麟商量开展党务工作时，曾考虑让国民党老党员钱端升主持，但最后也没有选他。⑤

自身方面，从美国做国民外交回国，钱端升面见蒋中正，并未得到留用。⑥ 当时从政学人的任用，大抵都是蒋中正亲自选择或者经过他同意，钱端升与其有交谈的机会，却没有被任用，这大概与钱氏在美国期间并无可圈可点的表现有关，也与蒋中正对钱端升的个人印象有关。蒋中正要任用一个人时，常常予以召见，并用“察言观色”的用人哲学进行考察，与被召见人闲话家常，“通常不过是三五分钟的时间，他喜欢从一个人的长相、气度、神态和答话内容上，去决定一个人能不能赋予重任”⑦。我们大概可以

---

① 丁兆东：《中国访英团述评》，《抗日战争研究》2008 年第 1 期，第 34 ~ 35 页；也可以参见丁兆东《中国访英团成员的选定》，《历史教学》（高校版）2007 年第 8 期。

② 林美莉编辑校订《王世杰日记》上册，第 552 页。

③ 林美莉编辑校订《王世杰日记》上册，第 585 页。

④ 《妄图帮助罗隆基成立反社会主义的知识分子政党　钱端升是政法学界的右派阴谋家》，《人民日报》1957 年 7 月 20 日，第 7 版。

⑤ 《蒋梦麟与朱家骅的通信》，台北，中研院近代史研究所藏朱家骅档案，宗号 95，册号 1；转引自王晴佳《学潮与教授：抗战前后政治与学术互动的一个考察》，《历史研究》2005 年第 4 期。

⑥ 有的论者回忆钱端升，“又据说他想凭借王世杰的力量出任驻欧洲法瑞比荷四国大使。王当时是外交部长。谁知他受蒋介石召见后，蒋在其履历表后写了几个大字：‘此人相貌委琐，不能担任驻外使节。’钱大失所望。”参见陈道毅《西南联大旧事杂忆》，载《军统职业杀手的末日》，第 308 页。传言未必是事实，姑且立此存照。

⑦ 翁元口述，王丰撰《我在蒋介石父子身边的日子》，团结出版社，2009，第 44 页。

推测，在这次会见中，钱端升抱持知识分子的姿态，等待蒋中正礼贤下士；蒋中正却不认为钱端升对自己的胃口，从而失去共事的可能。钱端升在给胡适的信中，也只好一笑为自己打圆场。也可能缘于这次召见，钱端升之后屡失进入政治层的机会。①

钱端升这种主观上积极介入政治的心态一直持续到1940年代中期。他的态度从一侧转到另一侧大概是在抗战最后两年的时候。此时他入仕已经无望，随着国民党由革命党向执政党的转变，并未能实现现代化的政党政治转型，钱端升渐次生出敌对之心。两相激荡，他再不会有所顾忌，可以完全地秉持民主自由展示自己的心性。

### （二）人格与思想

在中国现代化的舞台上，登台者来来去去，有传统派，有留日一派，有留欧一派，有留英美一派，有留苏一派，各施拳脚，风流已去。以今视昔，不得不说，留学英美一派的主张最能代表人类文明的进步方向，也成为中国国家现代化的主流。他们主张教育、学术独立，国家政治制度化、民主化，主张个人自由也主张国家利益，主张中西文化会通。钱端升就是其中的一员。

钱端升为人正派，对国家有情怀，对事务有热情，对祖国具有高出一般人的情怀，对推动国家的进步具有极大的热情。钱端升有他的精明和坚决之处，正如他规劝吴宓的，“办理校中及本系各事，不必处处认真，不必因小事忧急或动气。至于重大之事件，则决定后必实行。向校中所要求者，亦必得到乃止”②。但也有性格上的缺点。他在他所处的圈子里，年纪相对小，成绩好，自信大，满身锋芒，与圆滑的世道常常显得不搭调。钱氏24岁就获得了美国名校哈佛大学的博士学位，③ 年少进入学界，他成名的时间较大

① 李村的论文对于钱端升入仕的波折和挫折有论述和分析，可以参考，但论点尚须商榷。参见李村《钱端升的转变》，《书城》2014年第10期。

② 吴学昭整理注释《吴宓日记》第3册，第220页。

③ 很多人看待大学，往往以当下的眼光看待过去。美国大学的崛起，是因为二战中很多西欧的学者移居美国，加之美国国力增强，跃居世界第一大国；在二战之前并非如此。很多美国的学者要去到西欧，去牛津大学，或巴黎大学，或柏林大学拿一个博士学位，才能回美国最高的学府任教。1930年代，哈佛邀请伯希和去主持哈佛燕京学社，伯希和拒绝了，“没有一个法国人会离开巴黎，而被吸引去穷乡僻壤的哈佛大学”。参见费正清《费正清对华回忆录》，第112页。钱端升在1925年清华改办大学时，提出先以美国大学为标准，再以欧陆大学为标准，逐步改革。参见钱端升《清华改办大学之商榷》，《清华周刊》第333期，1925年，第1～8页。

多数人为早，天时地利加之天分，对于知识的掌握使得他具有更大的自信心。这个自信心没有内敛，在外人看来便好似张狂。这种性格的人，往往治学和做人都讲究品位，对学问、对人事，都是有选择性地接触。真可以说是“一生负气成今日，四海无人对夕阳”。

无疑，这种性格影响到他的为人，也影响到了他的处事风格。清华和西南联大的同事和学生对钱端升的印象是“他的政法根基深厚，英文写作能力甚强，虽不能说与人落落寡合，但也不太容易和人亲近”①。老朋友浦薛凤说“端升极有学问，中英文均佳”，“但端升总是过分勇于自信，目空一切，而处世待人，未必能免俗。我实为端升深惜。否则于实际政治界必能早有成就。今则除滑头朋友外，许多人抱敬而远之之态度。人固最难具有自知之明”。② 历来才情高于一般的人，总是难免有曲高和寡之叹，难以与他人合作；如果单打独斗，倒是在学术上可有大成。然而钱端升一生，难甘寂寞，东奔西走，终于没能发挥出最大优点。

在外交思想方面，钱端升立场坚定，一以贯之，主张取消治外法权，收回上海租界，反对对日本屈服，主张积极抵抗；及至抗战爆发，他坚决主张抗日，拥护国联，远离德意，与英美组成联盟；战后建立世界新秩序，让人类走向民族自决和世界大同的大道。

以今视昔，虽不免感叹，但仔细想想还是钱端升智高一筹，他把所能想的都想到了。端公一生走走停停，为国家、为民族贡献心力，所追求的无非中国的政治学现代化与政治现代化。他的学术成就，对于比较政治的研究，对于中国政府的研究，自然彪炳史册，青史流传。然在政治方面，综其一生，他都在东西奔走，没有出彩的事情，即便是跑龙套，也多打鱼晒网，有始无终；他适合的，只是教书和学术。这一点，他自己心知肚明。1945 年，钱端升对即将出国深造的何炳棣说：

> 你们这一辈学问基础在国内就已打得比我们（在国内时）结实，而且你们出国的时候就比我们那时要成熟得多。所以，你们出国深造前途不可限量。要紧的是，不要三心二意，一边教书，一边又想做官。你看蒋廷黻多可惜，他如果不去行政院，留在清华教书，他在外交史方面

① 何炳棣：《读史阅世六十年》，广西师范大学出版社，2005，第 173 页。

② 浦薛凤：《浦薛凤回忆录》中册，第 171 页。

会有大成就。我希望你能专心致志地搞学问，将来的成就肯定会超过我们这一辈的。[①]

在学术与政治之间周旋，总比不上坚守一端收获大。投身政治，有可能做张骞，[②] 但是机会渺渺；而固守学问，虽然不一定能成为司马迁，但凭他们这些人的天分与努力，大概虽不中亦不远矣。

二〇一六年十二月于清华园照澜院初稿
二〇一七年春夏改定稿

## A Life of Mr. Qian Duansheng: Between Academics and Politics

*Liu Meng*

**Abstract**: The life of Qian Duansheng is always moving in or out between academics and politics. In the first half of his life, Qian hoped to become an official and used his knowledge in political practice, but the things went contrary to his wishes. In the latter half of his life, Qian became a member of government, and the road to academic research was cut off, and got into political swirl unavoidably. A life of Mr. Qian went through late Qing Dynasty, the Republic of China and the People's Republic of China, and had experienced many vicissitudes of life for several times, and became a witness of modernization of China. Mr. Qian was ambitious, patriotism, and contributed all his life to our country and nation, whose pursuits are no more than Chinese academic modernization and political modernization. In sum, Mr. Qian had made a great contribution to our country's modernization both in academic realm and social

① 何炳棣：《读史阅世六十年》，第 173 页。

② 李济有一次问蒋廷黻，“廷黻，照你看是写历史给你精神上的满足多，还是创造历史给你精神上的满足多？”蒋对这个问题，没有给一个直接的答复，却反问了李济一个问题，说：“济之，现代的人是知道司马迁的人多，还是知道张骞的人多？”参见李济《回忆中的蒋廷黻先生——由天津八里台到美京双橡园》，《传记文学》第 8 卷第 1 期，1966 年。

practice. Perhaps the most suitable road to Mr. Qian is teaching and academical researches, but his academic career was held up by his political activities, and his talents in academics have not put to maximal use.

**Keywords**: Qian Duansheng; Academics and Politics; Beijing University of Politics and Law; Academic Modernization; Political Modernization

# 豪杰犹巨鱼也：李卓吾及其法哲学

屠 凯*

**内容提要：** 李贽是明代重要思想家、文学家，泰州学派的一代宗师。本文意在赋予李贽的古典法哲学思想以现代的分析形式，拨开表面的那层虚无主义和相对主义迷雾。虽然李贽的思想“离经叛道”，但他仍相信有是非对错或者终极的规范性存在，且人人皆具有把握这一终极规范性的“童心”。因而，强人所难、自以为是均为荒谬，应当自知、自立、自安。对于适用规范的判断，李贽强调必须考虑当下情境，行随事迁，不执一定。他不反对常人的功利倾向和实用态度，只是憎恶不放过一切权力、富贵、名声的机会主义者。对于政治秩序，李贽期待君臣相交、各得其所，希望政治人物具有执行力、判断力和意志力。而尤为难能可贵的是，李贽把两性关系及其规范视为一切规范的基础，改变了由男性定义、主宰女性的话语模式。李贽确为前现代中国一位卓异的反传统之士。

**关键词：** 李贽　法哲学　晚明　启蒙　反传统

李贽（1527～1602），字宏甫，号卓吾，别号温陵居士、百泉居士，福建泉州人。生于明世宗嘉靖六年（1527），自杀于明神宗万历三十年（1602），其年76岁。李卓吾曾中举，担任过微末职务，如南京国子监博士、北京国子监博士等。万历九年，他辞去云南姚安知府职，到湖北黄安与挚友耿定理相聚论学，这当是他一生中比较愉快的岁月。后耿定理不幸早

* 屠凯，清华大学法学院副教授、法学博士，清华大学法学院法政哲学研究所执行所长，研究方向为法理学、法哲学及宪法学。

逝，李贽和定理之兄、致仕大官耿定向产生了比较激烈的冲突，遂避居麻城，建立芝佛院，在其中读书写作。[①] 万历十六年，正式落发，从此不避以“异端”面目示人，声名卓异。李贽为人张扬狂放，鄙视乡愿虚伪，“性甚卞急，好面折人过”[②]。因而朝野上下对他崇拜欣赏者虽多，而忌恨憎恶者尤众。万历三十年，明廷以“乱道”之罪将李贽逮捕，下狱通州。一日，李卓吾借侍者前来剪发之机，用刀割喉，且书“七十老翁何所求”而绝。[③] 明廷本决定焚毁李贽的所有著作，毕竟以《焚书》为代表，其中“大抵多因缘语、忿激语，不比寻常套语”[④]。但正如他的朋友焦竑所说，“然则此书之焚，其布之有火浣哉”，查禁反促之大行于世，更提升了李贽的影响力。[⑤]

李贽思想的背景十分复杂。他的家庭有穆斯林血统，这从他为自己预备的葬制可见一斑。[⑥] 但李卓吾本人落发后一直以“和尚”自居。李贽曾与来华多年的天主教耶稣会士利玛窦有几次对谈，十分倾心。[⑦] 他以为利氏“是一极标致人也”，但自承“毕竟不知到此何干也”[⑧]。从学术传承来说，李贽与阳明后学中的王艮一系交好。[⑨] 李贽说他们“一代高似一代”，所谓“大海不宿死尸，龙门不点破头”[⑩]。李贽尤与邓豁渠交好，因邓氏对李氏实有

① 此事是学术思想史上的一段著名公案，前人多认为李贽是二人中的进步者，而耿定向乃一虚伪的假道学，但近年有研究表明二人之争主要是认识的不同，均是真诚的。参见罗福惠《两舍则两从，两守则两病：耿定向与李贽“论道相左”新解》，《江汉论坛》2002 年第 10 期，第 70 页；周素丽《李贽与耿定向学术人格的对比：耿李论战的原因分析》，《中国哲学史》2012 年第 3 期，第 86 页；谭春生、张斯珉《论李贽与耿定向的“不容已”之争》，《社会科学战线》2013 年第 6 期，第 272 页。

② （明）袁中道：《李温陵传》，收（明）李贽：《焚书》，中华书局，2009，第 3 页。

③ （明）袁中道：《李温陵传》，收（明）李贽：《焚书》，第 5 页。

④ （明）李贽：《答焦漪园》，《焚书》，第 7 页。

⑤ （明）焦竑：《李氏焚书序》，收（明）李贽：《焚书》，第 2 页。实际上，及至盛清时期李贽的作品仍很流行。参见赵刚《善本藏家之外的清代书籍和思想世界》，《读书》2017 年第 2 期。

⑥ 叶国庆：《李贽先世考》，《历史研究》1958 年第 2 期，第 79 ~ 85 页。

⑦ 李珺平：《李贽与利玛窦会面的次数及意义》，《民族文学研究》2010 年第 1 期，第 106 ~ 115 页。

⑧ （明）李贽：《与友人书》，《续焚书》，中华书局，2009，第 35 页。

⑨ 李贽与阳明学中王艮一系的关系，参见左东岭《顺性、自适与真诚：论李贽对心学理论的改造与超越》，《首都师范大学学报》（社会科学版）2000 年第 1 期，第 81 ~ 82 页。

⑩ （明）李贽：《为黄安二上人三首之大孝一首》，《焚书》，第 80 页；（明）李贽：《与焦漪园太史》，《续焚书》，第 27 页。

危难之时“一粒一金一青目”之恩。[①] 他曾经对邓氏说：“如其迹，则渠老之不同于大老（赵贞吉），亦犹大老之不同于心老（王艮），心老之不同于阳明老（王守仁）也。若其人，则安有数老之别哉！知数老之不容分别，此数老之学所以能继千圣之绝，而同归于‘一以贯之’之旨也。”[②] 而对其他流派，李卓吾则多有批评，不以为然，直至孔孟也不吝褒贬。

近代以来，国内外各界对李贽的关注始终不绝，对其思想的内容及性质也有多种认识。[③] 严复和鲁迅敏锐地判断，李贽最重要的特征是不驯服于纲常名教。[④] 朱谦之称李贽是“一位出色的反封建到老到死的战士，在政治生活上是叛逆，在文化生活上是异端之尤”，是小地主阶级和自由市民意识的结合体。[⑤] 傅衣凌、任继愈等亦指出，他是晚明社会变革的产物，其思想具有反封建反传统的进步性。[⑥] 亦有学者认为，李贽与西方同期人物的思想可以兼容，代表了中国自己的人文主义和自由传统。[⑦] 而许苏民认为李贽为“中国16世纪伟大的早期启蒙思想家”，称他表现出了鲜明的自由精神和批判精神。[⑧] 以上这些观点在法律思想史学界也有回响。学者们普遍认为，晚明至清初中国出现了反对专制主义的时代强音，如张晋藩认为，通过与来华传教士交流，在批判心学、崇尚实学的过程中，时人的“法律思想已达到

① （明）李贽：《复邓鼎石》，《焚书》，第50页。

② （明）李贽：《又答石阳太守》，《焚书》，第5页。

③ 白秀芳：《近百年李贽研究综述》，《首都师范大学学报》（社会科学版）1994年第6期，第115～128页。

④ 张建业编《李贽研究资料汇编》，社会科学文献出版社，2013，第295、307页。

⑤ 朱谦之：《李贽：十六世纪中国反封建思想的先驱者》，湖北人民出版社，1956，第11页。

⑥ 傅衣凌：《从明末社会论李贽思想的时代特点》，《厦门大学学报》（哲学社会科学版）1975年第1期，第65～72页；张建业：《论李贽的民主思想及其社会基础》，《福建论坛》（经济社会版）1982年第2期，第61～68页；苏双碧：《李贽和思想解放》，《天津社会科学》1993年第4期，第53～56页；任继愈：《李贽思想的进步性》，《首都师范大学学报》（社会科学版）1994年第5期，第39～41页。

⑦ 邱少华：《李贽：晚明人文主义新思潮的先驱者》，《首都师范大学学报》（社会科学版）1995年第4期，第86～92页；盛瑞裕：《李贽论》，《江汉大学学报》（自然科学版）2000年第4期，第51～55页；孟广林：《李贽“人文主义”人性论评析：兼与西欧人文主义思想比较》，《河南大学学报》（社会科学版）2003年第5期，第10～17页；李光福：《李贽与中国的自由传统》，《南开学报》（哲学社会科学版）2003年第2期，第66～75页。

⑧ 许苏民：《论李贽思想的历史地位和历史命运》，《福建论坛》（人文社会科学版）2006年第4期，第63页。此外，王记录认为李贽与其后的中国“启蒙”思想虽有断裂，但仍保持深层的一致性。参见王记录《论清初二大思想家对李贽的批判：兼谈早期启蒙思想问题》，《河南师范大学学报》（哲学社会科学版）2002年第6期，第56～60页。

封建时代所能允许的高度”[①]。而孙国华专门提及，李贽与何心隐是明清之际启蒙思想家中的先驱。[②]

在前人的基础上，本文意在围绕法哲学的核心议题，赋予李卓吾的话语以现代分析的形式，从而将之引入理论法学的论域，并寻求与实践的可能联系。这一做法的假设是，李贽乃至一切中国古典思想家并非博物馆中陈列的瑰宝，他们对一些与正义和政治相关的基本问题的系统解答，完全可以经过转换和改造，继续为今人服务。就李贽个人而言，拨开表面那层虚无主义和相对主义的迷雾，可以看出，他仍相信有是非对错或者终极的规范性存在，只不过这些东西永恒变化，难以言说。与此同时，人人具有把握这一终极规范性的天然能力，即与生俱来的“童心”。因而，强人所难、自以为是是荒谬的，规范性的要害在于自知、自立、自安。在这个意义上看，李贽确实是一个平等主义者、民主主义者，属于中国式的自由传统。而对于适用规范的判断，李贽强调必须考虑当下情境，行随事迁，不执一定。他不反对常人的功利倾向和实用态度，只是憎恶不放过一切权力、富贵、名声的机会主义者。对于政治秩序，李贽期待君臣相交、各得其所，希望政治人物具有执行力、判断力和意志力。而尤为难能可贵的是，李贽把两性关系及其规范视为一切规范的基础，改变了由男性定义、主宰女性的话语模式。也正因为如此，赞扬他为前现代中国一位卓异的反传统之士，终究无可厚非。

## 一　规范性或是非之有无

表面上，李贽对于规范性问题似乎持一种相对主义态度。他认为，归根结底，苦乐、美丑、古今之别都可泯灭，于是，“更无有许多物事及虚实高下等见解也”[③]。就苦乐而言，“乐者苦之因，乐极则苦生矣”；“苦者乐之因，苦极则乐至矣”；“苦乐相乘，是轮回种；因苦得乐，是因缘法”[④]。就美丑而言，“夫所谓丑者，亦据世俗眼目言之耳。俗人以为丑则人共丑之，

① 张晋藩：《明末清初的实学与进步的法律观》，《法制与社会发展》2016 年第 2 期，第 86 页。

② 孙国华：《中国法律思想史新编》，北京大学出版社，1998，第 234 页。

③ （明）李贽：《又答石阳太守》，《焚书》，第 6 页。

④ （明）李贽：《复丘若泰》，《焚书》，第 9 页。

俗人以为美则人共美之。世俗非真能知丑美也，习见如是，习闻如是”[①]。及至古今之别，李卓吾说：“然以今视古，古固非今；由后观今，今复为古。故曰文章与时高下……所不同者一时之制耳。”[②] 因而，四言、五言本无所谓，八股时文亦是良方，师法秦汉或者唐宋的文艺主张之争没有意义，盖因“今之近体既以唐为古，则知万世而下当复以我为唐无疑也”[③]。推而广之，则各种生活方式均可算符合规范性的要求：

> 第各人各自有过活物件。以酒为乐者，以酒为生，如某是也。以色为乐者，以色为命，如某是也。至如种种，或以博弈，或以妻子，或以功业，或以文章，或以富贵，随其一件，皆可度日。独余不知何说，专以良友为生。故有之则乐，舍之则忧，甚者驰神于数千里之外。[④]

李贽也给人虚无主义的印象。他说：“夫世间是与不是，亦何尝之有。”[⑤] 在李贽哲学中，规范多半是虚假的。所谓“善与恶对，犹阴与阳对，柔与刚对，男与女对。盖有两则有对。既有两矣，其势不得不立虚假之名以分别之，如张三、李四之类是也。若谓张三是人，而李四非人，可欤？”[⑥] 一切人为之拟制均属此类，“世间万事皆假，人身皮袋亦假也”[⑦]。李贽说：

> 均此一人也，初生则有乳名，稍长则有正名，既冠而字，又有别号，是一人而三四名称之矣。然称其名则以为犯讳，故长者咸讳其名而称字，同辈则以字为嫌而称号，是以号为非名也。若以为非名，则不特号为非名，字亦非名，讳亦非名。自此人初生，未尝有名字夹带将来矣，胡为乎而有许多名？又胡为乎而有可名与不可名之别也？若直曰名而已，则讳固名也，字亦名也，号亦名也，与此人原不相干也，又胡为而讳，胡为而不讳也乎？[⑧]

---

① （明）李贽：《答周柳塘》，《焚书》，第261页。
② （明）李贽：《时文后序》，《焚书》，第117页。
③ （明）李贽：《时文后序》，《焚书》，第117页。
④ （明）李贽：《答周友山》，《焚书》，第26页。
⑤ （明）李贽：《与曾中野》，《焚书》，第52页。
⑥ （明）李贽：《又答京友》，《焚书》，第22页。
⑦ （明）李贽：《与耿楚倥》，《续焚书》，第18页。
⑧ （明）李贽：《又答京友》，《焚书》，第22页。

但李贽并非狭义的虚无主义者或者相对主义者，因为他仍相信有真理或终极的规范性存在。但同时认为，这一真理本身即神妙的“不执一定”，因而，具体规范永恒变化，存在却不可言说。李卓吾说：“经可解，不可解。解则通于意表，解则落于言诠。解则不执一定，不执一定即是无定，无定则如走盘之珠，何所不可。解则执定一说，执定一说即是死语，死语则如印印泥，欲以何用也？”[①] 这当然和他所受到的佛学影响有关。有固然无，连“无”也是无，确定固然被否定，但完全不确定也同样被否定。即“心本无有，而世人妄以为有；亦无无，而学者执以为无。有无分而能、所立，是自挂碍也，自恐怖也，自颠倒也，安得自在”？[②] 这就是汉地佛教的真空妙有之说。李贽解释：“弃有着空，则成顽空矣，即所谓断灭空也，即今人所共见太虚空是也。此太虚空不能生万有。既不能生万有，安得不谓之断灭空，安得不谓之顽空？顽者，言其顽状如一物然也。”[③] 如果认为“并无任何规范”，则这也是一条规范，反成自相矛盾。而更高明的说法则是确有规范，无法表述。

同样受佛学的影响，李贽认为，把握终极规范性的能力是每个人固有的。他说：“人人皆菩萨而不自见也，故言菩萨则人人一矣，无圣愚也。言三世诸佛则古今一矣，无先后也。”[④] 但毕竟实际上并非人人皆菩萨，这是因为“菩萨岂异人哉，但能一观照之焉耳”，“奈之何可使由而不可使知者众也？可使知则为菩萨；不可使知则为凡民，为禽兽，为木石，卒归于泯泯尔矣！”[⑤] 这个道理李贽在另一处也用儒家的说法表述过。他说：“孔子直谓圣愚一律，不容加损，所谓麒麟与凡兽并走，凡鸟与凤凰齐飞，皆同类也。所谓万物皆吾同体是也。而独有出类之学，唯孔子知之，故孟子言之有味耳。然究其所以出类者，则在于巧中焉。”[⑥] 这种把握终极规范性的能力在佛家而言即由所谓阿赖耶识转出，是终极目的，“盖人人各具有是大圆镜智，所谓我之明德是也”，“是故要必有至善而为吾人所止之归焉，特人未

---

① （明）李贽：《又答京友》，《焚书》，第 22 页。
② （明）李贽：《心经提纲》，《焚书》，第 100 页。
③ （明）李贽：《观音问之答明因》，《焚书》，第 175 页。
④ （明）李贽：《心经提纲》，《焚书》，第 101 页。
⑤ （明）李贽：《心经提纲》，《焚书》，第 101 页。
⑥ （明）李贽：《答耿司寇》，《焚书》，第 33 页。

易知此至善之止耳”[①]。一切规范均从此呈现，好像沧溟泛起涟漪，即“夫诸相总是吾真心中一点物，即浮沤总是大海中一点泡也”[②]。

人的这种把握终极规范的能力不可简单等同于意识。李贽对马历山说：“如公所言神，正所谓识，神千万劫被伊拖累，轮转六道，未尝暂歇者，顾反宝藏而快乐之耶？孰若一超直人如来地，庆幸何如！”[③] 这种神秘的能力据李贽说乃是三教都有发现的：“‘囮地一声’，道家教人参学之话头也；‘未生以前’，释家教人参学之话头也；‘未发之中’，吾儒家教人参学之话头也。同乎？不同乎？唯真实为己性命者默默自知之，此三教圣人所以同为性命之所宗也。”[④] 稍微具象一些，即所谓“童心”。《童心说》本是李卓吾重要的一篇文论。他写道：“夫童心者，真心也。若以童心为不可，是以真心为不可也。夫童心者，绝假纯真，最初一念之本心也。若失却童心，便失却真心，失却真心，便失却真人。”[⑤]

既然是童心，就是与生俱来的，谁也不比谁更多更好。运用童心不待孔子，“夫天生一人，自有一人之用，不待取给于孔子而后足也。若必待取足于孔子，则千古以前无孔子，终不得为人乎？”[⑥] 不待天子，“且夫理，人人同具，若必天子而后祭天地，则是必天子而后可以祭理也，凡为臣庶人者，独不得与于有理之祭，又岂可欤？”[⑦] 李卓吾最反感强人所难、强人从己。他说孔子从来不责人必能，总是取人为善。[⑧] 对想要矫正他的耿定向，李贽抗议“公不知何故而必欲教我”[⑨]，奉劝对方“公既深信而笃行之，则虽谓公自己之学术亦可也，但不必人人皆如公耳”[⑩]。一定要强迫别人，更证明其“自以为是”[⑪]。而讽刺的是：

试观公之行事，殊无甚异于人者。人尽如此，我亦如此，公亦如

① （明）李贽：《与马历山》，《续焚书》，第 3 页。
② （明）李贽：《念佛答问》，《焚书》，第 137 页。
③ （明）李贽：《复马历山》，《续焚书》，第 3 页。
④ （明）李贽：《答马历山》，《续焚书》，第 1 页。
⑤ （明）李贽：《童心说》，《焚书》，第 98 页。
⑥ （明）李贽：《答耿中丞》，《焚书》，第 16 页。
⑦ （明）李贽：《鬼神论》，《焚书》，第 92 页。
⑧ （明）李贽：《答耿司寇》，《焚书》，第 31 页。
⑨ （明）李贽：《答耿司寇》，《焚书》，第 29 页。
⑩ （明）李贽：《答耿司寇》，《焚书》，第 18 页。
⑪ （明）李贽：《答耿司寇》，《焚书》，第 30 页。

此。自朝至暮，自有知识以至今日，均之耕田而求食，买地而求种，架屋而求安，读书而求科第，居官而求尊显，博求风水以求福荫子孙。种种日用，皆为自己身家计虑，无一厘为人谋者。[①]

无论对谁，要害在于自知、自立、自安。李卓吾告诫众人说："且既自谓不能成佛矣，亦可自谓此生不能成人乎？吾不知何以自立于天地之间也。既无以自立，则无以自安。无以自安，则在家无以安家，在乡无以安乡，在朝廷无以安朝廷。吾又不知何以度日，何以面于人也。"[②]

## 二　行动中的规范

因为对于具体规范不执一定，所以，李贽强调，应用规范当考虑当下情境，行随事迁。李卓吾说：

若夫当行之言，则虽今日言之，而明日有不当行之者，而况千百世之上下哉！不独此也，举一人而言，在仲由则为当行，而在冉求则为不当行矣，盖时异势殊，则言者变矣。故行随事迁，则言焉人殊，安得据往行以为典要，守前言以效尾生耶？是又当行之言不可以执一也。[③]

而对于做判断，李卓吾并不讳言"趋利避害，人人同心"[④]。功利倾向是不可避免的，"谓身在是之外则可，谓身在非之外即不可，盖皆是见得恐有非于我，而后不敢为耳。谓身在害之外则可，谓身在利之外即不可，盖皆是见得无所利于我，而后不肯为耳。如此说话，方为正当，非漫语矣"[⑤]。规范判断完全可以出于实用。李贽说："就此百姓日用处提撕一番。如好货，如好色，如勤学，如进取，如多积金宝，如多买田宅为子孙谋，博求风水为儿孙福荫，凡世间一切治生产业等事，皆其所共好而共习，共知而共言

① （明）李贽：《答耿司寇》，《焚书》，第 30 页。
② （明）李贽：《答周四岩》，《焚书》，第 1 页。
③ （明）李贽：《先行录序》，《焚书》，第 116 页。
④ （明）李贽：《答邓明府》，《焚书》，第 41 页。
⑤ （明）李贽：《复麻城人书》，《焚书》，第 67 页。

者，是真迩言也。”[①] 李卓吾还讲了一个吃饱饭的故事，说得更加真切：

> 盖尝北学而食于主人之家矣。天寒，大雨雪三日，绝粮七日，饥冻困踣，望主人而向往焉。主人怜我，炊黍饷我，信口大嚼，未暇辨也。撤案而后问曰：“岂稻粱也欤！奚其有此美也？”主人笑曰：“此黍稷也，与稻粱埒。且今之黍稷也，非有异于向之黍稷者也。惟甚饥，故甚美，惟甚美，故甚饱。子今以往，不作稻粱想，不作黍稷想矣。”[②]

他总结说：“食之于饱，一也。南人食稻而甘，北人食黍而甘，此一南一北者未始相羡也。……至饱者各足，而真饥者无择也。”[③] 这是非常朴实的哲学。

既然实用为先，那么李贽也不反对以其方式对待其人：

> 夫彼专谈无善无恶之学，我则以无善无恶待之；若于彼前而又谈迁善去恶事，则我为无眼人矣。此专谈迁善去恶之学者，我则以迁善去恶望之；若于彼前而不责以迁善去恶事，则我亦为无眼人矣。世间学者原有此二种，弟安得不以此二种应之也耶！[④]

李卓吾憎恶的是假道学的机会主义。机会主义并非实用主义，机会主义本质上无视一切规范。他描述机会主义者：“展转反覆，以欺世获利，名为山人而心同商贾，口谈道德而志在穿窬。”[⑤] 叱骂他们如“恶狗思想隔日屎”[⑥]。这句话的犀利之处就在于，隔日屎尿并非此狗当下的需要，而是侪辈永不满足的欲求。李贽把这种算计称为“两头照管”：

> 弟尝谓世间有三等人，致使世间不得太平，皆由两头照管。第一等，怕居官束缚，而心中又舍不得官。既苦其外，又苦其内。此其人颇

① （明）李贽：《答邓明府》，《焚书》，第40页。
② （明）李贽：《子由解老序》，《焚书》，第110页。
③ （明）李贽：《子由解老序》，《焚书》，第110页。
④ （明）李贽：《复周柳塘》，《焚书》，第42页。
⑤ （明）李贽：《又与焦弱侯》，《焚书》，第49页。
⑥ （明）李贽：《又与焦弱侯》，《焚书》，第49页。

高，而其心最苦，直至舍了官方得自在，弟等是也。又有一等，本为富贵，而外矫词以为不愿，实欲托此以为荣身之梯，又兼采道德仁义之事以自盖。此其人身心俱劳，无足言者。[①]

李贽揭露假道学“阳为道学，阴为富贵，被服儒雅，行若狗彘然也”[②]，真是绘声绘色。他说：

夫世之不讲道学而致荣华富贵者不少也，何必讲道学而后为富贵之资也？此无他，不待讲道学而自富贵者，其人盖有学有才，有为有守，虽欲不与之富贵，不可得也。夫唯无才无学，若不以讲圣人道学之名要之，则终身贫且贱焉，耻矣，此所以必讲道学以为取富贵之资也。[③]

又说：“夫容止可观，则异日必定富贵；天资聪伟，则早年必有文词。定交者贵图其始，是故讲道学者最识此机。”[④] 还说：“夫相为标榜，正所以自抬声价；先期阴诋，正所以杜绝刺讥。好生羽毛，恶生疮疣，孰敢违之。世人多愚，致使此等坐握重权耳。”[⑤] 李贽嘲笑：“何以孝友云，官高自有声。”[⑥] 又笑：“说甚金友玉昆，只是五龙一门。”[⑦] 假道学热衷权力的滋味，权力也带给假道学富贵和名声，在李贽看来，甚至周公的故事也不过如此：

周公欲以身代兄之死，既已明告于神矣，而卒不死何耶？然犹可委曰：“神不许我以死，我岂敢自死乎？我直以明我欲代兄之心云耳，非以祈人之知我欲代兄死也。”则册祝之词，坛之设，璧之秉，金匮之纳，何为者哉？谚曰：“平地上起骨堆。”此之谓也。无风扬波，无事生事，一人好名，毒流万世，卒使管叔流言，新莽藉口。圣人之所作为，道学之所举动，吾不知之矣，不有陈贾乎？陈贾曰：“周公使管叔

① （明）李贽：《复焦弱侯》，《焚书》，第 46 页。
② （明）李贽：《释教》，《初谭集》，中华书局，2009，第 144 页。
③ （明）李贽：《释教》，《初谭集》，第 144 页。
④ （明）李贽：《少年》，《初谭集》，第 353 页。
⑤ （明）李贽：《诋毁》，《初谭集》，第 356 页。
⑥ （明）李贽：《兄弟上》，《初谭集》，第 108 页。
⑦ （明）李贽：《释教》，《初谭集》，第 110 页。

监殷，管叔以殷畔。知而使之，是不仁也；不知而使之，是不智也。”此千古断案也。不仁不智，从公择其一者可矣。[①]

在应用规范的问题上，李卓吾时代还有泰州学派走街串巷宣讲太祖高皇帝的教民榜文。对于这种唯“孝悌”两字是从的做法，李贽也不完全同意。他说：

> 夫所贵乎讲学者，谓讲此学耳。今不讲此学，而但教人学好，学孝学悌，学为忠信，夫孝悌忠信等岂待教之而能乎？古人即孝悌等指点出良知良能以示人，今者舍良知而专教人以学孝学悌，苟不如此，便指为害人，为误后生小子，不知何者为误害人乎！[②]

从根本上讲，李卓吾不在乎形式化的规范，即便“孝悌”也包括在内。李卓吾点出世间只有真情能够动人：“言出至情，自然刺心，自然动人，自然令人痛哭。”[③] 如果孝悌不出于真情，那也失去了意义。

## 三　政治秩序与才能

对于政治秩序，李贽期待君臣相交、各得其所。这里的“各得其所”，意味着每个人都有价值，“无一人之不中用”。他说：

> 夫天下之民物众矣，若必欲其皆如吾之条理，则天地亦且不能。是故寒能折胶，而不能折朝市之人；热能伏金，而不能伏竞奔之子。何也？富贵利达所以厚吾天生之五官，其势然也。是故圣人顺之，顺之则安之矣。是故贪财者与之以禄，趋势者与之以爵，强有力者与之以权，能者称事而官，懦者夹持而使。有德者隆之虚位，但取具瞻；高才者处以重任，不问出入。各从所好，各骋所长，无一人之不中用。[④]

---

① （明）李贽：《兄弟下》，《初谭集》，第113页。
② （明）李贽：《与焦弱侯太史》，《续焚书》，第16页。
③ （明）李贽：《读若无母寄书》，《焚书》，第141页。
④ （明）李贽：《答耿中丞》，《焚书》，第17页。

执政者对每个人都要据其特点安排措置。即“自古圣贤，原无恶也。曰‘举直错诸枉’，错非舍弃之，盖错置之错也。即诸枉者亦要错置之，使之得所，未忍终弃也”[①]。而这样做的前提是兼容并包、兼收并蓄。李卓吾点明：“夫道者，路也，不止一途；性者，心所生也，亦非止一种已也。”如果不明此理，就会强人从己、事倍功半。他说：

有仕于土者，乃以身之所经历者而欲人之间往，以己之所种艺者而欲人之同灌溉。是以有方之治而驭无方之民也，不亦昧于理欤！且夫君子之治，本诸身者也；至人之治，因乎人者也。本诸身者取必于己，因乎人者恒顺于民，其治效固已异矣。夫人之与己不相若也。有诸己矣，而望人之同有；无诸己矣，而望人之同无。此其心非不恕也，然此乃一身之有无也，而非通于天下之有无也，而欲为一切有无之法以整齐之，惑也。于是有条教之繁，有刑法之施，而民日以多事矣。[②]

李卓吾在讨论政治秩序时，特标“才”的概念，反复强调其重要性。这当然和他的实用主义倾向相吻合。李贽所谓的“才”，其实包括了才、识、胆三个品质，即执行力、判断力和意志力。他说：

有二十分见识，便能成就得十分才，盖有此见识，则虽只有五六分才料，便成十分矣。有二十分见识，便能使发得十分胆，盖识见既大，虽只有四五分胆，亦成十分去矣。是才与胆皆因识见而后充者也。空有其才而无其胆，则有所怯而不敢；空有其胆而无其才，则不过冥行妄作之人耳。盖才胆实由识而济，故天下唯识为难。有其识，则虽四五分才与胆，皆可建立而成事也。然天下又有因才而生胆者，有因胆而发才者，又未可以一概也。然则识也、才也、胆也，非但学道为然，举凡出世处世，治国治家，以至于平治天下，总不能舍此矣。[③]

---

① （明）李贽：《复京中友朋》，《焚书》，第20页。
② （明）李贽：《论政篇》，《焚书》，第87页。
③ （明）李贽：《二十分识》，《焚书》，第155页。

李贽认为，执行力、判断力和意志力是相互配合、相互激发的，而通常判断力（“见识”）的作用更为可观，即便知识和技能稍显不足，只要判断得当，自信满满，也能有上佳表现。他还把这些品质说成儒家最高的德性，即“故曰‘智者不惑，仁者不忧，勇者不惧’。智即识，仁即才，勇即胆”①。

可惜的是，“天之生才实难”②。而且，即便有才也不得其用。李卓吾感慨：“今人尽知才难，尽能言才难，然竟不知才之难，才到面前竟不知爱，幸而知爱，竟不见有若已有者，不啻若自其己出者。呜呼！无望之矣！”③有才能的人往往有各种不足，世俗所谓人无完人，“天下未有才能而无过者”④。甚至，“吾见在小人者更为伶俐可用也”⑤。李卓吾不吝夸赞当时纵横南洋的海盗林道乾：

> 夫道乾横行海上，三十余年矣。自浙江、南直隶以及广东、福建数省近海之处，皆号称财赋之产，人物隩区者，连年遭其荼毒，攻城陷邑，杀戮官吏，朝廷为之旰食。除正刑、都总统诸文武大吏外，其发遣囚系，逮至道路而死者，又不知其几也，而林道乾固横行自若也。今幸圣明在上，刑罚得中，倭夷远遁，民人安枕，然林道乾犹然无恙如故矣。称王称霸，众愿归之，不肯背离。其才识过人，胆气压乎群类，不言可知也。⑥

李贽甚至说：“设使以林道乾当郡守二千石之任，则虽海上再出一林道乾，亦决不敢肆。”⑦ 但是，事与愿违，明廷并无一个才识、胆气压乎群类的“林道乾”，以至于：

> 盖天下之平久矣，今者非但所用非所养，所养非所用已也。自嘉、

① （明）李贽：《二十分识》，《焚书》，第155页。

② （明）李贽：《八物》，《焚书》，第160页。

③ （明）李贽：《寄答京友》，《焚书》，第51页。

④ （明）李贽：《铨选诸臣》，《初谭集》，第466页。

⑤ （明）李贽：《八物》，《焚书》，第159页。

⑥ （明）李贽：《因记往事》，《焚书》，第156页。

⑦ （明）李贽：《因记往事》，《焚书》，第156页。

隆以来，余目击留都之变矣，继又闻有闽海之变，继又闻有钱塘兵民之变，以及郧阳之变矣。当局者草草了事，招而抚之，非谓招抚之外无别智略可以制彼也。彼桀骜者遂欲以招抚狃我，谓我于招抚之外，的无别智略可为彼制，不亦谬乎！今者若循故习，大不诛杀，窃恐效尤者众，闻风兴起，非但西夏足忧也。[①]

明廷虽然平定了哱拜之乱，但后来果然因为无别智略亡于顺军。这样看来，李贽真是一语成谶，显然是个见识卓绝之人。

是啊，“君之难，难于得臣；臣之难，难于得君”[②]。那么，君臣相得之难的症结出在谁身上呢？李贽曾留有这样一段话：

夫子传之曰：“干父用誉，承以德也。”言父所为皆破家亡身之事，而子欲干之，反称誉其父，反以父为有德，如所云“母氏圣善，我无令人”者。如是则父亲喜悦，自然入其子孝敬之中，变蛊成治无难矣。倘其父终不肯变，亦只得随顺其间，相几而动。夫臣子之于君亲，一理也。天下之财皆其财，多用些亦不妨；天下民皆其民，多虐用些亦则得忍受。[③]

李贽还奉劝他的朋友说：“但有大贤在其间，必有调停之术，不至已甚足矣。只可调停于下，断不可拂逆于上。”[④] 而且“再不可多事也!”[⑤] 原来，对于不怎么样的君主，李贽也并没有什么办法。也许，他只是相信“朝廷之法”能约束君王不为已甚吧。毕竟，当对他自己的人身有威胁时，李贽就义正词严地说：

朝廷之法：死有死律，军有军律，边远充军有边远充军律，口外为民有口外为民律。非军非民，只是递解回籍，则有递解回籍律；年老收赎则又有收赎律。我今只知恭奉朝廷法律也。要如律，我乃听。如律必

① （明）李贽：《西征奏议后语》，《续焚书》，第 69 页。
② （明）李贽：《史阁叙述》，《续焚书》，第 52 页。
③ （明）李贽：《复晋川翁书》，《焚书》，第 73 页。
④ （明）李贽：《复晋川翁书》，《焚书》，第 73 页。
⑤ （明）李贽：《复晋川翁书》，《焚书》，第 73 页。

须奏上请旨，虽有司道官，不请旨而敢自擅天子之权乎？[①]

因此，他才“往往徒能言之以自快耳，大言之以贡高耳，乱言之以愤世耳”[②]。而“见世之桎梏已甚，卑鄙可厌，益以肆其狂言”[③]。——他又是多么地幼稚。

## 四　性别的规范性

李贽哲学中还有一处不同凡响，即他的性别观。李卓吾把两性关系及其规范视为一切规范的基础，并且通过把两性并列，改变了由男性定义、主宰女性的话语模式。他说：

> 夫妇，人之始也。有夫妇然后有父子，有父子然后有兄弟，有兄弟然后有上下。夫妇正，然后万事无不出于正。夫妇之为物始也如此。极而言之，天地一夫妇也，是故有天地然后有万物。然则天下万物皆生于两，不生于一，明矣。而又谓“一能生二，理能生气，太极能生两仪”，不亦惑欤？夫厥初生人，惟是阴阳二气，男女二命，初无所谓一与理也，而何太极之有！以今观之，所谓一者果何物，所谓理者果何在，所谓太极者果何所指也！若谓二生于一，一又安从生也？一与二为二，理与气为二，阴阳与太极为二，太极与无极为二。反覆穷诘，无不是二，又乌睹所谓一者，而遽尔妄言之哉！[④]

否认“一”，坚持“二”，贬低“太极”和“理”，置换为“夫妇”“阴阳二气”，这是道学家中绝无人敢言的。一如他盛赞《拜月》《西厢》“其工巧自不可思议尔”。并借之说明其他伦理关系和规范均可通过夫妇、男女求得理解：

---

① （明）李贽：《与马伯时》，《续焚书》，第26页。
② （明）李贽：《与友人书》，《焚书》，第75页。
③ （明）李贽：《与友人书》，《焚书》，第75页。
④ （明）李贽：《夫妇篇总论》，《初谭集》，第1页。

> 当其时必有大不得意于君臣朋友之间者，故藉夫妇离合因缘以发其端。……今古豪杰，大抵皆然。小中见大，大中见小，举一毛端建宝王刹，坐微尘里转大法轮。此自至理，非干戏论。倘尔不信，中庭月下，木落秋空，寂寞书斋，独自无赖，试取《琴心》一弹再鼓，其无尽藏不可思议，工巧固可思也。①

李贽落发，所以，人们可能怀疑他背弃伦常。但他在怀念亡妻的信中其实倍见真情。李卓吾说：

> 相聚四十余年，情境甚熟，亦犹作客并州既多时，自同故乡，难遽离割也。夫妇之际，恩情尤甚，非但枕席之私，兼以辛勤拮据，有内助之益。若平日有如宾之敬，齐眉之诚，孝友忠信，损己利人，胜似今世称学道者，徒有名而无实，则临别犹难割舍也。何也？情爱之中兼有妇行妇功妇言妇德，更令人思念耳。②

他叮嘱亡妻在天之灵："须记吾语，莫忘却，虽在天上，时时不忘记取，等我寿终之时，一来迎接，则转转相依，可以无错矣。或暂寄念佛场中，尤妙。或见我平生交游，我平日所敬爱者，与相归依，以待我至亦可。幸勿贪受胎，再托生也。"③ 真令人动容。大概也是因为有此亲身经历，李卓吾决然认为"有好女子便立家，何必男儿"④。又痛苦地陈述："婚娶未几，丧亡继之，娶之何难而丧之何易也!"⑤ 既然婚姻意味着"择配之审，合聚之难，苦切之痛，欢乐之极"，蕴藏了无比丰富的情感和意义，以夫妇理解君臣乃至一切规范又有何不可。⑥

李贽以许多故事说明女性中有道学、有豪杰，从来不让须眉。杨慎曾有一篇《唐贵梅传》，记载烈妇唐贵梅被婆婆教唆去和婆婆的姘夫卖淫取利，

---

① （明）李贽：《杂说》，《焚书》，第 97 ~ 98 页。他还说"拜月"是"自当与天地相终始，有此世界，即离不得此传奇"。参见（明）李贽《拜月》，《焚书》，第 194 页。

② （明）李贽：《与庄纯夫》，《焚书》，第 45 页。

③ （明）李贽：《与庄纯夫》，《焚书》，第 45 页。

④ （明）李贽：《合婚》，《初谭集》，第 6 页。

⑤ （明）李贽：《丧偶》，《初谭集》，第 14 页。

⑥ （明）李贽：《丧偶》，《初谭集》，第 14 页。

唐坚决不从，反被恶婆婆以不孝的罪名告到官府，加以棰楚，继以炮烙，体无完肤，但唐始终不说出内情，并最终自杀以完护婆婆也许还有丈夫的名誉。李贽评价说："先王教化，只可行于穷乡下邑，而不可行于冠裳济济之名区；只可行于三家村里不识字之女儿，而不可行于素读书而居民上者之君子。"[①] 又如，在宋太祖赵匡胤黄袍加身前，各处有谣言说"检点为天子"。赵很害怕，到家里说："外间汹汹，将若之何？"结果宋太祖的姐姐当时就拿擀面杖去打他，还骂道："丈夫临事，可否当自决，乃来家间恐怖妇女耶！"原来赵大姐比未来的天子还了不起！面对这样的女性，李卓吾当然要赞美她们："才智过人，识见绝甚，中间信有可为干城腹心之托者，其政事如何也。"[②] 可见泼妇中自有好汉。[③] 对于世间以妇人为短见的谬论，李卓吾说：

> 故谓人有男女则可，谓见有男女岂可乎？谓见有长短则可，谓男子之见尽长，女人之见尽短，又岂可乎？设使女人其身而男子其见，乐闻正论而知俗语之不足听，乐学出世而知浮世之不足恋，则恐当世男子视之，皆当羞愧流汗，不敢出声矣。[④]

正如才、识、胆俱全的男子汉大丈夫，"此等远见女子，正人家吉祥善瑞，非数百年积德未易生也！"[⑤] 所以，何不多多养育之，"人何必不女！"[⑥]

## 五　结语

在《五死篇》中李贽发议论说：

> 人有五死，唯是程婴、公孙杵臼之死，纪信、栾布之死，聂政之死，屈平之死，乃为天下第一等好死。其次临阵而死，其次不屈而死。

① （明）李贽：《唐贵梅传》，《焚书》，第209页。
② （明）李贽：《夫妇二》，《初谭集》，第26页。
③ （明）李贽：《夫妇一》，《初谭集》，第17页。
④ （明）李贽：《答以女人学道为见短书》，《焚书》，第59页。
⑤ （明）李贽：《答以女人学道为见短书》，《焚书》，第60页。
⑥ （明）李贽：《夫妇四》，《初谭集》，第52页。

临阵而死勇也，未免有不量敌之进，同乎季路。不屈而死义也，未免有制于人之恨，同乎睢阳。虽曰次之，其实亦皆烈丈夫之死也，非凡流也。又其次则为尽忠被谗而死，如楚之伍子胥，汉之鼂错是矣。是为不知其君，其名曰不智。又其次则为功成名遂而死，如秦之商君，楚之吴起，越之大夫种是矣。是为不知止足，其名亦曰不智。虽又次于前两者，然既忠于君矣，虽死有荣也；既成天下之大功矣，立万世之荣名矣，虽死何伤乎？故智者欲审处死，不可不选择于五者之间也。纵有优劣，均为善死。①

李卓吾平素关心生死大事，临阵、不屈、尽忠、成功之死被他认为不错，而最佳者则是自己选择且有价值的死。李贽相信，对他自己来说，即便有死之日，只要著述能够驱魔启圣，即可算有价值。他说：

百世之下，倘有见是书而出涕者，坚其志无忧群魔，强其骨无惧患害，终始不惑，圣域立跻，如肇法师所谓"将头临白刃，一似斩春风"，吾夫子所谓"有杀身以成仁"者，则所著之书犹能感通于百世之下，未可知也。则此老行也，亦岂可遂谓之徒然也乎哉！②

如果真如其所说，那么，李卓吾在通州狱中自割，的确以迸溅的鲜血为他一生卷帙熔铸了无穷力量。春风白刃，杀身成仁，堪称天下第一等好死，百世之下，仍然震撼心魄。

李贽曾经说："豪杰犹巨鱼也。"③ 他记载：

余家泉海，海边人谓余言："有大鱼入港，潮去不得去。呼集数十百人，持刀斧，直上鱼背，恣意砍割，连数十百石，是鱼犹恬然如故也。俄而潮至，复乘之而去矣。"然此犹其小者也。乘潮入港，港可容身，则兹鱼亦苦不大也。余有友莫姓者，住雷海之滨，同官滇中，亲为

---

① （明）李贽：《五死篇》，《焚书》，第 163～164 页。
② （明）李贽：《老人行叙》，《续焚书》，第 60 页。
③ （明）李贽：《与焦弱侯》，《焚书》，第 3 页。

我言："有大鱼如山，初视，犹以为云若雾也。中午雾尽收，果见一山在海中，连亘若太行，自东徙西，直至半月日乃休。"则是鱼也，其长又奚啻三千余里者哉！①

——"嗟乎！豪杰之士，亦若此焉尔矣。"②

## Li Zhi and His Legal Philosophy

*Tu Kai*

**Abstract**: Li Zhi is an important thinker and litterateur in Ming dynasty. This article provides for Li Zhi's legal philosophy a modern analytic form. Instead of misrepresenting Li Zhi with concepts of nihilism and/or relativism, it argues that he remains adhere to the faith in the ultimate normativity, of which each and every individual is capable of grasping by their "infant mind". It is thus absurd to force others mentally or physically, and one's autonomy, rather than his ego, shall be respected. In applying norms in ordinary judgment, Li Zhi emphasizes the significance of changing circumstances and context. He has no illness with utilitarian calculation or pragmatic decision, but Li Zhi abhors any opportunist who chases power, wealth, and fame voraciously. Li Zhi envisions a political order in which the monarch and subjects both have their rightful position, while statesmen shall possess of executive capability, wisdom, and willpower. Li Zhi reckons that the norms regulating the relationship between a male and a female are the basic of other social conventions. Li Zhi is beyond all doubt a counter-Neo-Confucian philosopher in the late medieval era.

**Keywords**: Li Zhi; Legal Philosophy; Late Ming Dynasty; Enlightenment; Counter-Neo-Confucianism

① （明）李贽：《与焦弱侯》，《焚书》，第3～4页。

② （明）李贽：《与焦弱侯》，《焚书》，第4页。

# 法学理论前沿

# 环境权民法表达的理论重塑

黄锡生*

**内容摘要**：环境权假“权利”之名，与其说创造了一种抽象的主观权利，毋宁说构造出了一种生态利益的概括保护模式。由于当下环保领域实行的“规则+罚则”管制模式面临着“高权行政”难以自我消解的内生缺陷，鉴于环境问题产生于“民法所规范的民事主体实施的民事行为过程中”，学者便希望通过由“赋权+救济”治理模式衍生出的“私人执法”来填补“高权行政”之不足。“环境权民法表达”的本质就是将这一“私人执法权”合法化、规范化和制度化。通过对“规则+罚则”和“赋权+救济”两种环境治理路径进行修正与调适，实现中国未来“民法分则”中的生态化构建。

**关键词**：环境权　民法典编撰　生态利益　“规则+罚则”管制模式　“赋权+救济”治理模式

## 一　引言

在学界，有很多学者一直对中国的权利泛化现象保持着高度的警惕，他们认为，“对民事权利的过度确认未必是权利者的福音，却可能是侵权诉讼

* 黄锡生，重庆大学法学院院长、教授、博士生导师，法学博士，西部环境资源法制建设研究中心主任。本文为2015年度国家社科基金重大项目“生态文明法律制度建设研究”（项目批准号：14ZDC029）的阶段性成果，并获得台湾台达环境与教育基金会“中达环境法学者计划”资助。在本文写作过程中，笔者得到了韩英夫与何江两位博士生的大力帮助，特此致谢！

泛滥和法官适用法律窘境的开始”[1]。与此同时，创造权利也被认为是近代以来人类最有价值的活动之一，而“权利泛化恰是权利的一种生长机制”[2]。公民环境权作为“新兴权利”与“泛化权利”的共享代表，同时受到了“激进”环保主义者的推崇与“保守”法学研究者的诋毁。作为“权利宣言书”的民法，能否将与传统私权有别的环境权写入，便成为这场论战的焦点。在中国第四次民法典起草期间，以吕忠梅、曹明德为代表的环境法学者对“环境权私权化”进行了较为深入的理论探讨，他们主张，“让环境资源保护在享有环境权的主体为自己的权利而斗争的进程中开展”，进而积极倡导“民法典的生态化”[3]。这一呼吁得到了民法学界的高度重视与积极回应。作为该次民法典编纂的重要成果，王利明教授主编的《中国民法典草案建议稿及说明》与徐国栋教授主编的《绿色民法典草案》，均将环境权作为一项“新兴权利”，纳入他们各自设计的民事权利体系之中。[4] 至此，在民法体系内完成环境权的确立、保护和救济似乎从“荒谬”演变成了“可能”。

时隔十年，“环境权民法表达”这一议题，在十八届四中全会重启民法典编纂工作的时代背景下“硝烟”再起，至今仍在持续发酵。[5] 检视今次“环境权民法表达”的理论争鸣发现，此次论辩的重点既包括第四次民法典起草期间曾经论述但尚未释明的核心议题，又涵盖诸多有待研究和阐释的新动向。但概括而言，当前的“环境权民法表达”理论争鸣总给人“乱花渐欲迷人眼”之惑，支持“环境权民法表达”的理论观点，一如其反对观点一样，辩锋锐利，但似乎都未刺中对方要害。究其根源，是因为论辩双方忽视了这一议题的初始预设，而径直向其“表象做功”，这便让双方的辩驳处于一种隔靴搔痒的状态，使这场论战注定不会产生令人信服的结果。换言之，影响或决定这场论战结果的，并非建立在初始预设之上的表象争辩，而

---

① 于飞：《基本权利与民事权利的区分及宪法对民法的影响》，《法学研究》2008 年第 5 期。

② 汪太贤：《权利泛化与现代人的权利生存》，《法学研究》2014 年第 1 期。

③ 吕忠梅：《沟通与协调之途——论公民环境权的民法保护》，中国人民大学出版社，2005；曹明德、徐以祥：《中国民法法典化与生态保护》，《现代法学》2003 年第 4 期。

④ 王利明主编《中国民法典草案建议稿及说明》，中国法制出版社，2004，第 54 页；徐国栋主编《绿色民法典草案》，社会科学文献出版社，2004，第 84 页。

⑤ 参见代杰《论环境权的实现：从环境权入民法典说起》，《北洋法学评论》第 1 卷，天津大学出版社，2017，第 125 页；陈海嵩《论环境法与民法典的对接》，《法学》2016 年第 6 期；徐祥民、辛帅《民事救济的环保功能有限性——再论环境侵权与环境侵害的关系》，《法律科学》2016 年第 4 期。

是取决于那些默认的没有必要挑明的初始预设本身。是故，本文将通过关注和反思“环境权民法表达”这一议题中那些不为人所重视却又具有关键作用的深层因素，揭开这一议题的“神秘面纱”，以期对中国民法典的制定和环境权的理论研究有所裨益。

## 二　表象与本质之间：环境权的历史演进与规范内涵

明确环境权的内涵与外延是探讨“环境权民法表达”的前提。倘若无法达成一个理性、客观且中立的关于环境权的共识，环境权研究便会沦为鸡同鸭讲式的各说各话，“环境权民法表达”的理论争鸣也就成为无源之水、无本之木。为此，笔者拟回到“环境权民法表达”这一议题的初始预设，从探究“环境权”与“环境权民法表达”的规范内涵出发，探讨此议题出现的原始动因及目的实现。

### （一）环境权的历史演进

自《环境影响评价法》（2003）第 11 条首次将“环境权益”作为规划环评的内容确立以来，[①] 国务院已经制定了三个以“人权”为主题的国家规划，分别是《国家人权行动计划》（2009～2010）、《国家人权行动计划》（2012～2015）以及《国家人权行动计划》（2016～2020），这些计划均无一例外地将“环境权利”连同“生存权利”“政治权利”等视为我国人权的组成部分。从这一角度来看，“环境权是一项基本人权”的观念已经超越学界，得到了中央政府的认同。具体而言，从人权历史分期的视角来看，环境权是第三代人权的核心权利。欧洲启蒙运动提出的“天赋人权”理念，既是近代资产阶级革命的理论基石，也是现代人权思想研究的发端。第一代人权的核心权利是“自由权”，其以“国家之不作为”为主要诉求目标，希望能借此形成一个“政治国家”不能插手的“市民社会”领域，进而为资本主义的自由发展提供空间。美国的《独立宣言》与法国的《人权宣言》是第一代人权的标志性文件。第二代人权的核心权利是“生存权”。“自由权”

① 我国《环境影响评价法》已于 2016 年 7 月重新修订，但该条在新《环境影响评价法》中没有发生修改和变动。

所派生出的自由放任体制极大地保障了资本家的自由，广大劳工却是“自由得一无所有”[①]。备受现代社会推崇的财产权制度对社会底层民众而言，也不过是维持其贫困的枷锁。在此情形下，消极的人权理念改弦易辙，要求国家积极作为或给付，力求社会平等的“生存权”由此而来。《世界人权宣言》《公民权利和政治权利公约》等是第二代人权的标志性文件。[②] 从长远来看，经济发展与环境保护是互为表里、协调共进的，但就现实而言，物质财富的与日俱增与环境利益的江河日下几乎是世界各国无法规避的一对突出矛盾。基于物质财富与环境品质之间呈现的强烈反差，广大民众对环境利益的渴求最终演变成了权利的观念。此时，我们便迎来了作为第三代人权重要组成内容的环境权，其标志性文件是《人类环境宣言》与《里约环境与发展宣言》。学者巧妙地将上述人权发展的三个历史时期分别概括为初创期、发展期和升华期，认为初创期的“自由权”反映的是公民与政府之间的矛盾，发展期的“生存权”反映的是社会强者与社会弱者之间的矛盾，而升华期的“环境权”反映的则是人类与自然之间的矛盾。[③]

“三代人权”理论的提出从人权层面揭示了环境权作为基本权利的重要意义，而这种宪法意义上的基本权利究竟能否实现民法中的规范表达，则需进一步将其置于环境权研究的历史长河中加以具体把握。遵循“三代人权”理论的划分逻辑，笔者将中国的环境权研究划分为前后两个阶段，即对环境权做“加法”的第一代环境权研究与对环境权做“减法”的第二代环境权研究。第一代环境权研究始于20世纪80年代，是指环境权理论在中国正式提出后，不断有学者在环境权的权利主体、内容和客体上做“加法”的研究进路。蔡守秋教授认为，环境权是指“公民有享受良好适宜的自然环境的权利”[④]。在此基础上，第一代环境权论者将环境权的主体从“公民”逐步扩展至“法人”“国家”“自然体”“后代人”[⑤]；权利内容则从“享有良好的环境”扩展至“自然资源使用权”[⑥]“环境知情权、参与权和请求权”[⑦]。实

① 吴卫星：《环境权研究——公法学的视角》，法律出版社，2007，第94页。

② 李建良：《论环境保护与人权保障之关系》，《东吴大学法律学报》2000年第2期。

③ 徐祥民：《环境权论——人权发展历史分期的视角》，《中国社会科学》2004年第4期。

④ 蔡守秋：《环境权初探》，《中国社会科学》1982年第3期。

⑤ 蔡守秋：《论环境权》，《金陵法律评论》2002年春季卷。

⑥ 陈泉生：《环境权之辨析》，《中国法学》1997年第2期。

⑦ 吕忠梅：《再论公民环境权》，《法学研究》2000年第6期。

体性的环境权进一步细分为“清洁空气权”“清洁水权”“风景权”等具体权利。[①] 此外，环境权还囊括了“国家、法人和公民保护自然环境免遭污染所应尽的义务”[②]。这一融合了实体性环境权与程序性环境权、私权性环境权与公权性环境权、现实环境权与理想环境权的集合权利，被学者形象地比喻为“权利托拉斯”[③]。

在笔者看来，第一代环境权论者所构建的环境权概念是一种理想中的乌托邦，其既不被传统法学界所接受，也难以为立法和司法实践提供有效指导。首先，如果说人类社会长期以来对自然的忽视或欺凌是一种错误，那么，第一代环境权论者构建的内涵模糊、主体泛化、内容庞杂的环境权则是一种“矫枉过正”的产物。其次，第一代环境权论者采用的泛道德主义与“去法律化”的研究进路，从根本上消解了环境法学与其他部门法学进行平等对话的根基，其提出的极具伦理色彩的“自然体权利”“后代人权利”更是让传统法学界大跌眼镜，使这一时期的环境权研究存在“以法言法语包装道德直觉”之嫌疑。最后，借助人权的正当性与巨大号召力，第一代环境权论者虽然极大地推动了环境权的社会共识，但人权路径的环境权研究无可避免地使环境权空洞化，而这对于权利的司法保护极为不利。质言之，证成环境权的正当性是“人权”路径环境权研究最为重要的历史使命，但是到具体论证和构建环境权制度时，便亟待脱离自然法意义上的“人权”研究路径，进而转向更具可操作性的实证法意义上的“权利”研究路径。

为了实现纠偏的目的，21 世纪初，逐渐有学者以更为务实的态度对第一代环境权做起了“减法”。他们删繁就简，直指核心，我们称此时的环境权理论为第二代环境权。在权利主体方面，第二代环境权论者指出，法人是不存在身心的实体，不能成为环境权的主体。[④] 学校、医院等法人追求“宁静环境的权利”实为生活于此的个人所享有的权利集合；“国家环境权”其实是国家对外的主权和对内的环境管理权；[⑤] 后代人的环境利益是一种最大范围的社会公共利益，权利不可能延续到后代人身上，当代人的环境义务才

---

① 吕忠梅：《论公民环境权》，《法学研究》1995 年第 6 期。

② 蔡守秋：《环境权初探》，《中国社会科学》1982 年第 3 期。

③ 吴卫星：《环境权研究——公法学的视角》，第 93 页。

④ 吕忠梅：《沟通与协调之途——论公民环境权的民法保护》，中国人民大学出版社，2005，第 253 页。

⑤ 徐祥民：《环境权论——人权发展历史分期的视角》，《中国社会科学》2004 年第 4 期。

是后代人权利理论的本质。[①] 针对“环境”自身能否成为权利主体的问题，第二代环境权论者同样持有审慎的态度。他们指出，在历史上权利主体的范畴确实呈现逐步扩大的趋势，奴隶、妇女、黑人等都经历了从权利客体向权利主体的资格演进。然而奴隶、妇女、黑人等主体归根结底没有超越“人”的范畴，其与“环境”仍然有着本质区别。[②] 此外，承认自然体权利还可能会颠覆整个人类的生活秩序，届时，为了避免受到蚊子的轻微伤害而将其杀死甚至存在防卫过当之虞。[③] 事实上，“环境”自身能否成为权利主体的探讨，是“人类中心论”与“生态中心论”争辩的衍生品。然而，“生态中心论”所欲主张的“环境”自身享有权利，必须解决“由谁来代表环境主张权利”的问题，而此一“技术问题”的制度设计，仍然会受到“人本思想”的左右。[④] 在权利内容方面，第二代环境权论者指出，开发和利用自然资源的“经济性权利”实质上仍然属于财产权的范畴。自然资源使用权与环境权的唯一关联在于，二者的权利客体均指向自然环境；但如果以客体是环境的组成部分来界定环境权的话，那么中国《物权法》精心构筑的自然资源物权体系都将转归环境权之下，而这显然是环境权“不能承受之重”[⑤]。在程序性权利方面，环境信息知情权乃知情权之一种，公众参与权则是从民主原则中推导和发展出来的一项权利。没有必要为了知悉对象和参与对象的特定化，而专门设立环境知情权、环境参与权；否则，仅一个知情权或参与权便会让立法者无暇顾及其他。[⑥] 环境权与环境义务一一对应的观点反映出一种典型的民法思维，其实质是想强调环境权是有限度、有界限的权利，却混淆了公法权利与私法权利的区分，并用私法权利的特征来概括作为集合性权利的环境权的特征。[⑦]

经过第二代环境权论者对环境权的“瘦身”，环境权完成了一种逆向运动式的权利形塑，此时的环境权再次指向“公民有享受良好适宜的自然环境的权利”。从上文的规范分析可以看出，环境权研究向初始环境权“返

---

① 刘卫先：《后代人权利理论批判》，《法学研究》2010 年第 6 期。

② 曹明德、徐以祥：《中国民法法典化与生态保护》，《现代法学》2003 年第 4 期。

③ 吴卫星：《环境权研究——公法学的视角》，法律出版社，2007，第 85 页。

④ 李建良：《论环境保护与人权保障之关系》，《东吴大学法律学报》2000 年第 2 期。

⑤ 侯怀霞：《关于私法环境权问题》，《理论探索》2008 年第 2 期。

⑥ 张祥伟：《环境法研究的未来指向：环境行为》，《现代法学》2014 年第 3 期。

⑦ 徐以祥：《环境权利理论、环境义务理论及其融合》，《甘肃政法学院学报》2015 年第 2 期。

祖”的现象明显是一种进步，因为它剔除掉了环境权的冗余概念，勾勒出了环境权最基本的法理内核。然而，第二代环境权理论仍存在自身的固有不足，集中表现为第二代环境权论者用以修饰和限定环境权内涵之“环境”的形容词过于繁复。例如安全的、满意的、健康的、无污染的、生态平衡的、令人向往的、干净的、纯洁的等。论者甚至主张：“到底采用什么形容词来修饰、限定环境权中的环境，立法机关有多种选择，关键是要准确并适合国情。”[①] 在笔者看来，修饰的目的更可能是使一个孱弱的观点看上去强有力。为了论述的方便，笔者弱化上述限定词的个性，增强其共性，将其统称为“良好环境”。将环境权的权利内容界定为“良好环境”的弊端在于以下两个方面。一方面，从语义学的角度分析，“良好环境”的评断在本质上属于价值判断的范畴，其不可能通过法律语言予以精确描述。[②] 是故，“良好环境”的标准将因为评判者角度不同、立场不同、喜好不同，而得出千差万别的解读，这不仅无法为司法实践提供准确的指引，反而会加剧司法裁判的混乱，继而消解环境权法律化的正当性和可行性。另一方面，为了防止“良好环境”被随意解读，学界开出的“药方”是：通过国家制定的环境标准来判断环境是否“良好”。[③] 笔者认为，学者欲通过化约方式得出单一、明确、普适性的“良好环境”标准之做法，正是使环境权理论扭曲和混乱的根源，因为其构成了对“权利”与“利益”关系的误解。此外，更为重要的是，第二代环境权研究仍未透彻地阐明，环境权为何会产生，环境权的实质是什么，环境权设立的意义又何在，下文将重点回答这些问题。

### （二）环境权的规范内涵

环境议题的出现与环境权的诞生似乎有着某种不证自明的关联性，在绝大多数论者看来，几乎没有必要对这一关联性做详细论证。在笔者看来，针对这一关联性展开深入研究是极为必要的，因为这种被多数学者认为是“不证自明”的表象掩盖了其中的复杂微妙之处。试想，如果有人提出异议，说他不相信存在什么“先验”的环境权利，我们该怎么回答呢？除了说环境权是根本的、不证自明的，抑或责备那人故意捣乱、糊涂愚钝，好像

---

① 蔡守秋：《从环境权到国家环境保护义务和环境公益诉讼》，《现代法学》2013 年第 6 期。

② 李建良：《论环境保护与人权保障之关系》，《东吴大学法律学报》2000 年第 2 期。

③ 蔡守秋：《从环境权到国家环境保护义务和环境公益诉讼》，《现代法学》2013 年第 6 期。

就再无话可说了。换言之，学界关于环境权内涵的论辩，只有在争论双方都承认其存在的情况下才是合适的。否则，我们就需要回到初始预设，探究环境权产生的原始动机，并在此基础上推导出环境权的规范内涵。

众所周知，自然资源具有二元属性，即同一自然资源，既承载着可以通过权属制度进行精细分割的资源利益，也承载着具有共享性和不可分割性的生态利益。资源利益与生态利益交互作用，二者的增加或减损存在“一荣俱荣、一损俱损”的整体性特征。[①] 这一特征就导致环境侵权区别于传统的民事侵权，具有自身独特的行为和时间逻辑。以污染侵权为例，当行为人将污染物排放到自然环境中时，作为环境组成部分的大气、水、土壤等环境要素将通过氧化、降解等方式，降低或者消除污染物的毒性。然而，环境的这种自净能力存在一定的阈值，只有当污染物的数量或浓度控制在这一阈值之内时，环境自净能力方能正常发挥；相反，一旦超出这一阈值，便会引发法律否定性评价的环境问题。可以看出，污染侵权隐含着两个阶段：第一阶段，排放的污染物超出环境承载能力，产生生态环境损害的阶段；第二阶段，不能被自然消解的污染因子，以环境要素为介质，向与该环境要素发生关联的人身、财产进行侵害的阶段。传统侵权理论认为，只有污染侵权发展到第二阶段，即污染因子切实影响到法律所明确保护的人身、财产权益时，环境污染才具有侵权法上的意义。不难发现，这样的保护模式具有间接性、滞后性和不完整性的特点，本质上乃是意图通过法律对人身权、财产权之调整以实现对生态利益的间接保护，其弊端在于：现行法律确定的环境侵权责任认定标准，已经构成了生态环境损害的最糟糕形式，其实质上将建基于自然资源之上的生态利益排除在了法益的保护范围之外；环境侵权的分阶段性，使自然因素介入污染物排放行为和社会主体所受损害之间，这便使环境侵权的原因行为与损害后果之间的因果关系链条变弱，且难以证明，继而使得依赖人身、财产权利进行生态环境保护的反射利益机制也无法顺畅运行。

考虑到环境侵权特有的时间逻辑，倘若能够将责任承担的时间节点提前到侵权的第一阶段，即在污染或破坏行为损害生态利益之时、侵犯人身财产权之前便要求行为人承担侵权责任，无疑对生态环境和人类自身都更具现实意义。然而，“法律的思路是一种不同于情感和伦理的思路，它不能说‘那

① 史玉成：《环境利益、环境权利与环境权力的分层建构——基于法益分析的思考》，《法商研究》2013 年第 5 期。

我们去关心环境、生态、自然好了’就解决问题，它得有相应的概念和理性工具为之承载，才可以去追求某个目的”①。考虑到传统的人域法是围绕“人”这一核心观念而生成的规则体系，而权利保护又是对重要法益的最周全保护模式。于是，学者便通过“移花接木”的方式，将对生态环境的保护“偷换”为对人的环境权利的保护。这其中隐含着一个从“事实”到“价值”的跳跃，即良好的生态环境已从客观上的物变成了人主观上的价值。换言之，生态环境不再是传统人身、财产侵权的媒介，相反，借助权利的观念，生态环境自身成为侵权的客体和损害的对象。概言之，环境权假权利之名，与其说创造了一种抽象的主观权利，毋宁说构造出了一种生态利益的概括保护模式。

由此可见，设置公民环境权的实质是构建一个从环境伦理观念（保护生态环境）向环境法具体制度过渡的桥梁，通过将自然资源之上的生态利益转换为人的权利，从而实现对生态利益的直接关照。笔者认为，这正是环境权理论未经言明的初始预设。其创设的现实意义在于以下两个方面。一是较之于借助人身、财产权保护生态环境的反射利益机制，生态环境在环境权的“庇护”下，将拓展法益的保护范围，提前行政权力与司法权力的介入和启动时机，并降低法益侵害的证明标准。日本学者就指出：“作为私权的环境权，即使没有发生有损人的健康的具体被害事实，国民仍有通过诉讼要求对这种侵权行为予以停止的权利。”② 这一论断便印证了创设环境权所欲实现的拓展法益范围、提前救济时机的目的。二是经过环境权的“中转”，政府对生态环境的保护便成为其统治正当性的重要一环，同时，借助权利话语，生态环境保护相关制度的生成和推行也将获得更多的政治合法性和规制正当性。一言以蔽之，环境权理论的提出是人类深化环境保护的一种策略选择，其核心在于将以往被忽视的生态利益纳入法益的保护范畴。将私权性环境权界定为“自然人享有对既有的环境品质不发生严重倒退的权利”，将最大限度地削弱环境权的理想主义色彩，使其回归环境权的本质。

---

① 江山：《法律革命：从传统到超现代——兼谈环境资源法的法理问题》，《比较法研究》2000年第1期。

② 〔日〕岩间昭道：《环境保全与〈日本国宪法〉（代序）》，载冷罗生《日本公害诉讼理论与案例评析》，商务印书馆，2005，第4页。

## 三　目的与路径之间："环境权民法表达"的功能检视及实现路径

作为一种假"权利"之名、行"生态利益"保护之实的策略选择，在功能论层面，环境权表现为"规则 + 罚则"路径与"赋权 + 救济"路径之间的民法调适；在解释论层面，"环境权民法表达"应以总则"绿色原则"为指引，通过对传统民事权利和民事义务进行修正，实现分则部分全面、系统地生态化重塑之目标。

### （一）功能论的视角："规则 + 罚则"与"赋权 + 救济"的调适

全球性的环境问题"治理上移"发生在 1970 年代，从那时起，政府主导的行政管制逐渐取代以私人自治为核心的侵权法机制，成为环境治理的主导范式。政府通过制定普适性的环境规划、命令或标准强迫全社会加以遵守，并对违反者施以处罚，从而在最大范围内规避可能发生的环境损害，而由私主体发动的侵权法机制则渐次退守为"查漏补缺"的角色。[①] 中国的环境立法也大多采用这样的"规则 + 罚则"管制模式，即法律前半部分规定行为人应当遵守的行为规则，后半部分则规定违反规则应当承担的相应罚则。涵射到现实社会中，则是由立法机关设立规则、义务人履行与行政机关执行三个方面构成的稳定组合。[②] 由于行政管制成本高昂，政府非常谨慎地将可由私人自治的某类社会事务纳入已显庞杂的政治议程中。但是当某类社会事务的私人自治（尤其是私人诉讼）成本高于社会所得收益之时，集体性的行政管制便成为必然的选择。

"规则 + 罚则"管制模式在其他行政领域极富效率，然而，在环境问题上却凸显出诸多不足。首先，就立法机关而言，环境法领域的规则多建基于事前的技术标准、事中的排放标准以及事后的产品标准之上，而环境问题具有高科技背景，"多安全才够安全?"的问题在科学界亦无定论，

① Marshall S. Shapo, "Tort Law and Environmental Risk," *Pace Environmental Law Review* 2 (1997): 531.

② 徐祥民：《环境质量目标主义：关于环境法直接规制目标的思考》，《中国法学》2015 年第 6 期。

立法者不得不在“决策于未知”的情况下确定标准；加之各地自然禀赋不一、各企业治污能力有异，标准的制定过程充满利益衡量和博弈色彩。因此，作为一种“科学论证基础上的政治判断”，普遍适用的环境安全标准本身可能就不意味着安全。其次，就企业而言，强制施行的环境标准能够产生守法激励，而无法衍生出企业达标后进一步提升环境表现的动力。于是，以环境标准为主轴的“规则 + 罚则”管制模式便附带了阻挠技术创新、激发逆向选择的负面效应。同时，基于环境法领域“守法成本高，违法成本低”的事实，[①] 促使“理性”的企业偏爱违法，因为其最坏的结果也只是与行政机关通过行政罚款的方式达成事实上的“合法”排污交易，更遑论现实中普遍存在的基于查处概率问题而逃脱惩罚的无限可能。最后，就行政机关而言，政府作为一个具有自身利益诉求和行为逻辑的团体，其相互冲突的规制目标（保护环境与发展经济）派生出较为模糊的规制风格，而地方政府的公司化取向则进一步使其从管理和服务社会逐渐转向对社会进行掠夺，[②] 形成贝克所言的“有组织的不负责任”情形。加之缺乏公众参与的制衡而引致的规制俘获，以及行政资源匮乏而带来的公权力失效，都表明由行政机关垄断执法权力的“规则 + 罚则”管制模式存在弊病。当前不断恶化的环境现实便是“规则 + 罚则”管制模式效果不彰的突出表现。

在环境事务的具体场域下，“规则 + 罚则”管制模式的局限是结构性的，只有转变规制范式乃能解决。前文已述，公权性环境权与私权性环境权同名不同质，二者分别在“国家 - 公民”以及“私人 - 私人”的范畴内发挥作用。因此从理论上讲，破解“规则 + 罚则”管制模式运行困境的方式有二：其一，从内部视角来看，通过进一步强化环境权力，如“部门扩权”等方式消解实践中的政府失灵；其二，从外部视角来看，通过赋权予公众，以“私人执法”的方式弥补“公权行政”之不足。举例来说，2015 年实施的《环境保护法》中新增的“生态红线”“按日计罚”“行政拘留”等创新举措便可视为对前一种解决路径的积极落实。但这种简单依凭行政体制自身

① 新《环境保护法》确立的“按日计罚”制度是根据“原处罚数额”进行按日连续处罚的，在“原处罚数额”设定不合理的情形下，按日计罚只能缓和却无法彻底改变违法成本低的尴尬局面。参见徐以祥、梁忠《论环境罚款数额的确定》，《法学评论》2014 年第 6 期。

② 杜辉：《论制度逻辑框架下环境治理模式之转换》，《法商研究》2013 年第 1 期。

调整的路径仍然无法突破“高权行政”的先天缺陷。一方面，政府中立有限、实力有限、理性有限、灵活有限的问题不可能借助“扩权”的路径得到根治；另一方面，“部门扩权”带来的，还可能是机构的叠床架屋与行政权力失控等新问题。当制度的内部改良无法带来理想的效果时，外部修正便成为必然的选择。考虑到“规则 + 罚则”管制模式对权力的过度依赖，实际上弱化了公众对其自身生存环境进行保护的能力和神圣职责。于是，以“分权及自治”为内核的“赋权 + 救济”治理模式便被提上了议事日程。该模式的核心要义在于：通过“权利话语”将环境保护内化为公民的自觉意识，并借助“权利救济”形成的“私人执法”来达到环境私主体治理的目的。其实质是通过一个个自主的微系统来补足中央调控系统的不足，进而产生环境保护的规模效应。考虑到此种路径依赖于公民享有的环境权利与行政、司法机关对权利的救济，本文将其概括为“赋权 + 救济”治理模式，是与“规则 + 罚则”管制模式相对应的一种环境治理模式。

“赋权 + 救济”治理模式的正当性可以从社会契约论中进行推导。根据卢梭的观点，当自然状态中不利于人类生存的障碍，在阻力上超过了个人为了自存所能运用的力量时，自然状态便会被社会状态所取代。在这里，人民签订“社会公约”形成国家，行政官仅仅是主权者的官吏，是以主权者的名义行使着主权者所委托给他们的权力，基于利益考量，主权者可以限制、改变和收回这种权力。① 在这一逻辑的延长线上，我们可以做出这样的推论，即当作为委托人的政府怠于行使环保监管职权，或者职权行使之成效不符合人民预期时，作为被代理人的公众便存在两种选择：其一，对代理人重申代理权限，迫使政府规范履行代理职权，此乃公权性环境权的核心要义；其二，被代理人越过作为代理人的政府，径直与污染者进行谈判，此乃私权性环境权的核心要义。简言之，由于“高权行政”存在难以自我突围的内生缺陷，而且出于“自保”的本能，权利主体让渡给政府的救济权也不可能做到毫无保留。是故，当政府怠于履职或者履职不符合预期时，社会公众有权基于被代理人的身份直接向污染或破坏环境的责任人行使“私人执法权”。

需要说明的是，“赋权 + 救济”治理模式是对“规则 + 罚则”管制模式

① 参见〔法〕卢梭《社会契约论》，何兆武译，商务印书馆，2003，第 73 页。

的有益补充，而非替代。环境治理中民众与政府“联姻”的意义在于：第一，作为行政出发点的公共利益，归根结底是诸多个人利益之综合，由利益者本人参与到环境治理中无疑可以成为制约公权力滥用和化解政府“中立有限”的有效形式；第二，政府管制的优势在宏观领域，政府的劣势领域主要是大量分散的环境权益冲突，[①]而这些分散的冲突正是“环境私主体治理”的主阵地，因此，“赋权 + 救济”治理模式的补充应用将有效地解决政府“实力有限”的难题；第三，不同的主体有着不一样的立场、知识、信息、资源和能力，在环境治理的过程中，民众的有效参与往往能与政府形成“相互竞争的理性”，进而消解政府“理性有限”的问题；第四，在环境私主体治理的过程中，民众能够借助民事磋商、私力救济等方式推动环境善治，这就从侧面弥补了政府管制“灵活有限”的问题。经济学家也证实，在已有的公共执法体制中加入私人执法制度将提高整个社会的福利水平。[②]美国在反垄断、环境保护、税收、证券法、就业平等等领域，分散式的私人执法机制也是整个执法体系的重要组成部分。[③]欧盟也明确表示，准备加强个人和环保团体针对污染者提起赔偿和强制恢复受污染环境诉讼的权利。[④]可见，公、私协力正成为法治发达国家行政治理的主旋律。笔者相信，合作治理也将演变为中国当前及今后环境治理的总趋势，这在中国的“十三五”规划纲要中也得到了证实。该纲要第 44 章开宗明义地指出：“形成政府、企业、公众共治的环境治理体系。”在这样一种逻辑中，“赋权 + 救济”的私权保护路径也就与“规则 + 罚则”的公权规制路径并驾齐驱，成为法律调整环境问题的重要工具。

由此可见，环保领域的“规则 + 罚则”管制模式面临着“高权行政”难以自我消解的内生缺陷，鉴于对行政公权的过度依赖，实际上弱化了公众对其自身生存环境进行保护的能力和神圣职责。于是，学者便希望通过“私人执法”的方式来填补“高权行政”之不足。因此，以功能论的视角来看，“环境权民法表达”的本质正是将这一“私人执法权”合法化、规范化和制度化。学者将中国环境管理重心向公民环境权方向偏移的现象形象地称

① 吕忠梅：《环境权力与权利的重构》，《法律科学》2000 年第 5 期。

② 李波：《公共执法与私人执法的比较经济研究》，北京大学出版社，2008，第 21 页。

③ 李波：《公共执法与私人执法的比较经济研究》，第 13 页。

④ Anthony G. Heyes, “Environmental regulation by private contest,” *Journal of Public Economics* 3 (1997): 407 – 428.

为“治理下移”[①]。不难想象，在“环境权民法表达”所衍生出的“赋权 + 救济”治理模式之下，国家和无数不特定的私人之力联合起来，形成监视、探知枉行的融贯交织的合作状态，塑造出“天网恢恢，疏而不漏”的社会精神结构，形成强烈的威慑效应。[②]

### （二）解释论的视角：“环境权民法表达”之实现路径

任何高超精巧的学理解释都必须具体化为行之有效的制度构建。在这一意义上，“环境权民法表达”在解释论分析上更应是立足于未来整部民法典编撰的体系性“绿化工程”。这一工程至少承载着如下两个期盼：其一，在概念分析层面，借助“环境权”的观念构建一个从环境伦理观念（保护生态环境）向环境法具体制度过渡的桥梁，通过将自然资源之上的生态利益转换为人之权利，从而实现对生态利益的直接关照；其二，基于“规则 + 罚则”管制模式在保护生态环境方面存在的诸多缺陷，通过“环境权民法表达”所衍生出的“私人执法”予以弥合，进而实现“公私协力”治理生态环境的初衷。具言之，在坚持上述两条基本原则的同时，“环境权民法表达”的最终实现仍需依托于如下具体设计路径。

首先，“环境权民法表达”依托于“赋权”式绿色权利之创设。“环境权”概念提出的基本出发点在于实现人类观念上的变革，将生态环境从客观上的物变成人主观上的价值。由于环境利益相对环境权利概念而言具有更为基础性的地位，这一变革过程的制度化实现路径必然始于对个体绿色权利的赋予，并始终以维护既存环境利益之客观需要为依托。通过“实现环境利益法律关照”之客观要求，证立塑成新型绿色权利之正当性基础，同时以环境利益始终面向实践的改革活力，保持绿色权利创设过程的开放性。具体来说，权利的绿化工程是对《民法总则》中“绿色原则”的落实与贯彻，主要表现为通过对传统的人身、财产侵权进行扩张，使其囊括生态环境自身的损害。笔者认为，《民法总则》中的“绿色原则”，在分则中的实现路径和具体化方式应当是系统性的和选择性的。在人身权部分，应当通过对传统“精神利益”的扩张解释，将环境安宁、景观眺望等现代环境权益内化到

---

① 汪劲：《进化中的环境法上的权利类型探析——以环境享有权的核心构造为中心》，《上海大学学报》（社会科学版）2017 年第 2 期。

② 吴元元：《公共执法中的私人力量——悬赏举报制度的法律经济学重述》，《法学》2013 年第 9 期。

“精神损害”的调整范围。此外，伴随着碳汇市场和我国排污权交易市场的日趋完善，对于一些具有清晰财产属性和权利外观的新型权益（诸如排污权、用能权等），应通过逐步扩大民事权益保护范围的方式，将其纳入民法的调整和保护范畴之中。

其次，从传统权利观的另一个耦合向度来看，“环境权民法表达”意味着对传统权利之限制和对生态义务之课以。诚如学者所指出的那样，“环境首先和主要是一种公共财产，环境保护是一种公益事业”[①]。这一观点暗含着有关环境事务公共性面相及其公益属性的基本假设。循此为进，出于对“公共环境”之保护并有效促进环境公共利益实现之考量，“环境权的民法表达”也当然地包含着因环境公共利益介入所引发的私权限制等议题。这些聚集在“环境公共利益”旗帜下的环境诉求，从传统权利观的另一个耦合向度，要求民事主体在行使权利的同时，亦须关照包括公共环境在内的社会公共利益之保护，基于生态考量对传统权利之行使进行必要限制，并适当限缩传统权利的行使范围，使其契合于环境保护之客观要求。

以目前《民法总则》既有的规范基础来看，总则中“绿色原则”与“禁止滥用权利原则”相互嵌套，为未来民法分则部分加入民事权利的生态性限制内容奠定了立法基础。“绿色原则”的提出是中国民法典时代性的体现，其反映出因资源环境日益恶化而强化对生态环境保护的现实需要。[②] 同时，《民法总则》第 132 条规定的“禁止滥用权利原则”，要求民事主体不得滥用权利，损害社会公共利益。[③] 毋庸置疑，该条中的“社会公共利益”在解释论上囊括了“环境公共利益”的保护范畴，从而使“禁止滥用权利原则”与“绿色原则”条款一起共同构筑了总则中有关权利行使“绿色限制”的规范依据。具体来说，在物权部分，自然资源仅仅承载单一经济价值的理念在生态环境保护的大背景下逐渐备受诟病，自然资源的生态价值和环境效应日渐深入人心。受此影响，为了维护环境利益，应当对传统物权类型附加一定的生态性义务。换言之，应在各项传统民事物权中植入生态化要求，使其负担“环境保护”之生态性义务。例如，在土地承包经营权和建

① 巩固：《政府激励视角下的〈环境保护法〉修改》，《法学》2013 年第 1 期。

② 王利明：《民法总则》，中国人民大学出版社，2017，第 71 页。

③ 我国《民法总则》第 132 条规定：“民事主体不得滥用民事权利损害国家利益、社会公共利益或者他人合法权益。”

设用地使用权中，规定“保护土壤环境质量不发生严重倒退”等附随性保护义务；在农用地“撂荒”问题上，增设农用地持续处于“撂荒”状态并超出法律规定之最长期限时，国家对土地承包经营权的收回条款；在债权部分，需要确立合同各方当事人“不得损害生态环境”的禁止性义务。对这一观点的落实可以通过修改《合同法》第 7 条的方式来实现。应在《合同法》第 7 条“遵守法律、行政法规，尊重社会公德，不得扰乱社会经济秩序，损害社会公共利益”之外，增加“不得破坏生态环境”的禁止性条款。

再次，“环境权民法表达”肩负着“损害担责、风险预防”等绿色理念在未来民法典编撰过程中的价值渗入任务。一方面，“环境有价，损害担责”的基本理念要求民法典侵权部分的未来编撰，应在“侵权行为类型”和“责任类型”等方面做出必要的调整。在侵权责任部分，有论者指出，生态破坏的“损害”内涵不同于民事侵权的“损害”，民事责任理论下环境侵权立法不能将生态破坏行为纳入其调整范围。[①] 笔者认为，作为损害结果的“生态破坏”确实不宜成为民法规制的对象，但作为原因行为的“生态破坏”却可以并且应当成为侵权责任的原因行为。虽然民法无法直接对生态破坏行为进行法律规制，但是，当生态破坏行为影响到民法所切实保护的人身、财产权时，仍然符合触发侵权责任保护机制的条件。为此，新《环境保护法》第 64 条通过转介条款的方式实现了立法拓展，即将生态破坏造成的损害亦纳入侵权责任之中。[②] 笔者认为，民法典分则侵权责任编撰中应当写入破坏生态的侵权责任，从而体现环境侵权的新发展。其条款可以设计为：污染环境、破坏生态造成损害的，应当承担侵权责任。[③] 另一方面，风险预防理念意味着环境风险本身亦应成为民法规制之对象。目前，中国《民法总则》虽然明确规定了“消除危险”的责任承担方式，但这一规定仍然过于宏观，仅侧重于风险之消除，而没有注意到“风险”本身的可赔付性。因环境风险一旦转换为现实损害往往将会导致巨大损失，甚至直指生命健康，故受到“风险”威胁的相关主体大多倾向于采取一定的防范措施，从而导致额外的成本与支出。于此情形中，明确环境“风险”本身的可赔

---

① 黄锡生、韩英夫：《生态损害赔偿磋商制度的解释论分析》，《政法论丛》2017 年第 1 期。

② 竺效：《论环境侵权原因行为的立法拓展》，《中国法学》2015 年第 2 期。

③ 张新宝、汪榆森：《污染环境与破坏生态侵权责任的再法典化思考》，《比较法研究》2016 年第 5 期。

付性具有维护社会公平及填补主体损失的重要意义。

最后，“环境权民法表达”依赖于环境公益诉讼制度的程序性保障机制。如前所述，“环境权民法表达”不仅承载着正向的权利赋予，也因环境公益保护之现实需求而承载着负向的义务设置。在逻辑上，通过对新型绿色权利的创设，个人环境利益之损害仍可通过传统的私益诉讼制度加以解决。但当污染或破坏行为损害到特定的环境公共利益时，传统私益救济途径则面临解释和适用上的困局。这一困局的有效解决依赖于良好的程序性保障机制之构建，即环境公益诉讼制度。目前，我国已经初步建成了以环境民事公益诉讼为载体的“赋权 + 救济”治理模式。这一模式的规则体系由《侵权责任法》《环境保护法》《民事诉讼法》，以及最高人民法院与最高人民检察院相关司法解释和试点方案构成。根据上述法律文件的规定，一方面，环境民事公益诉讼的诉讼对象是“对已经损害社会公共利益或者具有损害社会公共利益重大风险的污染环境、破坏生态的行为”，这一范围的确定实际上已经囊括了“环境权”所欲保护的“生态环境问题”；另一方面，虽然相关法律及其司法解释未将公民个人纳入起诉主体的范畴，但将诉权交由代表公众且更具专业性和执行力的社会组织，仍然是符合成本收益分析的理性选择，因为将诉权赋予“第三部门”将最大限度地避免“私人执法”所附带的“执法过度”问题。通过“监管监管者”来实现环境公益目标之维护。① 然而，在看到过往成绩的同时也应清醒地意识到，虽然中国目前已经先后建立起由检察机关、行政机关、社会团体提起环境公益诉讼的相关制度，并在当下呈现“百家争鸣”的景象，但这种多元诉权主体“齐头并进”的争诉格局也带来了不同诉权主体之间的衔接问题。② 如何理顺不同诉权主体间的起诉顺位，以及诉讼救济与环境行政执法之间的相互关系，乃是未来我国环境公益诉讼制度发展的核心要务。

## 四　结论

面对“总体尚未遏制”的环境污染和生态破坏趋势，党的十八大报告

① 黄锡生、谢玲：《环境公益诉讼制度的类型界分与功能定位——以对环境公益诉讼“二分法”否定观点的反思为进路》，《现代法学》2015 年第 6 期。

② 韩英夫、黄锡生：《生态损害行政协商与司法救济的衔接困境与出路》，《中国地质大学学报》（社会科学版）2018 年第 1 期。

审时度势提出建设生态文明的总体部署。通过后续配套性规范的不断完善，生态文明、可持续发展等绿色理念已经成为适应和引领新常态的主基调。2014 年 10 月 20 日，党的十八届四中全会将民法典的编撰提上改革议程，2017 年 3 月 16 日召开的第十二届全国人大五次会议，正式通过了《中华人民共和国民法总则》。在此背景下，如何将生态文明等绿色理念注入并内化为未来中国“民法分则”中的各项条款，进而通过私法体系达到环境保护之目标，既是实现民法典“绿化工程”的历史性契机，也是我国环境法人与民法学人的共同之时代使命。

为了探索未来中国“民法分则”对生态主义的时代性回应及实现途径，本文基于“环境权”的理论视角，对“环境权的民法表达”进行了反思与重构。研究结果表明：“环境权的民法表达”依托于“赋权”式绿色权利之创设、对传统权利之限制和对生态义务之课以；“环境权民法表达”肩负着“损害担责、风险预防”等绿色理念在未来民法典编撰过程中的价值渗入任务，并依赖于环境公益诉讼制度的程序性保障。于此，中国特色的绿色民法体系之构建，需要充分重视分则制度安排对环境保护的意义，在物权法、侵权法等规则设计中给予环境保护更重要的考虑，贯彻生态优先、不得恶化、损害担责、风险预防、生态民主的基本价值理念，逐步实现“民法分则”生态化的体系性构建。

## Theory Rebuilding in the Expression of Civil Law of Environmental Rights

*Huang Xisheng*

**Abstract**: Environmental rights, in the name of “rights”, constitutes a generalized protection model for ecological interests instead of creating an abstract subjective right. The control model of “rules + penalty” in the field of environmental protection is faced with endogenous defects in “high-power administration”, which is difficult to self-eliminate. In view of environmental issues arising from the process of “civilian behavior executed by civil entities in the civil law”, scholars hope to use the “private law enforcement” derived from the governance model of "empowerment + remedy" to fill in the deficiencies in "high power administration". The essence of "civil law expression of environmental rights" is precisely to legalize, standardize and institutionalize the "private law enforcement". Through the revision and debugging of the two environmental governance paths of "rules + penalty" and "empowerment + remedy", the ecological construction on future "Specific Provisions in Civil Law" in China will be achieved.

**Keywords**: Environmental Right; Chinese Civil Codification; Ecological Interests; The Control Model of "rules + penalty"; The Governance Model of "empowerment + remedy"

# 壁垒的破除：蒙古西征与宗教信仰自由的法律保障

赵晓耕　时　晨*

**内容摘要**：13世纪的“十字军东征”和“蒙古西征”曾作为较为通畅的渠道，使得东西方在制度、文化以及宗教信仰等方面获得了交流。在军事接触的过程中，以成吉思汗为代表的蒙古贵族集团对宗教自由采取了一系列法律保障措施。这些措施成为促成东西方军事和文化壁垒在一定程度上得以破除的最重要因素。元朝实施的保障宗教信仰自由的法律不仅对其统治地区产生了影响，而且加速了西方宗教信仰体系的崩解，并由此催生了法典化运动，其结果是近代法律体系开始成形。在军事接触作为东西方交流手段日渐式微，以社会制度、意识形态为基础的新文化壁垒不断高筑的现代文明中，“一带一路”倡议的提出或许可以理解为一种以促进交流为目的的东西方交流的新渠道。

**关键词**：“一带一路”　《元典章》　宗教信仰自由　文化壁垒

## 一　引言

“一带一路”是一个历史内涵极为丰富的概念，即便从狭义的陆上商贸通道的角度看，“一带一路”也绝不仅仅是建立在汉代开辟“丝绸之路”，而后在隋唐时期发展繁荣这样简单单一的看法基础之上。从本质上

* 赵晓耕，中国人民大学法学院教授，主要研究方向为中国法律史、比较法律文化及台湾法；时晨，中国人民大学法学院法律史博士研究生。

看，东西方双向沟通的历史存于两大文明体系以地缘作为线索而相互连接、相互影响的交互作用之中。[①] 其内涵的丰富性决定了，仅以列举的方式将其内容概括为诸如商贸、科学技术的交流等，是远远不够的。东西方通过地缘以及人员的直接往来而进行的交流，在高科技手段几乎完全不存在的传统社会中，是维系东西方联系的重要手段。我们所说的"一带一路"的历史及其法律文化内涵，实际上就是东西方法律交融和碰撞的历史——这是一个深而广的命题，较小的命题则更加繁杂，难以一一列明。

与以英美法和罗马法为代表的欧洲法律略有不同，传统中国的法律或曰中华法系始终保持着较为谦和、保守的特点，这可能与长久以来传统中国保持的朝贡外交体系和"重廉耻"的文化特质有关。虽然传统中国法不可避免地影响了东亚、东南亚、南亚和中亚的广大地区，但强制适用的情况并不多见。如果与如罗马法般产生巨大影响的法律体系相较，强制推行的范围更是小之又小。但恰恰在这样较小的概率下，蒙古大军的数次西征使得元朝的法律在中亚推广开来，并猛烈地冲击着其时的欧洲。通过元朝法律体系扩张而建立起来的双方交流新模式，不仅在规模上而且在内容上都远超前代。特别是对那些被军事征服的广大中亚地区来说，蒙古人对其实施的统治，不可避免地使其产生了与欧洲迥异的政治、法律制度。[②] 在某种意义上说，双方的政治制度和法律体系对于对方的影响都较为深远：在欧洲社会，宗教的权威受到了挑战，进而在妥协的基础上进行了一系列改革，乃至于启蒙运动中的思想家多有援引中国制度及思想的例子；在中国，人们也开始接触到了异质的欧洲文明。

此处，我们有必要对蒙古的西征进行一二祛魅。蒙古人曾多次西征，实施的屠城、焚烧等行为为数不少，加之相伴而来的瘟疫，造成欧洲人口锐减1/3，死亡约两亿人。[③] 蒙古人虽对欧洲造成了极大的破坏，但我们不能否

① 可参考〔美〕L. S. 斯塔夫里阿诺斯：《全球通史》，吴象婴等译，上海社会科学出版社，1999；〔法〕雷纳·格鲁塞：《蒙古帝国史》，商务出版社，1989；〔美〕杰克·威泽弗德：《成吉思汗与今日世界之形成》，重庆出版社，2005；等等，其余不一一列出。

② 甚至有观点认为，其时的蒙古属于由忽里台大会作为立法机关的共和制，参见内蒙古典章法学与社会学研究所编《成吉思汗法典及原论》，商务出版社，2007。

③ 白寿彝：《中国通史》，河南人民出版社，1982，第278页；〔法〕雷纳·格鲁塞：《草原帝国》，商务印书馆，1957，第308页。

认，蒙古西征也产生了一些积极影响，特别是在宗教信仰自由方面产生了积极影响。1206 年颁布的《成吉思汗法典》已确立了宗教信仰自由的原则，这一原则后来随着蒙古人的西征而影响到了欧洲。

如果我们对中西方的宗教历史进行研究，可以发现，在宗教问题以及宗教与社会的关系问题上，东西方不仅在本质上具有类似性，而且在发展的进程和步骤方面也大体相同。无论是在东方还是在西方，人们首先建立的都是对自然的崇拜，继而转向对人的崇拜，这一过程是伴随着国家的治理活动而实现的，最终的结果是区域社团或者职位或者人的偶像化。并且，随着兼并征服、开疆拓土或者耕种等治理区域的扩大，出现了统一社团的偶像化。但是，随着政治统治的崩裂和原有社会秩序的摇撼，政治统治与宗教信仰出现了某种意义的分离，某种更完整、圆融的逻辑体系成了东西方人新的精神支柱，基督教和佛教在恰当的时间和地点登场，并逐步确立了定于一尊的地位。此时，对人的崇拜也进入新阶段，即由统一社团或统一社团领袖的偶像化演变为自我圆融的哲学家偶像化。虽然东西方都未曾在真正意义上抛弃皇帝或统治者的“神性”，但无论是在东方还是在西方，如果皇帝试图抛弃皇位并出家，这样的行为都会被认为是狂悖的。并且，在这一时期，专业的宗教职位和“教主”的哲学家化业已完成，数个更高级、更强势的宗教横亘于东西方之间，且很快与统一的帝国相接触，在迫害和推崇的交替中，完成了宗教与世俗的结合，进而演化出一套完整的、能不断自我修复的、能适应不断变化的社会需要的逻辑结构和哲学体系。嗣后，又随着科学的崛起、科学与神学的论战以及人的自我欲望、自我意识的觉醒而退居二线。

以上就是东西方宗教发展的大致过程，蒙古人当时的宗教发展到了何种程度呢？众所周知，以成吉思汗为代表的蒙古人最初信仰的是“长生天”，类似于汉民族最早信仰的“天”，并不具备高级宗教的某些特质。对于其性质，我们不能按照一个标准化的模式去嵌套：它究竟是一种自然崇拜，还是一种人格崇拜。由于其中的信仰和经验纠缠在一起，难于分辨，因此，较难归类与定位。故笔者认为，元朝时蒙古人的宗教信仰自由是一种选择性的而非强迫性的宗教信仰自由，其能包容各种宗教，并希望这些宗教能共同为统治阶级服务，但同时也是建立在军事征伐的强大基础之上。蒙古人宗教信仰自由的这一性质对于我们理解蒙古西征的历史意义非常重要：其在打破东西方军事壁垒的同时，还打破了西方宗教束缚的壁垒，且未激起人们的宗教狂热，未因同仇敌忾而导致思想统治和法律统治的失败。

## 二　蒙古人保障宗教信仰自由的相关法律规定

蒙古人关于保护宗教信仰自由的法律相当丰富，层次分明，基本涵盖了宗教信仰自由的各个方面。在成吉思汗当政时期（也有人认为是在成吉思汗次子窝阔台当政时期），在原蒙古族《大札撒》与《忽里勒台会议决议》的基础上，形成了《成吉思汗法典》这一具有纲领性意义的法典。其中的第八条规定：

> 尊重任何一种宗教信仰，任何一种宗教都不得享有特权。每个人都有信仰宗教的自由。①

这一条保障了宗教信仰的合理性、平等性和权利性。以至1220年丘处机北上面见成吉思汗时，居然可以“见王者不跪拜”。梁赞诺夫斯基在《蒙古习惯法研究》之中谈到，《大札撒》第十条提到，成吉思汗曾免除托钵僧、《古兰经》诵读者（疑为阿訇，待考）、穆诶庆（系回教寺院中身处望楼之上召集人们祈祷的僧侣，也指清洗死者遗体的人）等宗教神职人员的赋税。其第十七条尤为特别，原文为：

> 他（指成吉思汗，笔者按）禁止人们对诸多宗教派别表示好恶之情。禁止说空头大话以及禁止使用尊敬称谓，即便是称呼苏丹及其以外的人，也必须直呼其名。②

此处谈到的禁止人民对不同宗教进行选择，意指官府不会专门将某些宗教设定为国教，或赋予其特权。《世界征服者史》的作者志费尼评述说：“因为不信仰宗教，不崇奉教义，所以，他没有偏见，不舍弃一种而追求另

① 《成吉思汗法典及原论》，第2页。

② 〔俄〕梁赞诺夫斯基：《蒙古习惯法研究》（日译本），日本东亚经济调查局，1935，第12页。

一种，也不尊此而抑彼。不如说，他尊敬的是各教中有学识的、虔诚的人，认识到这才是通往真正的宫廷的途径。他一面优待穆斯林，一面极为尊重基督教徒和偶像教徒。他的子孙中，好些已各按所好，选择一种宗教：有皈依伊斯兰教的，有归奉基督教的，有崇拜偶像教的，也有仍然恪守父辈、祖先的旧法，不信仰任何宗教的，但最后一类现在只是少数。他们虽然选择一种宗教，但大多不露任何宗教狂热，不违背成吉思汗的札撒，也就是说，对各教一视同仁，不分彼此。"① 在这本书中，志费尼特别强调了成吉思汗及其子孙的宗教信仰自由问题。他注意到，忽必烈信仰的是大乘佛教，亦即藏传佛教；拔都的后人信仰的是伊斯兰教，旭烈兀的子孙则与基督教联系极为密切，这最终引发了拔都后人和旭烈兀后人的宗教战争。例如，别儿哥和旭烈兀之间的战争，这可能是成吉思汗未曾料想到的宗教信仰自由的副作用。②

另一个不容忽视之点是：在其时的宗教信仰自由之中，非常重要的内容是政教分离。在成吉思汗政权逐渐巩固的初期，出现了教权和政权的斗争。当时，通天巫自称是天的代表，可以对成吉思汗下达天的命令，这是一种近乎公开的威胁，成吉思汗绝对不能容忍。因此，在蒙古统一政权建立之前，成吉思汗开始疏远大萨满帖卜腾格里（即阔阔出），并拒绝将帖卜腾格里列入受封的名单。为对抗成吉思汗对萨满教进行的改革，帖卜腾格里开始利用其在教内的影响，制造政权和教权的矛盾，发动了一系列类似于政变的活动。成吉思汗认为，帖卜腾格里意图"分享或者篡夺大汗的权力"，于是，以"天不爱他"之罪将帖卜腾格里处死。继而，政治权力和宗教权力都掌握在了最高统治者手中。虽然成吉思汗被人们视为各种神灵的化身，但他并非任何教派的领袖，也不担任任何教职，其拥有的政治权力毫无争议地凌驾于教权之上。更通俗地讲，元朝的统治者并非不能做到政教合一，只是对他们而言，教权的威胁几乎已不存在，因此，根本不需要进行政教合一，仅此而已。

《成吉思汗法典》毕竟只是成书于元朝草创时期，到元宪宗年间，法律

① 〔伊朗〕志费尼：《世界征服者史》，何高济译，内蒙古人民出版社，1980，第29页。

② 必须说明的是，二者之间的矛盾不只是存在于宗教教义的冲突上，另外还包括：是否支持忽必烈作为大汗，与阿塞拜疆的宗教选择等问题。别儿哥并不支持忽必烈，而是支持阿里不哥成为大汗，但旭烈兀支持忽必烈。

才发展得比较成熟。因此，在《大元圣政国朝典章》（《元典章》）中，对于宗教信仰自由的保护变得更加完整、翔实。至元十三年的《平定江南诏书》中有这样一句话：

> 前代圣贤之后，高尚僧、道、儒、医、卜筮，通晓天文历数并山林隐逸名士，仰所在官司具实以闻。[①]

本条不再专门强调佛教、道教以及儒教的存在及地位问题，因为自成吉思汗时起，元朝的宗教信仰自由已实施有年。在《元典章》中，专设有《礼部卷之六·释道》一门，其内详细地谈到了佛教、道教、白莲教、头陀教、也里可温教等诸多宗教，并且，不仅为教徒提供了与常人相同的保护，而且特别强调：教徒不得因信仰宗教而享有特权。这是宗教信仰自由达到一定程度的标志。[②] 窝阔台大汗曾严厉禁止利用宗教之间的矛盾相互攻击和侮辱，并对进行这种攻击和构陷的人处以死刑。[③] 温州地区曾出现过也里可温教侵害道教教徒宗教信仰自由的案例：

> 集贤院呈：江南诸路道教所呈，温州路有也里可温创立掌教司衙门，招收民户充本教户计，及行将法箓先生诱化侵夺管领，及于祝圣处、祈祷去处，必欲班立于先生之上，动致争竞，将先生人等殴打，深为不便……
>
> 照得江南自前至今，止存僧道二教，各令管领，别无也里可温教门。近年以来，因随路有一等规避差役之人，投充本教户计，遂于各处再设衙门，又将道教法箓先生侵夺管领，实为不应……
>
> 外据擅自招收户计算并管领法箓先生事理，移咨本道行省，严加禁治相应……依上禁治施行外，行移合属并僧道录司、也里可温掌教司，依上施行。[④]

---

① 《元典章·圣政卷之一·典章第二》举贤才条一，陈高华等点校，中华书局，2011，第45页。

② 《元典章·礼部卷之六·典章三十三》释道条，第1127页。

③ 义都合西格：《蒙古民族通史》，内蒙古大学出版社，2002，第404页。

④ 《元典章》卷33，清光绪三十四年北京法律学堂刊本，第4页。

由这一例子可以看出，在面对各教之间的矛盾冲突时，元朝统治者与法律的习惯做法并非保障某一种宗教或某几种宗教的特权地位。元朝统治者虽然信奉藏传佛教，但并未在法律上授予其超越其他宗教的特权地位。从也里可温教掌教司侵害其他宗教财产和教徒宗教信仰自由的判例中也可看出这一点。因为该案的处分针对的只是侵害行为本身，而非也里可温教，这与西方“难以忍受穆斯林侵占基督徒的墓地”之类的宗教倾轧言论相去甚远。

## 三　“十字军东征”与“蒙古西征”的历史交叠以及东西方的宗教交往

如果深入地研究历史，会发现一个有趣的现象，即“十字军东征”和“蒙古西征”存在某种历史交叠；并且，正是由于这种交叠，才发生了东西方宗教上的交流。以下，我们对交叠的情况做一大致介绍。

1217 年，十字军开始第五次东征。此时，蒙古人也已开始将触角伸向中亚，并开始清扫中亚等地的抵抗势力，为西征积极做各种准备。三年后（一说两年后），成吉思汗正式开始西征。“蒙古旋风”摧枯拉朽般地迅速攻灭了一系列国家，很快，蒙古使者就到达了高加索地区，向该地区带去了蒙古大汗勒令投降的信息。诡异的是，就在同一年，即 1221 年，在未达到既定战略目标的情况下，欧洲基督教军队的第五次东征结束了。此后的数年间，蒙古的铁骑在东欧几乎没有遇到什么像样的抵抗，而其军队的残忍和狡诈也给整个欧洲带来了恐怖的气息。

但在 1227 年，蒙古人的迅速推进因成吉思汗死亡而暂时停止，而且，此后一段时间内，成吉思汗的后代陷入了权力斗争，暂时停止了对西亚和欧洲的进一步侵略。与之类似，此时的伊斯兰国家中，埃及和大马士革的最高统治者也因为统治权问题在进行内战，因此，埃及苏丹和主持本次东征的腓特烈二世一拍即合，就耶路撒冷的归属问题有了确定的协议。因此，虽然本次东征的军队因腓特烈二世被除去教籍而战斗力极为低下，却还是取得了拿回耶路撒冷的成绩。1228 年，腓特烈二世重新占领了耶路撒冷。但是，这样“不流血”的胜利，即不残杀异教徒的胜利并不能给腓特烈二世带来应有的荣耀，他对自己加冕的行为也让自己广受诟病，欧洲基督教势力也因为耶路撒冷已被夺回而失去了斗争的勇气和强大号召力。而在1229年，元太宗窝阔台继任大汗，蒙古最高领导权尘埃落定。窝阔台继任了大汗，是为元太宗，蒙古很快重整旗鼓，继续开始对东欧的攻势。从欧洲方面来看，第六次十字军东征也恰恰在这时宣告收场。

从1238年开始到1243年的几年，蒙古对于东欧和俄罗斯等地的侵略同样势如破竹，几乎不可阻挡，深深地震撼了欧洲，使之在畏惧的同时也开始思考，是否有借其力量征讨异教徒的可能性。无论是出于何种目的，欧洲（尤其是西欧）都在极力避免与蒙古发生直接的军事冲突。这可以从欧洲人和蒙古人的行动总是交替进行而推断出来，欧洲似乎有某种渠道可以及时地获知有关蒙古动向的情报。笔者认为，我们或许可以从宗教的角度尝试着理解这一现象。众所周知，中国的景教和也里可温教从属于聂斯托利教派，在这一特定的历史时期，该教扮演着东西方交流的角色，发挥着传递信息的作用。而这一切都与元朝对宗教信仰自由持开明的态度有着不可分割的联系。

有一种观点认为，正是由于欧洲教廷得知景教等宗教在东方很活跃，他们才下定决心，于1245年正式向蒙古派出了宗教使者。[①] 时任欧洲教会使者的柏朗嘉宾已65岁，以他为首的方济各会教士团仅用了一年多的时间，就穿越了亚欧大陆。在穿越蒙古庞大的统治区之后，他们到达了大都哈剌和林，并于八月参加了元定宗贵由的即位大典。欧洲教皇在给蒙古大汗的信中，指责蒙古人滥杀无辜，要求蒙古人受洗，同时，还试图与蒙古人建立一个政治联盟。教皇试图以这样的方式拉拢并指斥贵由：

> 由于不仅是人类，而且甚至无理性的动物，更确切地说，甚至组成这个世界的各个成分，都被某种天然法则、按照天上神灵的模式结合在一起，造物主上帝将所有这些分成万千群体，使之处于和平秩序的持久稳定之中，因而，我们被迫以强硬措辞表示我们对你的狂暴行为的惊讶就并非是没有道理的了。

---

① 有观点认为，欧洲人甚至相信，成吉思汗本人已受洗，教名为大卫。史料上的直接证据较难寻获，但无论如何，旭烈兀的母亲是基督徒，这一事实是确凿无疑的，甚至旭烈兀本人也承认这一点。他还承认，正因如此，他才对基督徒较为亲近。综合参考“中国基督教会史”，雅比斯工作室制作，文中表述之文字资料系笔者根据语音播讲整理。网址链接http：//springbible. fhl. net/Voice/history. html，最后访问日期：2017年10月13日。

我们听说，你侵略了许多既属于基督徒又属于其他人的国家，蹂躏它们，使之满目荒凉。而且，你以一种仍未减退的狂暴精神，不仅没有停止把你的毁灭之手伸向更为遥远的国度，而且打破天然结合的纽带，不分性别和年龄，一律不饶。你们挥舞着惩罚之剑，不分青红皂白地向全人类进攻。因此，我们遵循和平之王的榜样，并渴望所有人类都应在敬畏上帝之中和谐地联合起来共同生活，兹特劝告、请求并真诚地恳求你们全体人民：从今以后彻底停止这种袭击，特别是停止迫害基督徒。而且，在犯了这样多和这样严重的罪过之后，你们应通过忏悔来平息上帝的愤怒——你们的所作所为，严重地激起了上帝的愤怒，这是毫无疑问的。

你更不应该在下列事情鼓励下，进一步犯下野蛮罪行，这就是：当你们挥舞暴力之剑进攻其他人类时，全能的上帝到现在还允许很多民族在你们面前纷纷败亡；这是因为有时候上帝在现在的世界，会暂时不惩罚骄傲的人，因此，如果这些人不约束自己，在上帝面前低下头和内心表示谦卑，那么，上帝不仅可能不再延迟在今生对他们的惩罚，而且可能在来世格外加重其恶报。因此，我们认为把我们钟爱的孩子及其同伴，即这封信的使者，派到你处是合适的……当你就上述事项，特别是与和平有关的事务同他们进行有益的讨论时，请通过这几位教士使我们充分地知道，究竟是什么东西驱使你去毁灭其他民族，你未来的意图是什么……①

贵由也给教皇回了一封信，信中充斥着不解、傲慢和威胁。他甚至还随信发出了最后通牒：

你在来信中称，我等应该受洗，成为基督教徒，我们对此仅给以简单之回答：我们不解，为何我们必须如此……你们认为，只有你们西方人是基督教徒，并且蔑视他人。但是，你们怎样知道天主究竟将加恩于谁人乎？正是因为天主的庇佑，我才能够从东到西，将你们悉数摧

① 〔英〕道森：《出使蒙古记》，吕浦译，中国社会科学出版社，第103页。实际上，传教士所带的书信有两封，第一封陈述的是天主之教义，第二封谈到的才是受洗、劝诫以及威胁等事项。

毁……倘若你们渴望和平，希望把你们之幸福托付给我们，你教皇应该立即亲率诸基督教显贵前来朝见，缔结和平，仅在此时我们才能知道，你们确实渴望与吾人讲和。①

在此阶段前后，欧洲教会向蒙古派出了许多由传教士组成的团队。其中的一些使团因风俗习惯的差异而与蒙古的军队产生了较为尖锐的冲突，险些被杀，幸得景教教徒从中调和才得以保全。蒙古大汗也派出使者前往欧洲，给教皇带去信件。其中的一封信写道：

在上苍的法律中，拉丁派、希腊派、阿美尼亚派、聂斯托利派、雅各派以及所有向十字架祈祷的人之间不存在差别。他们在我们这里协和一致。我们希望大王不要把他们分开，而要对所有基督教徒普施慈悲。②

有学者认为，蒙古第三任大汗元定宗贵由是基督徒，从前面的几封信看，此说显然不确。而且，从贵由反复不定、喜好虚荣的性格来看，他对基督徒的态度并未因教皇的拉拢而有所转变，以至法国传教士鲁布鲁克说，贵由汗并非因病去世，而是死于非命。

当时，在蒙古的基督徒都是当初被欧洲视为异端的聂斯托利派，以致早些来华的一些方济各传教士对蒙古基督徒的一些土生土长的习俗表示了担忧和鄙夷。他们拒绝与蒙古人一起唱那些“怪里怪气”的圣歌，但在更多的时候，他们还是将之归结为蒙古人根本不知道准确的礼仪。聂斯托利派对欧洲教皇的态度比较矛盾，一方面，他们既希望被欧洲正统教会所接纳，另一方面又害怕再次遭遇不公正的待遇。于是，中国地区的聂斯托利派基督徒开始对欧洲教皇和蒙古采取双面的政策，他们一边不断地对欧洲教皇表达自己的忠诚，另一边又借蒙古的名义提出“宗教自由”的要求。不可否认，当时的聂斯托利派基督徒对蒙古政权的影响是存在的，这可以从当时蒙古大汗身边出现的聂斯托利派基督徒高官来佐证。但是，这些人的存在及其个人的

① 〔法〕伯希和：《蒙古与教廷》，冯承钧译，中华书局，1994，第13页。

② 有历史学家认为这封回信是假造的，此说证据不足。这封信很可能是元定宗贵由去世后的摄政者起草的。

作用仍不足以使蒙古大汗与欧洲教会之间展开充分的接触，更不能凭借有限的沟通化干戈为玉帛。

元定宗贵由于1248年去世，至此，平静不久的蒙古政权内部纷争再起，蒙古人又一次陷入了权力争夺的内耗之中。在贵由去世的第二年，早已按捺不住的欧洲发动了第七次十字军东征。此后不久，蒙古政权内部的汗位之争以忽必烈的继位而尘埃落定。此消息传至东归途中的旭烈兀耳中后，他停止了东返，遣使表示拥护忽必烈继任大汗之位。而后，忽必烈也为旭烈兀划分了其可统治的疆土四至——东至阿姆河和申河，西括小亚细亚的大部分地区，南至波斯湾一带，北抵高加索地区。随着忽必烈此道旨意的下达，一个疆域辽阔的大汗国诞生了——伊利汗国，也是四大汗国之一。至此，这一横贯欧亚的广大地区成了旭烈兀的兀鲁思，不再受大汗的直接管辖。由于旭烈兀对基督教持较为亲善的态度，又不残杀穆斯林，因此，在欧亚大陆的中间，形成了一个良好的缓冲地带。这一亲善基督教的政权与忽必烈的政策本质上并无二致，但对欧洲以及东欧“基督教唯一”以及“基督教与伊斯兰教无法共存”的观点产生了巨大冲击。

1270年，最后一次十字军东征发动。如果从第一次十字军东征算起，前后约有200年的时间。蒙古西征恰好在这段时间内。教皇曾希望联合蒙古，打击伊斯兰教，但这一构想最终失败。至14世纪，伊斯兰教被蒙古宗王广泛接受，有些蒙古汗国甚至成了伊斯兰教国家。在这段印刻着战争伤痕的宗教史中，蒙古政权推行的保障宗教信仰自由的法律与欧洲盛行的对异教徒的仇视形成了鲜明的对比。在这段时间里，宗教信仰自由的观念随蒙古政权的扩张而扩张，在客观上扮演了沟通东西方的角色，对欧洲产生的冲击和影响也十分强烈和深远。

## 四　欧洲宗教信仰壁垒的动摇与崩解

从392年基督教成为罗马帝国国教开始，在理论上，宗教信仰自由在欧洲就无法从法律上获得保障。事实上，基督教对其他宗教的迫害和打压正是通过狄奥多西一世及之前皇帝的一系列敕令和法令的形式实现的。因此，13世纪卷帙浩繁的教会法中并没有专门的有关宗教信仰自由的规定。随着教会法的不断发展，宗教权威日渐凌驾于世俗权威之上，严密的教阶制度正是在这一历史时期产生的。教皇建立起了一个庞大的、具有严密体系的中央集权制度，集立法权、司法权和指挥“圣战”的军事权力于一身。这种世俗化的统治方式带来的弊端就是：它也会如同世俗的帝国那般受到外来力量的摇撼。“蒙古西征”和“十字军东征”即是这种外部力量，它们使得欧洲单一的、强制性的宗教信仰受到了诸多挑战。

首先，军事战争和东征大大削弱了欧洲国家的综合国力、教皇治下封建国家的实力，面对诸多被屠戮、被焚烧的城市，教皇的影响力开始下降，这是不争的事实。其次，大量的基督教信徒与教士被杀，说明信仰不能保护他们，教阶、教职和宗教的庇护也不能挽救他们的生命。人们开始怀疑宗教的价值和意义，并开始关注人类自身的命运问题。最后，从基督教与其他宗教的关系看，基督教会与蒙古就伊斯兰教展开的交涉无疑非常失败，伊斯兰教不仅没有被基督教的军事入侵所征服，而且没有被蒙古的军事入侵所征服，反而受到了蒙古人保障宗教信仰自由之法律的保护。对于打着宗教战争旗号的教廷来说，这无疑是最沉重的打击。从此，基督教在欧洲开始由盛转衰，并逐步丧失了对欧洲的绝对控制。

与蒙古人进行的战争还使得欧洲的封建统治者认识到建立强大王权的重要性。腓力四世等有作为的封建统治者通过征税、驱逐甚至人身消灭的方式，与教皇展开了斗争。卜尼法斯八世等好几位教皇死得不明不白，极大地动摇了罗马教廷的统治权威。① 以致到了 1245 年，在里昂宗教大会上，教皇已不得不极度重视此问题：

> 鞑靼人是基督之名的死敌，基督徒仍然有遭到他们攻击的危险——因为他们还未能够把基督徒完全征服。如果按照他们所希望的那样要将基督教消灭的话，他们肯定还会回来，而在波兰、俄罗斯、匈牙利以及

① 法国是欧洲最早在法律上确立宗教信仰自由的国家。1789 年的《人权宣言》提到，“意见的发表只要不扰乱法律所规定的公共秩序，任何人都不得因其意见、甚至宗教的意见而遭受干涉”。其后的 1791 年法国宪法，除了将《人权宣言》作为序言外，还进一步规定：“各人有行使其所皈依的宗教的自由。”然此种规定只限于信仰宗教的自由，未谈到不信仰宗教的自由。从这个意义上看，当下中国宪法的规定虽然带有一些革命性话语的色彩，但未尝不比西方首次确立时要完善一些，然较 1948 年联合国大会通过的《世界人权宣言》以及 1966 年通过的《公民权利和政治权利国际公约》《经济、社会及文化权利国际公约》等仍有不小差距。

其他国家所见到的恐怖，将会重新出现。①

虽然罗马教廷非常重视维护基督教的权威，试图挽回颓势，但随着封建王权的强势崛起，教会对世俗社会的控制逐渐减弱，那种强调只存在唯一正确信仰的观念很自然地崩解，宗教信仰自由的理念才顺理成章地确立起来。

## 五 结语

正如列宁所说的，宗教信仰自由唯有通过将其变成“纯粹个人的事务”而加以保护才能真正实现。② 本文的论述只想说明，任何试图将宗教信仰公权力化，乃至将保护宗教信仰自由公法化的企图，都与中世纪广场中的火刑柱相去不远。在这一点上，蒙古统治者表现出了极开明的态度。这一开明态度使我们认识到，立法者与其关注宗教对人的思想的控制作用，换一句话说，与其希望通过宗教控制人的思想，不如关注宗教的社会性意义，即在统一的多民族国家中，宗教能起到将跨阶层、跨地域甚至跨种族的差异巨大的社会主体连接、组织起来的作用。

## Expoding the Barrier: "the Mongol Conquest Westward" and Legal Protection to Freedom of Religious Belief

*Zhao Xiaogeng*, *Shi Chen*

**Abstract**: "The Mongol Conquest Westward" and "the Crusades" happened in 13 century had been as an expedite channel to interchange in institution, culture and religion between the west and the orient. In the process of military conflict, Mongolian noble group represented by Genghis Khan had adopted a series of legal supporting measures, Which had become the most factors

① 《柏朗嘉宾蒙古行记·鲁布鲁克东行纪》，耿升等译，中华书局，1985，第192页。

② 〔苏〕列宁：《列宁选集》，人民出版社，1995，第103页。

to explode the barriers of interchanging between the west and orient. In order to protect the freedom of religious belief, Mongolians had carried out a lot of legal measures, which not only have some influences in the region where Mongolians controlled, but also accelerated the disintegration of western religious belief system, and hasten the movement of codification in the west. But in modern times, with the decline of military contact as an important interchanging measure day by day, "the Belt and Road" initiative can maybe be understood a new channel to promote the interchanges between the west and orient.

**Keywords**: "the Belt and Road"; The Collection of Laws of the Yuan Dynasty; Freedom of Religious Belief; Cultural Barrier

# 论日本民法上的租赁权

谢　潇*

**内容摘要：** 在"西法东渐"的过程中，日本民法秉承罗马法传统，自大陆法系继受了租赁权概念。在日本民法中，所谓租赁权，是指以物为标的，承租人以支付租金为对价而享有的对租赁物的使用收益权，其性质系属债权。与其他国家的租赁权相比，日本民法中的不动产租赁权具有自身特点：不动产租赁一经登记，即可享有类似物权的效力，同时，最新的日本《民法（债权关系）改正法》第605条之4还规定，不动产租赁权即使没有登记，也可以获得与物权相同的妨害排除的效力。

**关键词：** 日本民法　租赁权　不动产租赁权　登记　妨害排除

租赁权是大陆法系中普遍存在的一项民事权利，几乎所有大陆法系国家的民法典均承继了罗马法传统而将租赁权及租赁契约规定在有关债权、债务的篇章之中。[①] 于

* 谢潇，重庆大学法学院讲师，法学博士，主要研究方向为比较民法学。

① 如《法国民法典》在第三卷"取得财产的各种方法"之第八编"租赁契约"中详尽规定了租赁契约的总则、物的租赁、雇工与劳务雇佣、牧畜租养的内容（参见《法国民法典》，罗结珍译，北京大学出版社，2010，第404～420页）；《德国民法典》在第二编"债务关系法"之第八章"各种债务关系"中规定了使用租赁合同、用益租赁合同（参见《德国民法典》，陈卫佐译注，法律出版社，2010，第185～216页）；《意大利民法典》在第四编"债"之第三章"各类契约"中规定了租赁契约（参见《意大利民法典》，费安玲等译，中国政法大学出版社，2004，第381～390页）；《阿根廷民法典》在第二卷"民事关系中的对人权"之第三篇"产生于合同的债"中规定了租赁（参见《最新阿根廷民法典》，徐涤宇译注，法律出版社，2007，第342～370页）；《葡萄牙民法典》在第二卷"债法"之第二编"各种合同"中规定了租赁（参见《葡萄牙民法典》，唐晓晴等译，北京大学出版社，2009，第175～179页）；《韩国民法典》在第618～654条规定了租赁（参见《韩国民法典·朝鲜民法》，金玉珍译，北京大学出版社，2009，第96～101页）；《巴西民法典》在分则第一编第六题"各种类型合同"中规定了租赁（参见《巴西新民法典》，齐敏译，中国法制出版社，2009，第81～83页）；《俄罗斯联邦民法典》在第四编"债的种类"之第三十四章"租赁"中规定了租赁（参见《俄罗斯联邦民法典》，黄道秀译，北京大学出版社，2007，第229～244页）

罗马法而言，租赁契约属于四大合意契约之一，[①] 系指“一方当事人向另一方当事人允诺，在接受一笔报酬之后，使后者暂时享用某物，或者向其提供一系列的服务（oprae）或特定的劳作（opus）”[②]。早期的租赁采取与买卖相似的规则（在罗马法中，租赁与买卖有时不易辨别[③]），在类型上，大致可分为物的租赁、雇佣租赁和承揽租赁。因此，罗马法中的租赁内涵比近现代意义上的租赁内涵更为丰富，大致包括近现代大陆法系各国民法典所类型化的租赁契约、雇佣契约与承揽契约。[④] 近现代意义上之租赁，乃经由罗马法之物件租赁而得，是谓“当事人约定，一方以物租与他方使用收益，他方支付租金之契约”[⑤]。日本民法上的租赁，通常以汉字写作“赁借贷”，是支付对价而使用收益他人物品的契约，其标的物范围较广，从土地、建筑物到生产机器、器具，家庭用品乃至随身首饰……不一而足。[⑥] 兹就租赁权之要义分述如下。

## 一　租赁权的社会功能

倘若我们意欲使用某物，在通常情形下，径行将之购买即可（即取得该物所有权），这一点在价格相对便宜的日用品、书籍等物品方面表现得十分明显。不过，也存在只需短期、暂时使用某物的场合，如去某一庄重场合，理应着适当礼服，奈何资力不足以购买且亦无必要购买（须着礼服的场合较少），则不以所有之意思而购买，只是从他人处以支付一定金钱为对价，取得对礼服的暂时使用权，即可满足需求。《日本民法典》在使用权上区分物权的使用权与债权的使用权，前者主要在土地上成立，权利人须在法律定型化的范围内对物加以使用；而对于作为债权之使用权的租赁权而言，

① 罗马法中的合意契约包括买卖、租赁、合伙与委托。当然有些无名契约在性质上也可归于合意契约之列，只是没有未法典做类型化。（参见〔意〕彼得罗·彭梵得《罗马法教科书》，中国政法大学出版社，2005，第288页；〔古罗马〕优士丁尼《法学阶梯》第2版，徐国栋译，中国政法大学出版社，2005，第379页）

② 〔意〕彼得罗·彭梵得：《罗马法教科书》，第288页。

③ 丘汉平：《罗马法》，中国方正出版社，2004，第340页。

④ 周枏：《罗马法原论》上册，商务印书馆，1994，第772页。

⑤ 邱聪智：《新订债法各论》（上），中国人民大学出版社，2006，第221页。

⑥ 〔日〕我妻荣：《我妻荣民法讲义·债权各论》中卷一，徐进、李又又译，中国法制出版社，2008，第158页。

日本民法未对其标的物做限制，当事人须就其意欲实现之物的利用关系而自由约定。[①] 诚如法国19世纪民法学家让·多玛（Jean Domat）所言，契约具有维持市民社会自然运行所生之秩序的功能，人们可以基于契约的灵活性获得自己意欲获得之各不相同的结果。[②] 租赁作为契约之一种，能够使租赁权人在一定期限内获得对他人之物的使用与收益的权利，而又不至于付出购买该物的对价，从而使租赁权人能以较小代价契合自身动机，实现既定目标；于宏观层面上则有利于活跃市场经济，促进社会经济的发展。

## 二　租赁权的法律性质

### （一）租赁权的标的是物

《日本民法典》第601条规定："租赁，因当事人一方约定以某物供相对人使用及收益、相对人约定对之支付租金，并且在契约终止之时将租赁权予以返还，而发生效力。"[③] 由此可知，承租人之租赁权直接指向出租人之租赁物，租赁权的标的是物。租赁权标的之物包括不动产与动产，日本民法并未对租赁物种类进行限制。此外，我妻荣认为，也可以订立对企业与权利进行收益及支付对价的契约，这在德国民法中被称为用益租赁。[④] 我妻荣认为，日本法中也可做类似解释，不过鉴于《日本民法典》将租赁权的标的限定在物上，则将以企业这种集合物与权利为标的之租赁视为类似于租赁的无名契约比较妥当。[⑤]

### （二）租赁权是承租人享有的对租赁物使用收益的债权

租赁权的内容为承租人对出租人出租之物享有租赁契约约定范围内的使用、收益权利，出租人负有容忍承租人对租赁物使用、收益的义务。日本学

---

① 〔日〕石外克喜：《契约法》，法律文化社，1991，第211页。

② Jean Domat, *Civil Law in Its Natural Order*, trans. by William Strahan (Boston: Charles C. Little and James Brown, 1850), p. 159.

③ 该规定系日本《民法（债权关系）改正法》最新版本。商事法务编集《民法（债权关系）改正法案新旧对照条文》，商事法务，2017，第162页。

④ 〔德〕迪特尔·梅迪库斯：《德国债法分论》，法律出版社，2007，第217页。

⑤ 〔日〕我妻荣：《我妻荣民法讲义·债权各论》中卷一，第185页。

理上认为，租赁权虽然具有对物使用、收益的内容，但由于承租人之使用、收益权只能对出租人主张，且租赁被置于典型契约之名下，因此，应当将租赁权解释为债权，即使享有租赁权之承租人受占有诉权的保护，也不能因此断定租赁权为物权。[①] 因此，在日本理论与实务中，均视租赁权为债权，不过也承认"债权物权化"的现象，即为加强承租人的地位，而例外地承认租赁权对抗第三人的效力。

### （三）租赁权是承租人以支付租金为对价而获取的权利

承租人从出租人处获得租赁权须支付一定对价，即所谓"租金"[②]，因此，租赁权之获取是有偿的，这样租赁契约便与使用借贷区分开来。[③] 不过，所谓的租金并不一定限于金钱。在农地租赁的场合，以收获物及其他作物为租金的情形也较多；但日本战后已经在农地改革中将佃租明定为现金交纳制，因此，以实物为佃租的现象已经不存在。[④] 不过在其他场合，以租赁物的孳息和当事人之间约定的其他实物作为租金，只要不悖于公序良俗，便应解释为合法。

## 三　租赁权的取得

租赁权的取得在日本民法中分为意定取得与法定取得。

### （一）意定取得

所谓租赁权的意定取得，是指承租人与出租人以订立租赁契约的方式，承租人以向出租人支付租金为对价，从出租人处取得对租赁物的使用、收益权，即租赁权。租赁契约在日本民法上属于双务、有偿、诺成契约，且并不以书面等要式为必要，仅依当事人双方意思表示一致即可成立。[⑤]

此外，根据《日本民法典》第 556、559 条的规定，[⑥] 租赁得准用买卖

① 〔日〕我妻荣：《我妻荣民法讲义・债权各论》中卷一，第 185 页。

② 参见《日本民法典》第 601 条；《民法（债权关系）改正法案新旧对照条文》，第 162 页。

③ 根据《日本民法典》第 593 条的规定，使用借贷应属无偿契约；《民法（债权关系）改正法案新旧对照条文》，第 160 页。

④ 〔日〕我妻荣：《我妻荣民法讲义・债权各论》中卷一，第 187 页。

⑤ 〔日〕石外克喜：《契约法》，第 211 页。

⑥ 《民法（债权关系）改正法案新旧对照条文》，第 151 页。

一节的规定而以预约的方式成立，[①] 即租赁一方做出租赁预约之后，从相对人表示出完成租赁的意思时起，租赁预约生效。

### （二）法定取得

所谓租赁权的法定取得，是指当事人基于法律的直接规定而径行取得租赁权。日本民法中租赁权法定取得之事由主要为取得时效。虽然《日本民法典》第163条明确规定，所有权以外的财产权适用取得时效，但因租赁权属于并非支配权的债权，是否可以适用取得时效存在争议。[②] 日本最高裁判所认为，就土地租赁权而言，土地的继续使用、收益乃外在的事实，该事实为以租赁意思为基础之客观表现，[③] 据此，对土地以租赁权的意思为占有、使用和收益的人也可以基于取得时效而取得租赁权。不过，如何设定所谓“租赁意思的客观表示”的基准较为困难，在具体事例中，通常将外在的缔约行为或者租赁权的让与、转租行为以及租金的继续支付等作为重要因素予以考虑。[④] 但是，倘若所有权人事先已经明确表示了拒绝租赁的意思，则即使用益事实得以持续以致达到取得时效的期间，也不能认为租赁权可为相对人因取得时效而获得。[⑤]

## 四　租赁权的效力

### （一）当事人之权利、义务

**1. 出租人的义务[⑥]**

容忍承租人对租赁物为用益的义务。根据《日本民法典》第601条之

① 〔日〕石外克喜：《契约法》，第219页。

② 〔日〕石外克喜：《契约法》，第219页。

③ 最判昭43·10·8民集22卷10号2145页。

④ 〔日〕石外克喜：《契约法》，第219页。

⑤ 〔日〕石外克喜：《契约法》，第219页。

⑥ 石外克喜认为，出租人在不动产租赁，尤其是标的为区分所有的大厦和公寓之作为专有所有权的一部分时，出租人（大厦或者公寓所有权人）对承租人负有安全照顾义务「安全配慮義务」，即使没有特别缔结管理契约，出租人也应当对承租人负有管理义务；不过倘若因失火造成承租人所租住的房屋中动产之毁损、灭失的，如果对此未有特定安全管理契约予以特别约定的，则承租人对其动产之损失无损害赔偿请求权。（参见〔日〕石外克喜《契约法》，第224页）不过我妻荣之讲义并未将此安全照顾义务作为出租人所应承担之一般义务（参见〔日〕我妻荣：《我妻荣民法讲义·债权各论》中卷一，第209～214页），此处采我妻荣体系。

规定，出租人负有容忍承租人以租赁契约为限度对租赁物进行使用和收益的义务，承租人有权请求出租人向自己交付租赁物，并且，一旦出租人将租赁物交付给承租人，就不能妨害承租人对租赁物的合理利用。[①] 不过，倘若出租人不履行上述义务，就承租人得请求出租人交付标的物，并可向出租人主张损害赔偿；[②] 即使承租人不履行义务是因第三人妨害的缘故，承租人仍旧对出租人享有损害赔偿请求权。[③] 此外，出租人将标的物以租赁的意思交付给第三人，构成二重租赁，从而使承租人的租赁权消灭时，出租人须对承租人负因履行不能而产生的损害赔偿义务。[④]

瑕疵担保责任。瑕疵担保责任，系指出卖人就买卖标的之权利或者物之瑕疵应负的法律责任，其在新《日本民法典》体系中系属债务不履行责任，[⑤] 包括权利瑕疵担保责任与物之瑕疵担保责任。[⑥]《日本民法典》第561、570条规定了权利瑕疵担保责任与物之瑕疵担保责任，[⑦] 同时在第559条中有其他有偿契约得准用不悖于其性质的买卖的规定，即通常在租赁契约中，出租人须负与出卖人同样的瑕疵担保责任。[⑧] 如以他人之物而予以租赁但自己并无出租权限的（《日本民法典》第560条），[⑨] 因标的物上存在先取特权或者抵押权，因权利人行使权利而致承租人丧失租赁权的（《日本民法典》第570条），[⑩] 等等，则出租人自应承担相应的权利瑕疵担保责任与物之瑕疵担保责任。

修缮义务。出租人还须为承租人对租赁物之使用收益负必要的修缮义务（参见《日本民法典》第606条）。[⑪] 问题在于，出租人的修缮义务于何种场合才发生呢？日本判例认为，在判断出租人以不履行修缮义务对抗承租人不支付租赁是否正当的前提下，倘若出租人不履行修缮义务非谓正当，则以出

① 〔日〕石外克喜：《契约法》，第221页。

② 最判昭32·1·22民集11卷1号34页；最判昭43·10·8民集17卷1号77页。

③ 大判昭5·7·26民集9卷704页。

④ 大判昭10·4·13民集14卷556页；最判昭37·7·20民集16卷8号1583页。

⑤ 在最新的日本民法修正案中，瑕疵担保责任已经基本被归入债务不履行责任之中。〔日〕山野目章夫：《新しい債権法を読みとく》，商事法务，2017，第185、186页。

⑥ 林诚二：《民法债编各论》上册，中国人民大学出版社，2007，第85页。

⑦ 渠涛：《最新日本民法》，法律出版社，2006，第124～125页。

⑧ 〔日〕石外克喜：《契约法》，第222页。

⑨ 《民法（债权关系）改正法案新旧对照条文》，第152页。

⑩ 《民法（债权关系）改正法案新旧对照条文》，第155页。

⑪ 《民法（债权关系）改正法案新旧对照条文》，第164页。

租人不履行修缮义务是否构成承租人对租赁物使用收益之“明显障碍”「著しい支障」为基准，判断出租人是否应负修缮义务。[①] 不过，倘若出租人履行修缮义务支出的费用已经几乎等同于新造租赁物支出的费用时，则日本多数说认为，此时并不发生修缮的义务，[②] 日本判例也持类似的态度。如最高裁判所曾判定，结合租赁契约剩余有效期之考量，因对涉案标的物之腐朽、破损严重的租赁房屋进行大修缮所费甚靡，则此时应承认出租人的解约权并免除其修缮义务。[③] 由此亦可推知，在租赁契约之下，出租人所负的修缮义务产生的基准，应被限定为租赁物之毁损及状态变更有碍于承租人租赁目的之实现之时，倘若租赁物的毁损程度甚为轻微或者状态变更无碍于承租人租赁目的之实现，则此时出租人并不负有修缮义务。需要注意的是，出租人的修缮义务得以特别约定减轻或者免除，[④] 此当属当事人意思自治的范畴。

费用偿还义务。根据《日本民法典》第608条的规定，[⑤] 承租人在租赁物上支出了本属于出租人负担的必要费用或已经对租赁物支出了有益费用时，承租人得请求出租人偿还，出租人负有偿还此等费用的义务。所谓必要费用，是指为使租赁物维持现状、保存租赁物以及使租赁物恢复原状所支付的费用，[⑥] 例如，把榻榻米的席面换成新的之费用、修补屋顶的费用、横木更换工程费用，等等。[⑦] 所谓有益费用，是指承租人为改良租赁物所支出的费用，[⑧] 但并不以支出到租赁物本身为必要，[⑨] 如对租赁物之从物等改良而致租赁物本身价值增加的，也应算作对租赁物支出的有益费用。承租人请求出租人返还有益费用准用《日本民法典》第196条之规定，[⑩] 以使租赁物价值增加的部分尚存者为限，请求出租人偿还，[⑪] 并且应许以适当的偿还期

---

① 最判昭38·11·28民集17卷11号1477页。

② 〔日〕石外克喜：《契约法》，第222页。

③ 最判昭35·4·26民集14卷6号1091页。

④ 〔日〕石外克喜：《契约法》，第222页。

⑤ 《民法（债权关系）改正法案新旧对照条文》，第165页。

⑥ 〔日〕石外克喜：《契约法》，第223页。

⑦ 〔日〕石外克喜：《契约法》，第223页。

⑧ 〔日〕石外克喜：《契约法》，第223页。

⑨ 〔日〕我妻荣：《我妻荣民法讲义·债权各论》中卷一，第212页。

⑩ 参见渠涛《最新日本民法》，法律出版社，2006，第46页。

⑪ 〔日〕川岛武宜编集《注釈民法（7）物权（2）》，有斐阁，1968，第172~173页。

限。[①] 必要费用与有益费用之偿还费用均可依特约而免除。[②]

在权利行使方面，承租人所享有的费用偿还请求权应当自向出租人返还标的物之时起1年内行使，[③] 同时有关必要费用返还之债权的10年消灭时效也以出租人接受租赁物之返还为基准时开始计算。[④] 此外，承租人还可以为主张费用偿还请求权而将租赁物进行留置，以担保费用偿还请求权的实现。当然，留置期间所产生的利用利益，应以租金为标准作为不当得利返还给出租人。[⑤]

**2. 承租人的义务**

租赁契约乃双务契约。因此，出租人之主要义务对应的也就是承租人之主要权利，由此可知，承租人的主要权利包括对租赁物的使用收益权、瑕疵担保请求权、修缮请求权和费用偿还请求权。故可径行就承租人义务择其要义分述如下。

与物之利用有关的义务。承租人依自己所享有的租赁权而得对租赁物行使使用收益，使用收益的范围通常由租赁契约明确规定。若租赁契约未明确约定，则须依标的物的性质确定对标的物使用、收益的用法；[⑥] 而以不符合标的物性质之方法对其进行使用收益的，则构成债务不履行。[⑦] 此外，承租人在租赁契约到期之前，应以善良管理人的身份注意保管标的物；[⑧] 有第三人对租赁物主张所有权等权利时，承租人负有通知出租人的义务。

租金支付义务。作为对租赁物使用收益的对价，租金的支付属于租赁的本质要素之一。[⑨] 租金不限于金钱，但农地法上有特别规定的，从其规定。[⑩] 同时，根据《日本民法典》第611条的规定，若租赁物的一部分因不可归责于承租人的事由而灭失时，承租人可以在租赁物灭失部分范围内请求减少

---

① 〔日〕川岛武宜编集《注释民法（7）物权（2）》，第169页。

② 〔日〕石外克喜：《契约法》，第223页。

③ 《民法（债权关系）改正法案新旧对照条文》，第162页。

④ 〔日〕石外克喜：《契约法》，第223页。

⑤ 〔日〕石外克喜：《契约法》，第223~224页。

⑥ 准用使用借贷之规定，参见《日本民法典》第594条、616条；《民法（债权关系）改正法案新旧对照条文》，第160、166页。

⑦ 〔日〕石外克喜：《契约法》，第224页。

⑧ 参见《日本民法典》第400条；渠涛《最新日本民法》，第90页。

⑨ 〔日〕石外克喜：《契约法》，第225页。

⑩ 即前述所言及之实物佃租的废止。参见〔日〕我妻荣《我妻荣民法讲义·债权各论》中卷一，第187、231页。

租金。[1] 不过，在实务上，承租人与出租人通常也于租赁契约订立时即将租金增减事宜须经当事人协商之条款做了约定，因此，判例认为，在有此约定的情形下，出租人未经协议即请求增加租金的意思表示应属无效。[2] 不过，在日本下级法院中，也存在反对前述观点的判决存在。[3] 在日本，租赁契约租金之增加问题历来纷争不断，与租金类似的所谓敷金、权利金、保证金以及更新费等也在实务（尤其是不动产实务）中大量涌现，[4] 故而防范纷争之未然，寻求简易迅速解决租金等类似问题的途径一直是日本理论与实务的一大目标。而就租金的支付时间而言，倘若无特别约定，则动产、建筑物或者宅建地于每月末，其他土地于每年末须支付租金；若涉及佃租的支付且遇收获季节迟滞的情形，则须在收获季节到来后毫不迟疑地支付租金。[5]

标的物返还义务。承租人必须在租赁契约终了之际，将租赁物返还给出租人，同时，承租人有为使标的物恢复原状而除去附着于租赁物上之物的权利或者义务。[6] 倘若附着物作为租赁物之一部分而在社会经济意义上不可分离，则此时对承租人并不发生除去之权利或者义务，而是发生承租人的费用偿还请求权问题；倘若分离非谓不可能，但在社会经济意义上附着物乃是租赁物的一部分（这种意识可能不十分强烈），则此时承租人可以选择主张除去权抑或费用偿还请求权；倘若租赁物附着物容易被分离，则此时承租人享有附着物之所有权，必须除去该附着于租赁物上之物。[7]

## （二）租赁权之让渡与租赁物之转租

### 1. 让渡与转租之限制

承租人倘若能对租赁物自由利用，尤其是能自由让渡自身的租赁权或者自由选择次承租人为转租，则势必损害出租人之利益。因此，《日本民法

① 《民法（债权关系）改正法案新旧对照条文》，第165页。

② 最判昭56·4·20民集35卷3号656页。

③ 〔日〕石外克喜：《契约法》，第226页。

④ 〔日〕石外克喜：《契约法》，第226、227页。

⑤ 参见《日本民法典》第614条；渠涛《最新日本民法》，第135页。

⑥ 参见《日本民法典》第616条、第598条；渠涛《最新日本民法》，第130、134页；〔日〕石外克喜《契约法》，第229页。

⑦ 〔日〕石外克喜：《契约法》，第229页。

典》第612条规定，承租人让与租赁权或者将租赁物转租，必须得到出租人的承诺，倘若承租人未经出租人承诺即让与租赁权或者将租赁物转租的，出租人享有解除租赁契约的权利。[①] 在日本法制史上，曾承认承租人享有自由地让与租赁权与将租赁物转租的权利：由法国人博瓦索钠德（ボアソナード）主持起草的日本旧民法典草案将租赁权定性为物权，[②] 则在此前提之下，作为物权的租赁权自然具有自由被让与以及自由被设定负担的性质。不过，旧民法典遭到了以穗积重远与富井政章为首的法学家的反对，最终未能施行。[③] 随后出台的日本新民法典将租赁权定性为债权，在租赁权的让渡与租赁物转租的问题上，转而采取限制主义，即不承认承租人有让渡租赁权与将租赁物转租的自由，承租人让渡租赁权与将租赁物转租须经出租人同意。日本民法修正案理由书中提及对租赁权让渡与租赁物转租采取限制的理由有二：其一，让渡、转租自由是旧民法典将租赁权规定为物权的衍生物，而新民法典将租赁权规定为债权，自然作为债权的租赁权不应具有让渡、转租自由之性质；其二，让渡、转租自由与日本习惯不符，因此不宜予以承认。[④] 这一观念在最新的民法修正案中仍然获得了支持，《日本民法典》最终对租赁权的让渡与租赁物的转租持限制态度。[⑤]

**2. 擅自让渡与背信行为论**

根据《日本民法典》第612条之规定，承租人倘若未经出租人同意，擅自向他人让渡租赁权或者将租赁物转租给他人，则出租人享有解除租赁契约的权利。民法典的这一主张通常被理解为当然解除主义，即一旦承租人未得出租人同意而让渡租赁权或者将租赁物转租的，出租人得无限制地、当然行使解约权。日本二战前的判例支持这种解释。[⑥] 不过，日本于二战后以“信赖关系理论”为基础发展出背信行为论，[⑦] 这一理论认为，擅自让渡、

---

① 《日本民法典》第612条规定：“承租人非经出租人承诺，不得将承租权让与或将租赁物转租。承租人违反前项的规定，让第三人对租赁物使用或收益时，出租人可以解除契约。”（参见渠涛《最新日本民法》，第133页。）

② 〔日〕広中俊雄、星野英一编《民法典の百年Ⅲ》，有斐阁，1998，第397~402页。

③ 渠涛：《最新日本民法》，第370~372页。

④ 〔日〕広中俊雄、星野英一编《民法典の百年Ⅲ》，第401页。

⑤ 在民法修正案中，《日本民法典》维持了第612条的原貌。《民法（债权关系）改正法案新旧对照条文》，第166页。

⑥ 〔日〕石外克喜：《契约法》，第233页。

⑦ 〔日〕広中俊雄、星野英一编《民法典の百年Ⅲ》，第419、420页。

转租的承租人如不具有构成背信行为的特定事实的场合下，出租人不具有租赁契约解除权。[①] 在判例中，有人运用该理论，在诸如现实之利用者仅仅于法律形式上发生变更并随之发生租赁权让渡（如个体经营者转变为公司经营）[②]、以承租人共同居住之妻子为租赁权受让人[③]、土地承租人将土地租赁权及土地租赁权赠予与之共同居住的孙子[④]等情形之下，认定租赁名义人之改弦更张并未使租赁物的利用状态发生变化，因此，于此等场合之下，契约解除权应受到限制。[⑤] 不过，在学说理论方面，人们对所谓“信赖关系”应当在广义上理解为“人与人之间的信赖关系”还是限制解释为“物的、物质的经济之信赖关系”，存在较大的争议。[⑥] 持广义说的学者认为，战后判例体现的射程范围足够远，因此，对“信赖关系”应做开放性解释；广义说体现了学说变迁之大势，并在判例（如承租人擅自将地处闲景住宅区之租赁房屋转租给美国军人之情妇，最高裁判所认定承租人转租行为为背信之举[⑦]）中有所体现。[⑧]

**3. 解除权之时效消灭**

承租人发生擅自转租、让渡之行为之后，出租人长期不行使契约解除权的事例也不少见，于此等场合，出租人以“默示承诺”或者“解除权行使之滥用”等事由，主张解除权因消灭时效而消灭的事例十分普遍。不过，解除权消灭时效的起算点究竟为何，多有分歧。如，有擅自转租基准时说认为，自擅自转租事实发生之时起，解约权因擅自转租事实的继续而不断产生，故出租人得于任意时点行使解除权；[⑨] 也有判例认为，在擅自转租事例中，应以转租人实际对租赁物为使用收益之时起算解约权之消灭时效。[⑩] 不过，倘若在解除权消灭之后，出租人以租赁物所有人身份向擅自转让租赁权人或者次承租人基于所有权而主张所有物返还请求权时，其主张应获得支持。[⑪] 不

① 最判昭28·9·25民集7卷9号979页。

② 最判昭39·11·19民集18卷9号1000页。

③ 最判昭39·6·30民集18卷5号991页。

④ 最判昭40·9·21民集19卷6号1550页。

⑤ 〔日〕石外克喜：《契约法》，第232页。

⑥ 〔日〕広中俊雄、星野英一编《民法典の百年Ⅲ》，第425、426页。

⑦ 最判昭33·1·4民集12卷1号41页。

⑧ 〔日〕広中俊雄、星野英一编《民法典の百年Ⅲ》，第426页。

⑨ 大阪高判昭58·1·26判時1076号68页。

⑩ 最判昭62·10·8民集41卷7号1445页。

⑪ 最判昭62·10·8民集41卷7号1445页。

过，在出租人对租赁物主张物上请求权之际，擅自转让租赁权人或者次承租人得以取得时效对抗其请求权。[①]

## （三）租赁权的对外效力

### 1. 对抗力

租赁权本身乃是一种得对债务人（出租人）主张的债权（行为请求权），原则上不能对抗第三人，此在罗马法中被称作“买卖击破租赁”的原则。[②] 其缘故在于：罗马法一直将租赁视为一种类似于买卖的契约，[③] 在处理租赁物出卖的问题上采取了类似于一物二卖的处理方式。不过，日本民法中之债权一方面具有对内效力，其指向债务人；另一方面也具有对外效力，其指向债务人以外的第三人，通常体现在债权人行使代位权与撤销权以及债权人对第三人侵害债权主张损害赔偿之情形中。[④] 而在不动产租赁的场合，为了增强不动产承租人脆弱的法律地位，实现租赁秩序之安定，《日本民法典》第605条规定，不动产租赁一经登记，对之后取得不动产物权的人也发生效力，[⑤] 从而赋予不动产租赁权以较为特殊的对外效力，即对抗力。不动产租赁权之对抗力是日本民法上“债权物权化”现象的典型表现。其使在民法体系中被置于债权地位之租赁权拥有了对抗第三人的效力，同时，为了在承租人与第三者利益之间实现平衡，即一方面要增强承租人的法律地位，另一方面也要尽量避免让第三人遭受不测之交易灾难，《日本民法典》明确将不动产租赁之登记作为不动产租赁权产生对抗力的要件。但是，登记以共同申请为原则，[⑥] 租赁权的登记以出租人之协力为必要，倘若无特别约定，则出租人并负有协助承租人为不动产租赁登记的义务，从而只能期待出租人乃属“好撒玛利亚人”[⑦] 之列，愿意协助承租人为不动产租赁登记，这样一来，承租人显然处于相当不利的地位。

---

① 〔日〕石外克喜：《契约法》，第234页。

② 〔日〕石外克喜：《契约法》，第236页。

③ 〔古罗马〕优士丁尼：《法学阶梯》第2版，第387页。

④ 〔日〕淡路刚久：《债权总论》，有斐阁，2002，第48、49页。

⑤ 参见《日本民法典》第605条；渠涛《最新日本民法》，第132页。

⑥ 参见《不动产登记法》第25条；《日本民法典》，王书江译，中国法制出版社，2000，第215页。

⑦ “好撒玛利亚人”是《圣经·路加福音》中的一个典故，意指善良的、乐于助人的人。参见徐国栋《人性论与市民法》，法律出版社，2006，第103~105页。

也正因为如此，在民法典之后，日本才以一系列的特别法对承租人的不利地位予以补救。[①]

**2. 妨害排除请求权**

妨害排除请求权在日本民法学中通常属于物上请求权之列，通常为物权（及其他支配权）所固有，而原则上不认为作为债权的租赁权具有妨害排除的效力。不过，承租人自得依据租赁契约向作为债务人的出租人请求其排除因第三人原因所造成的妨害，且在特定场合下，承租人作为债权人为了保全其租赁权且为出租人的利益而代为行使出租人的物上请求权，学说判例也多持支持的态度。[②] 此外，因承租人通常对租赁物实现了占有，所以，在承租人对租赁物之占有受到侵害时，也可依《日本民法典》第197条提起占有之诉。[③] 不过，总体而言，在民法改正法出台之前，基于租赁权自身而提出妨害排除请求的主张未获得承认，对租赁权妨害之救济未臻完善。[④]

就实务上判例的态度而言，最高裁判所认为，对抗力是租赁权具有妨害排除请求效力的根基。[⑤] 如在双重租赁的场合，拥有对抗力的租赁权会因被赋予了物权效力而被认定为具有优先效力。因此，相对于未获得对抗力的租赁权之承租人而言，其针对获得对抗力的租赁权之承租人而提出的租赁权妨害排除请求不能得到支持，反之，获得对抗力的租赁权之承租人的妨害排除请求能够获得支持，[⑥] 同理获得对抗力的租赁权之承租人向对租赁权之占有无权限者主张妨害排除请求的，亦得获致支持。[⑦] 不过，对于没有对抗力的租赁权而言，除非有十分特别的情势存在，否则通常不会认为租赁权具有妨害排除效力。[⑧]

需注意的是，由于学说与实务均认为，有必要赋予租赁权，尤其是不动产租赁权妨害排除请求权，故而有鉴于此，在最新的《民法（债权关系）改正法》中，修正案新设第605条之4承认，不动产租赁权在因

---

① 〔日〕石外克喜：《契约法》，第237页。

② 〔日〕石外克喜：《契约法》，第237页。

③ 参见渠涛《最新日本民法》，第46页。

④ 〔日〕石外克喜：《契约法》，第237页。

⑤ 〔日〕石外克喜：《契约法》，第237页。

⑥ 最判昭28·12·18民集7卷12号1515页。

⑦ 最判昭30·4·5民集9卷4号431页。

⑧ 最判昭29·7·20民集8卷7号1408页。

《借地借家法》之规定而取得对抗力的情况下，可以一般性地获得妨害排除效力，从而不动产租赁权，已经具备了一般意义上的妨害排除效力。[①]

## （四）租赁权的存续与消灭

### 1. 租赁权的存续期间（不涉及《借地法》与《借地借家法》）

日本民法中之租赁分为短期租赁与一般租赁。所谓短期租赁，是指处分的行为能力受到限制或者对租赁物没有处分权限的人所为的租赁。根据《日本民法典》第602条的规定，短期租赁依标的物的不同而设定了不同的租赁期间：以树木的种植与采伐为目的的山林租赁，其租赁期间为十年；其他形式之土地租赁的租赁期间为五年；建筑物租赁的租赁期间为三年；动产租赁的租赁期间为六个月。[②] 而一般租赁则相对应地指有完全行为能力及对租赁物有处分权限的人所为的租赁。一般租赁未有具体而细致的期间上的限制，只是由《日本民法典》第604条设定了租赁权存续的最长期间为50年。当事人倘若以契约方式约定超出50年的租赁权的，则超过50年的约定无效，其所约定的租赁权存续期间仍为50年。[③] 当然，租赁权最长期间为50年并不意味着承租人只能利用出租人之物50年，如当事人双方在50年租赁期间届满之后，仍有意愿租赁的，可以契约更新的方式延续租赁权的存续期间，不过更新的期间自更新时起，仍不能超过50年。更新可以默示的方式为之。[④] 此外，根据《日本民法典》第619条之规定，租赁期间届满后，承租人对租赁物继续使用或者收益，而出租人明知此事却未提出异议，则推定出租人以相同的租赁条件继续租赁。不过从第619条第1款之“此时，各当事人可以依据第六百一十七条规定提出解约”[⑤] 的规定可知，此种租赁更新的推定将新租赁权推定为存续期间不定的租赁权。

① 《民法（债权关系）改正法案新旧对照条文》，第164页。

② 参见渠涛《最新日本民法》，第131页。

③ 原本《日本民法典》所规定之租赁最长期限为20年，在最新的修正中改变为50年。商事法务编《民法（债权关系）改正法案新旧对照条文》，第163页。

④ 〔日〕石外克喜：《契约法》，第241页。

⑤ 渠涛：《最新日本民法》，第135页。《日本民法典》第617条规定的是未定期间的租赁。参见渠涛《最新日本民法》，第134页。

**2. 租赁权的消灭**

所谓租赁权的消灭，是指租赁权因某种法定事由或者约定事由而归于消灭的法律事实，理论上可以将租赁权的消灭分为绝对消灭和相对消灭。所谓租赁权的相对消灭是指租赁权相对于承租人消灭了，其本身仍旧存在，只是为新承租人所有，所以租赁权的相对消灭事由主要为租赁权的让渡。而所谓租赁权的绝对消灭则指租赁权绝对性的消灭且未为任何人所继受取得。

由于租赁权的相对消灭其实就是让渡，故而仅对租赁权绝对消灭事由予以阐述。租赁权绝对消灭事由包括以下几种。第一，租赁物灭失。租赁权乃是以对租赁物的使用收益为目的的债权，租赁物一旦灭失，租赁权无所依附，亦随之消灭。第二，因租赁期间届满而消灭。租赁权在其法定期间或者约定期间届满之际，自然消灭，自无疑义。第三，因消灭时效届满而消灭。租赁权作为债权，根据《日本民法典》第 168 条之规定，在租赁权人知道可以行使债权时，5 年内不行使的，租赁权消灭；在租赁权能够被行使之日起 10 年内未行使的，该租赁权消灭。[①] 第四，因第三人依取得时效取得租赁物权利而消灭。在第三人因取得时效而获得租赁物的所有权及地上权等他物权时，倘若该租赁不属于已经登记的不动产租赁，则租赁权应告消灭；倘若有第三人以拥有租赁权的意思对租赁物占有而取得时效的，由于对租赁物的占有具有唯一性与排他性，则原承租人的租赁权消灭。不过，第三人所取得的租赁权与原承租人的租赁权没有任何关联，其在法解释上应理解为第三人从出租人处取得了一个未定期间的租赁权。第五，因擅自让渡租赁权或者将租赁物转租而致出租人行使解约权而消灭。在承租人擅自让渡租赁权或者擅自将租赁物转租给他人的情形下，出租人有权解除租赁契约，租赁权随租赁契约的解除而消灭。第六，因抛弃而消灭。承租人也可依意思自治的原理而抛弃租赁权，不过，此时租赁权并不适用先占原则，承租人抛弃租赁权之际，出租人即免除租赁权负担，并重获对租赁物进行占有、使用和收益的权能。第七，因特别约定事由而消灭。承租人与出租人还可以约定租赁权消灭的特定事由，当该特定事由发生之际，租赁权即告消灭。

---

① 《民法（债权关系）改正法案新旧对照条文》，第 36 页。

# On the Right of Leasehold in Japanese Civil Law

*Xie Xiao*

**Abstract**: In the process of legal transplantation, Japan take the concept of the right of leasehold from the tradition of Roman law. In Japanese Civil Law, the object of leasehold is thing, and from the standpoint of lessee, the right of leasehold is a right to use, lessee can benefits from this right. Compared with the lease rights of other countries, the right of leasehold, especially the right of leasehold to real estate in Japanese Civil Law, has its characteristics: once the right of leasehold to real estate is registered, then it will own the same right to fight others as property. And according to the Article 605 −4 of the new Japanese Civil Code, the right of leasehold to real estate owns the right to excluding interference.

**Keywords**: Japanese Civil Law; Right of Leasehold; Right of Leasehold to Real Estate; Register; Right to Excluding Interference

# 唐宋时期犯罪事实查明的三种方式："问""按""推"

王忠灿[*]

**内容摘要**：唐宋时期查明犯罪事实有三种方式："问""按""推"。其中，"问"是对是否存在违法情形并不确定，而直接询问相关人员；"按"是勘查现场、搜集证据、确定犯罪嫌疑人，使两造齐备；"推"是核实证据、取得口供，使犯罪人认罪服法。这些概念的划分来源于中国古代处理刑事案件的实践，是审理经验类型化的结果。在唐宋律典中，问、按、推的内涵非常确定，唐宋时期的案件记录对三者区分使用，基本符合这三个概念的法律意义。从问、按、推的划分和法律实践来看，唐宋时期的刑事诉讼是围绕"两造"展开的，其诉讼模式的特点可以概括为两造具备、长官听断、鞫谳有分。这种诉讼模式有着深厚的思想渊源，反映出中国古代独特的犯罪观，它和现代学者理解的纠问式诉讼有本质的区别。

**关键词**：唐宋　犯罪事实查明　"问"　"按"　"推"　诉讼模式

无论是古代还是现代，刑事案件发生后，总是要由专门的机关确定犯罪嫌疑人、查明犯罪事实，然后，在此基础上依法做出判决。查明案件事实是古往今来司法活动的首要步骤，也是依法做出判决的先决条件。研究唐宋诉讼制度的学者运用现代刑事诉讼法理论对这一时期的司法机关、诉讼程序、

---

* 王忠灿，西南政法大学博士后流动站研究人员，许昌学院讲师，主要研究方向为唐宋法制史。

审判制度和刑罚执行做了系统的梳理，[①] 也有学者用现代刑事诉讼法学的侦查理论分析宋代的"鞫狱"，探求古代侦查讯问的智慧。[②] 这些研究固然可帮助人们了解唐宋时期的诉讼程序，但不可否认，用现代刑事诉讼法的概念和理论体系去剪裁中国古代的法律制度难免出现偏差和误读，有似是而非之嫌。而在有些学者眼中，中国古代的法律概念是笼统的、模糊的，没有确定的内涵，认为中国人最擅长的是道德伦理思维、泛政治化思维、文学思维，而"法律思维是中国人最薄弱的思维模式之一"[③]。事实上，唐宋律典中对查明案件事实的方式有明确规定，这些固有概念之间有清晰的分界，却一直没有引起学界的重视。比如本文论述的"问、按、推"三个固有词语，《唐律疏议》与《宋刑统》中的《诈伪律》"对制上书不以实"条律注云："无罪名，谓之问；未有告言，谓之案；已有告言，谓之推。"对此分类，徐道邻、王云海两位先生在论述宋代司法制度时并未深入探讨，只是将推勘视为刑事特别审判制度。徐道邻引用《宋会要·刑法》的记录解释推勘，"所谓推勘者，就是牵涉有官员在内的特种刑事审判——'推'谓推囚，'勘'谓'勘官'"[④]，未从律文体系中解释"推"的确切含义。李景文编著的《中国法律史古文与名词解释》对"推问"的解释是"即推鞫。中国旧制指推究审问犯人。亦称'讯鞫'"，"按验"是"查明案情，以定其罪"[⑤]。这种解释其实并未说明"推"和"按"的准确法律含义。目前学界对问、按、推通常也是不加区分地使用，笔者认为确有辨析之必要。以下将从唐宋律文规定和法律实践两个方面尝试辨析问、按、推这三个概念，并以其为例说明唐宋法律概念的划分标准和特征。

## 一 唐宋律典中问、按、推的划分

唐宋律典《诈伪律》"对制上书不以实"条规定的是皇帝直接过问处理

① 代表性的著作有陈玺的《唐代诉讼制度研究》（商务印书馆，2012）和王云海的《宋代司法制度》（河南大学出版社，1992）。

② 参见王立民主编《中国传统侦查和审判文化研究》，法律出版社，2009；黄道诚《宋代侦查制度与技术研究》，博士学位论文，河北大学，2009。

③ 林来梵：《谈法律思维模式》，《东南学术》2016 年第 3 期。

④ 徐道邻：《中国法制史论集》，台北，志文出版社，1976，第 249 页。

⑤ 李景文编著《中国法律史古文与名词解释》，辽宁大学出版社，1986，第 222、224 页。

的案件。这是一种特殊的司法程序，疏议解释说是“不缘曹司，特奉制敕，遣使就问”。在没有罪名的情况下，向官员了解治下情况，比如询问治下百姓疾苦，农业收成如何，是否发生水旱灾害，诸如此类的日常政务；检查官员是否尽责，是否存在慵懒、昏聩的情况。“问”没有针对性，就是了解情况。“案”，是“风闻官人有罪，未有告言之状而奉制案问”。没有具体的告状人，也就是没有两造中的原告，没有状词；监督官员的御史风闻官员有犯罪行为，问这些官员有没有犯罪行为，这叫“案问”。此处所指的犯罪是笼统的，没有具体的罪名和犯罪行为。“推”就不同了，有告状人，有具体的罪名，有犯罪事实指控。“推问”是皇帝问官员犯罪指控是否属实，被控官员是否认罪；如果否认，皇帝派人进行调查，这叫作“推鞫”[①]。制使“案问”的对象是官员，案件的性质也比较特殊，即便没有违法犯罪案件的发生，皇帝也可以派遣制使到地方进行检查。所以，“问”这种方式与中央巡视监察制度密切相关。普通的刑事案件在查明事实时，有没有这种划分呢？

我们发现，在普通刑事案件查明事实时，没有“问”这个程序，这是因为犯罪已然确定发生了，不需要再问，接下来就是查明事实了。从《唐律疏议》《宋刑统》的相关条文看，“按”和“推”的区分非常明显。二者区分的标准就是“有无告言”，即有没有人控告、举报犯罪。无论是控告还是举报，都是既有犯罪事实，又有明确的犯罪嫌疑人，这在唐宋律中叫作“告言”。如果没有告言，官府发现犯罪而主动去调查，就叫作“按”（案）。比如《名例律》规定“犯罪之徒，知人欲告及案问欲举而自首陈”[②]。再如《名例律》“若辞状隐伏，无以验知者，勿论。自余官以下，案省不觉，并得免罪”[③]。此处的“案”，也是没有告言，犯罪人是谁尚不清楚，官府主动查明犯罪人的活动。

“推”则是针对具体的指控对象展开的审讯活动。唐宋律的很多律文都涉及“推”，律文表述为“推勘”、“推鞫”、“推劾”或者“劾”。比如，《名例律》“奸盗略人受财”条规定，“律既不注限日，推勘逃实即坐”[④]。

① 长孙无忌等撰《唐律疏议》，中国政法大学出版社，2013，第321页；窦仪等撰，岳纯之校证《宋刑统校证》，北京大学出版社，2015，第332页。

② 长孙无忌等撰《唐律疏议》，第65页；窦仪等撰，岳纯之校证《宋刑统校证》，第70页。

③ 长孙无忌等撰《唐律疏议》，第71页；窦仪等撰，岳纯之校证《宋刑统校证》，第76页。

④ 长孙无忌等撰《唐律疏议》，第31页；窦仪等撰，岳纯之校证《宋刑统校证》，第36页。

再如《名例五》规定："如户内止隐九口，告称隐十八口，推勘九口是实，诬告者不得反坐。"[①]《职制律》"长官使人有犯"条疏议曰："长官及诸使人于使处有犯者，所部次官以下及使人所诣之司官署，并不得辄即推鞫。"[②]而在《职制律》"有事先不许财"条疏议曰："官司推劾之时，有事者先不许物，事了之后而受财者，事若曲法，准前条'枉法'科罪。"[③] 而在《名例律》"犯罪未发自首"条，律文规定："即因问所劾之事而别言余罪者，亦如之。"该条的疏议解释道："劾者，推鞫之别名。"[④] 规定最清楚的律文是唐宋律典的《断狱律》"以告状鞫狱"条："诸鞫狱者，皆须依所告状鞫之。"疏议曰："鞫狱者谓推鞫之官，皆须依所告本状推之，若于本状之外，傍更推问，别求得笞、杖、徒、流及死罪者，同故入人罪之类。"[⑤]从上述律文规定及其疏议解释来看，显然是已有告言，且告状者有人证或物证，足以证明被告人有罪。唐宋律典明确规定，有告言即是犯罪已发，[⑥] 应起推勘。

无论是"案"还是"推"，查明事实的第一步都是问。没有告言时，官府会问知情人或者报案人，这叫作"案问"；有告言时，要问两造，即举报、指控犯罪的告发人和被举报、被控告犯罪的人，这在律文中叫作"推问""鞫问"。重点是推问被指控犯罪的人，比如唐宋律《名例律》律文："限内事发，经问即臣，为无隐心，乃非蔽匿。"下条又有"故百日内经问不臣，罪同蔽匿"[⑦]。在没有原告、被告犯罪后被当场捉获时，推问的对象就是到案的犯罪人，如《名例律》中的举例：

> 假有甲乙二人，共诈欺取物，合徒一年，甲实为首，当被捉获，乙

---

① 长孙无忌等撰《唐律疏议》，第 64 页；窦仪等撰，岳纯之校证《宋刑统校证》，第 70 页。

② 长孙无忌等撰《唐律疏议》，第 138 页；窦仪等撰，岳纯之校证《宋刑统校证》，第 147 页。

③ 长孙无忌等撰《唐律疏议》，第 149 页；窦仪等撰，岳纯之校证《宋刑统校证》，第 154 页。

④ 长孙无忌等撰《唐律疏议》，第 62 页；窦仪等撰，岳纯之校证《宋刑统校证》，第 69 页。

⑤ 长孙无忌等撰《唐律疏议》，第 391 页；窦仪等撰，岳纯之校证《宋刑统校证》，第 400 页。

⑥ 参见《唐律疏议·名例》"犯罪已发"条，第 47 页；窦仪等撰，岳纯之校证《宋刑统校证》，第 55 页。

⑦ 长孙无忌等撰《唐律疏议》，第 59、61 页；窦仪等撰，岳纯之校证《宋刑统校证》，第 65、67 页。

本为从，遂即逃亡，甲被鞫问，称乙为首，更无证徒，即须断甲为从；后捉获乙，称甲为首，鞫问甲，称是实，还依首坐。①

如果两造具在，那么，双方都要接受推问，如《名例律》“本条别有制”条疏议云：“假有叔侄，别处生长，素未相识，侄打叔伤，官司推问始知，听依凡人斗法。”② 在这条疏议中，显然是叔将侄告至官府，已有告言，两造具在，斗殴伤人的事实清楚，但是两人的身份关系并不清楚，在官司“推问”时才了解真相，本条律疏表明推问的前提是有告言且两造具在。

## 二　法律实践中的问、按、推之别

在唐宋律典中，“问”“按”“推”是三个不同的概念，那么，在法律实践中，特别是在具体案件的记载中，有没有区别呢？一般人印象当中，中国古代对案件的记述非常粗疏，特别是不太熟悉法律规定的史官，很难精确运用律典上的概念，事实果真如此吗？我们来看一下唐宋史家记载的一些案例。

### （一）问

#### 1.“问”以发现犯罪

在不知道是否有违法犯罪案件发生时，法官们在实践中使用“问”的方式来发现犯罪，进而展开调查。“问”的对象可以是任何与案件相关的人，“问”的目的是了解案件真实情况，即是否有犯罪发生，被问人和犯罪有无关系。一般情况下是法官发现了违反常理的疑点，需要怀疑对象做出解释。比如：

宋太宗时，俞献卿为寿州安丰尉。有僧积施财甚厚，其徒杀而瘗之，乃告县曰：“师出游矣。”献卿揣其有奸，诘之曰：“师与吾善，不告而去，何也?”其徒色动。因执之，得所瘗尸。一县大惊。③

---

① 长孙无忌等撰《唐律疏议》，第75页；窦仪等撰，岳纯之校证《宋刑统校证》，第80页。

② 长孙无忌等撰《唐律疏议》，第86页；窦仪等撰，岳纯之校证《宋刑统校证》，第91页。

③ 杨奉琨：《疑狱集、折狱龟鉴校释》，复旦大学出版社，1988，第281页。

这个案件说的是：有个和尚向官府报告自己的师父外出游历，这本是很正常的事，但法官不知为何产生了怀疑，他通过"问"发现了问题，使用的方法还是传统的"五听"审判技术。本案最初并不涉及罪名相告，时任安丰县尉的俞献卿发现事情蹊跷，似有隐情，即问明情况，发现了犯罪。

**2. "按"和"推"中的"问"**

如前所述，"按"和"推"最大的区别就是是否两造具备。通常情况下，"按"是有报案人但没有犯罪嫌疑人。也就是说犯罪事实已经发生，需要查出犯罪嫌疑人，这个查出犯罪嫌疑人的过程就是"按"。"推"则是两造具备或者锁定犯罪嫌疑人的情况下查明其犯罪事实，让其认罪服法。在"按"和"推"的过程中，最常用的方法也是"问"，这叫作"按问"和"推问"。

（1）按问

按狱时可以采取"问"、检验、搜查等手段锁定嫌疑人，但不能使用"讯"，在"按"的阶段是禁止拷掠的，只能利用各种方法去寻找犯罪证据。遇到只有报案人没有现场的案件，法官只能"问"报案人，了解案件发生的情况，找到犯罪嫌疑人。比如：

> 仁宗时，孙长卿知和州。民有诉弟为人所杀者，察其言不情，乃问："汝户几等?"曰："上等也。""汝家几人?"曰："唯一弟与妻子耳。"长卿曰："杀弟者，兄也。岂将并有其赀乎?"按之，果然。[①]

在这个案件中，哥哥报案称弟弟为人所杀，这说明案件已经发生，但弟弟被谁杀了并不清楚。知州孙长卿就问报案人的家庭情况，对报案人产生了怀疑，通过后来的"按"，查明哥哥确实是贪图弟弟家的财产而谋财害命。

下面这个案件是投书控告他人谋反，结果被法官查出的例子。

> 神宗元丰年间，王安礼知开封府，或投书，告一富家有逆谋，都城惶恐，安礼不以为然。搜验富家，事皆无迹，因问："曾与谁为仇?"对以："数月前，鬻状马生者，有所贷而弗与，颇积怨言。"于是密以他事绾马生至对款，取匿名书校之，字无少异，讯鞫引伏。

① 杨奉琨：《疑狱集、折狱龟鉴校释》，第283页。

在这个案件中，王安礼为查明被控告的富商是否真的有逆谋，“搜验”其家，没有发现任何罪证。反过来，又问富商家有没有仇家，最后，通过比对笔迹锁定了投书的嫌疑人。这就是“按问”。在官员犯罪案件中，“按问”使用得最多，比如宋神宗熙宁七年（1074），提举常平等事吴璟收郓州官妓魏在家及负郓州官私债数千缗，诏转运使按实以闻，后转运司言有实；熙宁八年（1075），御史蔡承禧言鄂州新城县令曹登为手实之法，趣功过甚，措置苛酷，诏江西转运使按实以闻；熙宁九年（1076），侍御史周尹言广南西路提点刑狱许彦先贪污，下江西转运使究实。

（2）推问

一般来说，“推”是两造已经具备，犯罪嫌疑人已经锁定，以取得犯罪嫌疑人口供的方式使之认罪服法的活动。特殊情况是没有被害人或者被害人不确定的情况下，不需要两造也可以审讯。这个过程可以推问，可以刑讯。在宋代，很多名公巨卿因为被控犯罪都曾被推问过，比如欧阳修。

欧阳修的妹妹嫁给张龟正，张龟正前妻生有一女，张龟正死后，欧阳修的妹妹带着张氏孤女在欧阳修家寄住。张氏女长大之后，嫁给欧阳修的堂侄，但因和家仆私通，奸情暴露，被送到开封府审理。在审理中，“张惧罪，且图自解免，其语皆引公未嫁时事，语多丑异”。张氏想通过自首来减轻罪责，就说未出嫁时与欧阳修有私情。开封府随即传讯欧阳修到案，审理了数月也没有头绪，将欧阳修放回。开封府调查处理这个案件时传讯欧阳修就属于“推问”。

## （二）按

### 1. 犯罪嫌疑人首告，官府按之

我们来看南宋郑克《折狱龟鉴》记载的袁滋察金一事。

> 有属邑耕夫，得马蹄金一瓮，送县。为令者虑公藏主守不谨，而置之私室。翌日，开视之，则皆土块耳。以状闻府，遣掾案之，不能自明，诬服换金。初云“藏之粪壤，被人窃去”，后云“投之水中，失其所在”。虽未穷易用之所，而皆以为换金无疑。[1]

[1] 杨奉琨：《疑狱集、折狱龟鉴校释》，第86页。

县令第二天发现马蹄金变成土块，到凤翔府报案，这时候凤翔府派出司法官"案之"。在这个案件中，由于没有告言，没有指控的对象，所以用"案"。后来，县令自认倒霉，承认自己监守自盗，这属于自首。这样，本案就有了犯罪嫌疑人，于是案件下文就使用"鞫"。

**2. 犯罪嫌疑人不明，官府"按"之**

在唐书的记载中，笔者发现，即使是抓获了犯罪嫌疑人，只要没有确定，依然是"按"而不是"推"。如《旧唐书·李元素传》中记载的令狐运案：

> 时杜亚为东都留守，恶大将令狐运，会盗发洛城之北，运适与其部下畋于北郊，亚意其为盗，遂执讯之，逮系者四十余人。监察御史杨宁按其事，亚以为不直，密表陈之，宁遂得罪。[①]

后来，皇帝又派李元素与刑部员外郎崔从质、大理司直卢士瞻"驰按之"。案发后找不到犯罪嫌疑人的情况很常见，特别是凶杀案件。《折狱龟鉴》卷六记载：李兑尚书知邓州。有富人搏其仆至死，系颈弃井中，以自缢为解。兑曰："投井固不自缢，自缢岂复投井。此必吏受赇，教富人使不承耳。"已而案之，果然。[②] 李兑面对的是一具尸首，对其死因表示怀疑，因为人不可能同时选择两种自杀方式——投井和自缢，这才需要"按"查事实。

## （三）推

**1. 有被害人控告，两造具备引起推鞫**

比如《折狱龟鉴》中记载的一个案件：

> 有人客游，通主家妾。及其还去，妾盗珍物，于夜逃亡，寻于草中为人所杀。主家知客与妾通，因告客杀之。县司鞫问，具得奸状，因断客死。狱成，上州。鼎览之，曰："此客实奸，而不杀也。乃某寺僧绐妾盗物，令奴杀之，赃在某处。"即放此客，遣人掩僧，并获赃物。[③]

---

① 刘昫等撰《旧唐书》卷135《李元素传》，中华书局，1975，第3657~3658页。

② 杨奉琨：《疑狱集、折狱龟鉴校释》，第299页。

③ 杨奉琨：《疑狱集、折狱龟鉴校释》，第370页。

这个案件是郑克从《南史》中收录的，《南史》是唐代史学家李延寿所撰。在这个案件中，明显是有告言，有两造，即主人和客人。主人告客人杀人罪，县司鞫问，就是推问，这和唐律规定的告言引起推鞫规定是一致的。

**2. 官府确认犯罪嫌疑人后，进入推鞫程序**

在没有控告人的案件中，启动推鞫程序的条件是官府已经掌握了证实犯罪的证据。通过这个证据足以认定犯罪嫌疑人。比如：

> 唐韩思彦，使并州。有贼杀人，主名不立。醉胡怀刀血污，讯掠已服。思彦疑之，晨集童儿数百，暮出之，如是者三。因问："儿出，亦有问者乎？"皆曰："有之。"乃物色追讯，遂擒真盗。[①]

在这个案件中，因为有人被杀，而喝醉酒的胡人所带刀上有血，所以，被锁定为犯罪嫌疑人，直接进入推鞫阶段。

宋代范纯仁审理的"河中府投毒案"充分展现了"按"和"推"的不同，寻找犯罪嫌疑人用的是"按"，确定犯罪嫌疑人之后用的"推"。

北宋神宗元丰七年（1084）五月，范纯仁权知河中府，突然在一天夜里接到参军府报讯，说宋参军得了暴病而死。范纯仁就派自己的子弟到宋儋年家去吊丧。范纯仁的子弟到宋家吊丧，正赶上给宋儋年的尸体穿衣服，看到宋儋年"口鼻血出，漫污幎帛"，即嘴里、鼻子里流的血把覆盖的被子全都污染了。前去吊唁的人回来就向范纯仁报告了这一情况。范纯仁从宋儋年口鼻出血死亡的情况判断，其中毒而死的可能性比较大。此时，"纯仁知其死不以理，遂付有司案治"。这里用的是"案"。后来发现宋儋年的小妾和府中小吏有奸情，有重大嫌疑，这时，把二人逮捕审讯，两个人招供说是他们投的毒，将毒投在鳖肉中，把宋儋年毒死了。范纯仁认为供词不可信，因为酒席上吃下毒肉不可能拖延到天明才毒发身亡，命令"再劾之"。劾就是"推"[②]。

## （四）"按"和"推"的区别与联系

**1. "按"和"推"的不同之处**

从唐宋法律规定和法律实践来看，二者主要有以下几点不同。

---

① 杨奉琨：《疑狱集、折狱龟鉴校释》，第79页。

② 杨奉琨：《疑狱集、折狱龟鉴校释》，第301页。

首先，在普通的刑事案件中，"按"的主体是法定的，在县是县尉，在州府是司理参军，官员受到犯罪弹劾后由皇帝派人按其虚实；"推"则有专门的推官，在州县是由长吏亲自审理。其次，在弹劾官员犯罪案件中，朝廷派员是查证被弹劾的官员有没有犯罪，犯何种罪，以及犯罪的事实和官员本人的认罪态度；普通的刑事案件则是勘验现场、搜集证据、查明犯罪嫌疑人，使两造齐备，为接下来的事实审理做好准备。最后，在"按"的阶段，官员可以勘验现场、搜查犯罪场所、寻找证据，也可以按问报案者和知情人，对犯罪嫌疑人进行追捕和羁押，但是不能使用刑讯，不得拷掠犯罪嫌疑人；在"推"的阶段则不同，在赃证露验、证据确凿的情况下，如果犯罪嫌疑人拒不认罪，则可以依法刑讯。

**2. "按"和"推"的衔接与交替轮转**

在实践中，最常见的是先按后推，也就是查明犯罪嫌疑人后进入事实审理阶段。但实际上，按和推并不是泾渭分明的，相反，二者在很多情况下都会循环往复，交替流转。比如，通过"按"锁定了犯罪嫌疑人，进入"推"的阶段，发现锁定的犯罪嫌疑人有误，那么，就会从"推"再回到"按"，还得继续查明；再次"按"之后，再进入推鞫阶段。

（1）先"推"后"按"

比如，唐介为岳州沅江令。州民李氏有赀钜，吏数以事动之，既不厌所求，乃言其家岁杀人祠鬼。会知州事孟合喜刻深，悉捕系李氏家无少长，榜笞久，莫伏。以介治县有能名，命更讯之。介按劾无他状。[①] 这个案件是先"推"后"按"，发现被控犯罪嫌疑人无罪。

（2）先"推"后"按"再"推"

比如，下面这个案件：

> 钱冶为潮州海阳令，郡之大姓某氏火，迹其来自某家，吏捕讯之，某家号冤不服。太守刁湛曰："狱非钱令不可。"冶问大姓，得火所发床足，验之，疑里仇家物，因率吏入仇家取床折足合之，皆是。仇家即服曰："火自我出。故遗其迹某家者，欲自免也。"某家乃获释。[②]

---

① 杨奉琨：《疑狱集、折狱龟鉴校释》，第161页。

② 杨奉琨：《疑狱集、折狱龟鉴校释》，第121页。

大姓某氏家发生火灾，有迹象显示是某家放的火，告到官府，有控告的对象，有具体的罪名，关键是还有一定的证据。接下来官府就启动了“推”的程序，逮捕和审讯，结果被指控犯罪的某家不认罪，喊冤不止。知府就换钱冶再“按”，查找真正的犯罪嫌疑人。结果通过搜查找到确凿的证据，指向失火人家的仇家，于是再“推”。仇家认罪服法，案件事实审理部分结束。

(3) 检法时退回重“按”

在很多案件的记载中，即使经过推鞫，犯罪嫌疑人已经认罪服法，案件进入检法论罪阶段，依然有可能会重新回到“按”的程序。比如：

> 薛居正为开封府判官时，吏有告民以盐冒法者，狱具，当死。居正疑之，召诘其状，乃是有憾以盐诬之也。逮捕具服，即抵吏法。[①]

## 三　宋代按验技术的发展

在唐代，关于“推”已经积累了比较成熟的经验，隋朝裴政就曾经说过“凡推事有两，一察情，一据证，审其曲直，以定是非”[②]。唐律将长期积累的经验纳入法典，要求“察狱之官，先备五听，又验诸证信，事状疑似，犹不首实者，然后拷掠”[③]。但是，“按”的过程却经常出现问题，最大的问题是认定犯罪嫌疑人经常出错，比如：

> 唐贞观中，卫州版桥店主张迯妻归宁。有魏州三卫杨正等三人投店宿，五更早发。是夜，有人取其刀杀迯，却纳鞘中，正等不觉。至晓，店人追及，刀血狼籍，收禁考掠，遂自诬服。[④]

宋代也出现过类似的案件：

① 脱脱等撰《宋史》卷264《薛居正传》，中华书局，1985，第9109页。

② 魏征等撰《隋书》卷66《裴政传》，中华书局，1997，第375页。

③ 参见《唐律疏议·断狱律》“讯囚察辞理”条之疏议，载长孙无忌等撰《唐律疏议》，第388页。

④ 杨奉琨：《疑狱集、折狱龟鉴校释》，第4页。

向敏中丞相，判西京。有僧暮过村舍求宿，主人不许。求寝于门外车箱中，许之。是夜，有盗入其家，携一妇人并囊衣，逾墙出。僧不寐，适见之。自念不为主人所纳，而强求宿，明日必以此事疑我，而执诣县矣。因亡去。夜走荒草中，忽坠眢井。而逾墙妇人已为人所杀，尸在井中，血污僧衣。主人踪迹，捕获送官。不堪掠治，遂自诬，云："与妇人奸，诱以俱亡。恐败露，因杀之，投尸井中。不觉失脚，亦坠于井。赃与刀在井旁，不知何人持去。"①

这两个案件都是因为和被害人有某种联系而被认定为犯罪嫌疑人。一个因为所带刀具变成杀人凶器；一个因为处于被害人尸体旁，一旦被人发现，即难辩白。

宋代时，"按"的技术有了长足发展，最为突出的表现就是通过检验获得证据，确定犯罪嫌疑人。此时出现了伟大的司法检验学著作《洗冤集录》，其集中总结了中国古代刑事案件的检验经验，大大提高了刑事案件按验阶段的效率和准确性。正如宋慈自己所说："独于狱案，审之又审，不敢萌一毫慢易心。若灼然知其为欺，则亟与驳下；或疑信未决，必反覆深思，惟恐率然而行，死者虚被涝漉。每念狱情之失，多起于发端之差；定验之误，皆原于历试之浅。"② 遂博采近世所传诸书，总为一编。

《洗冤集录·疑难杂说下》记载，广西有个凶徒谋杀了一个小和尚，并且抢夺了他携带的财物。案发时离行凶日期已有很长时间，被锁定的凶犯嫌疑人承认自己将小和尚"打夺就推入水中"。县尉派人去打捞，在河流下流捞到了尸体，但肌肉尽烂，只剩骸骨，不能辨认检验。宋慈认为，该案缺乏直接证据，因为死者不一定就是被杀的小和尚，有可能是其他凶案的死者。后来，初验审官收到死者血亲的供述，说他的弟弟生来就是龟胸而又矮小。派官员通过复验，证实尸骸胸骨确如所述，才定案判刑。③

宋慈在《洗冤集录》中强调初检时："告状不可轻信，须是详细检验，务要从实。"④ 在"溺死"一章中他以溺井为例说明如何发现疑点。他说：

① 杨奉琨：《疑狱集、折狱龟鉴校释》，第 104 页。

② 宋慈：《洗冤集录译注》，高遂捷、祝林森译注，上海古籍出版社，2008，第 1 页。

③ 宋慈：《洗冤集录译注》，第 33 页。

④ 宋慈：《洗冤集录译注》，第 39 页。

“检验之时，亦先问元申人，如何得知井内有人？初见人时，其人死未？既知未死，因何不与救应？其尸未浮，如何得知井内有人？若是屋下之井，即问身死人自从早晚不见，却如何知在井内？”在这一连串追问下，可能会发现疑点，因为溺井不容易被发现，“凡井内有人，其井面自然先有水沫，以此为验”①。他还着重指出如何区分溺井的自杀、他杀。“投井死人，如不曾与人交争，验尸时面目头额有利刃痕”，很容易被验为生前刃伤，从而认定为他杀。此时应当验看井内有没有破瓷器等尖锐的东西，伤痕极有可能是投井时划破所致。②

宋慈成功地运用检验知识解决了很多疑难案件，我们姑举一例来说明：

> 有人报案说山上发现两具尸体，于是，检验官前去验看。发现一具尸体在山上小茅屋的外面，颈后骨断折，头上、脸上都有被刀刃砍伤的伤痕，而另一具尸体在茅屋内，颈项左下方、右脑勺后部都有被刀刃砍伤的痕迹。假如用情理来分析本案子，极有可能得出两人拼杀而亡的结论。宋慈却在检验中发现了矛盾之处：但如果屋内的人杀掉屋外的人后自杀，那么，屋内尸体身上的刀痕又无法解释，因为没有人能用刀砍伤自己的头后部。后来，抓到真凶，原来是两个人的仇家。③

## 四　问、按、推的划分和唐宋时期刑事诉讼模式

唐宋律典和法律实践中对问、按、推有非常清晰的界定，史家在记载案件时对“按”和“推”也有较为清楚的区分。西周以来，狱讼有分，以罪名相告曰“狱”，两造具备，法官折狱，查明事实，依法处断。唐宋刑事诉讼中的问、按、推划分是针对不同类型案件的事实查明方式。在普通的刑事案件中，“问”是查明事实的主要方法，而“按”和“推”则是查明事实的两种程序。唐宋时期的刑事案件，依照有无告言或者说有无指控的犯

① 宋慈：《洗冤集录译注》，第91页。

② 宋慈：《洗冤集录译注》，第92页。

③ 宋慈：《洗冤集录译注》，第31页。

罪嫌疑人分为未发案件和已发案件。已发案件直接进入推鞫的程序，也就是事实审理阶段。"推鞫"主要是核实证据、取得口供，让犯罪嫌疑人认罪服法，这一阶段结束，叫作"狱具"或者"狱成"。在未发和已发之间，有一种情形就是犯罪已经发生但是不知道谁是犯罪嫌疑人，此时官府派员确定犯罪嫌疑人的活动就叫作"按"。"按"的目的是确定犯罪嫌疑人，使两造具备，事实审理得以进行。"按"不同于现代刑事诉讼法意义上的侦查，"推"也不同于现代刑事诉讼法意义上的审判。事实上，问、案、推的划分是刑事案件经验类型的概括，不是理想类型的划分。现代刑事诉讼法学者将有告言的案件叫作"自诉案件"，官府按验的案件称为"公诉案件"，这是用现代刑事诉讼法的概念硬套古代的法律现象，势必造成对中国古代法律的曲解和误读。

刑事诉讼法学者用现代刑事诉讼法理论去分析唐律，认为唐代刑事诉讼是纠问式模式的典型。主要论据是：被害人、知情人以及官吏都有义务提起或发动刑事诉讼程序；司法官集侦、控、审职能于一身，既要纠举犯罪，又有审判之责，行政、司法不分；当事人尤其是被告人享有很少的诉讼权利；被告人被客体化，成为证据的重要来源和发现案件真实的工具。[①]

那么，什么是纠问式模式呢？纠问式诉讼的名称取自诉讼的"开始手续"——侦查与讯问。开始手续的调查与审讯对其后诉讼的进展起着支配作用，并对诉讼的结果产生重大的影响。[②] 这种诉讼模式具有四个特点：一是司法机关主动追究犯罪，侦、控、审职能合一；二是对被告人实行有罪推定，被告人沦为诉讼客体，是刑讯逼供的对象；三是程序的秘密性；四是诉讼的中心不是庭审阶段而是审前阶段。[③] 笔者认为此说很难成立，从律典的规定和法律实践来看，唐宋刑事案件的审理都不具备这四个特点。首先，唐宋时期刑事案件的办理是一个整体，各阶段之间并非截然分开，不同的司法职能也是由不同的部门来承担的。比如"按"就是由州县主管缉捕罪犯的巡检和县尉来负责，而"推"则是由县令或州参军来审理，事实查清囚犯服罪后，由另一个衙门检法判处刑罚。其次，有罪推定指的

① 汪海燕：《我国刑事诉讼模式的选择》，北京大学出版社，2008，第108页。

② 〔法〕卡斯东·斯特法尼等：《法国刑事诉讼法精义》，罗杰珍译，中国政法大学出版社，1998，第75页。

③ 汪海燕：《我国刑事诉讼模式的选择》，第12页。

是在法院判决之前即推定被追诉者有罪，这是近代西方刑事诉讼法发展中提出的概念，与无罪推定相对应，这不能用来说明中国古代刑事案件的审理状况。再次，唐宋时期从案件发生到宣判，都是公开的。最后，唐宋刑事案件的审理分为事实审和检法断两个阶段，事实审就是以堂审为中心，在两造到堂之前，不允许对任何人进行刑讯。那么，唐宋刑事诉讼究竟是什么模式呢？

唐宋刑事诉讼不是纠问式，也不是弹劾式或职权主义模式，它不属于现代刑事诉讼法学理论概括的三种模式中的任何一种，它是在完全不同的刑事诉讼理念支配下的活动。它是两造对立、长官听断、鞫谳有分的一种诉讼模式。其中两造齐备是刑事案件审理的前提，“案”和“推”都是因此而产生的。这种诉讼模式来自中国独特的折狱文化和犯罪观。

在中国古代，凡折狱听讼，必然要求有两造（官员犯罪是另外一个问题，并不属于这里所说的狱）。但在很多刑事案件中，被害人或者他的近亲属并不知道对方是谁，比如潜行隐面的盗窃犯、杀人越货的强盗，即所谓“主名未立”，这就需要确定犯罪嫌疑人，使两造齐备。《尚书·吕刑》云：“两造具备，师听五辞。”孔传：“造，至也。两至具备，则众狱官共听其入五刑之辞。”根据中国古代儒家文化，立法者如何看待“狱”，也就是刑事犯罪呢？首先，狱的产生说明发生了犯罪，是教化的失败；其次，犯罪发生说明有人受到了侵害，侵害者需要被刑罚处罚；最后，犯罪损害了儒家追求的秩序，需要恢复。正如布迪和莫里斯所说，中国古老的观念认为“犯罪行为不仅是对人类秩序的违犯，也是对整个宇宙秩序的破坏。因此，为恢复原来的宇宙和谐，就必须对犯罪行为严格地加以处罚”①。所有这些都要求法官迅速准确地查明案情，将犯罪人找到，绳之以法或者以其他方式、方法改造他。《易经·旅卦》曰：“山上有火，旅君子以明慎用刑而不留狱。”《旅卦》下卦为艮，上卦为离。艮为山，离为火。其中，以火比人的明察，以山比客观事物，照明山的四面，比人的明察能认识事物的全面。君子观此卦象，从而对于用刑，力求全面地认识，临之以明察，出之以慎重，从速判决，不敢拖延。这样，在刑事案件发生后，传统法律积极追求“官府—两造”的诉讼模式

① 〔美〕D·布迪、C·莫里斯：《中华帝国的法律》，朱勇译，江苏人民出版社，2010，第168页。

尽快完成，这种模式具有以下两个优点。

首先，便于举证和质证。一般来说，原告方或者被害方总是有被侵害的证据，而在他们控告对方时，更要提供证明对方是犯罪嫌疑人的证据，这些证据对查明犯罪事实起着非常重要的作用。被指控犯罪的人要么承认罪行，要么反驳，那么他必须对指控方提出的证据做出解释和说明。双方在官府进行面对面的质证，法官可以兼听而明，也可以通过"五听"判断谁在说谎。这种诉讼结构对折狱的官员最为有利。《讼》："有孚，窒。惕中吉。终凶。""孚"，在此为诚实、信实的意思；"窒"，阻塞不通；"惕"，畏惧。孔颖达解释说："凡讼者，物有不合情相乖争而致其讼。凡讼之体不可妄兴，必有信实，被物止塞而能惕惧，中道而止，乃得吉也。"这就是说，人遇到争讼的事情并告到了官府，在审理过程中如果了解到对方有信实可靠的证据对自己不利，应知难而退，中止争讼；如不自量力仍旧争辩，最终是要倒霉的。

其次，形式上的对当和均衡。根据中国古老的诉讼观念，狱讼都是因为争，争斗的双方有强弱、善恶、良暴、贵贱之别。根据《易经》确定下来的原则，《噬嗑》卦辞为："噬嗑，亨，利用狱。"卦名的意思是口中有硬物，咬之后方能合上，笔者认为，噬嗑是双方的咬合，形象地描述了两造的对峙关系。中国传统法律追求形式上的对称，认为这种对称可以维持事物的均衡。万事万物，莫不有其对立面，狱也不例外。在整个审理过程中，双方处于对抗状态，折狱的法官可以最大限度地维持平衡，既可以追究犯罪，也不至于造成冤案。

## 结　论

唐宋时期查明犯罪事实有三种方式："问""按""推"。其中"问"是为了发现犯罪，"按"是要确定犯罪嫌疑人，"推"是在两造齐备的前提下查明案件事实。这种划分来自中国古代处理刑事案件的实践，在唐宋律典中有具体的规定。三者的内涵确定，唐宋时期的案件记录对三者的区分基本清楚。这说明，以唐宋为代表的中国古代刑事诉讼是围绕"两造具备"展开的。这种"官府—两造"的诉讼模式有着深厚的思想渊源，反映出中国古代独特的犯罪观，它和学者所理解的纠问式诉讼有本质不同。

# On Three Kinds of Methods of Finding out Criminal Facts in Tang and Song Dynasties: Asking (Wen), Surveying (An) and Verifying (Tui)

*Wang Zhongcan*

**Abstract**: There are three kinds of methods of finding out criminal facts in Tang and Song dynasties, that is, asking (Wen), surveying (An) and verifying (Tui). Among them, the aim of asking (Wen) is mainly for ascertaining whether there are any criminal facts by asking related somebody directly. Survey (An) refers to investigating criminal spots, gathering the evidences and ascertaining the criminal suspects. The roles of verifying (Tui) is to confirm the evidence, obtain the oral confessions, and make the offenders admit his guilt and be executed. These concepts came from Chinese ancient practice of dealing with criminal case, and are the result of categorizing the judging experience. In Tang and Song Dynasties' Code, the connotations of asking, surveying and verifying are very clear and certain, so some officials in Tang and Song Dynasties can follow the requirement of these three concepts. From the viewpoint of legal practice, We find that the criminal proceeding in Tang and Song times is centring on both parties in the suits, and we can summarize the characteristics of this kind of proceeding are those must have both parties in the suits, hear the cases by the officials, and hearing and convicting must be divided. This pattern of proceeding is very special and reflects the ancient Chinese unique views to crime, which is material different to the inquisitional proceedings that is popular in modern Western.

**Keywords**: Tang and Song Dynasties; Finding Out Criminal Facts; Asking (Wen); Surveying (An); Verifying (Tui); Litigation Mode

# 古人在什么意义上说“法理”

陈子远*

**内容摘要：**文化主体意识增强下的法理学研究离不开对中国传统法律文化的挖掘，理解古人究竟在什么意义上说“法理”是其基础。相关探讨不应只是对词汇和术语进行考察，更应关注语词所表征的文化观念。古人所谓的“法理”意义十分复杂，甚至模糊而有多重指向。它既可能指法律条文本身的含义及其蕴含的法律原理，也可能指融入法律之中的常识性人伦之理或自然之理。即使指称法律之理，也有泛指立法精神和指向具体法条的区别；纵使只说刑法之理，也有具体的刑名之理、罪名之理、刑罚之理等区别。这些都是需要明辨慎思的。古人所说的“法理”蕴含的治国方略、法律精神、选举理念、用人原则等文化观念值得今人发扬光大。

**关键词：**法理　刑名之理　自然之理　人伦之理　中国传统法律文化

无论今人在什么意义上使用“法理”，当下所提倡的“新法理学”研究都不只是一个学科自我革新的宏图远志，更是文化主体意识增强使然。中国古代的法律制度和法律设施伴随着社会变迁已逝如流水，法律观念和思想则在更深远的层面上沉淀为继续影响当今和未来法治建设的法律文化。挖掘中国传统法律文化中的“法理”具有返本开新的意义，而理解古人究竟在什么意义上说“法理”则是其基础。我们不应只是对词汇和术语进行考察，

---

* 陈子远，中南财经政法大学博士后，法治发展与司法改革研究中心研究人员，主要研究方向为中国法制史、法律思想史。本文系中国博士后科学基金一等资助项目“宋代州府司法职权配置的经验与理性”（资助编号：2015M580683）的阶段性成果。

更应关注词语所表征的文化观念。探讨中国古人究竟在什么意义上说“法理”，需要注意其言说的场合、针对的具体问题、表达的主要思想，要看其是否具有理论抽象性，遵循什么样的思维逻辑，能否形成一定的论说体系。在此意义上，有关古人所称“法理”的认识仍有立足汉语典籍继续拓展和深化的必要。

## 一 选取什么样的资料才有意义

对于汉语典籍中的“法理”，应结合具体语境去理解。具体来说，应重点从汉语构词法、修辞法及与“法理”并称或对称的表述去考察，要看“法理”相对于什么而言。这大体是从辞章方面着手的。探寻“法理”背后的文化观念则是义理层面的考察。而从辞章、义理方面去辨识和理解“法理”也离不开必要的考据。义理、考据、辞章三者结合方有望全面理解古人所称的“法理”。

之前的学者对古人所称“法理”已有积极的探索，这些前见对后学颇有启发。张文显教授从“法理学的中心主题和法学的共同关注”这一广阔的视野畅论古今中外法理，他认为，中国古人所说的“法理”主要指“律令条文背后蕴含的价值追求及共通原理”或“佛家教法原理”；他指出，在汉末魏晋时期，“法理”已具有“法律内在规律、道理、原理”的意义，并且内涵渐趋丰富。[①] 陈景良教授于此用力更勤，其多篇论文言及汉语典籍中的“法理”。他最初从欧阳修、刘敞、曾巩诸人传记末尾所论“宋之中叶，文学法理，咸精其能”入手，将其理解为宋代士大夫“从事司法实践的基本要求和品味”，并概括为“法律素养”。通过梳理宋代从名公巨卿到微末法吏通晓法律、善决狱讼的历史记载，验证了两宋时期从学界巨擘到寻常缙绅等整个士大夫群体普遍具有基本的法律素养。他以另文考证“法理”等词时，将“文学法理，咸精其能”的语源追溯至汉宣帝，揭示了两汉至魏晋南北朝时期“法理”的两层主要意义：一是指称某类职官，即“懂法晓律的官员”；二是指称一种价值观念或规则，即“法律条文所依据的价值观念”或“法条之上的元规则”。他认为，宋人所称“法理”主要指法律条

① 张文显：《法理：法理学的中心主题和法学的共同关注》，《清华法学》2017 年第 4 期，第 13～15 页。

文、天理与国法、法官断案时依据案情分析出来的法律原理等。[①] 以上认识虽各有所长，但在研究的专门性和指涉的全面性上仍有继续探讨的空间，尤其是其中蕴含的法律文化观念。

本文首先面临的是资料的选取问题。汉籍中，“法”和“理”作为两个单字词在表达时文字自然相连也会给人“法理”之印象，如“立法理民”，“以射法理射仪”，“以军法理之”，“如法理会”，“以法理天下”等。[②] 然而，这些并非本文讨论的对象。本文要探讨的是构词法意义上由“法”和“理”两个词根复合而成的合成词“法理”。“法理”在构词法上属于偏正结构，偏在“法”，正在“理”；“法”修饰“理”，“理”限定“法”。“法理”通常可以宽泛地理解为某法之理，并不一定具有法律意义，如历法之理、佛法之理、医法之理、服饰之理等。元魏时“七率同遵，合璧连珠”，谓之“法理分明”；《清史稿》称“其法理图说已载于考成前编，讲解最详，其图分而为二，且均数时差图系用小轮。至考成后编求均数改为椭圆法，其法理亦备悉于求均数篇内，然未言及时差”[③]。此“法理”皆为历法之理。晋代“妙解法理”的外国沙门为王珣兄弟讲解《毗昙经》；贞观年间玄奘“中夏法理既遍研精”，又云“佛法理门总有四种”；《福田论》称“内则通于法理，外则局于人事”；《警策文》谓“研穷法理，以悟为则”。[④] 此“法理”皆为佛法之理。《象环赋》云：“将以体象其法理，亦以循环乎志意。”[⑤] 此“法理”指“环”和“服”相配这一服饰之法的道理。本文也不讨论这些不具有法律意义的“法理”。

---

① 陈景良：《“文学法理，咸精其能”（上）——试论两宋士大夫的法律素养》，《南京大学法律评论》1996 年秋季号，第 84 ~ 95 页；《“文学法理，咸精其能”（下）——试论两宋士大夫的法律素养》，《南京大学法律评论》1997 年春季号，第 89 ~ 106 页；《宋代“法官”、“司法”和“法理”考略——兼论宋代司法传统及其历史转型》，《法商研究》2006 年第 1 期，第 138、143 ~ 144 页。

② 参见《史记》卷 74《孟子荀卿列传》，裴骃《史记集解》引刘向《别录》；《周礼·夏官·射人》；《通典》卷 77《军礼二》、卷 196《边防十二》；《朱子语类》卷 11《学五·读书法下》；《通典》卷 24《职官六·御史台·侍御史》。引自陕西师范大学开发的“汉籍全文检索系统”（繁简双体本），该数据库收入的古籍多为中华书局出版的点校本，以下凡引自此数据库者均不再标注具体页码。

③ 参见《春秋左传正义》卷 6；《魏书》卷 107 下《律历志三下》；《清史稿》卷 52《时宪八·凌犯视差新法上·求用时》。

④ 参见《晋书》卷 65《王导传》附《王珉传》；《大正新修大藏经》第 85 册《唯识三十论要释》第 3 段及《大乘二十二问本》第 17 段；《全唐文》卷 905《彦悰》、卷 919《灵祐》。

⑤ 《全唐文》卷 407《沈仲·象环赋》。

在上述用法中，可以概括理解为“法律之理”的“法理”才是本文要重点讨论的。此处的“法律”包括各种渊源形式，“理”也不单纯是指法律原理或理论。“法理”既指法律条文本身的含义，也可能指条文所蕴含的法律观念、事理、情理、道理、义理、规律等。《说文解字》释“法”为“刑”，“刑理”在文献中虽出现稍晚且使用频率不高，但在魏晋隋唐时期的特定意义上与“法理”互用，所以一并考察。例如，裴松之注《高柔传》称高光“少习家业，明练法理”；《高光传》谓其“少习家业，明练刑理”。[①] 一字之差是否意味着“刑理”等同于“法理”呢？陈寿（233～297）开始撰写《三国志》是在晋灭吴（280）以后，裴松之（372～451）奉宋文帝之命为《三国志》作注应在元嘉元年（424）以后，这说明，“法理”的这一用法已基本稳定。唐初，房玄龄等人修《晋书》时应是参考了裴松之注，以使用频率较低的“刑理”替换了“法理”，表达的意思则基本不变。可以认为，在指称刑法之理的意义上，“刑理”基本等同于“法理”，只是前者更突出中国古代法律中的刑法分量。古人认为“德”与“刑”是治理之二柄，德属阳，刑属阴。意识形态的宣传崇尚德礼而淡化刑罚，“刑理”的使用频率低于“法理”也许受此影响。

“法理”也好，“刑理”也罢，讲理是根本。如《通典》所称“本于爱人求理，非徒害人作威”，即是从立法目的上认识“制刑”[②]。古人所称“法理”或“刑理”中的“理”，意义十分复杂，甚至模糊而有多重指向。既可能指法律条文本身的含义及其蕴含的法律原理，也可能指融入法律的常识性人伦之理或自然之理。即使指称法律之理，也有泛指立法精神和指向具体法条的区别；就是只说刑法之理，也有具体的刑名之理、罪名之理、刑罚之理等的区分。这些都需要明辨慎思。

## 二 “枢机周密，法理详备”的治国方略

理解古人所称“法理”应注重其文化意义。澄清吏治和安养百姓是中国古代的治理目标，以法治理是达成这一目标的重要方略。齐武帝永明九年（491），孔稚圭上表阐述删正刑律和张斐、杜预二注的情况，他认为“匠万

① 参见《三国志》卷24《魏书·高柔传》及裴松之注；《晋书》卷41《高光传》。

② 参见《通典》卷165《刑法三·刑制下·大唐》。

物者以绳墨为正，驭大国者以法理为本”。“法理”与“绳墨”对称并被视为治国根本，这表明法律具有确立规则的意义，而以法治理也是重要的治国方略。孔氏又称“资法理以成化，明刑赏以树功”，此则“法理”与“刑赏”对称并具有教化民众的意义。将以上两句名言并观可知，孔稚圭所谓“法理”已经比较抽象，从法的功能角度将“法理”理解为确立国家治理规则和教化民众的法律之理。①《隋书》称汉宣帝“枢机周密，法理详备”，跳脱对君主个人治理之道的赞美来看，这其实是从治国方略层面对法律的认识，即立足法律对国家治理和社会治理的功能。

古人从治国方略层面说“法理”，有时抽象，有时具体，有时两者兼备。汉明帝时相比前代很少用刑，“断狱得情，号居前代十二”，这应与其法律素养有关。史称“明帝善刑理，法令分明。日晏坐朝，幽枉必达。内外无幸曲之私，在上无矜大之色”②。从“善刑理”与“法令分明”的因果关系或表现关系来看，可以理解为汉明帝通晓刑法之理，熟悉本朝法令。正是有了这样的知识储备，才能明辨是非曲直。东晋元帝太兴三年（320）十二月，“太白入月”。郭璞解释这一异常天象，称天意似乎是说“刑理失中，自毁其法”；阮种也认为，“政有愆失，刑理颇僻”是异常天象的原因，所谓“天人之理”和“兴废之由”。③ 这些天人感应解说凸显的刑罚观念是“刑理”贵在持中。从辞章上“刑理失中”与“自毁其法”的因果关系以及“政有愆失”与“刑理颇僻”的对称来看，两例“刑理”皆着眼于法律的实施，以刑法理断案件的意义比较明显。史臣在比较南齐佛法之教与儒、法、墨、杂、农、道诸家之教优劣时称“法家之教，出自刑理，禁奸止邪，明用赏罚”④。说明法家用以教化民众的内容源于他们对刑名之理的熟悉。

从治国方略层面说“法理”或“刑理”也由汉唐一贯而下至宋元。唐懿宗称赞杜审权“史笔弛而更张，宪纲紊而复正。由是如纶不绝，刘楚无遗，绍蔽芾于讴谣，尽侀成于法理”⑤。所谓“尽侀成于法理”，是说杜审权能依法治理，因而其管辖范围内无杀戮已经形成一定之规。陈简甫《宣州开元以来良吏记》称裴敦复“继班竹之余，承法理之极”。裴敦复继承了前

① 参见《南齐书》卷48《孔稚圭传》。

② 《后汉书》卷2《明帝纪》。

③ 参见《晋书》卷12《天文中》、卷52《阮种传》。

④ 参见《魏书》卷88《宋世景传》；《北史》卷26《宋世景传》；《南齐书》卷54。

⑤ 《全唐文》卷83《懿宗皇帝·授杜审权镇海军节度使制》。

任班景倩持法宽猛相济和竹承构“秉法以驭下”的做法并将其发扬光大，使当地浮薄不厚的风俗呈现仁义气象，所谓“浇俗由是观于义矣”[①]。本处“法理”依法治理的意义比较明显。南宋《宁宗朝享三十五首》歌颂宋神宗的乐章称：“厉精基治，大哉乾刚！信赏必罚，内修外攘。礼乐法理，号令文章。作新之功，度越百王。”[②] 本处“法理”与“礼乐”“号令”“文章”并说，同为治理方略的一部分。元丰八年（1085）七月五日（哲宗已即位，未改元），群臣奏请上大行皇帝尊谥和庙号，奏议认为“天下之治必以二帝三王为法”，谓如“以庠序造士，以经术取人，以法理核吏，以水土理财，以免役息民，以考课任子，以六典正官，以品式叙用，以清议善俗”[③]。可见，“以法理核吏”是宋人理解的治国方略的重要组成部分，即以法律之理来考核官员。这是宋代培养、选拔、任用、迁升官员的一个重要环节。以上“法理”均有以法治理或依法治理的含义，侧重于从治国方略层面思考法律的作用。

## 三　“法理如是，足见其直”的法律精神

古人所说的“法理”蕴含的法律理念或精神贯穿于法律制定和实施的各个环节。从法律的制定角度来看，“法理”通常与表达人伦或自然常识之理的词语并称，意在揭示立法的宗旨或精神。从法律的实施角度来看，“法理”指称某些具体的法律条文及其蕴含的法律道理，通常表明统治集团对国家治理和社会治理重点问题的认识。

从制定法律的理念或精神来看，首先，立法应符合人伦道义。汉章帝章和元年（87），宗室刘晃、刘刚兄弟与其母相互诬告。诏书严厉谴责二人“愆乎至行，浊乎大伦”，认为“甫刑三千，莫大不孝”，于是将二人分别贬爵和削户。叹称：“小子不勖大道，控于法理，以堕宗绪。”[④] 汉代视孝行为人伦大道，刑法以违背孝道为罪是对基本伦理的维护。此处“法理”相对伦理而言，指关于孝道的刑法之理。房景先称“王道贵产，法理尚恩”。从

① 参见《全唐文》卷438《陈简甫·宣州开元以来良吏记》。

② 《宋史》卷134《乐志·乐章三·宁宗朝享三十五首》。

③ 《宋会要辑稿·礼二九·历代大行丧礼上·神宗》，刘琳等校点，上海古籍出版社，2014，第1354页。

④ 《后汉书》卷14《宗室四王三侯列传》。

“法理”与“王道”对称来看，其所谓法律之理是养育百姓。[①] 东魏窦瑗上表议论新颁《麟趾格》“三公曹第六十六条”的立法问题。该条规定：“母杀其父，子不得告，告者死。”窦瑗引汉代“子孙告父母、祖父母者死”和“子匿父母，孙匿大父母，皆勿论”等律条，称“法理如是，足见其直”。窦氏分析其立法精神“未必指母杀父止子不言也”。本处“法理”可以理解为立法精神，用于解释并协调立法精神与人伦道义的冲突。窦瑗认为，“若父杀母，乃是夫杀妻，母卑于父，此子不告是也”，反之，如果是母杀父却“不听子告”就说不过去。窦氏所谓“下手之日，母恩即离”明显具有春秋决狱之遗风。“麟趾新制”的这一条文经朝臣反复辩难，“事遂停寝”[②]。以上均表明，立法的宗旨或精神须符合人伦道义。其次，不同法律渊源之间应尽量避免冲突。不同法律渊源之间如果发生冲突，会给明确适用法律造成很大的困难。唐代刑制本有“笞、杖、徒、流、死”五刑，唐肃宗时以“饬”（敕）的形式废除了“削绞死罪”，即取消了斩和绞。但司法实践中仍有必要适用死刑，这就造成法律适用的困境，所谓“饬律互用，法理难明”。这一法律适用困境在上元二年（761）六月刑部的奏疏中表露无遗。唐肃宗最终以新的“饬旨”改变了原敕：“斩、绞刑宜依格律处分。”[③] 最后，应当明确法律的适用范围。宣示某种政治原则是立法常有的精神或宗旨，如藩属地区在大一统意义上对中央王朝法律规定的遵守。唐宣宗《遣宋涯宣慰安南邕管敕》：“而况安南邕管，皆吾藩方，虽远朝廷，咸遵法理。尔其将我悯怜之意，深访疾苦之源，贫者抚之，富者利之，老者安之，少者怀之，尽尔公廉，究兹利病，因宜制变，临事合权，能安远方，克致宁谧。”[④] 其中“法理”泛称法律或法度。立法所重视的“法理”多通过具体的法律条文来表现。

从实施法律的理念或精神来看。一则，查明事实真相是定罪量刑的前提。如《尚书·吕刑》曰：“惟察惟法，其审克之。”孔安国传：“惟当清察罪人之辞，附以法理，其当详审能之。”孔颖达疏：“惟当清察罪人之辞，惟当附以法理，其当详审使能之，勿使僭失为不能也。”[⑤] 二则，法律重在

① 参见《魏书》卷43《房法寿传》附《房景先传》。

② 参见《魏书》卷88《窦瑗传》；《北史》卷86《窦瑗传》。

③ 《通典》卷165《刑法三·刑制下·大唐》。

④ 《全唐文》卷81《宣宗三·遣宋涯宣慰安南邕管敕》。

⑤ 《尚书正义》卷19。

实施。如唐玄（元）宗《诛王钧诏》所称："国之设法，本以闲邪，苟无所施，虽立安用。"[①] 中国古代法律条文并不纯粹就是法律规范，法律之理既可能是法律原理也可能是社会生活方方面面的道理。"法理"解作法律之理时常常具体指称刑法之理，包括刑名之理、罪名之理、刑罚之理等。唐代有一道策问称"误法理而挥刀，谬刑名而伏剑"，刘藏器对答谓"法或谬加，李离伏剑；刑疑滥及，勾践挥刀"[②]。本处"法理"可与"刑名"互解，指刑法之理。唐人于岘论说对贵胄的教育称"会府以近渎刑章，言投法理；监司以远探经义，事合礼文"[③]。从"言投法理"与"事合礼文"并称来看，本处"法理"首先是指法律条文，近义于今称法律规范，也不排除更深层次上对法条蕴含的道理的探讨。柳宗元称张公"推经旨以饰吏事，本法理以平人心"。"法理"相对于"经旨"，似指抽象意义的法律之理，然而结合文中"牧人尽区处之方，制国备刑体之法"等去理解，所称"法理"主要指刑法之理。[④]

"法理"具体指称法律条文的含义及其所蕴含的法律之理。唐玄宗《诛王钧诏》称河南府雒阳县主簿王钧"贪残其性，暴虐其心，轻侮我章程，残剥我黎献，处事不遵乎法理，黩货不知其纪极。此而可恕，孰不可容，且辇毂之下，事犹如此，想于远处，人何以堪"[⑤]。本处"法理"应指与县主簿履职相关的法律规定及其蕴含的法律之理。《论董昌龄量移硖州刺史疏》云："杀人者遭拔擢，冤苦者何申诉。此则法理所紊，交谓不可。"[⑥] 这则奏疏认为滥杀无辜的官员被擢升是紊乱法理，其中"法理"应理解为赏罚、升降官员的法律规定及其所蕴含的法律原理。唐文宗开成五年（840）十月，盐铁司奏请禁止茶园种植户盗卖私茶，内称"必在屏除，使安法理"。结合下文"条令既行，公私皆泰"等理解，本处"法理"具体指与盗卖私茶相关的法律条文。[⑦] 唐宣宗大中六年（852）正月，盐铁转运使裴休奏称当时各道节度使、观察使擅自向过往商人征税，"颇乖法理"。结合文中区

---

① 《全唐文》卷 28《元宗九 · 诛王钧诏》。

② 《全唐文》卷 163《刘藏器 · 对往代为刑是非策》《刘器藏 · 对恤刑策》《刘器藏 · 对刑法得失策》。

③ 《全唐文》卷 399《于岘 · 对投诸麨寄判》。

④ 《全唐文》卷 589《柳宗元 · 招讨处置等使上柱国武城县开国男食邑三百户张公墓志铭并序》。

⑤ 《全唐文》卷 28《元宗九 · 诛王钧诏》。

⑥ 《全唐文》卷 766《魏□ · 论董昌龄量移硖州刺史疏》。

⑦ 《全唐文》卷 967《禁园户盗卖私茶奏》。

分“正税茶商”、“私贩茶人”以及“使私贩者免犯法之忧，正税者无失利之叹”的立法宗旨看，所称“法理”是指关于茶税的律文，蕴含的法理是对国家税收和商人合法经营利益的保护。[①] 唐宣宗《谕州县上佐丞簿诏》曰：“每思前贤设官分职，岂徒然哉。今州有上佐，县有丞簿，俗谓闲官，不领公事，殊乖制作之本意也。自今后州县公事，上佐丞簿得失须共参详，如有败阙，或不遵法理，及百姓流亡，不先举明，并须连坐。冀得人展其才，官无冗食。”[②] 这里的“法理”，指与州县职官履行职务相关的法律规定。宋宁宗嘉定十五年（1222）十一月，太学博士谢兴甫因“庚辰校艺南宫，私取交朋，不顾法理”被降职。[③] 谢兴甫“校艺南宫，私取交朋”，显然违反的是与考选回避相关的法律之理。

## 四　“不习法理，无以效职”的选举理念

“法理”指称职官的法律素养或用于评价循良官吏、表达选任官吏的某些理念。唐人讲求以经史立身，以法理效职。《通典》详细记载了洋州刺史赵匡《举选议》所附《选人条例》，内称：“不习经书史，无以立身；不习法理，无以效职。人出身以后，当宜习法，其判问请皆问以时事疑狱，令约律文断决。其有既依律文，又约经义，文理弘雅，超然出群，为第一等。其断以法理，参以经史，无所亏失，粲然可观，为第二等。判断依法，颇有文采，为第三等。颇约法式，直书可否，言虽不文，其理无失，为第四等。此外不收。但如曹判及书题，如此则可，不得拘以声势文律，翻失其真。故合于理者，数句亦收；乖于理者，词多亦舍。其倩人暗判，人闲谓判罗，此最无耻，请榜示以惩之。”[④] 又曰：“诸以荫绪优劳准敕授官者，如判劣恶者，请授员外官。待稍习法理，试判合留，依资授正员官。”[⑤] 按照唐代的《选人条例》，通过科举等途径出身的，还要学习法律并考试判案才能正式授予官职。断案优劣的评判标准是法理优先，经义其次。判案拙劣的只能授员外官，待“稍习法理，试判合留”才能按照资历授予

① 《旧唐书》卷 49《食货下》。

② 《全唐文》卷 80《宣宗·谕州县上佐丞簿诏》。

③ 《宋会要辑稿·职官七三·黜降官》，第 5033 页。

④ 《通典》卷 17《选举五·杂议论中》。

⑤ 《通典》卷 17《选举五·杂议论中》。

正员官。《选人条例》所称“法理”仍基于律文本义，兼以经义探讨其蕴含的法律之理。

首先，“法理”用于表述任职条件，通常指称特定职官所需要的法律素养。量才授职和惩治奸邪是国之常法。“录其自效，则付以国权；惩彼保奸，则举兹朝宪。此王者所以本人情而张法理也。”身居要职不能尽心操劳国事和匡正君主过失，反而废公营私，既有负于人情，也违背了法理。史称李德裕“不能尽心奉国，竭节匡君。事必徇情，政多任己，爱憎颇乖于公道，升黜或在于私门。遂使冤塞之徒，日闻腾口，积嫌之下，得以恣心”，于是被贬为潮州司马。[①] 元稹所拟《李珝起复监察御史制》称“比制多以详练法理者行于御史府，或满岁即真，或不时署位，亦试可之义也”[②]。这则史料表明，唐代御史多由“详练法理者”即通晓法律之人担任，适用满一年或虽不满一年但能力突出的即可授予相应的正员官职。李商隐在其所拟官牒中认为，适合折狱的“长材”必须谙熟法理。[③] 唐德宗贞元八年（802）正月，御史台奏请置“法直官”一员，内称“伏以台司推事，多是制狱，其中或有准敕便须处分，要知法理”[④]。御史台决断之事多为刑事案件，更要求法直等司法官“知法理”。宋高宗绍兴二十六年（1156）四月，汤鹏举言及当时“荐举六科”，视被举荐人的品行和才具分别授予相应职务。“一曰文章典雅，可备制诰；二曰节操公正，可备台谏；三曰法理该通，可备刑谳；四曰节用爱民，可备理财；五曰刚方恺悌，劳绩著闻，可备监司、郡守；六曰知几识变，智勇绝伦，可备将帅。”[⑤] 其中“法理该通”即通晓律法之理。宋光宗绍熙三年（1192）八月，谢深甫言及当时铨试法的弊端，他认为铨试不中而年满四十者“许注残零阙”，不合适。既然铨试不中，说明其人“文义未必通，法理未必晓”，不能轻易授以职任。他建议对铨试不中者加试一条律文，只要能解释其“律意”，义理稍通即可注官。这样可以避免完全不懂法律者任官。[⑥]

精通“法理”或“刑理”被视为官员的职业素养，其典型表现是用

---

① 《全唐文》卷 79《宣宗皇帝·贬李德裕潮州司马制》。

② 《全唐文》卷 649《元稹·李珝起复监察御史制》。

③ 《全唐文》卷 778《李商隐·为荥阳公桂州署防御等官牒》。

④ 《全唐文》卷 964《请台司增置法直员额奏》。

⑤ 《宋会要辑稿·选举三〇·举官四·附自代》，第 5824 页。

⑥ 《宋会要辑稿·选举二六·铨试》，第 5762 页。

“法理”指称精通法律的那部分士人。“法理”的这一用法由汉唐一贯而下至宋元，明清时期则不复此旧观。用“法理”明确指称以法理断狱讼的司法职官不迟于东汉前中期。东汉王涣于汉和帝永元十五年（103）“从驾南巡”归来后，在洛阳令任上政绩显著，史称“以平正居身，得宽猛之宜。其冤嫌久讼，历政所不断，法理所难平者，莫不曲尽情诈，压塞群疑。又能以谲数发擿奸伏。京师称叹，以为涣有神筭”①。这则材料中，“历政所不断，法理所难平”凸显了王涣决断狱讼的高超能力。法律条文及其所蕴含的道理在一定时期内可以理解为一种相对客观的存在，在此意义上无所谓法律之理难平，所以，该处“法理”与“历政”对称，指的是一类人。“历政”在这里可以理解为洛阳既往历任主政者，“法理”相应理解为当地既往具有决断狱讼等司法职责的官员。因此，该处“法理”应理解为裁断刑民案件的司法职官。魏明帝青龙年间（233～237）下诏“博求众贤”时，散骑侍郎夏侯惠盛赞刘劭器量宏阔、善识人才并极力推荐他。当时所谓“性实”“清静”“文学”“法理”“意思”“文章”“制度”“策谋”之士，各有其品行或智识上的优势。谓如“法理之士明其分数精比”，即是说精详法律之理的这部分人非常清楚法律所设定的“分”（身份或财产界限），且精于以世事比附律条以明确其合法与否。② 该处“法理”指称精详法律而善于裁判是非的一部分士人，至于他们是否实际担任司法裁判职务或参与决断狱讼的司法实践还不能一概而论。宋元时期仍用“法理”指称通晓法律的职官。元顺帝至元四年（1338），中书省“请择老成耆旧文学法理之臣”，重新删定大元通制。顺帝于是敕令中书组织“专官典治其事”。至正五年（1345）书成，定名《至正条格》，《永乐大典》存其 23 卷本。③ 此“法理之臣”即汉唐两宋以来所称“法理之士”，指称通晓法律的那部分职官。

其次，史书常用精通“法理”或“刑理”评价一些循良官吏。对于这些拥有良好法律素养的人，史书有的只是概括记载并无相关法律事迹，有的则有决断狱讼的明确事迹记载。魏晋时期常用“明达”“明练”“明于”“明”“雅长”等描述通晓法律之理的士人。建安十九年（214）十二月，

① 《后汉书》卷 76《循吏列传·王涣传》。

② 参见《三国志》卷 21《魏书·刘劭传》。

③ 参见《四库全书总目提要》卷 84《史部四十·政书类存目二·至正条格二十三卷》。

魏公曹操于孟津令曰："夫刑，百姓之命也，而军中典狱者或非其人，而任以三军死生之事，吾甚惧之。其选明达法理者，使持典刑。"[①] 曹操决定以"明达法理"为基本条件慎重选任"军中典狱者"，正是因为认识到刑罚关乎百姓性命。魏明帝曹叡年少好学而深得其祖父魏武帝曹操宠爱，操曾指其而言魏氏江山至少可保三代无虞。史称曹叡"好学多识，特留意于法理"[②]。魏明帝太和年间（227～233）在诏书中说，主张恢复肉刑的太傅钟繇"学优才高，留心政事，又于刑理深远"[③]。从本段史料记载此前曹魏君臣多次议论是否恢复肉刑的具体内容来看，他们讨论的主要是刑名和刑罚的执行问题。高柔"明于法理"，其子高光"明练法理"。卫瓘"明法理"，不管案件大小都能查明事实真相。贾充"雅长法理"，常能平反冤假错案。北魏宋世景"明刑理，著律令，裁决疑狱，剖判如流"，宋世景精详刑罚之理是其编著律令和熟练裁判疑难案件的前提。南朝宋人徐豁"精练法理，为时所推"；隋人郎茂"工法理，为世所称"。[④] 北齐徐之才"在职无所侵暴，但不甚闲法理"[⑤]，从辞章中的转折关系来看，这一评价表明，北齐任官比较注重官吏的法律素养。唐德宗贞元五年（789），任京兆尹的薛珏"刚严明察，练达法理"[⑥]。武则天垂拱初年，敕命凤阁侍郎韦方质等十余人删定格、式。时议认为删定后的垂拱格式堪称"详密"，与韦方质等人"详练法理"有很大关系。[⑦] 陆孝斌"精达法理"被朝廷任命到剑南"覆囚"，因而留下了"仁义"之名，张说称"梁岐冤系，动盈千百，丹笔所详，十全八九"[⑧]。白居易为元稹撰写的墓志铭称"是以法理之用，止于修一职，不布于庶官；仁义之泽，止于惠一方，不周于四海"。元稹曾经"集古今刑政之书三百卷，号《类集》"，可谓通晓法律。[⑨] 用"法理"和"仁义"来评价元稹，突出了他良好的法律素养和道德品性。言语间有些遗憾的是，元稹虽

① 《三国志》卷1《魏书·武帝纪》。

② 《三国志》卷3《魏书·明帝纪》。

③ 《三国志》卷13《魏书·钟繇传》。

④ 《南史卷》卷33《徐豁传》；《隋书》卷66《郎茂传》。

⑤ 《北齐书》卷33《徐之才传》；《北史》卷90《徐之才传》。

⑥ 《旧唐书》卷185下《薛珏传》。

⑦ 《通典》卷165《刑法三·刑制下·大唐》；《旧唐书》卷50《刑法志》。

⑧ 《全唐文》卷230《张说·唐故赠齐州司马陆公神道碑》。

⑨ 《全唐文》卷679《白居易·唐故武昌军节度处置等使正议大夫检校户部尚书鄂州刺史兼御史大夫赐紫金鱼袋赠尚书右仆射河南元公墓志铭并序》。

然个人修养良好，为官一任也能造福一方，但他的影响并未传布到一般官员和更广泛的地域。薛廷圭称御史为“宪章法理之任”，他草拟的任命书称牛希逸、李珽二人“文行修饰，操履端洁，可使簪白笔以书法，冠豸冠而触邪。俾欺暗之人，视尔如秦镜。丑正之士，畏尔如尧羊”①。任命书援引“豸”和“尧羊”可以抵触不直的典故，勉励二人恪尽职守，端正朝廷纲纪。所谓御史掌“宪章法理”，其中“法理”虽指法律之理，也可理解为法度纲纪。

史书中的“法理”多为正面意义，通晓法理的大多是循吏，但也有个别例外。由北朝入隋的裴蕴，为人机敏善辩，即便曲解法理也让人难以反驳。史称：“蕴善候伺人主微意，若欲罪者，则曲法顺情，锻成其罪。所欲宥者，则附从轻典，因而释之。是后大小之狱皆以付蕴，宪部大理莫敢与夺，必禀承进止，然后决断。蕴亦机辩，所论法理，言若悬河，或重或轻，皆由其口，剖析明敏，时人不能致诘。”② 这几乎是史书中仅见的“法理”被负面运用的例子。

## 五 “文学法理，咸精其能”的用人原则

量才录用和人尽其才是用人的基本原则。中国古代在这方面的典型表述是“文学法理，咸精其能”。其中“法理”相对“文学”而言，是“法理之士”的简称，指精通法律的那部分士人。至于他们是否实际担任司法职务则不一定。

“文学法理，咸精其能”之说源于史书对汉宣帝治理之道的评价，也是后世重要的用人原则。宣帝曾因时为太子的汉元帝“柔仁好儒”转而属意“明察好法”的淮阳王，一度有易储之念，后因故作罢。又因“所用多文法吏，以刑名绳下”被讥讽而诛杀大臣，并在侍从官燕从容劝其“持刑太深，宜用儒生”时留下“汉家自有制度，本以霸王道杂之，奈何纯任德教，用周政乎”的千古名言。《汉书》赞曰：“孝宣之治，信赏必罚，综核名实，政事文学法理之士咸精其能，至于技巧工匠器械，自元、成间鲜能及之，亦

① 《全唐文》卷837《薛廷圭·授牛希逸殿中侍御史李珽监察御史制》。

② 《隋书》卷67《裴蕴传》；《北史》卷74《裴蕴传》。

足以知吏称其职，民安其业也。”[①] 各种士人“咸精其能”，是说他们各有特长，这些特长被恰当运用，说明国家选任官吏比较得当，所以才会“吏称其职，民安其业”。这实际上是在赞扬汉宣帝善于用人，能充分发挥各类人才的优长。《隋书》之所以称汉宣帝统治时期“法理详备”，一是因为当时司法官员的选任比较得当，如“选于定国为廷尉，黄霸以为廷平”；二是因为君主个人的法律素养较高，“斋而决事，明察平恕，号为宽简”[②]。总体而言，是以法治理的效果比较明显。

“文学法理，咸精其能”可以造就吏治民安，这一用人原则也被后世崇尚和实践。宋人赞许汉代治理之道，常引汉宣帝故事，谓如“宋之中叶，文学法理，咸精其能，若刘氏、曾氏之家学，盖有两汉之风焉”[③]。宋宁宗嘉定八年（1215）正月，不满当时文武官员玩忽职守、因私废公的状况，下诏严厉戒饬官员并引汉宣帝信赏必罚而文学、法理之士咸精其能的故事，告诫文武百官“继自今其改志易虑，毋蹈故常，精白一心，恪共乃职，则予汝嘉。其或不悛，罚及尔身，后不可悔”[④]。宋代科举除文武二科、制科、宏词、教官等科目外，另有“试刑法”专以选拔司法官员。宋宁宗嘉泰三年（1203）五月，臣僚言及科举中的“试刑法”科目，称“左右平之置，自汉以来号为紧官，所以议狱而详刑，责任至不轻也。以是待文学、法理之士而精其选焉”。文学之士学文，法理之士理法。臣僚援引汉代故事，意在说明“试刑法”专为选拔精详法理的职官而设。宋代，考试结果的评判分“通、粗（粗通）、否”等五等，然而实际录取的标准却比较低，“通多粗少者取之，粗多否多者亦取之”，这就造成选拔不精。经此选拔到大理寺任职的司法官员往往需要从先进同事那里边工作、边学习，好不容易熟练了狱讼裁判业务却又开始寻求转任其他岗位的机会，只是把这一法律职务作为迁转的跳板，由此造成大理寺司法官员不稳定。所以，臣僚建议革除这一弊端，“欲乞将试中刑法人入为评事，已用举主改秩，必实历二考，方许注县。及作县，满三考，又入为评事。更出选人，略亦相当”。试中刑法人先要到大理寺专任司法官员，通过两个任期考核并有人举荐的才允许到县里任职，任

① 《汉书》卷8《宣帝纪》、卷9《元帝纪》。

② 《隋书》卷25《刑法志》。

③ 《宋史》卷319《欧阳修传》《刘敞传》《曾巩传》，史臣之论。

④ 《宋会要辑稿·职官七九·戒饬官吏》，第5237页。

县官满三考后再调回大理寺任司法官。这样做的好处是“评事之员不至取具临时，在位者亦安于所职，而无苟且之心。循名责实，不为无补”[①]。即是说可以使通过“试刑法”而入仕的官员对自己的成长有一个合理的预期，促使他们专心司法业务和提高办案水平，进而保证大理寺司法官员的专业素质和稳定性。

## 结　语

文化主体意识增强下的法理学研究离不开对中国传统法律文化的挖掘，理解古人究竟在什么意义上说“法理”是其基础。中国古人对“法理”的认识在治国方略、法律精神、选举理念、用人原则等方面蕴含了丰富的法律文化。

古人说“法理”意在彰显“枢机周密，法理详备”的治国方略。古人习惯以天道说人事，在治国方略上强调综合运用礼乐政刑，阳“德”阴“刑”是治理之二柄。立足于澄清吏治和安养百姓的治理目标，强调以法治理或依法治理。他们认为法律具有确立国家治理规则的重要意义，这些规则的有效实施取决于治理者的素质。

古人说“法理”，注重表达“法理如是，足见其直”的法律精神。这种法律精神贯穿法律制定和实施的全过程。从制定法律的角度来看，用以揭示立法宗旨或精神的“法理”并不单纯指称法律之理，还包括融入法律规范之中的人伦之理和自然之理。这些“理”的观念在立法和司法实践中已深入人心，形成了一种常识理性。如强调立法应符合人伦道义和自然秩序并尊重人性使然的正当需求，尽量避免因法律渊源之间的效力冲突而造成法律适用的困难，藩属地区在大一统意义上对中央王朝法律规定的遵守等。从实施法律的角度来看，法律重在实施，查明事实真相是定罪量刑的前提。具体法律条文的含义及其所蕴含的法律之理通常能表明特定时期统治集团对国家和社会治理重要问题的理性认识。

古人说“法理”意在宣示“不习法理，无以效职”的选举理念。古人素有研习经史以修身养性和晓畅法理而恪尽职守的观念。从汉唐到宋元，“法理”用以指称精通法律的那部分士人，通晓法律也被视为选拔人才尤其

① 《宋会要辑稿·职官二四·大理寺》，第 3678～3679 页。

是司法职官的重要条件。史书对精通“法理”或“刑理”的循良官吏不吝褒扬，对歪曲法理、因私废公者也不吝挞伐。这些褒奖和挞伐不管是概括评价还是结合决断狱讼的事迹具体论说，本身均是对选官任官或政治原则的一种表达和实践。

古人说“法理”注重表达“文学法理，咸精其能”的用人原则。这种用人原则实际上就是量才录用和人尽其才。学有所长者被授予一定的政治权力，进而将个人理想和政治抱负付诸实践。法律之任事关民命更要用得其人，所以，中国古代历来注重司法职官的选任。

理解古人究竟在什么意义上说“法理”，不应仅着眼于字面，只看到其指涉的复杂和多向，更应深入理解其言说的场合和论证的逻辑，探讨其在治国方略、法律精神、选举理念、用人原则等方面沉淀的法律文化。正如真德秀所说：“古今之民同一天性，岂有可行于昔，而不可行于今?”①如果着眼于古今中外人性的共通之处去思考，历史的法律制度和法律设施虽因社会变迁而逝去，但其中的文化观念则会一以贯之，并将持续影响我国的法治建设。

## In What Sense Does the Ancients Say “Jurisprudence”

*Chen Ziyuan*

**Abstract**: The research of jurisprudence is inseparable from the exploration of traditional Chinese legal culture when the consciousness of cultural subject is enhanced. Thus, to understand that in what sense does the ancients say “jurisprudence” is its basis. It’s not just about vocabulary and terminology, which need us to pay more attention to the cultural concepts represented by words. The meaning of the so-called “jurisprudence” of the ancients is very complicated. It’s even vaguely pointed. It may refer to the meaning of the legal provisions and the principles of the law, It may also refer to the common-sense or natural principle of integration into law. Even if it means the law, there is also the difference between

① 《名公书判清明集》，中国社会科学院历史研究所宋辽金元史研究室点校，中华书局，1987，第2页。

the legislative spirit and the specific law. Even if it means the theory of criminal law, there are also some specific reasons, such as the principle of punishment, justice and punishment. These are all things that need to be carefully thought about. What the ancients said about the principle of governance, the spirit of law, the concept of election and the principle of employment should be carried forward.

**Keywords**: Jurisprudence; Theory of Criminal Law; Natural Law; Ethics; Chinese Traditional Legal Culture

# 论辽圣宗的廉政实践

赵天宝*

**内容摘要**：辽圣宗廉政建设的成功与其实施适宜的廉政措施紧密相关。辽圣宗率先垂范，通过崇俭禁奢、矜恤百姓以倡行廉政；坚持以廉为准的选官之道，通过任贤去邪在朝廷内外弘扬清廉之风；坚持中道立法和严格监察，通过准法同科、防治并举使官贵束手。辽圣宗一手恤民倡廉，一手惩贪治腐，这种"两手抓"的廉政思想在其执政期间得到了切实贯彻，实现了辽代中兴之盛世，取得了风清政明的廉政实效。

**关键词**：辽圣宗　廉政建设　恤民　惩贪

辽朝计立九帝，践祚219年，辽圣宗在位49年，为辽代在位时间最长的皇帝。《辽史·圣宗纪》在《辽史》30卷本纪中独占8卷（第10～17卷）之巨，洋洋洒洒近四万言，堪与《贞观政要》的详尽相媲美。史载辽圣宗时期"国无幸民，纲纪修举，吏多奉职，人重犯法……诸道狱皆空；有刑措之风"①；盛赞其"理冤狱，举才行，察贪残，抑奢僭……令名无穷"②。这些评价绝非空穴来风，人们不禁问，一位辽代皇帝何以得到史家如此青睐？笔者以为，这与辽圣宗的廉政思想及其取得的实效密切相关。然

* 赵天宝，西南政法大学应用法学院副教授。主要研究方向为中国法律思想史、民族法。

① （元）脱脱等撰《辽史》卷61《刑法志》（上），中华书局，1974，第939～940页。

② （元）脱脱等撰《辽史》卷17《圣宗纪八》，第207页。

纵观当下关于辽圣宗的研究成果虽不少,[①] 但专门研究辽圣宗廉政的成果很少。[②] 是故，笔者欲进一步对辽圣宗的廉政思想与实践进行挖掘，以资当今借鉴。

## 一 辽圣宗廉政建设的主要举措

辽圣宗是辽代第六位皇帝，其在位期间也是辽代200余年统治中最繁荣的时期。史载圣宗："刑赏信必，无有僭差。抚柔诸番，咸有恩信。修睦宋朝，人使馈送，躬亲检校。"[③] 客观而言，这种盛世的形成因素可能很多，但辽圣宗丰富的廉政思想及取得的廉政实效无疑是最重要的原因。辽圣宗推行廉政建设的主要举措有以下几个方面。

### （一）崇俭禁奢，恤民为本

对于一个国家而言，廉则兴盛，腐则衰亡，这已是古今中外几千年历史证明的铁律。辽圣宗深明此理，深知官员用度奢侈、生活腐化是其腐败的前奏，故在其成年之初的991年七月，即诏令各级官员"禁奢侈"[④]，以保持官僚群体的节俭之风。为此辽圣宗率先垂范，"却高丽女乐之归"[⑤]，即拒绝高丽国献贡的美女歌妓，带头扼制生活上的奢腐。其后相继于997年三月，诏令免去边地兀惹乌昭度进贡的"鹰、马、貂皮"[⑥]；1003年十二月，诏

---

① 在CNKI网上，以"辽圣宗"为关键词进行搜索，共搜到306条文献，多为关于辽圣宗政治、经济、法律改革成果的论述。如刘肃勇《辽圣宗出兵高丽探析》，《东北史地》2008年第4期；崔岩勤《试析辽圣宗的对外政策》，《内蒙古师大学报》2000年第6期；张志勇《论辽圣宗时期的法制改革》，《辽宁工程技术大学学报》2005年第6期；武玉环《论辽圣宗的改革》，《史学集刊》1987年第4期；武玉环《辽代刑法制度考述》，《中国史研究》1999年第1期；黄吉连《辽圣宗改革促进农业发展和社会进步》，《中央民族学院学报》1991年第4期；黄凤歧《论辽圣宗时期政治经济的改革》，《社会科学辑刊》1992年第3期；王继忠《论耶律隆绪的准法同科的平法思想》，《安徽大学学报》1995年第5期；王新迎《从辽圣宗前期捺钵看南京城的职能与地位》，《首都师范大学学报》2004年第6期；等等。最后访问日期：2014年1月26日。

② 在CNKI网上仅查到1篇，且只有1页约1500字的篇幅。见肖文和《从辽圣宗的廉政想到的》，《黑龙江史志》1994年第5期。

③ （宋）叶隆礼：《契丹国志》，上海古籍出版社，1985，第72页。

④ （元）脱脱等撰《辽史》卷13《圣宗纪四》，第141页。

⑤ （元）脱脱等撰《辽史》卷17《圣宗纪八》，第207页。

⑥ （元）脱脱等撰《辽史》卷13《圣宗纪四》，第149页。

“罢三京诸道贡”[①]；1018 年十二月，诏“禁服用明金、缕金、帖金”[②]。这些诏令均是辽圣宗严加自律以防腐的具体举措。一方面以自身节俭示范天下，另一方面也减轻了地方诸道的负担，客观上减少了地方官吏取民过度行为的发生。同时，辽圣宗还累下诏令要求大小官吏及天下百姓“禁丧葬礼杀马，及藏甲、金银、器玩”[③]，“禁天下服用明金及金线绮”[④] 等，使之从生活上杜绝奢侈之风。诏令各级官吏：“当执公方，毋得阿顺。诸县令佐如遇州官及朝使非理征求，毋或畏徇。恒加采听，以为殿最。”[⑤] 即辽圣宗要求属下当为官清正，不得对上级阿谀奉承和唯上是从，以防横征暴敛，过度扰民。申言之，辽圣宗的这些诏令对于改变官员的奢靡之风，在全国形成崇俭禁奢的社会风气功不可没。

如果说辽圣宗要求官贵崇俭禁奢对抚恤百姓尚只起到间接作用的话，那么其释隶减税的诏令则是直接惠民的表现。首先，辽圣宗曾下诏释放部曲与奴隶，使之成为编户齐民，获得身份上的相对独立地位。如 995 年，诏令“诸道民户应历以来胁从为部曲者，仍籍州县”[⑥]；1012 年，“诏诸道水灾饥民质男女者，起来年正月，日计佣钱十文，价折佣尽，还其家”[⑦]；1013 年，诏“从上京请，以韩斌所括赡国、挞鲁河、奉、豪等州户二万五千四百有奇，置长霸、兴仁、保和等十县”[⑧]。辽圣宗释放部曲与奴隶，不仅大大解放了生产力，也体现了其恤民情怀，并在一定程度上加强了中央集权。其次，辽圣宗多次下诏减免百姓赋税，以缓和社会矛盾，促进农业生产。如 986 年，接受韩德让建议，诏“（逃民之地）募人收获，以其半给收者”[⑨]；989 年，诏“燕乐、富云二县荒地，许民耕种，免赋役十年”[⑩]；994 年，“诏定均税法”[⑪]；996 年，“以南京道新税法太重，减之”[⑫]；

---

① （元）脱脱等撰《辽史》卷 14《圣宗纪五》，第 159 页。
② （元）脱脱等撰《辽史》卷 16《圣宗纪七》，第 185 页。
③ （元）脱脱等撰《辽史》卷 13《圣宗纪四》，第 142 页。
④ （元）脱脱等撰《辽史》卷 17《圣宗纪八》，第 197 页。
⑤ （元）脱脱等撰《辽史》卷 10《圣宗纪一》，第 112 页。
⑥ （元）脱脱等撰《辽史》卷 13《圣宗纪四》，第 146 页。
⑦ （元）脱脱等撰《辽史》卷 15《圣宗纪六》，第 172 页。
⑧ （元）脱脱等撰《辽史》卷 15《圣宗纪六》，第 173 页。
⑨ （元）脱脱等撰《辽史》卷 11《圣宗纪二》，第 124 页。
⑩ （元）脱脱等撰《辽史》卷 12《圣宗纪三》，第 135 页。
⑪ （元）脱脱等撰《辽史》卷 13《圣宗纪四》，第 145 页。
⑫ （元）脱脱等撰《辽史》卷 13《圣宗纪四》，第 148 页。

997 年，“募民耕滦州荒地，免其租赋十年”[①]；等等。如此重农恤民的政策，在历代统治者之中实属少见。最后，圣宗重视农业生产，多次诏令劝农耕植，并禁止诸官吏妨害农务。如 994 年七月，辽圣宗“遣使视诸道禾稼”[②]，辽圣宗专门派官吏到各地了解庄稼生长情况，这对于一位游牧民族出身的皇帝而言实属难能可贵。非但如此，辽圣宗还“诏诸道州劝农”[③]、“诏诸道劝民种树”[④]，并于 989 年下诏“禁牧伤禾稼”[⑤]、“禁部从伐民桑梓”[⑥]，996 年又诏“诸军官毋非时畋猎妨农”[⑦]。由此可以看出，辽圣宗是从禁止官吏扰农、害农和鼓励百姓耕种两个方面双管齐下进行农业管理的，是故收到了良好的效果。农民耕种的积极性得到了提高，官吏的贪欲行为亦得到抑制，国家经济实力同时得到增强，实属一举三得的廉政之举。

### （二）任贤去邪，以廉为准

先秦法家集大成者韩非子曾言：“明君治吏不治民。”[⑧] 唐太宗亦云：“为政之要，唯在得人。”斯言甚诚。若要为政清明，善于用人乃是根本之策。辽圣宗对此亦是心知肚明，其在用什么样的人与如何选拔人才上颇有建树，为其执政时期廉政的成功奠定了基础。辽圣宗的用人举措主要有以下两点。

一是用人以廉为准。辽圣宗的用人标准是德才兼备，尤重于德。在其执政之初的 933 年，就“下诏谕三京左右相、左右平章事、副留守判官、诸道节度使判官、诸军事判官、录事参军等，当执公方，毋得阿顺。诸县令佐如遇州官及朝使非理征求，毋或畏徇。恒加采听，以为殿最”[⑨]。此段史料中的“两毋”原则即闪烁着辽圣宗廉政思想的光芒，即要求京官“毋得阿顺”主上，要求地方官“毋或畏徇”上级，要为官刚直无私、清正廉明，

---

① （元）脱脱等撰《辽史》卷 13《圣宗纪四》，第 149 页。
② （元）脱脱等撰《辽史》卷 13《圣宗纪四》，第 145 页。
③ （元）脱脱等撰《辽史》卷 13《圣宗纪四》，第 146 页。
④ （元）脱脱等撰《辽史》卷 13《圣宗纪四》，第 149 页。
⑤ （元）脱脱等撰《辽史》卷 12《圣宗纪三》，第 134 页。
⑥ （元）脱脱等撰《辽史》卷 12《圣宗纪三》，第 133 页。
⑦ （元）脱脱等撰《辽史》卷 13《圣宗纪四》，第 148 页。
⑧ （战国）韩非：《韩非子·外储说右下》，张觉校注，兵麓书社，2006，第 472 页。
⑨ （元）脱脱等撰《辽史》卷 10《圣宗纪一》，第 112 页。

敢于抵制上级的“非理征求”。此条诏令也确实得到了贯彻，如史料记载：“以太师柘母迎合，挞之二十。”[①] 994 年，辽圣宗又“诏州县长吏有才能无过者，减一资考任之”[②]，此处的“无过”即是辽圣宗重视官吏德行的表现，官吏“有才无过”则可以缩短一年考核期限以利提前晋升。1026 年，辽圣宗“诏北南诸部廉察州县及石烈、弥里之官，不治者罢之。诏大小职官有贪暴残民者，立罢之，终身不录；其不廉直，虽处重任，即代之；能清勤自持者，在卑位亦当荐拔；其内族受贿，事发，与常人所犯同科”[③]。此段史料彰显了辽圣宗反腐倡廉的决心与胆识，即对于“贪暴残民”和“不廉直”之人，给予免职之罚，前者更是被剥夺了以后任官的资格；对于收受贿赂者，即使是契丹亲贵，也要绳之以法；而对于“清勤自持者”则委以重任。如“严州刺史李寿英有惠政，民请留，从之”[④]。作为一位封建皇帝而能倾听民众呼声，可见其用人有方，从而达到君臣“同心辅政，整析蠹弊，知无不言，务在息民薄赋，以故法度修明，朝无异议”[⑤] 的廉政实效。

二是选人不拘一格。“非我族类，其心必异”[⑥]，被历代统治者奉为圭臬，辽代耶律氏政权的前几代统治者亦不例外，军政大权多为契丹人把持。此种情势至辽圣宗执政之后则为之一变。辽圣宗选拔人才打破了部族的限制。如 984 年，“划离部请今后详稳（理事官）止从本部选授为宜，上曰：‘诸部官惟在得人，岂得定以所部为限。’不允”[⑦]。不仅如此，辽圣宗选官亦敢打破民族的限制，不拘一格地选用汉人、渤海人等。1030 年，辽圣宗“诏渤海旧族有勋劳材力者叙用”[⑧]。同时，辽圣宗从 988 年始就大力施行科举制度，使科举取士制度在辽代形成定例。如汉人张俭“统和十四年，举进士第一……累迁同知枢密院事……左丞相，封韩王”[⑨]；史赞张俭“宗九流百氏之指归，达三纲五常之要道。正气袭物，直躬律人。

---

① （元）脱脱等撰《辽史》卷 12《本纪》，第 95 页。

② （元）脱脱等撰《辽史》卷 13《圣宗纪四》，第 144 页。

③ （元）脱脱等撰《辽史》卷 17《圣宗纪八》，第 200 页。

④ （元）脱脱等撰《辽史》卷 13《圣宗纪四》，第 139 页。

⑤ （元）脱脱等撰《辽史》卷 79《室昉传》，第 1271 ~ 1272 页。

⑥ （春秋）左丘明：《左传·成公四年》，（清）阮元校刻，中华书局，2009，第 4128 页。

⑦ （元）脱脱等撰《辽史》卷 10《圣宗纪一》，第 113 页。

⑧ （元）脱脱等撰《辽史》卷 17《圣宗纪八》，第 206 页。

⑨ （元）脱脱等撰《辽史》卷 80《张俭传》，第 1277 页。

清白为基，门无悖入之货，公成是隧，朝有穆如之风”[①]，成为辽代著名的清官。又如1006年，有22人科举及第，“杨佶进士第一”[②]。有学者考证，辽代进士考试计53次，[③] 辽圣宗时期就有29次，占一半有余。[④] 再如为萧太后和辽圣宗宠信的汉人韩德让更是权倾朝野，“重厚有智略，明治体，喜建功立事……拜大丞相，进齐王，总二枢府事……赐姓，出宫籍，隶横帐季父房后，乃改赐今名，位亲王上……”[⑤]。非但如此，辽圣宗对待宋朝的降将士人亦能择才用之。如宋将王继忠归降辽国后，“授户部使……开泰五年，为汉人行宫都部署，封琅邪郡王。六年，进楚王，赐国姓”[⑥]。又如989年，“宋进士十七人携家来归，命有司考其中第者，补国学官，余授县主簿、尉”[⑦]。由此可见辽圣宗的用人度量，其不拘一格地选拔官吏，不仅打破了契丹贵族对权力的垄断，强化了自身统治，而且调动了汉族和其他民族士人的积极性，从而实现了辽代中兴的盛世，收到了“纲纪修举，吏多奉职”[⑧] 的廉政效果。

### （三）准法同科，立法预腐

俗话说，没有规矩，不成方圆。一个国家若要推行廉政，必须注重建章立制，让权力的行使有一定的边界。辽圣宗对立法防腐非常重视，史载“帝壮，益心国事，锐意于治。当时更定法令凡十数事，多合人心，其用刑又能详慎”[⑨]。具体言之，辽圣宗主要通过以下几项立法措施来预防官员腐败。

其一，改“贵贱异法”为一视同仁。这主要是针对官僚贵族与普通百姓同罪异罚而进行的法制改革。1011年，圣宗下诏：“以旧法，宰相、节度使世选之家子孙犯罪，徒杖如齐民，惟免黥面，诏自今但犯罪当黥，即准法

① 陈述辑校《全辽文》卷6《张俭墓志铭并序》，中华书局，1982，第128页。
② （元）脱脱等撰《辽史》卷89《杨佶传》，第921页。
③ 朱子方：《辽代进士题名录》，《黑龙江文物丛刊》1983年第4期。
④ 张志勇：《辽代选任官吏的方式考述》，《东北史地》2004年第8期。
⑤ （元）脱脱等撰《辽史》卷82《耶律隆运传》，第1289～1290页。
⑥ （元）脱脱等撰《辽史》卷81《王继忠传》，第1284～1285页。
⑦ （元）脱脱等撰《辽史》卷12《圣宗纪三》，第134页。
⑧ （元）脱脱等撰《辽史》卷61《刑法志上》，第940页。
⑨ （元）脱脱等撰《辽史》卷61《刑法志上》，第939页。

同科。”[1]“准法同科”即不论贵贱，犯罪一律同罚，这在“刑不上大夫”的时代确属一个创举，且规定官贵犯罪同受肉刑和侮辱刑齐备的黥面之刑，这对官贵有极大的威慑力。1026年，辽圣宗又诏：“朕以国家有契丹、汉人，故以南、北二院分治之，盖欲去贪枉，除烦忧也；若贵贱异法，则怨必生。夫小民犯罪，必不能动有司以达于朝，惟内族、外威多恃恩行贿，以图苟免，如是则法废矣。自今贵戚以事被告，不以事之大小，并令所在官司按问，具申北、南院覆问得实以闻，其不按辄申，及受请托为奏言者，以本犯人罪罪之。”[2] 辽代为了更好地处理汉人与契丹人的矛盾，实行了南院管理汉人诉讼、北院管理契丹人诉讼的南北分治之策，目的是“汉儿公事皆须体问南朝法度行事，不得造次举止”[3]，以维持辽国统治的稳定。但是好的规定未必能得到一个完美的结果，南北分治导致的“贵贱异法”“贵贱异罚”的情形非常突出，是故才有此“准法同科”诏令的出台。这在一定程度上纠正了官贵与平民同罪异罚的不平等之规定。

其二，变“同罪异论”为契汉如一。这主要针对契丹与其他民族间的法律适用不均之情形。由于辽朝系契丹贵族所建，故曾规定：“番民殴汉人死者，偿以牛马；汉人（殴番民）则斩之，仍没其亲属为奴婢。”[4] 为了改变这种民族不平等的规定，辽圣宗执政时将其改为“契丹及汉人相殴至死，其法轻重不均，至是一等科之”[5]。994年，辽圣宗又诏：“契丹人犯十恶者依汉律。”[6] 此诏令主要是为了打击契丹官贵危害统治的行为，以防止其为非作歹、贪暴百姓。这种“契汉如一”的刑法诏令大大缓和了民族矛盾，体现了民族平等和贵贱平等的精神，并对预防官贵腐败起了重要作用。

其三，变轻重不均为“重轻适宜”。这主要针对官吏滥用刑罚和法不宜时的情形。对于旧法处罚过重的，辽圣宗予以改革。如1019年，“以窃盗赃满十贯，为首者处死，其法太重，故增至二十五贯，其首处死，从者决流”[7]，这就减轻

① （元）脱脱等撰《辽史》卷61《刑法志上》，第939页。
② （元）脱脱等撰《辽史》卷61《刑法志上》，第940页。
③ （宋）叶隆礼：《契丹国志》卷7，第73页。
④ （清）厉鹗：《辽史拾遗》卷17，中华书局，1985。
⑤ （宋）李焘：《续资治通鉴长编》，宋真宗大中祥符二年，中华书局，2004，第63页。
⑥ （元）脱脱等撰《辽史》卷13《圣宗纪四》，第145页。
⑦ （元）脱脱等撰《辽史》卷61《刑法志上》，第939页。

了对盗窃罪的刑罚。1027 年又诏令中外大臣："制条中有遣阙及轻重失中者，其条上之，议增改焉。"① 这是通过立法来消除法律适用中的用法不均。在具体的司法运行中，辽圣宗也注重及时纠正用法不均的案例，以收到良好的司法效果。如"五院部民偶遗火，延及木叶山兆域，亦当死，杖而释之，因著为法"②，这是辽圣宗改重为轻的案例。类似的还有辽圣宗接受大臣阿没里的建议，废除了连坐法："自今，虽同居兄弟，不知情者免连坐。"③ 又如"敌八哥始窃蓟州王令谦家财，及觉，以刃刺令谦，幸不死。有司拟以盗论，止加杖罪……（圣宗）以情不可恕，论弃市"④，这是辽圣宗改轻为重的案例。原因无非失火系过失偶犯，而盗财致伤人命则危害极重，故方有此罚，也体现了圣宗"锐意于治"的目的。"重轻适宜，是以示训。"⑤ 此外，辽圣宗还严格打击用法酷吏，如"五院部民有自坏铠甲者，其长佛奴杖杀之，上怒其用法太峻，诏夺官。吏以故不敢酷"⑥。质言之，无论是变重为轻还是变轻为重，抑或是打击酷吏，辽圣宗都是为了"重轻适宜"，既可获取民心，又可抑制司法腐败和官吏贪暴，从而达到示训后人的治理目标。

### （四）严格监察，不避亲贵

廉政是反腐与倡廉的珠联璧合。如果说前述的崇俭禁奢、任贤去邪和准法同科主要是为了倡廉——预防腐败的话，那么严格监察则主要是为了惩治腐败。一手抓倡廉，一手抓反腐是辽圣宗的廉政理念，也是其廉政实践。辽圣宗主要从以下两个方面进行严格监察以打击贪官污吏。

一是"察贪酷"。这主要针对那些残暴虐民、贪赃枉法的官吏。1026 年，辽圣宗诏令大小官吏"有贪暴残民者，立罢之，终身不录；其不廉直，虽处重任，即代之；……其内族受贿，事发，与常人所犯同科"⑦。即对于那些贪虐官吏，无论其职位多高，一旦发现当即罢免，甚至终身不用。

---

① （元）脱脱等撰《辽史》卷 61《刑法志上》，第 940 页。
② （元）脱脱等撰《辽史》卷 61《刑法志上》，第 939 页。
③ （元）脱脱等撰《辽史》卷 79《耶律阿没里传》，第 1275 页。
④ （元）脱脱等撰《辽史》卷 61《刑法志上》，第 939～940 页。
⑤ （元）脱脱等撰《辽史》卷 61《刑法志上》，第 940 页。
⑥ （元）脱脱等撰《辽史》卷 61《刑法志上》，第 936 页。
⑦ （元）脱脱等撰《辽史》卷 17《圣宗纪八》，第 200 页。

如身居同中书门下平章事的刘六符“尝受宋赂……出为长宁军节度使”[1]，刘六符即因受贿被贬官削爵。又如司法官耶律勃古哲因枉法裁判而被处以杖刑：“（勃古哲）曲法虐民者，按之有状，以大杖决之。”[2] 再如辽圣宗“以公主赛哥杀无罪婢，驸马萧图玉不能齐家，免去平章事的官职，降公主为县主，削图玉平章政事”[3]。赛哥乃辽圣宗耶律隆绪的庶出女儿，只因杀了一个女奴隶，违背了“主非犯谋反大逆及流死罪者，其奴婢无得告首，若奴婢犯罪至死，听送有司，其主无得擅杀”[4] 之诏令，就被降为县主，而驸马也因不能治家而遭连带降职免相的处罚。辽圣宗真可谓惩暴不避亲贵，为整个辽代所罕见，可见其执法惩暴之严。

二是“决滞狱”。这主要针对司法腐败的情形。辽代地方司法官吏无太大判决权，需要层层上报裁断，加上吏治败坏，经常形成滞狱，导致百姓怨声载道。辽圣宗为了解决滞狱问题，多次亲自录囚，还多次派大臣分决地方滞狱。有学者统计，辽圣宗在位期间，“决滞狱有 14 次之多”[5]，可见其对司法进行监察的重视。史载辽圣宗本人经常“亲为录囚。数遣使诣诸道审决冤滞，如刑抱朴之属，所至，人自以为无冤”[6]；又逢“北院奏南京疑狱久不决，帝召韩八驰驿审录，举朝皆敬。韩八置情处理，人无冤者”[7]。由于朝廷重视，加上辽圣宗用人得当，收到了“南京及易、平二州以狱空闻……诸道皆狱空，有刑措之风焉”[8] 的决狱效果，有效地打击了司法腐败。

## 二　辽圣宗廉政建设成功的原因

客观而言，辽圣宗耶律隆绪在位期间，“理冤滞，举才行，察贪残，抑奢侈”[9]，廉政建设成效显著。究其原因，主要有三。

---

① （元）脱脱等撰《辽史》卷 86《刘六符传》，第 1323 页。
② （元）脱脱等撰《辽史》卷 82《耶律勃古哲传》，第 1293 页。
③ （元）脱脱等撰《辽史》卷 15《圣宗纪六》，第 179 页。
④ （元）脱脱等撰《辽史》卷 61《刑法志上》，第 939 页。
⑤ 张志勇、李春凌：《辽代法制建设的成效与借鉴》，《北方文物》1998 年第 4 期。
⑥ （元）脱脱等撰《辽史》卷 61《刑法志上》，第 931 页。
⑦ （元）脱脱等撰《辽史》卷 91《耶律韩八传》，第 1361 页。
⑧ （元）脱脱等撰《辽史》卷 61《刑法志上》，第 940 页。
⑨ （元）脱脱等撰《辽史》卷 17《圣宗纪八》，第 207 页。

第一，前代之鉴。辽圣宗耶律隆绪系辽代第六位皇帝，从辽太祖耶律阿保机建国起算已历75年。尽管辽太祖和辽太宗采用“因俗而治”的政策促进了辽代封建化的进程，但到辽世宗时期已呈衰落之势，辽世宗时“变起沉缅”①，继位五年就遇弑身死。继辽世宗之后的辽穆宗更是有过之而无不及，史载其“荒耽于酒，畋猎无厌。赏罚无章，朝政不视，而嗜杀不已”②，甚至连《新五代史》上也载其“畋猎好饮酒，不恤国事，每酣饮，自夜至旦，昼则常睡，国人谓之‘睡王’”③。辽穆宗耶律璟的荒诞行径和倒行逆施导致辽朝内外交困，社会危机日甚一日，汉民、汉官纷纷归附宋朝，最终自己也为近侍所杀。辽景宗继位后，虽“景宗在僭，已鉴其失”④，但总体来讲廉政成效不大。吸取前车之鉴，尤其是辽世宗与辽穆宗的败亡教训以振兴辽王朝，正是辽圣宗推行廉政建设的不竭动力。故辽圣宗能更为深刻地认识到禁奢侈、开科举、平法令、恤百姓、察贪酷等廉政措施的重要性并身体力行，从而实现了辽代中兴。

第二，家教熏陶。不可否认，家庭对一个人的成长影响甚巨，父母是人生中最重要的老师之一，辽圣宗耶律隆绪也不例外。辽圣宗的成长受其母萧太后影响极深。983年，年仅12岁的耶律隆绪即皇位，即“梁王隆绪嗣位，军国大事听皇后命”⑤。由此可见其母萧绰的政治才能。史载“后明达治道，闻善必从，故群臣咸竭其忠。习知军政……赏罚信明，将士用命。圣宗称辽盛主，后教训为多”⑥。此段史料同时说明辽圣宗廉政思想的形成与萧太后严格的家庭教育息息相关。不唯如此，辽圣宗成年后，其母萧太后唯恐其生于帝王之家，形成骄奢淫逸之习，依然管教甚严，使其养成崇俭戒奢的品行。对辽圣宗取府库中之物品，太后“必诘其所用，赐及文武僚属者，允之，不然不与”⑦。同时对辽圣宗的食用亦严加管理，“御服，御马皆太后检校焉”⑧，使其在日常生活中注重节俭。对于辽圣宗的不当及过错行为，太后轻则斥骂，重则杖打，以规制作为仁君的警戒。如太后归政之前，

① （元）脱脱等撰《辽史》卷5《世宗纪》，第66页。

② （元）脱脱等撰《辽史》卷7《穆宗纪下》，第87页。

③ （宋）欧阳修撰《新五代史》卷73《四夷附录》，中华书局，1974，第904页。

④ （元）脱脱等撰《辽史》卷61《刑法志上》，第938页。

⑤ （元）脱脱等撰《辽史》卷9《景宗下》，第105页。

⑥ （元）脱脱等撰《辽史》卷71《后妃传》，第1202页。

⑦ （宋）叶隆礼：《契丹国志》卷7《圣宗天辅皇帝》，第71页。

⑧ （宋）叶隆礼：《契丹国志》卷7《圣宗天辅皇帝》，第71页。

“帝既不预朝政，纵心弋猎，左右狎邪与帝为笑谑者，太后知之，重行杖责，帝亦不免诟问”[①]。再有“或宫女谗帝，太后信之，必庭辱帝”[②]，这种严厉的家庭教育看似有点过分，但却让辽圣宗深知为政不易、治国更难的道理。而辽圣宗也能闻过则改，“每承顺，略无怨辞”[③]，铸就了其为政清廉、谨慎的品质与度量，为其后来的虚心纳谏、闻善必从的廉政思想奠定了基础。

第三，个人禀赋。在萧太后的严格家教下，辽圣宗耶律隆绪“幼喜书翰，十岁能诗。既长，精射法，晓音律，好绘画”[④]，可以说具有文治武功之才。史载“帝性英辨多谋，神武冠绝。游猎时，曾遇二虎方逸，帝策马驰之，发矢，连殪其二虎。又曾一箭贯三鹿。至于道释二教，皆洞其旨。律吕音声，特所精彻”[⑤]。圣宗不仅能文善武、技压群雄，而且积极学习汉文化，变法图强。史载辽圣宗“好读唐贞观事要……尝云：‘五百年来中国之英主，远则唐太宗，近则今宋太祖、太宗也’”[⑥]，并命令马德臣“录其行事可法者进之”[⑦]。这充分表明了辽圣宗欲成为一圣君明主的雄心壮志。辽圣宗在萧太后崩殁之后，为其守孝三年且并未立即改元也彰显了其学习汉文化、锐意改革的决心与信心，当群臣要求“古之帝王，以日易月，宜法古制”时，帝曰：“吾契丹主也，宁违古制，不为不孝人。”[⑧]当然这也大力推行了孝文化在契丹的传播。此外，辽圣宗还严格要求自己与亲族节俭、谨慎与忠孝。辽圣宗一向严于律己，素不贪财恋物。史载圣宗对“诸道所献珍奇，一无所取，皆让其弟”[⑨]。辽圣宗也曾告诫诸侄：“汝勿以材能凌物，勿以富贵骄人，惟忠惟孝，保家保身。”[⑩]由此看来，辽圣宗廉政建设的成功与其个人的品质与卓越的才能以及过人的魄力等个人禀赋密切相关。

---

① （宋）叶隆礼：《契丹国志》卷7《圣宗天辅皇帝》，第71页。
② （宋）叶隆礼：《契丹国志》卷7《圣宗天辅皇帝》，第71页。
③ （宋）叶隆礼：《契丹国志》卷7《圣宗天辅皇帝》，第71页。
④ （元）脱脱等撰《辽史》卷10《圣宗纪一》，第107页。
⑤ （宋）叶隆礼：《契丹国志》卷7《圣宗天辅皇帝》，第72页。
⑥ （宋）叶隆礼：《契丹国志》卷7《圣宗天辅皇帝》，第71页。
⑦ （元）脱脱等撰《辽史》卷80《马德臣传》，第1279页。
⑧ （宋）叶隆礼：《契丹国志》7《圣宗天辅皇帝》，第72页。
⑨ （宋）叶隆礼：《契丹国志》7《圣宗天辅皇帝》，第71页。
⑩ （宋）叶隆礼：《契丹国志》7《圣宗天辅皇帝》，第73页。

## 三 结语

史赞耶律隆绪“践阼四十九年，理冤滞，举才行，察贪残，抑奢僭，录死事之子孙，振诸部之贫乏，责迎合不忠之罪，却高丽女乐之归。辽之诸帝，在位长久，令名无穷，其唯圣宗乎！”① 尽管史家这种评论对辽圣宗可能有溢美之词，但其所创造的风清政明、以狱空闻的辽代中兴之盛世却是不容否认的客观事实。这也恰恰能够侧证辽圣宗廉政建设的成功及实效。

On the Practice of Liao Shengzong's Clean Government

*Zhao Tianbao*

**Abstract**: It is closely related with the suitable measures of implementation for the success of Liao Shengzong's honest construction. Liao Shengzong takes the lead by advocating thrift and pitying the people. He also adheres to the official selection road as honesty to promote clean wind in both inside and outside the court. Finally, he insists on strict supervision to prevent and control officers' corruption. Liao Shengzong's thought of punishing corruption with both hands is effectively implemented in the ruling period and obtains practical results of clean government.

**Keywords**: Liao Shengzong; Construction of Clean Government; Pitying the People; Punishing Corruption

① （元）脱脱等撰《辽史》卷17《圣宗纪八》，第207页。

# 试探权利的实践性起源

## ——以权利斗争精神为核心

朱　俊*

**内容摘要**：古希腊、古罗马关于权利起源的历史表明，斗争是权利精神的表达。权利从一个阶段发展到另一个阶段，离不开权利人的不懈斗争。权利的斗争精神对当代中国而言意义重大，不仅是中国公民已经从斗争中获得了权利，还在于更多的权利保障仍需要持续不断的斗争，并且是通过法治的渠道去实践的斗争。

**关键词**：权利　斗争　实践　古希腊　古罗马

## 一　引言

权利有三种存在形式，即应有权利、法定权利和实有权利，[①] 分别对应权利落实的不同阶段。应有权利的出现，意味着权利人权利意识的觉醒，表明某种利益或主张应当得到法律保障的要求出现，在概念的意义上被人们提了出来，从而在学术的意义上探讨权利的正当性和立法的可能性。法定权利意味着国家法律对应有权利要求的回应，确定在法律上保障该利益或主张，以国家强制力为后盾保障其实现。实有权利则意味着权利人的利益或主张得到了满足，或者说权利人从主张该项权利中实现了权利意志。

---

* 朱俊，法学博士，重庆大学法学院讲师，主要研究方向为近现代法学理论，侧重于法治与权利理论研究。

① 李步云：《论人权的三种存在形态》，《法学研究》1991 年第 4 期。

必须注意的是，权利从一个阶段发展到另一个阶段，即从无中发展出应有权利、从应有权利到法定权利、从法定权利到实有权利的三个阶段，并不是一帆风顺的，需要权利人的不懈斗争。质言之，权利意志的实现伴随着权利人持续不断的斗争，斗争就是权利意志中“意志”力量的呈现，它是权利精神的表达。事实上，权利与斗争之间的关系，在权利起源的历史中早就已经显现出来了。

## 二 古希腊权利的实践性起源

希腊本土是一个半岛，被海湾以及高山分隔成了许多彼此几乎隔绝的小区域，又有爱琴海和爱奥尼亚海上的诸多岛屿，把希腊半岛、小亚细亚、意大利连接起来，使得在海上航行的船只可以通过肉眼所见的岛屿来指示航程，非常有利于海上文明的发展。希腊冒险家在远古时期以劫掠为生。克里特在公元前2000多年前建立了第一个海上霸权，其文明从克里特扩展到希腊本土和爱琴海上诸岛屿，似乎都是海外移民的结果。在多利安人入侵希腊之后，海外的移民进程加快，多利安人加入了这支队伍。希腊入侵各海岛，几乎没有遭到强烈的抵抗；又由于替代赫梯的弗里吉亚远在小亚细亚，且势力还不强，距离海岸较远，给希腊的海外殖民带来了有利的环境。由于希腊移民团体成员并不多，他们一方面必须防御土著人的报复，另一方面还必须防御不时发生的海盗劫掠，因而他们必须筑城聚居。此外，他们还是地中海的商人，以追求利润为目标，需要不断地开辟新商路、新市场和新原料来源地，因而不断在新地方建立商站，为保护这些商站，人们也必须筑城聚居。这种状况与希腊本土有一个根本区别，即本土居民世代居于乡村，城堡只是王的宫室所在，只是他们预警避难的场所，因而有贵贱的区分。但在殖民地，由于一开始就是筑城聚居，因此贵贱之分已然不存在。并且，这些希腊人具有冒险家的气质，习惯了自由，执掌过殖民地的最高权力，因此，很难再回到本土去当臣民。故希腊的殖民地发展遵循“分裂繁殖”模式，同母邦之间可能还会因为利益而大打出手。[①] 质言之，古希腊世界的城邦都是独立的政治实体，它们之间可能因为短暂的关系和地区优势使一个城邦臣

① 顾准：《顾准文集》，中国市场出版社，2007，第34~46页。

服于另一个城邦，但这种关系也仅仅是进贡金钱等物或缔结强迫性的军事联盟，它们在理论上仍是自治的，即能够制定自己的法律和政策。①

由于古希腊的殖民地是自治的，因此，人们摆脱了血缘关系，建立了以契约为基础的政治关系。从某种意义上讲，这是冒险家移民海外的必然结果。因为筑城聚居的共命关系——保卫生命和财产需要互相合作，不同种族开始大混合，导致原始社会制度萎缩，新的社会制度开始形成。由于他们之间的关系起源于海上的"同舟共济"，发展于筑城聚居的共命关系，同伴的感情超过了血缘的感情，选择可靠领袖的习惯代替了传统习惯，开始从王政向"权门政治"演变，并发展出了"主权在民"的直接民主形式。② 在古希腊神话中，以宙斯为首的奥林匹斯众神也是一个具有民主倾向的血亲氏族社会，折射出希腊的民主氛围。③ 因此，无论是在王政还是在"权门政治"中，冒险家的气质、商人的气质、"同舟共济"的精神、共命关系的精神都始终存在，即殖民城邦始终存在潜在的民主主义者。换言之，在希腊城邦中，只存在贵族与平民之间的阶级矛盾。

而在古希腊的雅典城邦，这种存在于整个希腊世界的民主氛围最终演变成了直接民主政体。此时，制定法有崇高的地位，它是公元前 5 世纪时的希腊与蛮夷的邻邦区别开来的显著标志。古希腊人将制定法视为法律有效的表现形式和唯一渊源。按修昔底德笔下的斯巴达流亡国王德马瑞特斯的话说，"尽管自由，但不是在一切方面都自由；他们有一个叫做法律的主人，他们对这个主人的敬畏甚至超过你的臣民对你的敬畏"④。这里，有两点需要解释：一是制定法地位的形成问题，二是法律与自由的关系问题。

制定法的地位如此之高，是因为：从商业的角度讲，商业的发展需要确定的规则来保障交易的进行及其纠纷的解决；从殖民地筑城聚居的共命关系角度讲，既然血缘关系已经萎缩，新的政治规则就必然是建立在非血缘的基础之上，即便城邦的建立者是王室成员，也不过是贵族中的一员，如此的做法仍属贵族政治——权门政治。这里的政府机构主要是议事会，它或者是贵族的核心集团，或者是整个特权公民。⑤ 因此，既然政治不是一个人说了

---

① 〔爱尔兰〕凯利：《西方法律思想简史》，王笑红译，法律出版社，2002，第 3 页。

② 顾准：《顾准文集》，第 55 页。

③ 张烁：《权利话语的生长与宪法变迁》，中国社会科学出版社，2011，第 41 页。

④ 〔爱尔兰〕凯利：《西方法律思想简史》，第 9 页。

⑤ 顾准：《顾准文集》，第 51 页。

算，议事会就必然有规则，制定法就是其成果。按德·罗米利的看法，古希腊在公元前5世纪和前4世纪的文学传统已经表明，它存在一种“普适法律的观念，公民可以通过法律给予他们自己秩序和自由，并从中期待秩序和自由。甚至在那时，自由就被他们定义为对法律的遵守”①。因此，古希腊的制定法为其城邦政治提供了确定的框架，为自由的出现奠定了制度基础。而无论是德马瑞特斯还是德·罗米利的话，都表明古希腊的自由是由法律来保障的，这种关系的出现经历了一个过程。兹以雅典为例。

在英雄时代，雅典还是一个氏族部落社会，有四个氏族部落，通过公民大会、公民议事会和王实现政治统治。在其内部经济发展和进一步分工后，氏族成员很快杂居起来，严重扰乱了氏族机构的正常运作，导致了管理危机的出现。② 这是贵族与平民的危机。于是，出现了提修斯的改革。提修斯设立了一个中央管理机关——总议事会，并将雅典公民不以氏族为单位分为贵族、农民和手工业者三个阶级，赋予贵族公职独占权。③ 这一改革为雅典政治的发展奠定了基础，未来的政治矛盾正是在此基础上产生的。

随着时间的推移，贵族执政并没有解决贵族与平民之间的矛盾，反而因贵族对公职的独占而加重了，特别是在司法领域，贵族随意按照自我意愿理解和适用习惯法，导致了司法的专横。围绕土地矛盾展开的平民抗争，要求制定成文法以限制贵族的权力滥用。公元前621年，德拉古当选执政官，开始将雅典习惯法成文化。此时，德拉古仅仅是成文化习惯法，一方面满足了平民的要求，另一方面却是在限制贵族司法权的基础上维护了贵族利益。正因为如此，随着雅典工商业的继续发展，平民与贵族之间的矛盾再次激化。

在当时，雅典的土地贵族在工商业城邦及其豪华的僭主宫廷影响下，加大了对农民的剥削，最有效的剥削形式就是高利贷。通过高利贷，雅典农民世代相传的土地成了债务抵押品，这种抵押包含着流押条款——如果农民不出款赎回，则土地归债权人所有；还出现了人身担保条款，这导致债务奴役的盛行。而在库隆暴动到公元前6世纪初的时间里，雅典从麦加拉手里夺回了萨拉米，并导致了麦加拉僭主政治的倒台，使得雅典商人能够到黑海、埃及和塞浦路斯经商，但这进一步导致了平民对雅典城邦秩序的不满；而德拉

① 〔爱尔兰〕凯利：《西方法律思想简史》，第10页。

② 张中秋：《中西法律文化比较研究》，中国政法大学出版社，2006，第21页。

③ 《马克思恩格斯选集》第4卷，人民出版社，2012，第124～125页。

古立法对高利贷和贵族地位的确认并没有消弭这种平民暴动或僭主政治出现的危机，雅典的阶级矛盾一触即发。[①] 此时的雅典急需一位“民选调解官”来调停这对立阶级的矛盾，以稳定雅典秩序。公元前 594 年，雅典城邦的商业贵族梭伦当选执政官，他颁布了一系列改革措施。他通过颁布“解负令”，废除了奴隶的一切债务；以财产多寡重新划分公民等级，目的是废除贵族世袭特权；新设陪审法庭和四百人会议等国家机构；禁止输出谷物等以鼓励工商业发展；废除德拉古立法并改革婚姻家庭和继承法，缓和了雅典的阶级矛盾。

梭伦改革推动了雅典经济的继续发展，但经济发展并没有缓和雅典内部贵族与平民之间的矛盾。一方面，大量的雅典公民虽然有公民权，但却不属于任何血缘团体，这意味着氏族、胞族、部落已不适于作为政治集团；另一方面，贵族想夺回他们以前的特权，党派斗争持续不断。[②] 此时，克里斯提尼又进行了改革。他根据地域重新划分了居民，创设了五百人议事会，确立了“贝壳放逐法”，为雅典确立了主权在民、轮番而治的民主传统。在伯利克里提出取消官职任职财产限制、推动公民大会成为最高权力机关、实行官职津贴制改革之后，雅典民主正式确立。[③]

在提修斯、德拉古、梭伦、克里斯提尼、伯利克里改革之时，雅典城邦普遍存在的是贵族和平民之间的矛盾。雅典城邦的自治和商业发展，平民的实力不断增强，并与贵族的矛盾不断加深，导致贵族和平民形成了雅典城邦两大势均力敌的阵营。在制定法地位崇高的前提下，雅典城邦开始了自我调整。按照恩格斯的解释，“这个社会陷入了不可解决的自我矛盾，分裂为不可调和的对立面而又无力摆脱这些对立面。而为了使这些对立面、这些相互冲突的经济利益得到解决，不致在无谓的斗争中把自己和社会消灭，就需要有一种表面上驾于社会之上的力量，这种力量应当缓和冲突，把冲突保持在‘秩序’的范围以内；这种……力量，就是国家”[④]。质言之，雅典城邦通过改革这种自我革命的方式实现了自身的秩序重构。这种秩序重构，实际上在古希腊的神话中都有所体现，即古希腊神话的神系发展过程就是一种不间断

---

① 顾准：《顾准文集》，第 93 页。

② 《马克思恩格斯选集》第 4 卷，第 112 ~ 113 页。

③ 何勤华主编《外国法制史》，法律出版社，2011，第 52 ~ 55 页。

④ 恩格斯：《家庭、私有制和国家的起源》，《马克思恩格斯选集》第 4 卷，第 166 页。

发挥效用的自我否定，神的儿子对神的统治的否定与反叛，且这种反叛行为没有与道德范畴联系。[①] 这表明古希腊对否定与反叛行为有较高的接受程度。而事实上，在雅典城邦，它的固有政治框架为这种带有否定与反叛精神的改革提供了可能，即城邦的自治与议事会为雅典解决阶级矛盾提供了可能。既然城邦不能被摧毁，因为这种摧毁会毁灭平民与贵族自身，他们就不得不妥协。而既定的政治框架提供了妥协的契机，且提修斯、德拉古、梭伦、克里斯提尼、伯利克里又非常出色地完成了任务，使雅典城邦重新获得了秩序和自由。此时，作为一种秩序和自由的权利出现于雅典。当然，这只是一种不成熟的政治权利萌芽。

## 三　古罗马权利的实践性起源

公元前 4 ~ 前 3 世纪的罗马由弱到强，成为意大利半岛上的强势国家，其发展模式是通过联盟而与相邻民族建立关系网、建立殖民地和定居地，不断扩大罗马的公民数量。在此过程中，罗马没有试图建立统一的地方政府、司法机构及宗教，在公民权问题上相对慷慨，只是在有民族试图背叛联盟时通过战争予以镇压。[②] 换言之，由罗马城发展到罗马世界，扩张的是罗马的性格。而罗马的政权形式经历了王政、共和制和君主制三个阶段，其法律在共和时期获得了极大发展，皇帝查士丁尼只不过是将之系统化为了法典而已。质言之，从权利的角度讲，罗马法上的权利是在共和国时期兴起的。

共和国时期的罗马，其特权和权力由元老院垄断。元老院最开始是一个由大家族族长所组成的机构，成员全都是上层贵族，后来包括执政官在内的卸任高级官员也能够补充进去。[③] 元老院享有事实上的立法权。因为罗马的民众大会并不能讨论、创设或修正议案，只是对执政官提出的议案做出接受或拒绝的表示，而执政官在此之前已经征得了元老院的同意。[④] 执政官通常情况下都不反对元老院的集体智慧，最多只是在可以说服同僚一起行动的前

① 张烁：《权利话语的生长与宪法变迁》，第 42 页。

② 〔爱尔兰〕凯利：《西方法律思想简史》，第 38 ~ 39 页。

③ 孙万仓：《共和末期罗马元老院的演变》，硕士学位论文，华中师范大学，2009，第 7 页。

④ 〔爱尔兰〕凯利：《西方法律思想简史》，第 40 页。

提下为某一目的才会去反对。执政官有两名，是通过选举产生的任期一年的行政官员，执行由全体公民组成的民众大会通过的法律，且相互之间有否决的权力。而民众大会有三种，公民按照不同的单位形成投票团体，包括库利亚民众会议、部落民众会议、百人团民众会议，前两种会议以地域为基础，后一种以财富为基础，且以某种方式同军事组织联系。①

在罗马共和国，早期主要是内部政治斗争，在贵族与平民两大阶级之间展开；后期则将主要精力放在了领土扩张方面。而就罗马的权利起源而言，主要集中在共和国早期。

共和国时期的罗马，平民是有阶层的。李维认为，罗马的每个阶层选两个保民官，可能是按财产划分为五个阶层。② 罗马第六任王塞尔维乌斯·图利乌斯就按财产将罗马公民分为五个等级。③ 因此，罗马平民是相对于贵族而言的，他们自身贫富不一，各有诉求。在每个阶层都能选出两个保民官的制度当中，罗马平民中的领袖确实也需要锻炼组织与动员等能力。而罗马的贵族来自元老的后代、合法子女——在汹涌的移民潮中能够说出自己父亲名字者、像父亲一样保护低贱者的重要且有影响的公民。在共和国早期，所有官职都只能由贵族担任，贵族可以任意占有所有公地，还不得与平民通婚。④ 与此同时，平民却要承担各种义务，如纳税、服兵役等，他们为国家提供了大量的税收，并以自备武器的方式成为罗马军队不可替代的核心。⑤ 因此，贵族有欺凌平民的可能与必然，而这又必然引发后者的反抗，即后来持续两个世纪的平民与贵族斗争。平民要求在政治上获得选举权和被选举权，在经济上取消贵族特权、参与公地分配、废除债务奴役制。⑥ 而公元前6世纪以来，罗马平民人口已经超过贵族，这使他们在斗争中可以居于有利地位，采取非暴力不合作的手段，即罗马史上的五次平民撤离运动。

---

① 〔英〕巴里·尼古拉斯：《罗马法概论》，黄风译，法律出版社，2004，第5~8页。

② 〔古罗马〕提图斯·李维著，〔意〕桑德罗·斯奇巴尼选编《自建成以来》（1~10卷选段），王焕生译，中国政法大学出版社，2009，第111页。

③ 转引自徐国栋《论罗马平民争取权利的非暴力不合作斗争——对平民的五次撤离的法律解读》，《清华法学》2013年第3期。

④ 徐国栋：《论罗马平民争取权利的非暴力不合作斗争——对平民的五次撤离的法律解读》，《清华法学》2013年第3期。

⑤ 沈汉：《西方国家形态史》，甘肃人民出版社，1993，第18页。

⑥ 高克冰：《全览罗马平民反对贵族斗争——解析罗马共和国早期反对贵族斗争的根源、过程、特点》，《首都师范大学学报》（社会科学版）2011年增刊。

公元前495年，执政官普布流斯·塞尔维流斯（Spurius Servilius）为应对战争而采取暂停债务法的措施，但战争胜利后，和平又把这些人带回到监狱当中，这给平民带来极大的痛苦。[①] 次年，战争再次爆发，平民拒绝征兵。而曼纽斯·瓦雷流斯（Manius Valerius）当选独裁官，平民敬畏独裁官，且相信瓦雷流斯有同情心，遂入伍参战。战争胜利后，瓦雷流斯将变法提案提交元老院，但遭到拒绝。这引发了平民的严重不满。平民采取和平撤离罗马的方式抵抗，即武装的平民撤离到距离罗马5千米的圣山，威胁在此建筑新城。十几天后，罗马城因为没有武装平民而失去了大部分军事力量，城内平民又害怕贵族泄愤到他们这些人身上，贵族担心城内平民加入撤离运动当中去。[②] 双方举行了谈判，元老院让步而接受平民请愿：同意停止债务法的实施，加强殖民地的基础，赦免被军事誓约约束的平民，允许平民选举自己的保民官，承认其人身不可侵犯。[③] 公元前493年，罗马通过了“神圣约法”，设立了保民官，开辟了罗马法上的反高利贷传统。

第二次撤离运动发生在公元前448年。在公元前451年，迫于平民压力，共和国成立了十人委员会起草成文法。此时，罗马进入了十人独裁的非常状态，即不得对他们的决定上诉、取消保民官。委员会在一年内就完成了习惯法的成文化工作，但为了补充，在次年又新设立了十人委员会与之一起工作。在这两年中，阿庇尤斯·克劳丢斯（Appius Claudius）是首领。当时，他爱恋一位名叫维吉尼娅（Virginia）的平民姑娘——其父路求斯·维尔吉纽斯（Lucius Virginius）是一个百人团团长，并且将她许配给了前保民官路求斯·伊其流斯。在维吉尼娅拒绝克劳丢斯的引诱后，克劳丢斯指示门客诬陷她是克劳丢斯奴隶的女儿，是在被盗后走进维尔吉纽斯的家中。承审员按照克劳丢斯的意见做出了判决，其父也不能挽救，她的自由之路只有死路一条。[④] 此事引发了平民的愤怒，他们全体撤离了罗马城，并占领了阿文蒂努斯山，选举了保民官，要求首先恢复保民官的权力，并不得伤害参与此次撤离运动的平民。元老院再次与平民谈判，但十人委员会拒

① 〔德〕特奥多尔·蒙森：《罗马史》第2卷，李稼年译，商务印书馆，2004，第25页。

② 胡玉娟：《罗马平民问题的由来及研究概况》，《史学月刊》2002年第3期。

③ 〔俄〕科瓦略夫：《古代罗马史》，王以铸译，上海书店出版社，2007，第85页。

④ 转引自徐国栋《论罗马平民争取权利的非暴力不合作斗争——对平民的五次撤离的法律解读》，《清华法学》2013年第3期。

绝在完成立法任务前辞职。于是平民从阿文蒂努斯山移师圣山，表明其撤离决心。元老院感到压力极大，而十人委员会不得不宣布从属于元老院。[①] 至此，第二次撤离运动目标达成，《十二铜表法》也顺利颁布。

第三次撤离运动发生在公元前 445 年，其成果是允许贵族与平民通婚，并允许军事保民官从平民中选任。第四次撤离运动发生在公元前 342 年，其成果是《关于放债的格努求斯法》的颁布。其法规定禁止放债，违者以公犯论处；禁止有人在 10 年内担任同一官职；禁止一人在同一年内担任两种官职；可以选举两个平民出身的执政官。第五次撤离运动发生在公元前 287 年，其成果是《关于平民会议决议的沃尔滕修斯法》的颁布，承认平民会议决议具有约束罗马公民的法律效力。[②] 这标志着平民与贵族之间权利的相对平等。

在这五次撤离运动中，平民与贵族势均力敌。在平民团结而勇敢，且其领袖具有优秀的组织动员能力与执行能力的情况下，双方斗争只能以谈判妥协的方式收场，既挽救了罗马共和国，又成功实现了平民的意愿。平民意愿的实现，是在 200 年的斗争中推进的，是缓慢而坚定地完成的。换言之，平民意愿的实现过程，就是其政治权利与经济权利产生的过程。

## 四 权利起源及其斗争精神

权利在古希腊、古罗马的政治中生成，在斗争中诞生。但这种斗争生产且再生产权利的方式，只在古代世界的这两个地方出现，自有其特殊性。

其一，特殊的权利文化。权利哲学在古希腊时期即已经萌芽。“无论是柏拉图、亚里士多德还是其他思想家，基本上都是在德性的范畴中论证权利的正当性。他们认为，权利正当性的依据在于它指向至善，指向城邦的本性，即指向人是政治动物的完善形态——城邦及其公共利益。柏拉图强调灵魂的第一位，亚里士多德强调城邦的至善，《安提戈涅》和《利西翠妲》强调将平等之正义的观念扩展到性别领域以主张女性参政对于城邦完善的重要

① 〔意〕弗朗切斯科·德·马尔蒂诺：《罗马政制史》，薛军译，北京大学出版社，2009，第 232 页。

② 徐国栋：《论罗马平民争取权利的非暴力不合作斗争——对平民的五次撤离的法律解读》，《清华法学》2013 年第 3 期。

性，古希腊的哲学著作都强调城邦本性对于权利正当性的本源性意义。简言之，权利的正当性在于它有助于人的完善，指向城邦的至善本性。”[①] 而这种权利哲学在古罗马时期通过斯多葛学派得到了进一步的发展。首先，斯多葛学派将宇宙秩序理性化，认为人是宇宙自然的一部分，本质上也是一种理性动物，在服从理性命令的过程中根据符合自身本性的法则安排生活。其次，斯多葛学派认为理性作为一种宇宙秩序的内容，是法律与正义的基础。[②] 最后，作为斯多葛学派传承人的西塞罗对之进行了更加深入的探讨。他认为，真正的共和国必须有一个能产生和谐的政府，它只有在国家成为人民事务的真正代表时，即国家根据法律把人民团结起来时，才能够实现和谐。质言之，共和国的和谐是尊重社会中各群体、各阶级的差异，如同音乐一般实现和谐；同时，法律保护所有人的平等权利，将正义作为其目标。因为法律是一种自然力量，是正义的源泉，是宇宙中基本对错观念的反映。他赞同亚里士多德的观点，人是政治的动物，真正的共和国是好人之美德与好公民之美德的一致，公共责任优先于家庭责任。[③] 总之，在重述古希腊的权利哲学中，古罗马的权利实践由其指导。

其二，特殊的政治环境。在制度方面，无论是古希腊的城邦自治、民主倾向及其制定法的崇高地位，还是古罗马的世袭元老院、团体民众大会、选举执政官，都为贵族与平民的斗争提供了政治框架，使其有条件通过斗争与妥协来实现政治的变革。在阶级实力方面，古希腊的平民与贵族有着特殊的共命关系，且随着工商业的发展，平民阶级的地位日益重要，执政官必须在平民同意的情况下当选，他必须协调双方的矛盾；古罗马的平民人数超过了贵族，且武装平民是罗马军事力量的重要组成部分，在有组织、有纪律的撤离罗马运动当中，元老院不得不接受平民的主张，以保证罗马共和国的稳定。

其三，领袖的优秀策略。在古罗马，德拉古在平民反对氏族贵族操纵司法的斗争中当选执政官，将习惯法成文化，一方面在一定程度上限制了贵族的司法专横，满足了平民的正义要求；另一方面又只是成文化习惯法，并没

---

① 朱俊：《权利德性说初探——兼谈中国德性思想的权利生长》，未刊稿。

② 〔美〕E·博登海默：《法理学——法律哲学与法律方法》，邓正来译，中国政法大学出版社，2004，第16~17页。

③ 〔美〕唐纳德·坦嫩鲍姆、戴维·舒尔茨：《观念的发明者——西方政治哲学导论》，叶颖译，北京大学出版社，2008，第88~93页。

有过多损害贵族利益，实质上是维护了贵族利益。德拉古以成文化习惯法的方式回应了当时的矛盾。梭伦在平民反对债务奴隶制的呼声中当选，“解负令”一方面废除了奴隶的一切债务，另一方面又并未重新分配土地，贵族的优越经济地位并未受到毁灭性打击，且鼓励其投资工商业，为工商业发展以及无地公民提供了就业机会；以财产多寡划分公民等级，固然是金钱而非民主政治，但在当时却满足了工商业阶层的政治要求，在赋予公民在公民大会上发言、表决、选举权利的同时也满足了其政治要求，且未在很大程度上损害贵族利益，相对平衡了各方需求。而克里斯提尼、伯利克里改革也有类似的策略。而在罗马，其五次撤离运动，都离不开平民领袖的组织与动员，在与元老院谈判过程中，既要提出平民的主张，又要与元老院据理力争，还要保护参与撤离运动的平民未来的安全，充分体现了他们的组织能力、动员能力、谈判技巧和前瞻性眼光。当然，这些具有丰富政治经验的领袖，实际上是古希腊、古罗马特殊政治法律环境的产物。

这种权利产生的斗争模式，带给权利特殊的文化基因。耶林喊出了为权利而斗争的口号，马克思提出了阶级斗争以实现无产阶级权利社会的主张。

在耶林看来，法并非学术上的抽象物，情感是法力量的心理源泉，而这种法情感根源于法，是斗争而来的，即法的目标是和平，而实现和平的手段是斗争，斗争是法的生命。[①] 而从私权角度看，“个人权利就是法本身，对前者的侵害或主张也同时是对后者的侵害或主张”[②]。质言之，个人权利来自斗争，斗争是权利的生命。“不能认真看待权利，就不能认真的看待法律；要认真的看待法律，就必须认真看待权利。权利只能由权利主体所拥有，唯有当权利主体真正存在有权利意识时，才能达到用法律去维护权利。为权利而斗争，就是为法治而斗争。”[③]

在马克思看来，人权是北美人、法国人在反封建斗争中发现并争取来的。[④] 人权就像其他权利一样，固然是社会生产力发展的结果，根源于物质的生活关系，但它的出现并非上天主动赋予或来自统治阶级的恩赐，而是必须通过斗争争取。阶级斗争只不过是无产阶级争回人权的无奈举措。“事

① 刘丹丹：《法感情是法力量的源泉——基于耶林〈为权利而斗争〉的文本分析》，《黑龙江省政法管理干部学院学报》2015 年第 2 期。

② 〔德〕鲁道夫·冯·耶林：《为权利而斗争》，胡宝海译，中国法制出版社，2004，第 60 页。

③ 郭道晖：《为权利而斗争就是为法治而斗争》，《政治与法律》1997 年第 6 期。

④ 《马克思恩格斯全集》第 1 卷，人民出版社，1956，第 436 页。

实，那个吸人膏血的东西，‘在还有一块肉、一根筋、一滴血可以让它吸取的时候’，也绝不会放手。为了要在这条害人的毒蛇面前‘保卫’自己，工人们必须把他们的头聚在一起，作为一个阶级，争取到一个国家法律，一个非常有力的社会保障，不让自己通过自由同资本缔结契约，而在死亡和奴隶的状态下，出卖自己和自己的家人。”① 换言之，阶级斗争是无产阶级实现权利的最终方式，即斗争是权利实践的根本途径。

## 五　权利斗争精神在当代中国的意义

权利经斗争而来，对当代中国而言意义重大。从权利存在的过程来看，知识产权、环境权、民生权等在学术层面的探讨日益增多，这些新兴权利的内涵、边界不断取得学界共识；与此同时，知识产权、环境权、民生权等作为新兴的权利类型（或政策）亦不断得到立法层面的承认，在执法和司法层面的保障力度亦不断增大，权利的斗争精神正逐渐被国人所认识、所实践。

在立法层面，孙志刚之死引发了广泛舆论关注，在学者与各界人士的不断批评与呼吁下，《城市流浪乞讨人员收容遣送办法》在运行 20 多年后终于被废止。《物权法（草案）》于 2005 年公开征求社会意见的过程中收到公民意见 11543 件，更有学者以公开信的形式表示该草案涉嫌违宪，导致该草案部分条文大修，迟至 2007 年才获得通过，成为全国人大立法史上迄今审议次数最多（7 次）的法案。立法公开征求意见，公民通过现代通信方式表达意见，已成为中国权利法制定过程中的一个重要环节。在此过程中，我们看到公民的权利意识觉醒与权利斗争行动的日益成熟。一方面，面对假冒伪劣产品有王海敢于打假，面对天价“X”（诸如虾、鱼等）等公民亦敢于维护自身合法权益。另一方面，根据最高人民法院 2014 年、2015 年工作报告，2013 年全国地方各级人民法院受理案例数量同比上升 7.4%，2014 年全国地方各级人民法院受理案件数量同比上升 10.1%，这表明我国公民通过司法渠道保障自身权利的做法越来越普遍。应当讲，通过斗争赢得并实现权利，我国公民已经初步实践了这一真理。

---

① 〔德〕马克思：《资本论》第 1 卷，郭大力、王亚南译，人民出版社，1963，第 313 ~ 314 页。

近年来，环境群体性事件多发，这是公众以环境权等权利为核心的非对抗性反对。兹以2013年的昆明反“PX”事件为例。2013年上半年，围绕Z集团建于昆明市区上风口的安宁市草铺工业园即将建成投产的石化项目，昆明市发生了一系列非对抗性的反对活动；且在2013年下半年后，该反对活动虽不见大规模的舆论传播，但转向少数公民与环境公益组织通过法律的继续抗争。首先，在长达几年的时间里，公众虽然对该项目的建设情况一无所知，但其他地方反对石化项目的抗争（厦门2007年，什邡2012年，启东2012年，镇海2012年）接连发生，以及其他地方的石化事故接连发生，一方面为昆明市民储备了环境权利意识，另一方面也为昆明市民普及了石化项目的客观危险。其次，2013年3月突然爆出草铺工业园石化项目即将投产，昆明市民意识到知情权遭到了侵犯，环境权利可能遭到侵犯。此间，关于石化项目的信息继续广泛传播，而本地的环保组织“绿色流域”“绿色昆明”首次现场调查了该项目。其中，“绿色流域”的结论是，该项目在建设过程中有信息披露不充分、侵犯公众知情权、非法开工、腾挪环境容量、缺乏省级规划环境影响评价等问题。进而导致昆明市民在2013年5月4日进行“广场集会”，以表达诉求。随后，昆明市政府在5月10日、13日组织了新闻发布会与恳谈会，对市民关心的问题进行了实质性沟通。然而，在进行恳谈会的同一天，云南省发改委官员在接受媒体采访中认为，该项目的环评报告有密级而不能公开，这与民众的法律认知不一致，激发了民众的不满。在此过程中，市民有关以安全、健康等为核心的环境权利意识不断深化，而以参与为核心的程序性权利意识亦不断扩展。在5月16日，昆明市民再次举行了“广场集会”，试图通过这种非对抗性的“斗争”赢得权利。然而，政府开始采取监控民众微博并大量删帖、管束公职人员、街头监控、口罩实名制等方式阻止民众集会。这阻止了民众权利意志的实现，但同时也使之意识到，权利意志需要在斗争中实现。此后，公众的抗争通过法律途径继续进行。6月，有环保组织向云南省环保厅和昆明市环保局就该石化项目递交信息公开申请。6月25日，该环评报告最终公开。随后多家环保组织对该报告进行研究，并认为该报告缺乏公众参与等问题，进而“自然之友”在8月25日向云南省政府申请行政复议。也有安宁市一市民起诉环保部。而最新动态则是环保部对该项目进行调查，认为“该项目建设内容发生重大变动，未重新报批环境影响评价文件，擅自开工建设”，向中石油云南石化有限公司下发了责令项目变动工程停止建设、罚款20万元的处罚通知。[①] 这些进展进一步强化了公众通过法律斗争实现权利意志的观念。在此事件中，首先，法律文本上的权利为斗争提供了法律理由；其次，政府或支持或反对的行动强化着民众通过斗争实现权利意志的观念，即成功则表明权利确实需要通过斗争来实现，失败则意味着需要更换斗争策略；最后，通过斗争实现权利的过程本身强化着民众的权利观念。

总之，从权利的实践角度讲，没有斗争就没有权利。权利并不会从天而降，并非谁的恩赐，而是作为主体的人所必需的一项生活条件，根源于人的社会性，但这种本源性并不意味着权利可以不劳而获。事实上，权利根源于人的社会性本身即说明了两点，一是权利为人所必需，二是权利是社会的产物。这意味着，作为社会产物的权利，是随着社会的发展变化而变化的，即权利是在社会变化过程中通过斗争争取来的。因此，斗争是权利实践的精神，我们需要权利即意味着我们必须为此而继续斗争。

## On Practical Origin of Rights

### —*Take the Spirit of the Struggle for Rights as the Core*

*Zhu Jun*

**Abstract**: The ancient Greek and Roman history about the origin of the rights to suggest that the struggle is the right to express spirit. The development of rights from one stage to another stage can not be fulfilled without unremitting struggles of the rights owners. The spirit of struggle for the rights is significant for contemporary China. It is meaningful that Chinese citizens have obtained the rights by struggle. More importantly, the more protections of the rights require constant struggles, and the struggles must be channeled through the practice of rule of law.

**Keywords**: Rights; Struggle; Practice; Ancient Greek; Ancient Roman

① 王启梁：《不信任背景下的权利意识生长》，《中国法律评论》2016年第2期。

# 论身份对唐代士大夫法律素养的影响

孙静蕊*

**内容摘要：**唐代科举始盛，然其对寒素阶层跻身士大夫行列的影响微乎其微，相反却为士胄之族世代延续政治生命提供了充足的便利，故而唐代士大夫仍多出自士族。家庭背景与幼年的成长环境对其知识的获得及法律观念的形成至关重要。他们大部分从幼年时期就开始接受国家规定的文学方面的教育与父祖言传身教的熏陶，并得以形成文法并行的知识结构，具备良好的法律素养。概括而言，家学之因袭、家风之浸润、家法之约束均对唐代士大夫的法律素养产生了十分重要的影响。

**关键词：**士大夫　法律素养　家学　家风　家法

魏晋六朝，国家权器悉付冠族，至于隋唐，选官仍多尚阀阅，这种风气到了晚唐也未能彻底扭转。科举制最初推行的300年里，对寒素阶层跻身士大夫行列的影响微乎其微，相反却为士胄之族世代延续政治生命提供了充足的便利。可以说，终唐一代，士大夫阶层都未能真正完成去贵族化。翻阅史书可知，在唐代，一个家族中，兄弟子侄并为进士在朝为官者，多达十数人。这种现象十分普遍，且这种家族通常又是累世而贵的郡望，山东著名的如博陵崔氏、清河崔氏、范阳卢氏、太原王氏、荥阳郑氏，关中著名的有河东柳氏、河东裴氏、京兆韦氏、京兆杜氏、弘农杨氏，江南著名的有吴姓顾氏、朱氏、张氏、陆氏等，侨姓如兰陵萧氏、琅琊王氏等。在这些家族里，

* 孙静蕊，法学博士，河南财经政法大学法学院讲师，研究方向为法史学，侧重于法律与文学的交叉研究。

通过科举、恩荫为官的多不胜数，而其余小姓自不待言。相较之下，出身寒庶之门的真是少之又少。在这样的背景之下，唐代国家主流意识层面的知识教育在统治阶层内部十分普遍且出现了世代相承的局面，并且明显优于普通的庶民阶层。掌握权力的士大夫群体大部分从幼年时期就开始接受国家规定的文学方面的教育与父祖言传身教的熏陶了。他们文法并重的知识结构除了来自儒家经典作品的训导外，也包括律法知识的获得。家庭背景与幼年的成长环境对其知识的获得及法律观念的形成至关重要。故而身份亦成为影响唐代士大夫法律素养的重要因素。

## 一　世尚阀阅：唐代所存士族政治的遗风

贞观六年，太宗以山东人士好自矜夸，虽复累叶陵迟，犹恃其旧地，女适他族，必多求聘财，甚伤教义，乃诏高士廉、韦挺、岑文本、令狐德棻等刊定姓氏，则天下谱牒，依史家传记，考究真伪，撰写《氏族志》。贞观十二年，初稿修成，以博陵崔干为第一。太宗览后颇为不悦，曰："我与山东崔、卢、李、郑，旧既无嫌，为其世代衰微，全无冠盖，犹自云士大夫，婚姻之间，则多邀钱币。才识凡下，而偃仰自高，贩鬻松槚，依托富贵。我不解人间何为重之？只缘齐家惟据河北，梁、陈僻在江南，当时虽有人物，偏僻小国，不足可贵，至今犹以崔、卢、王、谢为重。我平定四海，天下一家，凡在朝士，皆功效显著，或忠孝可称，或学艺通博，所以擢用。见居三品以上，欲共衰代旧门为亲，纵多输钱帛，犹被偃仰。我今特定族姓者，欲崇重今朝冠冕，何因崔干犹为第一等？昔汉高祖止是山东一匹夫，以其平定天下，主尊臣贵。卿等读书，见其行迹，至今以为美谈，心怀敬重。卿等不贵我官爵耶？不须论数世以前，止取今日官爵高下作等级。"[①] 于是乃以皇族为首，外戚次之，降崔干为第三，[②] 及书成，凡一百卷，诏颁于天下。这是唐代官方首次集中修订姓氏族谱，从表面上看，是为了使天下士族"识嫁娶之序，务合礼典"，实际上则具有更为深刻的政治目的与社会意义。

① （五代）刘昫等撰《旧唐书》，中华书局，1975，第2444页。

② 据《资治通鉴》太宗十二年春正月载："于是以皇族为首，外戚次之，降崔民干（即崔干）为第三。"

在李唐建祚的过程中，其所依靠的文武大臣大抵承袭西魏、北周及隋以来的世业，如宇文泰"关中本位政策"下所集结的关陇集团；[①] 在唐统一后不久，又吸引了北朝以来的山东士族，使唐室的统治在初建的环境中迅速稳定下来，故而唐初的贵族实际上是关陇与山东士族的调和物。[②] 而从社会影响上看，山东士族远超关陇集团，他们皆是地方郡望，实际上就是郡级的地方豪族。自北魏拓跋氏依靠他们建立国祚，他们便从社会领袖跨越为政治领袖，由地方进入中央，但又未放弃原有的地方根基，累世积淀下来，便成为政治、社会的双重贵族。在这个过程中，这些士族又以儒家经学为因袭之学业，以图子弟能恪守礼法，具孝友之德行，因为这对家族团结、绵延而言至关重要。当然，这也使得他们拥有良好的文史知识与礼仪教养。故而钱穆先生认为，这种世代因袭的家教最终形成了两种效果，前一项表现，则成为家风；后一种表现，则成为家学。[③] 而陈寅恪先生亦认为："夫士族之特点既在其门风之优美，不同于凡庶，而优美之门风，实基于学业之因袭。"[④] 此外，他们还通过联姻的方式，彼此交融，盘根错节，连为一体，成为统治者不可忽视的政治、社会势力。以至于到了唐代，政治官职已然不是他们最主要的标志，恰如陈寅恪所言，"山东士族之所以兴起，实用儒素德业以自矜异，而不因官禄高厚见重于人。降及唐代，历年虽久，而其家风礼法尚未有尽沦替者"[⑤]。其高贵的血统与优美的门风受到当世的追捧，遂出现"全无冠盖"人仍竞附为婚的情景。

那么，我们再回来论及贞观十二年的这场《氏族志》降崔氏族等的事件，其目的便可窥知了。诚如太宗自己所说："我今特定族姓者，欲崇重今朝冠冕。"他的意思是十分明确的。据《新唐书·柳冲传》记载："山东之人质，故尚婚娅，其信可与也；江左之人文，故尚人物，其智可与也；关中之人雄，故尚冠冕，其达可与也；代北之人武，故尚贵戚，其泰可与也。"[⑥] 可见，关陇士族与山东士族评判高门的条件是完全不同的。如此，太宗想通

① 陈寅恪：《隋唐制度渊源略论稿·唐代政治史述论稿》，商务印书馆，2011，第 202 页。

② 参见〔日〕布目潮沨《隋唐史研究——唐朝政权的形成》附篇《唐初的贵族》，《东洋史研究丛刊》之二十，京都大学文学部出版，1968。

③ 此说见于钱穆《略论魏晋南北朝学术文化与当时门第之关系》，《新亚学报》第 5 期，第 54 页。内容转引自毛汉光《中国中古社会史论》，上海书店出版社，2002，第 86 页。

④ 陈寅恪：《隋唐制度渊源略论稿·唐代政治史述论稿》，第 202 页。

⑤ 陈寅恪：《隋唐制度渊源略论稿·唐代政治史述论稿》，第 267 页。

⑥ （宋）欧阳修、宋祁撰《新唐书》，中华书局，1975，第 5679 页。

过修订《氏族志》的方式，提高本朝之冠冕、外戚及皇族的地位，抑制士族之势力便可以理解了。他提出的标准“不须论数世以前，止取今日官爵高下作等级”，便是仅仅按照官职的品级来评定士族的优劣。按照这种标准，在唐开国的过程中，立下累累功勋的关陇士族以及其中出身寒微的草庶大臣的地位都得以提升。当然这种标准也不会被山东士族所接受，故而博陵崔干虽为四品黄门侍郎，仍居第三等，太宗皇帝并没有完全实现自己的主张。贞观《氏族志》实际上是太宗与山东士族妥协的产物。

那么它产生的社会效果究竟如何呢？首先，就嫁娶之序而言，据《新唐书·高俭传》记载：“其后矜尚门地，故《氏族志》一切降之。王妃、主婿皆取当世勋贵名臣家，未尝尚山东旧族。后房玄龄、魏徵、李勣复与婚，故望不减。”[①] 也就是说，除了皇族之外，其他士大夫与山东士族的通婚依旧如常，旧望仍居高门，受人重视。及至高宗朝，李义府为子求婚不得，乃奏请七姓十家为禁婚家。时为高宗显庆四年，若《新唐书·高俭传》记载：“诏后魏陇西李宝，太原王琼，荥阳郑温，范阳卢子迁、卢浑、卢辅，清河崔宗伯、崔元孙，前燕博陵崔懿，晋赵郡李楷，凡七姓十家，不得自为昏。”[②] 诏书虽下，但也未起到太大作用。据《太平广记》引《国史纂异》记载：“高宗朝以太原王、范阳卢、荥阳郑、清河博陵二崔、赵郡陇西二李等七姓，其族望，耻与诸姓为婚，乃禁其自相姻娶，于是不敢复行婚礼，密装饰其女以送夫家。”[③] 这些家族甚至还引以为荣，自言“禁婚家”，身价益贵，而依旧互相通婚不绝。若代宗时李华所写《唐赠太子少师崔公神道碑》中载：“神龙中申明旧诏，著之甲令，以五姓婚媾，冠冕天下，物恶大盛，禁相为姻……士望四十四人之后，同降明诏，斯可谓美宗族人物而表冠冕矣！……山东士大夫以五姓婚姻为第一。”[④] 朝廷禁婚的诏令被视为变相的旌表，可见即使是到了神龙年间，禁婚家仍有崇高地位。

而他族修婚姻尚阀阅的例证更是数不胜数。譬如《隋唐嘉话》载：“薛中书元超谓所亲曰：‘吾不才，富贵过分，然平生有三恨：始不以进士擢第，不得娶五姓女，不得修国史。’”[⑤] 薛元超位极人臣，所尚乃巢剌王李

---

① （宋）欧阳修、宋祁撰《新唐书》，第 3842 页。

② （宋）欧阳修、宋祁撰《新唐书》，第 3842 页。

③ （宋）李昉撰《太平广记》，中华书局，1961，第 13772 页。

④ （清）董诰编《全唐文》，中华书局，1983，第 3230 页。

⑤ （唐）刘餗撰：《隋唐嘉话》，中华书局，1979，第 28 页。

元吉女和静县主，犹因没有娶到五姓女子而抱憾，可知当时人们将五姓女子看得比皇族还要高贵。又如《新唐书·李日知传》载："日知贵，诸子方总角，皆通婚名族。"[①] 李日知天授年间为司刑丞，以刚正著称，可见其子皆通婚名族，非是趋附，而是社会风尚使然。又如《南部新书》中载："吉顼之父哲，为冀州长史，与顼求娶南宫县丞崔敬女，崔不许，因有故胁之。花车卒至，崔妻郑氏抱女大哭曰：'我家门户底，不曾有吉郎。'女坚卧不起。小女自当，登车而去，顼后入相。"[②]《南部新书》乃宋人所作，由此例可知唐宋门第观念的分野。吉哲为子求卑官崔敬之女，崔氏嫌弃吉氏门户低微，以至于婚礼当天，母女抱头痛哭，终不肯嫁，而小女儿比较明理，代姊登车而去，后来吉顼官拜相位。宋人遂表露出为长女扼腕之意，可知在宋代是以官阶论门第的，可是在唐代却并非如此。前面已经提到，唐之阀阅是累世而积的高门，并且以礼法门风见重于世，吉氏父子不仅门户低微，且为求婚而不择手段，毫无道德可言，这等行止，崔氏自然是看不上的。[③] 而这种观念不仅仅存在于士族之间，即便皇族亦不能免。譬如开成初，文宗欲以真源、临真两位公主嫁士族，谓宰相曰："民间修昏姻，不计官品而上阀阅，我家二百年天子，顾不及崔卢耶?"[④] 又如《唐语林》引《卢氏杂说》记："文宗为庄恪太子选妃，朝臣家子女悉令进名，中外为之不安。上知之，谓宰臣曰：'朕欲为太子求汝郑间衣冠子女为新妇，扶出来田舍齁齁地，如闻朝臣皆不愿与朕作亲情，何也？朕是数百年衣冠，无何神尧打朕家事罗诃去！'"[⑤] 陈寅恪先生考证此处宰相为郑覃，据《新唐书·郑覃传》载："覃清正退约，与人未尝串狎。位相国，所居第不加饰，内无妾媵。女孙适崔皋，官裁九品卫佐，帝重其不昏权家。"[⑥] 可知，郑覃宁愿将孙女嫁与九品门佐郎崔皋，也不愿让其为太子妃。开

---

① （宋）欧阳修、宋祁撰《新唐书》，第 4242 页。

② （宋）钱易撰《南部新书》，黄寿成校，中华书局，2002，第 107 页。

③ 又如《唐语林》中引《金华子》记："崔程，清河小房也，世居楚州宝应县，号八宝崔氏……程累郡无政绩，小杜相闻程之诸女有容德，致书为其子让能娶焉。程初辞之，谓人曰：'崔氏之门，若有一杜郎，其何堪矣。'而杜相坚请不已，程不能免，乃于宝应诸院取侄娣嫁之。其后让能贵，为国夫人，而程之女不显。"与上例同证。此时已至晚唐，阀阅之见，仍是如此。

④ （宋）欧阳修、宋祁撰《新唐书》，第 5206 页。

⑤ （宋）王谠撰《唐语林校证》，周勋初校证，中华书局，1987，第 368 页。

⑥ （宋）欧阳修、宋祁撰《新唐书》，第 5068 页。

成初，距贞观《氏族志》颁行恰好200余年，唐太宗欲崇本朝皇族、冠冕、外戚的目的似乎完全没有实现。及至宣宗，夺婚卢氏，[①] 而君臣翁婿皆深以为恨。到了晚唐，帝王权力仍不及士族的社会势力，这便是极好的例证。可见，唐太宗修《氏族志》的另一目的，欲抑士族之势力亦没有实现。[②]

高宗永徽之际，科举始盛，其面向的对象理论上包括社会各阶层的人士，但是山东、关中乃至江南的士族凭借其累世而积的家学素养，迅速跻身朝堂，得以文进。故而科第出身者，士族占据了大多数。及武后秉政，大崇文章之选，自西魏、北周、隋、唐初将相旧家之尊位，逐渐被这些士族所取代，故而在整个士大夫阶层中，士族亦占大多数。尽管这些士族内部又有新的变化，即陈寅恪先生之谓“新旧阶级之嬗变”，但这并不影响整个阶层成分的构成，这一点将在下文论述。总之，唐太宗欲崇今朝冠冕、抑士族之势力的目的并没有实现。而在此后很长一段时间，高门的士族不仅在政治上掌握国家权器，在社会上的影响亦没有衰减，门第郡望观念深入人心，直至唐末，这种局面也没能改变。在此聊举数例以证之。譬如《旧唐书·崔湜传》中言：“湜美姿仪，早有才名，弟液、涤及从兄涖并有文翰，居清要，每宴私之际，自比东晋王导、谢安之家。谓人曰：‘吾一门及出身历官，未尝不为第一。丈夫当据要路以制人，岂能默默受制于人也！’”[③] 崔湜以自己出身高贵，与诸兄弟皆居清要，于是自比王谢，其观念可知矣。又如《旧唐书·韦陟传》中言：

---

① 据《东观奏记》载：“万寿公主，上女，钟爱独异。将下嫁，命择郎婿。郑颢，相门子，首科及第，声名籍甚，时婚卢氏。宰臣白敏中奏选尚主，颢衔之，上未尝言。大中五年，敏中免相，为邠宁都统。行有日，奏上曰：‘顷者，陛下爱女下嫁贵臣，郎婿郑颢赴婚楚州，会有日，行此郑州，臣堂贴追回，上副圣念。郑颢不乐国婚，衔臣入骨髓，臣在中书，颢无如臣何；去玉阶，必媒孽臣短。死无种矣。’”

② 事实上，太宗之后，高宗、中宗、玄宗、肃宗、德宗、宪宗、文宗朝都曾集中修订过姓氏族谱，除了高宗朝的《姓氏录》按照“皇朝得五品官者皆升士流”的标准修订，故而当时士人将此书蔑称为《勋格》，鉴于其中所收录的有些家族十分寒微，天下望门都以被列入《姓氏录》为耻。至中宗时，柳冲在《贞观氏族志》的基础上，修《姓族氏录》，据《册府元龟》中记载：“依据《氏族志》重加修撰，仍取其高名盛德，素业门风，国籍相传，士林标准。”标准转而以“高名盛德，素业门风”为先，俨然与太宗时以官阶计门阀的标准截然不同了，及至德宗贞元时柳芳论氏族，序四姓，士族仍以山东为先，其时势可知矣。

③ （五代）刘昫等撰《旧唐书》，第2628~2959页。

> 陟字殷卿，代为关中著姓，人物衣冠，弈世荣盛。安石晚有子，及为并州司马，始生陟及斌，俱少聪敏，颇异常童。陟自幼风标整峻，独立不群，安石尤爱之……陟门地豪华，早践清列，侍儿阉阍，列侍左右者十数，衣书药食，咸有典掌，而舆马僮奴，势侔于王家主第。自以才地人物，坐取三公，颇以简贵自处，善诱纳后进，其同列朝要，视之蔑如也。[①]

韦陟出身京兆韦氏，宰相韦安石之子，属关中世族。在唐近300年间，韦氏人才辈出，多列清要，仅官至宰相者就有16人，[②] 与京兆杜氏齐名，故当时有谚语曰："京兆韦杜，去天五尺。"[③] 故而韦陟"自以才地人物，坐取三公"，其观念亦可知了。

又如《新唐书·张九龄传》中记，玄宗将以凉州都督牛仙客为尚书，张九龄坚决反对，又欲赐实封，九龄亦反对。帝怒，曰："岂以仙客寒士嫌之邪？卿固素有门阅哉？"[④] 皇帝能有此说，可见当时任官多阀阅的风尚已经深入人心了。又如《新唐书·李揆传》中言：

> 李揆，字端卿，系出陇西，为冠族，去客荥阳。祖玄道，为文学馆学士。父成裕，秘书监。揆性警敏，善文章。开元末，擢进士第，补陈留尉……未卒事，拜中书侍郎、同中书门下平章事，修国史，封姑臧县伯。揆美风仪，善奏对，帝叹曰："卿门地、人物、文学皆当世第一，信朝廷羽仪乎！"故时称三绝。[⑤]

陇西李氏本系望族，唐皇室即出身于此，故肃宗赞叹李揆门地为当世第一，虽有自我肯定之嫌，然郡望之念终是深入其心。又如《新唐书·崔珙传》中言："崔珙，其先博陵人，父颋，官同州刺史，生八子，皆有

① （五代）刘昫等撰《旧唐书》，第2958～2959页。

② 据《新唐书·宰相世系表》表末曰："韦氏宰相十四人。"但实际上，表中所列是16人，分别是韦弘敏、韦方质、韦待价、韦巨源、韦温、韦思谦、韦承庆、韦嗣立、韦安石、韦处厚、韦见素、韦执谊、韦贯之、韦保衡、韦贻范、韦昭度。

③ 岑仲勉先生考证此句出自《三秦记》。

④ （宋）欧阳修、宋祁撰《新唐书》，第4428页。

⑤ （宋）欧阳修、宋祁撰《新唐书》，第4807～4808页。

才，是以拟汉荀氏‘八龙’……诸崔自咸通后有名，历台阁藩镇者数十人，天下推士族之冠。”[①] 时世推崇如此。又如《唐国史补》中言：“李稹[②]，酒泉公义琰侄孙，门户第一，而有清名。常以爵位不如族望，官至司封郎中、怀州刺史，与人书札，唯称陇西李稹而不衔。”[③] 其重族望若此。

又如《封氏闻见记》中记：

> 著作郎孔至，二十传儒学，撰《百家类例》，品第海内族姓，以张燕公说为近代新门，不入百家之数。驸马张垍，燕公之子也，盛承宠眷。见至所传，谓弟埱曰：“多事汉，天下族姓何关尔事，而妄为升降！”埱素与至善，以兄言告之。时工部侍郎韦述，谙练士族，举朝共推。每商榷姻规，咸就资访。至书初成，以呈韦公，韦公以为可行也。及闻垍言，至惧，将追而改之，以情告韦，韦曰：“孔至休矣！大丈夫奋笔将为千载楷则，奈何以一言而自动摇。有死而已，胡可改也！”遂不复改。[④]

孔至撰写的《百家例类》，在唐代谱学著作中尤其称工。[⑤] 其不崇张说这样的新贵家族，其原因大抵亦与当时人心皆向旧望有关。据《唐会要·氏族》中所记：“其序旨曰：‘以其婚姻承家，冠冕备尽，则存谱。大谱所纪者，唯尊官清职，传记本源。分为十卷，爰列百氏。其中须有剖析，各于当族注之，通为百氏。以陇西李氏为第一。’”[⑥] 可见，在该书中，除了以皇族所在的陇西李氏为第一之外，其他的标准皆符合山东旧望之士林传统，此时为开元元年，旧望阀阅的影响力由此可窥一斑。另外，除孔至外，唐代精通谱学的人物颇多，前期有路敬淳、李守素；中期有柳冲、韦述、李公淹、萧颖士、殷寅；[⑦] 晚期

---

① （宋）欧阳修、宋祁撰《新唐书》，第5362～5364页。

② 据《新唐书·宰相世系表》中陇西李氏条姑臧大房系世系记：“义琰相高宗，义琰弟义琎，义琎子融，融子稹河内太守。”

③ （唐）李肇撰《唐国史补》，上海古籍出版社，1979，第20页。

④ （唐）封演撰《封氏闻见记》，赵贞信校，中华书局，2005，第944页。

⑤ 《新唐书·孔若思传》载：“若思子至，字惟微，历著作郎，明氏族学，与韦述、萧颖士、柳冲齐名……时述及颖士、冲皆撰《类例》，而至书称工。”

⑥ （宋）王溥撰《唐会要》，中华书局，1955，第666页。

⑦ 《新唐书·柳冲传》载：“唐兴，言谱者以路敬淳为宗，柳冲、韦述次之，李守素亦明姓氏，是谓‘肉谱’者，后有李公淹、萧颖士、殷寅、孔至，为世所称。”

又有林宝，[1] 其所撰写的《元和姓纂》是宪宗时姓氏族谱修订的集大成者，且影响深远。据岑仲勉先生考证，《新唐书·宰相世系表》实乃《元和姓纂》之嫡子也。此书甚重郡望，以四声类集，每韵之内，皆以大姓为首。未尝不是阀阅观念盛行的又一佐证。

综上可知，唐代仍保留着十分强烈的门阀观念，且这种观念无论是在政治上还是在社会上都影响广泛且深远。事实上，在日本学者内藤湖南看来，隋唐的政治与六朝的政治并没有什么不同，六朝与隋唐皆是贵族政治最盛的时代，[2] 并提出了著名的"中国中古贵族政治说"[3]。他认为这个时期的贵族制度，并不是由天子赐予人民领土，而是由地方有名望的家族长期自然延续，从这种关系中产生世家，亦就是郡望的本体。而贵族政治的根本特点就在于这样的阶层整体性地垄断了权力，当时的政治属贵族全体专有，他们与同级的贵族联姻，又形成社会的中心。而这一时期的君主不过是贵族政治机制的一环，是贵族阶级的共有物，个人并不拥有绝对权力。到了隋唐时期，由于习惯上是由贵族掌握权力，所以即便是有隋文帝、唐太宗那样的英主，在制度上不承认贵族的权力，然而在实际的政治中却保留其形式，政治成为天子与贵族的协议体。唐代有三个重要的机构即尚书省、中书省和门下省。其中，中书省代表天子，门下省代表贵族，尚书省负责执行政令，中书、门下、尚书三省长官皆出身贵族，故而贵族不可能绝对服从天子的命令。而后其子内藤乾吉在《唐代的三省》中深化了对中书、门下两省的研究，认为天子与贵族共同统治这一政治的本质，已被形式化在官制上了。中书、门下两省，是中国中古贵族政治最好的表现形式。尽管这种观点并不能被以宫崎市定为首的京都学派完全承袭与接受，笔者亦不甚赞成，但内藤湖南对唐代世家郡望对政治的掌控，及其对社会影响的肯定，还是值得借鉴的。又如王

---

① 《唐语林·文学》载："大历已后，专学者有，蔡广成周易，强蒙论语，啖助、赵匡、陆挚春秋，施士匄毛诗，袁彝、仲子陵、韦彤、裴茝讲礼，章廷珪、薛伯高、徐润并通经。其余地理则贾仆射，兵赋则杜太保，故事则苏冕、蒋乂，历算则董纯，天文则徐泽，氏族则林宝。"

② 转引自刘俊文《日本学者研究中国史论著选译》第1卷，中华书局，1992，第101页。

③ 此学说的提出主要见于内藤湖南《支那近世史》第一章"近世史的意义"，《内藤湖南全集》第10卷，筑摩书房，1997，第347～259页。该文中文版见〔日〕内藤湖南，夏应元选编并监译《中国史通论》（上），社会科学文献出版社，2004，第323～343页。其标题顺序为贵族政治的衰落和君主独裁政治的兴起，君主权力的确立，人民地位的变化，官吏录用法的变化，朋党性质的变化，经济上的变化，文化性质上的变化等，这被概括为宋代近世说。而在此之前的六朝隋唐则被称为中世，是贵族制的政治。

亚南先生在《中国官僚政治研究》中，亦将东汉末历魏晋南北朝至唐代初叶称为官僚贵族化及门阀时代。他援引方壮猷先生一段颇为概括而精辟的说明："在这个时代的门阀力量，无论是在经济上、社会上、政治上都充分表现着他们的优势。他们不但拥有广大的土地，而且庇荫着多数的部曲、随身、典计、佃客、衣食客之类，替他们从事生产劳动，对国家既不纳税，亦不当差。就社会方面而言，他们从官位名地上造出血统优越的传说，自高自夸，与一般平民隔绝，既不肯与庶族通婚，亦不肯与寒族交际应酬。就政治方面而言，他们凭藉祖先的余荫，将中央到地方的高级长官包揽独占，使一般平民不易有参加的机会。"① 事实上，除了经济，士族在社会以及政治上的优势是一直持续到晚唐的，但在这个过程中又生出某些新的变化，使得唐代情况与魏晋南北朝时期变得大不相同，故而只能说唐代颇具士族门阀政治遗风。至于唐代士大夫阶层究竟是不是贵族阶层，拥有士族身份的究竟占有多大比例，这个问题将在下文论述。

## 二　门多芬华：唐代士大夫的家庭出身考析

杜牧的《冬至日寄小侄阿宜诗》中写道：

小侄名阿宜，未得三尺长。头圆筋骨紧，两眼明且光。去年学官人，竹马绕四廊。指挥群儿辈，意气何坚刚。今年始读书，下口三五行。随兄旦夕去，敛手整衣裳。去岁冬至日，拜我立我旁。祝尔愿尔贵，仍且寿命长。今年我江外，今日生一阳。忆尔不可见，祝尔倾一觞。阳德比君子，初生甚微茫。排阴出九地，万物随开张。一似小儿学，日就复月将。勤勤不自已，二十能文章。仕宦至公相，致君作尧汤。我家公相家，剑佩尝丁当。旧第开朱门，长安城中央。第中无一物，万卷书满堂。家集二百编，上下驰皇王。多是抚州写，今来五纪强。尚可与尔读，助尔为贤良。经书括根本，史书阅兴亡。高适屈宋艳，浓薰班马香。李杜泛浩浩，韩柳摩苍苍。近者四君子，与古争强梁。愿尔一祝后，读书日日忙。一日读十纸，一月读一箱。朝廷用文治，大开官职场。愿尔出门去，取官如驱羊。吾兄苦好古，学问不可

① 王亚南：《中国官僚政治研究》，商务印书馆，2010，第79页。

量。昼居府中治，夜归书满床。后贵有金玉，必不为汝藏。崔昭生崔芸，李兼生窟郎。堆钱一百屋，破散何披猖。今虽未即死，饿冻几欲僵。参军与县尉，尘土惊劻勷。一语不中治，笞箠身满疮。官罢得丝发，好买百树桑。税钱未输足，得米不敢尝。愿尔闻我语，欢喜入心肠。大明帝宫阙，杜曲我池塘。我若自潦倒，看汝争翱翔。总语诸小道，此诗不可忘。①

大抵反映了唐代士大夫阶层的特点有二。其一，唐代科举始盛，士大夫阶层大都读书入仕，多以文进。故而杜牧曰："朝廷用文治，大开官职场，愿尔出门去，取官如驱羊。"并且鼓励小侄阿宜："愿尔一祝后，读书日日忙，一日读十纸，一月读一箱。"尽管永徽之后，除科举外，仕仍出多途，但毋庸置疑的是，科举成为入仕为官的主要途径。恰若《文献通考·选举》中言："开元以后，四海晏清，士耻不以文章达，其应诏而举者，多则两千人，少不减千人，所收百才有一。"② 当时情形，大抵若此。其二，士大夫多出身芬华。唐代国家主流意识层面的知识教育在这个阶层内部十分普遍且出现了世代相承的局面，并且明显优于普通的庶民阶层。掌握权力的士大夫群体大部分从幼年时期就开始接受国家规定的文学方面的教育与父祖言传身教的熏陶了。譬如杜牧自言："我家公相家，剑佩尝丁当。旧第开朱门，长安城中央。"盖缘其祖父杜佑曾官至宰相，封岐国公，伯父杜式方为太仆卿，堂兄杜悰亦拜相，他们家族又出身京兆杜氏，可谓门第冠冕皆盛极。又言："第中无一物，万卷书满堂。家集二百编，上下驰皇王。多是抚州写，今来五纪强。尚可与尔读，助尔为贤良。经书括根本，史书阅兴亡。"可见其家学之鼎盛，似阿宜这般从幼年时期，便可以接受经史家学的教育与熏陶了。这种来自家族内部的教育明显要比寒庶阶层优越得多，这不单指条件的优越，还指他们世代承袭的并非一般之学问，而是累世而集的经世治道之学问，故而才说："家集二百编，上下驰皇王，多是抚州写，今来五纪强，尚可与尔读，助尔为贤良。"此外，父祖言传身教的熏陶，一般的寒庶阶层亦是比不上的，譬如："小侄名阿宜，未得三尺长。头圆筋骨紧，两眼明且光。去年学官人，竹马绕四廊。指挥群儿辈，意气何坚刚。"阿宜在身高尚

① （唐）杜牧：《樊川文集》，陈允吉校，上海古籍出版社，1978，第9页。

② （元）马端临：《文献通考》，中华书局，1986，第271页。

未及三尺的年纪，便可以学官人样，指挥他人。当然，笔者所谓的熏陶不仅是容止，还有为官之基本素养，包括治道之学问、决断之能力等，这在士人家庭中是十分普遍的。

而似杜牧这样的家庭，在唐代士大夫阶层中十分常见。一方面，他们是地方极高的阀阅（即郡望），另一方面又是冠冕极盛的世家（即世宦），故而说唐代士大夫多出身芬华，且大多都是士族。这绝不是凭空而来的推测。据毛汉光先生对唐代官吏依照其社会成分所做的分类统计（见表1），分析如下。

**表1　唐代官吏的社会成分统计**

| 士族 | | 小姓 | | 寒素 | | 合计 |
|---|---|---|---|---|---|---|
| 人数(人) | 占比(%) | 人数(人) | 占比(%) | 人数(人) | 占比(%) | |
| 2233 | 66.2 | 414 | 12.3 | 724 | 21.5 | 3371 |

资料来源：毛汉光：《中国中古社会史论》，上海书店出版社，2002，第101页。

在这里需要对小姓的范围做一说明。士族与寒素本是相对应的名词，而小姓则介于士族与寒庶之间，即稍有门资，父祖之一代任官，但又未达到士族标准者，以小姓称之。[①] 由表1可见，士族任官者在唐代官吏中所占比例高达2/3，所以称唐代士大夫门多芬华并不为过。尽管陈寅恪先生认为，唐代士大夫群体在中后期发生了潜变，北朝以来的山东士族逐渐被因科举而跻身明堂的文官所取代（即两种新旧不同的士大夫阶级之更替），但同时也承认："唐代士大夫中其主张经学为正宗，薄进士为浮冶者，大抵出于北朝以来山东士族之旧家也。其由进士出身而以浮华放浪著称者，多为高宗、武后以来君主所提拔之新兴统治阶级也。其间山东旧族亦有由进士出身，而放浪才华之人或为公卿高门子弟者，则因旧日之士族既以沦替，乃与新兴阶级渐染混同，而新兴阶级虽已取得统治地位，仍未具旧日山东旧族之礼法门风，其子弟逞才放浪之习气犹不能易也。总之，两种新旧不同之士大夫阶级空间时间既非绝对隔离，自不能

① 据毛汉光先生解释的标准大抵有三：一、父祖皆为六品或者七品者，列为小姓；二、父祖有一代五品以上者，列为小姓；三、超过三代以上远祖为士族，但该族已趋衰微，间接衰微，间仕间歇者，列为小姓。

无传染习气熏习之事。”① 他所区分的标准即山东旧族多通经史，具礼法门风，新兴的士族则以文学进士科得进，并不恪守礼法之风，多为逞才放浪之辈。但这两个新旧群体并非绝对隔离，甚至出现混同的趋势。所谓新旧交替虽因科举入仕、门风潜变而论，但在唐代科举进士出身的士大夫中，旧族其实占有很大的比例，这一点稍后会举例证之。然唐代士族的性质不同于魏晋旧族，却是确信无疑的。

科举的实施确实也使得若干寒素入仕。这些入仕的寒素中有升至士族者，可称为新族，而魏晋以来的旧族亦有因家族的衰落而逐渐退出政治舞台的，这种统治阶层内部正常的变动，单在表1的统计中看不出来。故而在此再引毛汉光先生对新旧士族在唐代各个阶段所占官吏的比例对比表（见表2）：

**表2　唐代旧士族与新士族任官比例比较**

单位：%

| 皇帝 | 旧族 | 新族 | 合计 |
|---|---|---|---|
| 高祖、太宗 | 61.5 | 3.3 | 64.8 |
| 高宗 | 57.9 | 4.8 | 62.7 |
| 武周 | 51.5 | 11.8 | 63.3 |
| 玄宗(开元) | 58.9 | 8.6 | 67.5 |
| 玄宗(天宝) | 63 | 7.6 | 70.6 |
| 肃宗、代宗 | 44.1 | 12.1 | 56.2 |
| 德宗 | 45.5 | 14.9 | 60.4 |
| 顺宗、宪宗、穆宗、敬宗 | 41.2 | 22.1 | 63.3 |
| 文宗、武宗 | 57.6 | 17.9 | 75.5 |
| 宣宗、懿宗 | 64.2 | 24.5 | 88.7 |
| 僖宗、昭宗 | 39.3 | 26 | 65.3 |
| 唐代总比例 | 53.15 | 13.96 | 67.11 |

资料来源：毛汉光：《中国中古社会史论》，第103页。

由表2可知，唐之官吏出身士族者占全部人数的2/3，而在这2/3中，旧望占1/2，而新兴之士族仅占1/6。结合表1来看，倘若将小姓也算成广义的士族的话，那么士族所占比例就可达到4/5，而寒素只有1/5，唐代士

① 陈寅恪：《隋唐制度渊源略论稿·唐代政治史述论稿》，第261页。

大夫阶层的社会架构不言自明。如前所述，虽然唐代仕出多途，但科举无疑是士大夫入仕的主要途径。从传统的观念来看，科举对平民寒素的意义似乎更大，但实际上科举对于寒素上升变动的助力远比想象中要低得多。因为在唐代科举出身者，士族占69%，小姓占13%，而寒素就只占18%。[①] 这意味着，科举制在最初推行的300年里，对寒素阶层跻身士大夫行列的影响微乎其微，相反却为士胄之族世代延续其政治生命提供了充足的便利。而这种局面的形成除了受强烈的士族政治余风影响，以及士族本身深厚的家学与优美的门风造就的良好素养影响之外，亦有社会变迁的因素。隋唐之前，地方郡望势力进入中央，但仅是一部分人入朝为官，族内仍有一部分人留守地方，教养子弟，固守根基，以形成政治、社会的双重势力。而到了唐代，科举制度以全国大社会作为对象，吸收职业文官为官僚体系服务，这与以州郡为单位选人或从郡中征召豪族不同，后者虽然亦进入官僚体系，但地方代表性的意义浓厚，而前者则具有了纯官僚的特质。故而唐代士族多居两京，譬如杜甫的诗中有："冠盖满京华。"又若白居易《唐故虢州刺史赠礼部尚书崔公墓志铭并序云》："自天宝以来，山东士人皆改葬两京，利于便近，唯吾一族，至今不迁，我殁宜归全于先茔。"[②] 大抵说的就是这种情景。加之各个家族又分房分支，渐与原籍隔离。除了两京之外，还有随任官地而居者，遂造成郡望与居住地分离的情形，随之而来的就是地方性的消失，郡望渐为衔头标识，虽家族影响力不减，但原来的地方经济基础也渐渐不复存在了。这些士族徙居异地，又失其经济来源，若无尊显官职，则其家族之前的地位必然不保，故唯有奋而求官以图进。于是为官便成为他们孜孜以求的目标，冠冕重新成为划分士族的重要标志（当然旧望的门风、家学、婚姻这些标准也并不废止），这与初唐之时，山东士族全无冠冕犹自矜夸的情况又全然不同了。当然，这其中也有为稻粱谋的因素。譬如王梵志的诗中所写："仕人作官职，人中第一好。行即食天厨，坐时请月料，得禄四季领，家口寻常饱，职田佃人送，牛马足踖草。"[③] 大抵足以反映当时士族的心态。又如白居易的诗中所写："俸钱四五万，月可奉晨昏。廪禄二百石，岁可盈仓

① 毛汉光：《中国中古社会史记》，第335页。

② （唐）白居易：《白居易集笺校》，朱金城笺，上海古籍出版社，1988，第343页。

③ （唐）王梵志：《王梵志诗校注》，项楚校，上海古籍出版社，1991，第662页。

困。喧喧车马来，贺客满我门。不以我为贪，知我家内贫。”[①] 此诗写于他以京兆府户曹参军任翰林学士时。而相较之前他为校书郎时所写的《常乐里闲居偶题》：“幸逢太平代，天子好文儒。小才难大用，典校在秘书。三旬两入省，因得养顽疏。茅屋四五间，一马二仆夫。俸钱万六千，月给亦有余。”[②] 可见官职的变动所带来的俸禄变化给他的生活所带来的影响。又如元稹的诗中写道：“谢公最小偏怜女，嫁与黔娄百事乖。顾我无衣搜画箧，泥他沽酒拔金钗。野蔬充膳甘长藿，落叶添薪仰古槐。今日俸钱过十万，与君营奠复营斋。”[③] 元稹乃元魏皇族后裔，为代北著姓，他的妻子韦丛则出身京兆韦氏，岳父韦夏卿历吏部侍郎、京兆尹、检校工部尚书、东都留守。即便在这样的情况下，元稹初入仕途时仍过着十分清贫的生活，正所谓“野蔬充膳甘长藿，落叶添薪仰古槐”。足见俸禄对于士族的生活十分重要。他们由于失去了原有的经济基础，唯有入仕为官，以图生计。在这种背景下，声名显赫的世家郡望入朝为官者自不待言。譬如唐代冠冕最为盛极的士族分别为赵郡李氏、陇西李氏、清河崔氏、博陵崔氏、范阳卢氏、荥阳郑氏、太原王氏、琅琊王氏、弘农杨氏、京兆韦氏、京兆杜氏、河东柳氏、河东薛氏、河东裴氏、兰陵萧氏、渤海高氏、彭城刘氏，外加李唐宗室，共 18 家大士族，共产宰相 186 人，占全唐宰相总数（366 人）的半数以上，其他官职自是更加数不胜数。而即便是一个稍显普通的家族，兄弟子侄并为进士入朝为官乃属平常，而几代相继为官的情形更是十分普遍。接下来，试举数例证之。

出身世家著姓的随处可见，譬如：

> 卢怀慎，滑州人，盖范阳著姓……及长，第进士，历监察御史。[④]
> 裴冕字章甫，河中河东人，本冠族仕家，以荫再调渭南尉。[⑤]
> 李中敏字藏之，系出陇西。元和中，擢进士第。[⑥]
> 崔弘礼字从周，系出博陵……及进士第，平判异等。[⑦]

---

① （唐）白居易：《白居易集笺校》，第 287 页。
② （唐）白居易：《白居易集笺校》，第 244 页。
③ （唐）元稹：《元稹集》，中华书局，1982，第 98 页
④ （宋）欧阳修、宋祁撰《新唐书》，第 4415 页。
⑤ （宋）欧阳修、宋祁撰《新唐书》，第 4644 页。
⑥ （宋）欧阳修、宋祁撰《新唐书》，第 4289 页。
⑦ （宋）欧阳修、宋祁撰《新唐书》，第 5050 页。

崔彦昭字思文，其先清河人。淹贯儒术，擢进士第。[①]

李尚隐，其先出赵郡，徙贯万年。年二十，举明经，再调下邽主簿。[②]

韦执谊，京兆旧族也。幼有才。及进士第，对策异等，授右拾遗。[③]

杜佑字君卿，京兆万年人……以荫补济南参军事、剡县丞。[④]

韦陟字殷卿，代为关中著姓……安石为中书令，陟始十岁，拜温王府东阁祭酒，加朝散大夫。[⑤]

以上所列皆出身郡望冠族，虽仅为冰山一角，但足以蠡测全貌。他们之中大部分都是第进士或者举明经而步入仕途，以荫（譬如以上所列裴冕、杜佑）或者恩授（譬如以上所列韦陟以宰相子十岁而拜温王府东阁祭酒，加朝散大夫）者虽亦有之，但所占比例极小。这说明科举成为士族入仕的主要途径，士族子弟大都与小姓、寒素一样正常地由低品入仕，而魏晋南北朝时期士族以中品官起家的特权不复存在，族望在仕进中由绝对因素变为相对因素。故而，唐代士大夫步入仕途的方式及入仕之后的考课升迁都是比较公平的。在这样的背景下，郡望士族仍冠冕盛极，就不得不考虑其中的原因了。接下来，我们便以京兆韦氏为例，试析之。

据《新唐书·宰相世系表》记载，韦氏一族在唐代共出宰相 16 位，其余为官者则不可计数。这个家族门第豪华，人才辈出，并且明显出现了兄弟子侄并至显官，乃至数代冠冕绵延不绝的盛况。通过对其家族的分析，我们得窥士族郡望为官之盛的端倪。

首先，仕出多途。除了科举之外，他们还通过恩荫、征召、荐辟、恩授等途径来做官，这的确得益于父祖的官位与家族的声望。这也正是士族郡望冠冕极盛的原因之一，但这种影响并不紧要。从上可知，他们通常都是由低品阶的官职解褐起家，譬如县尉、参军、校书郎等，这正是唐代文官入仕后通常所担任的第一任官职。这与小姓、寒族相较，并无区别，而在入仕之后的迁升则完全要凭借自身的政声与能力。譬如韦嗣立为双流令，政为二川最，后入朝代兄为凤阁舍人；韦虚舟，历洪、魏二州刺史，有治名，入为刑

① （宋）欧阳修、宋祁撰《新唐书》，第 5380 页。
② （宋）欧阳修、宋祁撰《新唐书》，第 4498 页。
③ （宋）欧阳修、宋祁撰《新唐书》，第 5123 页。
④ （宋）欧阳修、宋祁撰《新唐书》，第 5085 页。
⑤ （宋）欧阳修、宋祁撰《新唐书》，第 4807 页。

部侍郎；韦抗为永昌令，“辇毂繁要，抗不事威刑而治，前令无及者”，迁右御史台中丞；韦正贯为均州刺史，以治当最，拜京兆尹。况且对于寒素来说，入仕途径同样也是多元的（见表3）。

**表3　唐代寒素入仕途径统计**

单位：%

| | 科举 | 荐辟 | 机缘 | 军功 | 未详 | 总计 |
|---|---|---|---|---|---|---|
| 高祖、太宗 | 5.2 | 27.3 | 11.2 | 45 | 11.3 | 100 |
| 武后 | 34.2 | 32.9 | 4.5 | 7.9 | 20.5 | 100 |
| 安史之乱 | 15.1 | 16.1 | 5.3 | 53.7 | 9.8 | 100 |

资料来源：毛汉光：《中国中古社会史论》，第364页。

当然，寒素是无法通过恩荫、恩授等途径做官的，而且获得荐辟的概率也比士族低得多。所以说，入仕途径广对世族多居冠冕是有一定影响的，但这只是一种相对因素。

其次，家学与家教。进入仕途只是起点，真正起主导作用的是这些出身士族的官员自身的素养及行政能力。而这些深缘于家学的因袭与父祖的言传身教，即家学与家教。韦氏子弟在任官期间，就学问、行政而言，表现都是不俗的。从学问上看，在此援引《旧唐书》中之言：“自唐已来，氏族之盛，无逾于韦氏。其孝友词学，承庆、嗣立为最；明于音律，则万石为最；达于礼义，则叔夏为最；史才博识，以述为最。”① 又有韦济“著《先德诗》四章，世服其典懿”；韦陟，“风格方整，善文辞，书有楷法，一时知名士皆与游”；韦夏卿，“少邃于学，善文辞”；等等。且族中举明经、第进士等以文进者十分普遍。譬如韦思谦、韦承庆、韦嗣立、韦弘景、韦见素、韦维、韦述、韦贯之、韦澳、韦瓘、韦执谊皆进士第，② 韦夏卿、韦正卿又

① （五代）刘昫等撰《旧唐书》，第3185页。

② 唐代重进士，录取人数又少，所以比较金贵。但是兄弟子侄并为进士者并不罕见。譬如冯宿之三子陶、宽、图，连年进士第，连年博学宏词科，一时之盛无比。太和初，冯氏进士十人。崔元略与弟元受、元式、元儒，皆举进士第。令狐楚、令狐绹、令狐涣、令狐沨三代皆举进士。王播与弟炎、起皆有名，并擢进士，而播、起举贤良方正异等。窦群兄弟皆擢进士第，兄常、牟，弟庠、巩，皆为郎，工词章，为《联珠集》行于时，义取昆弟若五星然。杨虞卿子知退、知权、擅、堪、汉公，皆擢进士第，汉公最显。卢简辞，与兄简能、弟弘止、简求皆有文，并第进士。简能子知猷，简求子嗣业、汝弼，皆中进士第。白居易、白行简、白敏中兄弟皆第进士。例如此者，不胜枚举。

应制举贤良方正科，韦正贯亦举贤良方正，韦景骏、韦安石、韦叔夏、韦抗、韦授、韦温则举明经。可知，深厚的家学教养令他们具备了入仕所需的知识学问基础，这种知识储备能够使他们获得入仕之资格。事实上，京兆韦氏不比山东旧族，韦氏尚且如此，山东郡望自不待言。而关中、江南及非郡望却世代为官的其他家族，亦是如此。譬如《新唐书·张知謇传》载："张知謇，子匪躬，幽州方城人，徙家岐。兄弟五人，知玄、知晦、知泰、知默，皆明经高第，晓吏治，清介有守，公卿争为引重……每敕子孙'经不明不得举'，家法可称云。"① 又如《新唐书·裴宽传》言："宽兄弟八人，皆擢明经，任台、省、州刺史。雅性友爱，于东都治第，八院相对，甥侄亦有名称。"② 又如《新唐书·杨凭传》："杨凭，字虚受，一字嗣仁，虢州弘农人……其母训道有方。长善文辞，与弟凝、凌皆有名。大历中，踵擢进士第，时号'三杨'。"③ 又如《新唐书·薛播传》："薛播，河中宝鼎人……伯母林通经史，善属文，躬授经诸子及播兄弟，故开元、天宝间，播兄弟七人皆擢进士第，为衣冠光韪。"④ 像这种家族的集中教育在寒素之家是极难见到的，故而士族入仕所需之学问储备大部分皆来源于此。而当他们步入仕途之后，所展露的为官素养及行政能力虽然属于自身修习，但与父祖的言传身教是分不开的。若《世说新语·德行》记："谢公夫人教儿，问太傅：'那得初不见君教儿？'答曰：'我自常教儿。'"⑤ 谢安通过行为濡染教导子侄，这种方式放之唐代士族亦是适用。再返回韦氏的例子，韦氏族人在任官期间行政能力方面表现亦是不俗的。譬如韦嗣立"累调双流令，政为二川最"⑥。其子韦恒为砀山令，"政宽惠，吏民爱之"⑦；另一子韦济，"文雅，颇能修饰政事，所至有治称"⑧，终冯翊太守。韦济二子韦奥、韦夏令，亦以政能闻名当世。又如韦维徙内江令，"教民耕桑，县为刻颂"⑨。其子韦虚心、韦虚舟皆以政显。韦虚心，历荆、潞、扬三大都督府长史。有政名，

① （宋）欧阳修、宋祁撰《新唐书》，第 3947 页。

② （宋）欧阳修、宋祁撰《新唐书》，第 4490 页。

③ （宋）欧阳修、宋祁撰《新唐书》，第 4970 页。

④ （宋）欧阳修、宋祁撰《新唐书》，第 4592 页。

⑤ （南朝）刘义庆撰《世说新语笺疏》，余嘉锡笺，中华书局，2011，第 34 页。

⑥ （宋）欧阳修、宋祁撰《新唐书》，第 4230 页。

⑦ （宋）欧阳修、宋祁撰《新唐书》，第 4234 页。

⑧ （宋）欧阳修、宋祁撰《新唐书》，第 4270 页。

⑨ （宋）欧阳修、宋祁撰《新唐书》，第 4270 页。

"荆州有乡豪，负势干法，虚心籍其訾入之官。以庐江多盗，遂县舒城，盗贼为衰"①。韦虚舟，历洪、魏二州刺史，亦有治名。如此父子兄弟因袭濡染，大抵可窥一斑。相较于一般的寒素，士族家庭内部的为官之道的承袭能够形成鲜明的优势，这也是士族多显官的原因。而实际上，即便是小姓家庭，也能呈现这种迹象。譬如《唐故朝请大夫行晋州洪洞县令敬公墓志铭》中记载，墓主敬守德卒于开元二十八年，出身良好，"弱冠以进士又应抚字举及第"，可他一生不过居官五任，最后终老于一个望县县令。他的曾祖父在隋朝任河间郡丞，祖父任冀州枣强县令，父亲任茂州石泉县令，这是比较典型的小姓家庭。若伎术官常承家业，父子相传，祖上几代也都是伎术官。② 相比之下，小姓家庭及士族亦是如此，他们从幼年时就受到父祖言传身教的熏陶，最后继承为官的家业。

最后，宏观的社会因素。唐朝的基业最初是以关中、陇右、河东为基础建立起来的，关陇与河东士族是唐皇室主要依靠的对象。而随着国家的发展与稳定，必须打破地域与阶层的局限来扩大统治的社会基础。他们以科举和荐辟的方式大量吸引非关中集团人物，理论上所面对的对象是社会各个阶层，但实际上仍以士族（尤其是山东士族）为多，当然，一些寒素也因此被吸纳进来，很快家族地位也有一定的上升，成为新的士族。这些士族所代表的社会势力成为唐王朝统治的基础，而士族本身则成为统治阶层的重要组成部分。而官僚体制的效能与政权的社会基础之间是有一定的融合性的。倘若果如马克斯·韦伯所想的那样，官僚体系是一个层层节制、专业人员行政、例行办事、纯理性化的政治体制，而此金字塔上层人物要想行使其如身使臂、如臂使指，若不顾及社会基础，其政权便不会稳定。③ 故而，唐代士大夫阶层多出士族，亦可以理解了。

## 三　家学濡染：身份对士大夫法律素养形成的影响

家庭背景与幼年的成长环境对士大夫知识的获得及法律观念的形成至关重要。唐代士大夫多出士族，从幼年时期便开始接受国家规定的文学作品的

① （宋）欧阳修、宋祁撰《新唐书》，第4271页。
② 赖瑞和：《唐代中层文官》，中华书局，2011，第252页。
③ 毛汉光：《中国中古社会史论》，第234页。

教育与父祖言传身教的熏陶了。父子、兄弟之间的渐相濡染是极为寻常的现象，譬如沈既济在《选举论》中所言："故太平君子唯门调户选，征文射策，以取禄位，此行己立身之美者也。父教其子，兄教其弟，无所易业，大者登台阁，小者仕郡县，资身奉家，各得其足……故凡士族，皆禀父兄之训，根聪明之性，盖以依倚官绪，无湮沦垫溺之虞。"[①] 大抵如是，故而其文法并行的知识结构及法律观念乃至参与法律实践的能力亦不能免受家庭环境的影响。在此特选几例以证之。

譬如韩思彦、韩琬父子。韩思彦，高宗时举下笔成章、志烈秋霜科，擢第，授监察御史。在职刚直清正，颇善决断，所审案件，人皆称服。决剑南兄弟之讼而使兄弟前嫌尽释，泣而辍讼；按并州胡人疑狱，而使真盗就擒，血刀冤洗，其善断可知矣。又有尉迟敬德子尉迟姓陷大逆之狱，思彦亦按释其冤，及其被李义府与诸武潛构，被贬为山阳丞时，尉迟姓送给他黄金、良马，皆不接受，其清正亦可知矣。后其子韩琬，始举茂才擢第，后又连中文艺优长、贤良方正科，亦拜监察御史。景云初，数次上书言时政之弊，尤其是律法实施之弊，极为中肯。开元中，迁殿中侍御史，著有《御史台记》十二卷。韩氏父子先后在宪台中，称誉士林，家学承袭，依稀可见。譬如韩思彦所举乃下笔成章、志烈秋霜科，而韩琬所举乃文艺优长、贤良方正科，所著的《御史台记》在唐代同类著作中堪称翘楚，[②] 由此可见父子在文章上皆有不俗的表现。而父子同为御史，久持刑宪，在法律知识及法律观念上的濡染亦不言自明。

又如蒋钦绪与蒋沇、蒋演、蒋清、蒋溶父子。蒋钦绪，工文辞，擢进士第，中宗时累迁太常博士，历吏部员外郎，出为华州长史。开元十三年，以御史中丞录河南囚，宣尉百姓，振穷乏，后徙吏部侍郎，历汴、魏二州刺史。《新唐书》记曰："钦绪精治道，驭吏整严，虽铢秒罪不贷。"[③] 其子蒋沇，亦专洁博学，以孝廉授洛阳尉，据《新唐书》载："始，河南尹韩朝宗、裴迥尝委讯覆检句，而处事平，剖断精允，群寮莫能望也。"[④] 迁监察

① （清）董诰编《全唐文》，第4871页。

② 据《新唐书·艺文志》中记载，杜易简著《御史台杂注》五卷，李植著《御史台故事》三卷，韦述著《御史台记》十卷，韩琬著《御史台记》十二卷。其中以韩琬的《御史台记》最为著名，南宋时的《中兴馆阁书目》《郡斋读书志》《直斋书录解题》都曾记录介绍此书。

③ （宋）欧阳修、宋祁撰《新唐书》，第4180页。

④ （宋）欧阳修、宋祁撰《新唐书》，第4180页。

御史，“与兄蒋演、蒋溶，弟蒋清俱为才吏，闻名于天宝年间”[①]。乾元中，历陆浑、盩厔、咸阳、高陵四县县令，“美政流行，长老纪焉”[②]。后迁长安令，以刑部郎中兼侍御史，后擢御史中丞、东都副留守，再迁大理卿，“持法明审，号称职”[③]。蒋钦绪诸子皆有吏才，尤以蒋沇最显，亦可见其受影响于其父颇深。蒋钦绪“精治道，驭吏整严，虽铢秒罪不贷”，而蒋沇“剖断精允”“持法明审”，颇类父风。其他诸子亦皆以吏才闻名，其家庭影响由此可见一斑。

又如苏瓌、苏颋父子。苏瓌，隋尚书仆射威之曾孙。擢进士第，补恒州参军。历朗、歙二州刺史。神龙初，入为尚书右丞，后累拜尚书右仆射、同中书门下三品，相中宗、睿宗。《新唐书》载：“瓌明晓法令，多识台省旧章，一朝格式，皆所删正。”[④] 而其子苏颋第进士，调乌程尉，又举贤良方正异等，除左司御率府胄曹参军，迁监察御史。长安中，诏覆来俊臣等冤狱，“颋验发其诬，多从洗宥”[⑤]。迁给事中、修文馆学士，拜中书舍人。时瓌同中书门下三品，父子同在禁筦，朝廷荣之。开元初，与宋璟等修《开元律》十二卷，又有令、格、式各数十卷。卒相玄宗。父子皆刊律令，可见其法律素养之相承。事实上，苏氏家族确有精习律法的传统。譬如《新唐书·苏瓌传》中所提其曾祖父隋尚书仆射苏威同样是法律名家，若《隋书·苏威传》云：“苏威字无畏，京兆武功人也。父绰，魏度支尚书……隋承战争之后，宪章踳驳，上令朝臣厘改旧法，为一代通典。律令格式，多威所定，世以为能。”[⑥] 而苏威之父苏绰亦精法律，如《周书·苏绰传》言：“苏绰字令绰，武功人……太祖乃召为行台郎中。在官岁余，太祖未深知之。然诸曹疑事，皆询于绰而后定。所行公文，绰又为之条式。台中咸称其能……遂留绰至夜，问以治道，太祖卧而听之。绰于是指陈帝王之道，兼述申、韩之要……自是宠遇日隆。绰始制文案程式，朱出墨入，及计帐、户籍之法。”[⑦] 在《隋书·苏威传》中有记一事，曰：“初，威父在

① （宋）欧阳修、宋祁撰《新唐书》，第 4180 页。
② （宋）欧阳修、宋祁撰《新唐书》，第 4180 页。
③ （宋）欧阳修、宋祁撰《新唐书》，第 4180 页。
④ （宋）欧阳修、宋祁撰《新唐书》，第 4398 页。
⑤ （宋）欧阳修、宋祁撰《新唐书》，第 4399 页。
⑥ （唐）魏徵等撰《隋书》，中华书局，1973，第 1186 页。
⑦ （唐）令狐德棻撰《周书》，中华书局，1971，第 382 页。

西魏，以国用不足，为征税之法，颇称为重。既而叹曰：‘今所为者，正如张弓，非平世法也。后之君子，谁能弛乎？’威闻其言，每以为己任。至是，奏减赋役，务从轻典，上悉从之。”[①] 这是值得注意的，苏威在幼年时听见父亲评论国家税法颇重，叹其非平世法，不知后世君子谁能弛之。苏威听后，便以此为己任，后相隋文帝时，果奏减赋役，务从轻典。由此可见父亲苏绰对他的影响。而从苏绰至苏颋共计六世，精通律法的家族传统始终没有断绝，家学因袭对士大夫法律素养的影响由此可见。

又如卢怀慎、卢奂父子。卢怀慎，滑州人，盖范阳著姓，第进士，历监察御史。神龙中，迁侍御史，再迁右御史台中丞。上书言治赃吏事，开元初，进同紫微黄门平章事，开元三年，改黄门监。时薛王的舅父王仙童，暴虐百姓，为宪司按得其罪，业为申列，帝诏紫微、黄门覆实，怀慎与姚崇执奏：“仙童罪状明甚，若御史可疑，则它人何可信？”[②] 由是狱决。其子卢奂，为吏有清白称。历御史中丞，出为陕州刺史。开元二十四年，玄宗出巡至陕，嘉其美政，为其题字曰：“专城之重，分陕之雄，亦既利物，内存匪躬，斯为国宝，不坠家风。”[③] 天宝初为南海太守，由于南海兼水陆都会，物产瑰怪，卢奂的前任太守刘巨鳞、彭杲皆以赃败，而至卢奂时，“污吏敛手，中人之市舶者亦不敢干其法，远俗为安”[④]。其家风浸润影响由此可见。

又如穆宁与穆赞、穆质、穆员、穆赏父子。穆宁，怀州河内人。世以儒闻，初以明经调盐山尉。上元初，为殿中侍御史，佐盐铁转运。时李光弼屯徐州，恰逢军饷未至，于是便向穆宁檄取资粮，穆宁没有答应，光弼大怒欲杀之，有人劝穆宁逃走，宁曰：“避之失守，乱自我始，何所逃罪乎？”即往见光弼，光弼曰：“吾师众数万，为天子讨贼，食乏则人散，君闭廪不救，欲溃吾兵耶？”答曰：“命宁主粮者，敕也，公可以檄取乎？今公求粮，而宁专馈，宁有求兵，而公亦专与乎？”[⑤] 时重其能守官。累迁鄂岳沔都团练及租庸盐铁转运使，坐杖死沔州别驾，贬平集尉。大历初，复起为监察御史，以秘书监致仕。其子穆赞，擢累侍御史，分司东都。颇善决断，持法平允、刚直，时陕虢观察使卢岳之妾诉妻分赀不及妾子，御史中丞卢佋

---

① （唐）魏徵等撰《隋书》，第1185页。

② （宋）欧阳修、宋祁撰《新唐书》，第4417页。

③ （宋）欧阳修、宋祁撰《新唐书》，第4418页。

④ （宋）欧阳修、宋祁撰《新唐书》，第4418页。

⑤ （宋）欧阳修、宋祁撰《新唐书》，第5015页。

欲重妾罪，穆赞不听，而是十分公平地审理了此案。卢佋因此事而怨恨他，与窦参污蔑他私下受金，穆赞因此被捕入狱。其弟穆赏上冤状，帝诏三司覆治，发现并无此事，但是仍然将他贬为郴州刺史。即便如此，穆赞犹不改其直。后擢刑部郎中，对延英，擢御史中丞。时裴延龄判度支，他的属吏受赇，证据确凿，而裴延龄欲曲贷吏，而穆赞坚执不可。裴延龄在皇帝面前诬蔑穆赞苛刻深文，由是贬饶州别驾。宪宗继位，进宣歙观察使，卒于官，赠工部尚书。另一子穆质，性亦强直，举贤良方正，条对详切，频擢至给事中，政事得失，未尝不尽言。元和年间，盐铁、转运诸院皆擅自系囚，笞掠十分严酷，人多死。穆质奏请与州县吏参决，自此冤滥大减。后因论吐突承璀不宜为将，宪宗不悦，改太子左庶子。后因与杨凭交好连坐，出为开州刺史。据《新唐书·穆宁传》载："宁居家严，事寡姊恭甚。尝撰家令训诸子，人一通。又戒曰：'君子之事亲，养志为大，吾志直道而已。苟枉而道，三牲五鼎非吾养也。'……四子：赞、质、员、赏。宁之老，赞为御史中丞，质右补阙，员侍御史，赏监察御史，皆以守道行谊显。先是，韩休家训子侄至严。贞元间，言家法者，尚韩、穆二门云。"[①]《唐语林》引《资暇集》亦言："贞元初，穆宁为和州刺史，其子故宛陵尚书及给事列氏宁前，时穆氏家法最峻。"[②] 可知，穆氏四子皆任御史，强直有父风，盖因家法训导之故，家法对士大夫法律素养的影响由此可见。

又如柳公绰、柳仲郢父子。柳公绰，京兆华原人。"幼孝友，性质严重，起居皆有礼法。属文典正，不读非圣书。"[③] 初举贤良方正极谏，补校书郎，两年后，再登其科，授渭南尉。历开州刺史、京兆尹、给事中、御史中丞、刑部尚书等职。其性情刚直，颇崇法度。元和时拜京兆尹，杖越法之神策，长庆时为山南东道节度使，诛舞文之奸吏，大抵可知。他也注重律法的实施效果。如宝历时为刑部尚书，京兆有姑鞭妇致死者，府欲杀之。而公绰以"尊殴卑非斗，且其子在，以妻而戮其母，非教也"[④]，而使之减死。其子柳仲郢，元和末第进士，补校书郎。后辟牛僧孺

① （宋）欧阳修、宋祁撰《新唐书》，第 5015 页。

② （宋）王谠撰《唐语林校证》，周勋初校证，中华书局，1987，第 557 页。

③ （宋）欧阳修、宋祁撰《新唐书》，第 5019 页。

④ （宋）欧阳修、宋祁撰《新唐书》，第 5022 页。

幕府，“有父风，动修礼法，僧孺叹曰：‘非积习名教，安能及此！’”[①] 入为监察御史，迁侍御史。时富平人李秀才，名在禁军，诬陷乡人砍了自己父亲墓前的柏树，并用弓箭将那人射死。时有司以专杀论处，其罪当诛，但是李因宦官的庇佑，被决杖配流。柳仲郢谏曰：“伏以圣王作宪，杀人有必死之令；圣人在上，当官无坏法之臣。今李材犯杀人之科，愚臣备监决之任。此贼不死，是乱典章。臣虽至微，岂敢旷职？”[②] 朝廷嘉其守法。仲郢性情刚直，颇类其父，譬如会昌时尹京兆，有北司吏入粟违约，仲郢杀而尸之，自是人无敢犯，政号严明。中书舍人纥干桌诉外甥刘诩殴其母，当时刘诩为禁军校，仲郢不待奏，即捕取杖毙。但在法律实践的过程中，他亦懂得因时因地权变。譬如其后于大中时尹河南，以宽惠为政，不类京兆时，人异之，而仲郢曰：“辇毂之下，弹压为先；郡邑之治，惠养为本。何取类耶？”[③]《新唐书·柳仲郢传》载：“父子更九镇，五为京兆，再为河南，皆不奏瑞，不度浮屠。急于摘贪吏，济单弱。每旱潦，必贷匮蠲负，里无逋家。衣冠孤女不能自归者，斥禀为婚嫁。在朝，非庆吊不至宰相第。其迹略相同。”[④] 父子为官、持法及德行皆很相似，可见柳仲郢受其父影响颇深。《旧唐书·柳仲郢传》言：“初公绰理家甚严，子弟克禀诫训，言家法者，世称柳氏云。”[⑤] 父子行为濡染，德行相近，大抵亦是公绰教子家法颇严的缘故。又如柳公绰的伯父柳子华，代宗时为京兆少尹，而京兆尹“恶其刚方，沮解之”[⑥]，遂为昭应令。时宰相元载有别墅，为其管理事务的家奴自称郎将，怙势纵暴，不缴租赋入官，子华就趁着这个家奴来拜见的时候，将他逮捕收入狱中，劾发其罪，杖杀之，一邑震伏。而元载不敢怨，遣吏厚谢。可见在柳氏门中，品行高洁、持法刚正确为传统。

综上所述，唐代士大夫阶层多出士族，幼年时期就接受的家学教养及父祖行为的熏陶使他们获得了必要的律法知识与参与法律实践的决断能力。所以说，身份是影响他们法律素养的重要因素。

---

① （宋）欧阳修、宋祁撰《新唐书》，第 5023 页。
② （清）董诰编《全唐文》，第 7533 页。
③ （五代）刘昫等撰《旧唐书》，第 4306 页。
④ （宋）欧阳修、宋祁撰《新唐书》，第 5025 页。
⑤ （五代）刘昫等撰《旧唐书》，第 4310 页。
⑥ （宋）欧阳修、宋祁撰《新唐书》，第 5031 页。

# The Influence of Identity on the Legal Literacy of the Scholar Officials in the Tang Dynasty

*Sun Jingrui*

**Abstract**: The imperial examination in the Tang Dynasty gradually flourished. However, it has very little influence on the poor class among the ranks of the scholar officials. On the contrary, it offers plenty of convenience for the scholar families to promote their political lives. The scholar officials in the Tang Dynasty still came from the aristocratic family. The background of the family and the growing environment of young age are essential to the acquisition of knowledge and the formation of the concept of law. From infancy, most of them began to accept the provisions of the national literature education and edification of the words and deeds of the father and grandfather. And it is able to form a parallel knowledge structure of literature and law and have good legal literacy. In short, the following family study, the infiltration of the family tradition and the constraint of the family law had a very important influences on the legal literacy of the scholar officials in the Tang Dynasty.

**Keywords**: Scholar-official; Legal Literacy; Identity; Family Tradition; Family Discipline

# 法学教育研究

# 传统法律教育中的法官培训举隅

## ——《樊山政书》所见布政使批阅州县判册研究

张田田*

**内容摘要：** 中国传统的科举取士方式不能很好地提升州县司法官员的法律水平，因此，这些官员的自修和历练是其获取必要法律知识的主要途径。樊增祥的《樊山政书》则为我们揭示了州县官员获取法律知识的另一种途径。樊增祥通过批阅州县判册，以提升属下官员的法律技能，这种培训方式在中国法制史上并不多见。作为判册的批阅者，樊增祥着意从官员的判词中发现问题，并指点迷津，督促判者研读律令、体察情理；其批语力求实用，面向广泛的州县官群体，尤其切合科举出身者之所需，不失为一种重要的法律教育方式。但由于此种方式并未制度化，也难以制度化，因此，其结果经常是“人亡政息”。随着西方司法独立思想的传入，此类依托地方行政层级展开的司法官员培训，终归昙花一现，随旧体制凋零。

**关键词：** 樊增祥　《樊山政书》　判册　法官培训

## 一　问题的提出：清代州县官员习律的常规途径

清代州县司法官员身处“万事胚胎”的基层司法一线，但律例知识不见得精熟。尤其对初任者即被赋予判案专责的州县官员而言，审理案件竟是其探索践行律例的实习过程。同时，户婚、田土、钱债等亦是百姓利益所在，地方官自理词讼质量参差不齐，而月报册等常规查核手段既难以落实又

* 张田田，沈阳师范大学法学院讲师，法学博士，主要研究方向为中国法制史。

不够深入，更何况文牍监督与事后处分都是治标，确保官员能够胜任司法职责才是根本。本文即着眼于后者，探讨一类旨在提升州县官司法水准的“法官培训”[①]。而在探讨州县官员司法能力如何提升之前，有必要先分析其一般具备何种法律素质。

“试判”一度是明清选官的常设科目。[②]“制科用判，非取一日词章，实征将来吏治，故断罪处，必奉大清律文。”[③] 然而，试判在设置上，并无益于对法律知识的深入考察：就“律目”而作骈判的要求，本意是督促应试者了解律典结构与内容，但为应试而虚拟骈判，往往偏离律意；更何况，试判的“考试范围”也远窄于“全律”。结合其受众多是未及研读律典的考生的拟判合集如《合例判庆云集》来看，编者曰“但帖括家究心八股，既不能览全律，遂尔虚辞，是集袭取六曹定例，分晰注明，庶读者了若指掌”，是以编选“律目”依下列“考试大纲”：不涉《名例律》，原因是“闱中取士，题分五道，部备六曹，字句各以类从，《名例》未经标列，故集中于《名例》内，不敢虚载”；不吉利、不合时宜的不收，原因是取士系朝廷庆典，“凡题稍有不合于时者，二字中如‘失火’，四字中如‘谋反大逆’，五字中如‘盗园陵树木’，六字中如‘收留迷失子女’之类，皆不开列”；打散门类，按字数归类，“至由二字以及九字，全目无遗，非无三字与十字可以标题者，以不过一二条而止，既无合于功令，焉敢混入”。[④] 经此苦心编

① 本文将樊增祥等所做的对负有司法职能的州县官员的办案指导，归附为“法官培训”。虽然州县官员不同于当今法官，培训方式也不同于国家法官学院网站“法官培训”栏目中的定期、集体培训学习等，但依照提升法律素质和办案技能的实质标准来看，批阅州县判册行为的“法官培训”功效，应不至于有相反的理解。

② 对唐判的分析，参见霍存福《张鷟〈龙筋凤髓判〉与白居易〈甲乙判〉异同论》，《法制与社会发展》1997 年第 2 期；陈锐《唐代判词中的法意、逻辑与修辞——以〈文苑英华·刑狱门〉为中心的考察》，《现代法学》2013 年 4 期。唐宋与明清的试判差异略举两端。其一，所处环节不同。如顾炎武批评“至明朝之制，以吏部选人之法而施之贡举，欲使一经之士皆通吏事，其意甚美，又不用假设甲乙，止据律文，尤为正大得体。但以五尺之童能强记者，旬日之力，便可尽答而无难，亦何以定人才之高下哉！盖此法止可施于选人引试俄顷之间，而不可行之通场广众竟日之久。宜乎各记一曹，互相倒换。朝廷之制，有名行而实废者，此类是矣”（顾炎武：《日知录校注》卷 16《判》，陈垣校注，安徽大学出版社，2007，第 922～923 页）。其二，唐宋有常科、制科之别；明清选举则尊崇科举一途，取士重首场八股，从命题到判卷，削足适履，千篇一律，急需专业人才的刑部、大理寺等法司的声音无闻。

③ 周梦熊辑《合例判庆云集》，载杨一凡主编《历代珍稀司法文献》第 3 册，社会科学文献出版社，2012，第 1007 页。

④ 周梦熊辑《合例判庆云集》，载杨一凡主编《历代珍稀司法文献》第 3 册，第 1007 页。

辑，考题仅涉及治官之法（吏律等）、礼仪（礼律）、钱粮征收（户律）等，而刑律中“贼盗”“人命”“斗讼”“犯奸”等门类的“律目”皆未入选。[①] 由此可见，依“律目”试判，侧重记诵之功与对仗之才，所作之骈语与律条“貌合神离”，所读之律文仅是浮光掠影，流于形式，[②] 存在漏洞，[③] 不外乎为官的敲门砖，充其量是读律的引子；而这却是选官中为数不多的与法律知识相关的测试了。自乾隆二十二年起，乡试、会试科目中，试判均被逐步剔除。[④]

当然，科举非唯一选官途径，备考亦不能涵盖全部的教与学。[⑤] 但知识背景最相似，因而也最典型的这一类科举出身的州县官员修习法律的惯常路径选择，仍最值得关注。科举中关乎法律的环节既如上述，易于蒙混过关，难以考察真才实学，但到司法实践场合，法律素养的高下，就是个难以蒙混的紧迫问题了。如刘衡在《蜀僚问答》中回顾，“奉檄试令广东时，律未熟，未得要领，苦无胆力，是以在粤七年三任，自愧有忝厥官，己卯冬以忧

---

① 至于此类“合律判语”的内容是否符合、有多符合律意，笔者在拙作《〈大清律例〉律目研究》（法律出版社，2017）中有详细分析。

② 乾隆九年，兵部侍郎舒赫德批评科举“不足得人”积弊，“表、判可以预拟而得，答策就题敷衍，无所发明”，鄂文端公为首相则力争，此非制度之过，而是实施中名不副实：“即经义、表、判、策、论等，苟求其实，亦岂易副？经文虽与《四书》并重，而积习相沿，慢忽既久，士子不肯专心肄习，诚有如舒赫德所云，数月为之而有余者。今若著为令甲，非工不录，则服习讲求，为益匪浅。表、判、策、论，皆加核实……通晓乎律令，而后可以为判。”（梁章钜：《浪迹丛谈》卷5《科目》，吴蒙校点，上海古籍出版社，2012，第59页）考判之制虽因此论拖延时日，终被废。

③ 张伟仁先生归纳，篇幅较长，难以完稿；格式较严，动辄犯错；题目有限，易于揣摩，是诏、诰、表、判四项考试共同的缺点，曾经乾隆上谕一再指出。后来“判”也被废了，但未见特别说明，大约理由就在于此。参见张伟仁《磨镜——法学教育论文集》，清华大学出版社，2012，第20页。

④ 乾隆二十一年，“嗣后乡试第一场止试以书文三篇，第二场经文四篇，第三场策五道，其论表判概行删省……以乾隆己卯科为始”，“至会试则既以名列贤书，且将拔其优者备明廷制作之选。淹长尔雅，斯为通才，其第二场经文之外，加试表文一道，即以明春会试为始”。二十二年又下旨，“嗣后会试第二场表文，可易以五言八韵唐律一首……即以本年丁丑科会试为始”（《清朝文献通考》卷51《选举考五·举士》，载王云五主编《万有文库》，商务印书馆，1936，第5331页）。而在此之前，“表判”之利弊已见于有关科目存废的论争中，试判为清承明制，明沿唐宋选官考判之意，而顾炎武早有批评。

⑤ “清代没有专门的中央法律教育机构，官员的法律教育也不是制度化的，能够找到的法律教育机构也是屈指可数，只是学律馆和课吏馆的有关材料能帮我们一窥当时的法律教育。”参见曾宪义等主编《律学与法学：中国古代法律教育与法律学术的传统及其现代发展》，中国人民大学出版社，2012，第49～53页。

归，乃更悉心读律，凡八阅月方得微窥圣人制律之精意”，“律例既熟，胆力已壮”，此后再任知县，准驳得心应手，案结不复翻控。

官员初任，既要办案，也要读律。官箴有言，新官上任前及就任中定要熟悉《刑律》中的“贼盗”等篇，其原因显而易见——应试不考而临事需用。但因有佐官为治的幕友出现，刑名事务幕友专修[①]、专营[②]，所以官之读律似不必急于求成、面面俱到，可与其司法历练融为一体。汪辉祖在《学治说赘·律例不可不读》中指出：

> 且官之读律与幕不同：幕须全部熟贯；官则庶务纷乘，势有不暇，凡律例之不关听讼者，原可任之幕友，若田宅、婚姻、钱债、贼盗、人命、斗殴、诉讼、诈伪、犯奸、杂犯、断狱诸条，非了然于心，则两造对簿，猝难质诸幕友者，势必游移莫决，为讼师之所窥测。惟熟之平日，则因事傅例，讼端百变，不难立时折断，使讼师慑服，诳状自少，即获讼简刑清之益。[③]

在读律的循序渐进方面，刘衡《蜀僚问答》中的见解有与汪辉祖相似之处。如“或于审案之前一二日，检取本案之律例，悉心细读，并与幕友虚衷商榷，迟之又久，临事既多，自然通贯”[④]，是听讼、读律于一体的实

---

① 以刑名幕友为代表的循序渐进读律、全面把握律典之法，恰可与试判者的局限对照。陈天锡学幕，“兄命先读《大清律例》，律为常经，例则因时而定，尤须熟背其目录”；“律例中首应细读《名例》，其余各律，则须按需用之多寡，为研读之先后。如《刑律》计有十一目，《户律》计有七目，为办理刑名钱谷者首先所触及，适用为最多，故读毕《名例》，即须及之。以次读《吏》《礼》《兵》《工》四律，以类其全。此四律除《兵律》计有五目外，其余三律各只二目”；“在读《刑律》时，一面即须研究律文中‘以准皆各其及即若’之八字”等。陈天锡《迟庄回忆录》（一）第七章第五节“十六岁至二十岁”之“十二、吾从三兄弟学幕兼县署西席与从事幕学之经过”，参见沈云龙主编《近代中国史料丛刊》（二辑），台北，文海出版社，1966，第34页。

② “明经进士出身者临民决事取办胥吏之口，而有能政者，又短于词判，举业之不切实用，能吏之不善文词，自唐已然。”许同莘讽古喻今，为幕友辈正名：幕友“论文章则不如著作承明，论经济则不尽茂材异等，然而明习律令，灼知情伪，机牙足以应变，智计足以解纷，其贤者能驭吏而不为吏所愚，其不肖者则与吏联为一气，而犹能弥缝无迹，为主人规避处分”。许同莘：《公牍学史》，档案出版社，1989，第98、233页。亦可参见叶晓川《清代科举法律文化研究》，知识产权出版社，2008，第115～117页。

③ 转引自徐栋辑《牧令书》卷17《刑名上》，《官箴书集成》，黄山书社，1997年影印，第371页。

④ 转引自徐栋辑《牧令书》卷17《刑名上》，《官箴书集成》，第372～373页。

习方法。但汪辉祖乃是刑幕起家，自有其拜师学艺之法，所著官箴则以简便易行为主；而刘衡读律则多赖自学，在介绍自身经验时，对初仕者“读书万卷不读律”的痛处领悟得更深，于是对下属现身说法，提出综合要求：不但要熟读重点并通读全律，还要结合案例，辨明“似是而非”等难点；不但要读律典，还要了解处分则例，免遭处分，亦免受他人蒙蔽。①

“策论表判”取士的命题范围不及《名例律》，且大量删减常用类目，至官员履职后读律，则多从有关户婚、田土与命盗重案的具体规则入手，有官员建议后读《名例律》；② 而幕友读律首重《名例律》，充分利用“八字”“律眼”的律学传承③，就《名例律》大做文章，其余则“按需用之多寡，为研读之先后”。三年读律非易事，千人学幕百人成，刑幕所学即所用；而科场成败，关键并不在读律，为做官而试判，为试判而读律，是“所学非所用”，科举出身者，听讼临民，焉能不用幕？同时，清代学幕，时谚有“多读一年书，少读十年律”，因“法律虽系专门学，此亦视诗书根底为何如，根底深者不惟易成，成后词理亦必充沛，若仅识之无，即令学成，亦多贻浅俗之诮”④。由州县至臬藩的樊增祥则称“听讼与作文同是一理”⑤，户婚、田土、诈伪、欺愚等案听讼“贵在酌理准情，片言立断，不但不能照西法，亦并不必用中律……世尝有读书万卷而坐衙不能一言，治律专家而做官不了一案者”⑥，这又涉及如何活学活用，从律例专门知识到办案实际效果的问题。

---

① 刘衡直陈律典要旨为“保全良民，禁制棍蠹诬扰”，读律心得是“司牧者于刑律内诉讼断狱两门共四十一条，果能潜心熟读，则能于收呈时即发觉棍蠹，于未出票之先而禁止之，尤为息事安人之要”，其余如《刑律》中“人命”“贼盗”“斗殴”“杂犯”“受赃”“诈伪”门，以及《户律》《礼律》《工律》等，也须细读，但《名例律》则不宜先读。

② 从刘衡的理由来看，无非怕官员对法律知识掌握不牢、基础不够，先读则难解：“至《名例律》，乃全律之总也，枢纽也。全部律例各条均不能出其范围。譬如满屋散钱，一条索子穿得，尤宜细心推究，但须各律既熟后方读之，勿先读也，先读则无所依傍，茫然不解矣。”

③ 笔者曾尝试以“八字”解析唐律（《唐律疏议“及”字例析——传统中国立法技术的一瞥》，《法学家》2014 年第 5 期），陈锐教授考释、归纳法理，有《“例分八字”考释》（《政法论坛》2015 年第 2 期）等系列研究，吴欢博士则从明清律典与律学的角度阐释其意义，在《明清律典“例分八字”源流述略——兼及传统律学的知识化转型》（《法律科学》2017 年第 3 期）一文中指出，“例分八字”宋元明清的播迁，反映出明清时期刑事立法技术的提高和律学学术的发展，以及立法语言的规范化和法律知识传播的广泛化。

④ 周询：《蜀海丛谈》卷 2《幕友》，载沈云龙主编《近代中国史料丛刊》（一辑），台北，文海出版社，1966，第 385 ~ 386 页。

⑤ 樊增祥：《樊山政书》卷 18《批蒲城县曾令士刚词讼册》，那思陆、孙家红点校，中华书局，2007，第 502 页。

⑥ 樊增祥：《樊山政书》卷 20《批拣选知县马象雍等禀》，第 594 ~ 595 页。

与学徒式的刑名幕友训练不同，州县司法官如无家传等资源，读律多数靠自学摸索，便难以接触到对其因材施教、言传身教式的培训和引领。除前述刘衡《蜀僚问答》等教导属官外，樊增祥于陕藩任内要求下属州县官员“将自理词讼每月摘录数起呈核”，亦是特例。《樊山政书》中，樊增祥在陕西布政使任内所作各类公牍有900余篇，其批阅州县官员自理判册的百篇批语，体现了其对下属州县官员自理案件的办案指导。本文即以此为例，描绘传统法律教育中面向基层一线司法官员的一种特殊法官培训。

## 二　布政使不拘一格批阅州县自理判册的缘由

在《樊山政书》卷十五《批咸宁县词讼册》中，樊增祥明确提出要求：“但造判册，凡所谓六项月报，徒费笔墨，毫无取义，一律免造。”樊增祥为何要舍弃例行“月报”制度而另辟蹊径利用“判册”？这还要从“月报”之弊说起。

### 1. 常规月报制度的缺陷

樊增祥在《樊山政书》卷六《批凤翔府傅守禀》中陈说“六项月报”之弊：

> 但云上控若干，自理若干，未到者仅标事由，已到已结者但注曲、直二字，清讼局各员持册校勘。正如房考阅卷，但有题目而无文章，亦可从判其优劣哉?①

“月报”制度因何产生，如何运作？《大清律例·刑律·诉讼·告状不受理》条例规定：

> 各省州县及有刑名之厅卫等官，将每月自理事件作何审断，与准理拘提完节（结?）之月日，逐件登记，按月造册，申送该府道司抚督查考。其有隐匿装饰，按其干犯，别其轻重，轻则记过，重则题参。如该地方官自理词讼，有任意拖延，使民朝夕听候，以致废时失业，牵连无辜小事，累及妇女抛头露面，甚至卖妻鬻子者，该管上司各官徇庇，概不参处，或被人首告，或被科道纠参，将该管上司各官一并交与该部从

① 樊增祥：《樊山政书》卷6《批凤翔府傅守禀》，第164页。

重议处。[①]

州县自行审理一切户婚、田土等项，照在京衙门按月注销之例，设立循环簿，将一月内事件填注簿内，开明已未结缘由。其有应行展限及覆审者，亦即于册内注明，于每月底送该管知府、直隶州知州查核，循环轮流注销。其有迟延不结，蒙混遗漏者，详报督抚咨参，各照例分别议处。[②]

以上两条，将月报册与循环簿的接收与查核，责成州县官的上司，即该府道司抚督，尤其是知府一级。[③] 又有注重“巡道”功能的：

州县自行审理及一切户婚田土事件，责成该管巡道巡历所至，即提该州县词讼号簿，逐一稽核。如有未完，勒限催审，一面开单移司报院，仍令该州县将某人告某人某事于某日审结，造册报销。如有迟延，即行揭参。其有关系积贼、刁棍、衙蠹、及胥役弊匿等情，即令巡道亲提究治。知府、直隶州自理词讼，亦如之。如巡道奉行不力或任意操纵颠倒是非者，该督抚亦即据实察参，分别议处。[④]

巡道查核州县词讼号簿，如有告到未完之案号簿未经造入，即系州县匿不造入，任意迁延不结，先提书吏责处，并将州县揭报督抚，分别严参。其有事虽审结，所告断理不公，该道核其情节可疑者，立提案卷

① 雍正三年续增现行例。郭成伟主编《大清律例根原》，上海辞书出版社，2012，第1464～1465页。据吴坛《大清律例通考》（马建石、杨育棠点校，中国政法大学出版社，1992，第880页），此条系雍正元年十一月内刑部议准定例，雍正三年律例馆奏准附律。乾隆五年例，为“牵连无辜小民，累及妇女，甚至卖妻鬻子者，该管上司即行题参。若上司徇庇不参，或被人首告，或被科道纠参，将该管各上司一并交与该部，从重议处”。

② 雍正十二年定例。郭成伟主编《大清律例根原》，第1465页。吴坛《大清律例通考》按语称，条内“照在京衙门按月注销之例”在《吏律·公式》“照刷文卷”律后。即“各部院衙门每月将已结未结科抄事件造册分送六科，科抄并见理事件造册分送各道，勘对限期。其各部注销会稿事件，即于注销册内，将会稿衙门定议日期逐一详开移会科道查核。倘有迟延违误者，察参”。此条系康熙年间现行则例，雍正三年律例馆奏准附律。见吴坛《大清律例通考》，第391页。

③ 薛允升认为，这两条应归并为一。“照在京衙门按月注销之例”应改为“俱令”二字。参见薛允升《读例存疑》，胡星桥、邓又天点校，中国人民公安大学出版社，1994，第685页。

④ 乾隆十九年十月内，吏部议覆陕西巡抚陈宏谋条奏定例。郭成伟主编《大清律例根原》，第1465～1466页。乾隆二十一年馆修入律。参见吴坛《大清律例通考》，第881页。

查核改正。如审断已属公平，刁民诬控反告者，亦即量予究惩。[①]

在州县“自理事件”“自理词讼”“自行审理一切户婚田土事项”方面，[②]对官员造册“蒙混遗漏”“隐匿装饰”造成拖延不公的惩罚主要是“议处”，其落实依赖吏部与刑部职能的分工与衔接，前者所掌处分与后者所据刑律“相为表里”。然而，薛允升在《读例存疑》中考证，《吏部处分则例》中对州县自理案件违限不结，分别有一月以上、半年以上及一年以上罚俸降留之处分；州县所立号簿有将自理词讼遗漏未载者，罚俸一年；不明白开载案由者，降一级调用（俱公罪）；系有心隐匿不入号簿或将未结之案捏报已结者，革职（私罪）；至“任意拖延”等做何议处并无明文。[③]

具体到查核职权的担负者身上，刑律条例本身亦纷杂难遵，或要求州县官按月造册申送府道司抚督，或令州县官按月报该管府州，或由巡道开单，移司报院。薛允升认为上述现有条例“俱不画一，总缘随时添纂，并未通身修改也”。更严重的是，巡道一职已有名无实，薛允升辨明法意，“告状不受理”一门条例“责成巡道者四条，以巡道巡历所至，稽查甚便也。现在巡道均系有巡历之名，并无巡历之实，亦具文耳，而此官不几成虚设乎”[④]。

造册上报、文牍查核的设计思路是从文书上考查自理案件的审理情况是否合格，并试图从中寻找那些能够展露官员玩忽职守、弄虚作假等行为的线索。重点是要求州县官员如实填写内容并按时上报，以督促其及时审结和平允裁判案件，实现个案公正。然而，这种依赖州县官员自审自报的层级查核机制，其功能的发挥存在局限。譬如按月造册的循环簿，要求州县官员填写的事项从简，也就难以探究具体案件是否存在迟迟不结、判决不公等现象，容易因循敷衍，短期内也许于清讼、清理积案有所裨益，但长远来看不利于全面客观评价案件的审判质量和官员的听讼能力。

---

① 乾隆二十九年九月内，湖广总督李侍尧条奏定例。郭成伟主编《大清律例根原》，第 1466 页。乾隆三十二年馆修入律。参见吴坛《大清律例通考》，第 881～882 页。

② 陈长宁博士则指出“‘自理案件’并不专属于掌管民政的州县”，理由是“近代法制中的审级制度目的在于平衡司法公正与效率；而清代诉讼中无论是‘上报查考’还是‘强制审转’都更接近官僚体制内部的管理规范”。参见陈长宁《清代诉讼概念框架中的“民事刑事”》，《学术交流》2017 年第 4 期。

③ 薛允升：《读例存疑》，第 685 页。

④ 薛允升：《读例存疑》，第 686 页。

**2. 布政使批阅州县判册的特性**

《樊山政书》载樊增祥批阅州县自理词讼判决的文章约百篇，篇幅有长有短，内容相对广泛，多数是针对案情的叙述、判决的写作等与案件审理相关的事务提出意见，亦时有借题发挥，阐发关于官员提高文学素养、行政能力、道德修养等方面的见解。樊增祥所圈点细阅的州县判词，与国家法制要求登记、更新案件收结情况的簿册，同为月报，但审阅者即上司的目的不同，报送的内容也有差别。本文因此将樊增祥所批阅的判决选录统称为"判册"①。

樊增祥将对州县办案质量的掌握与品评重点，从以笼统"表格"即月报册中的"数目"为中心，转向更具体也相对更真实的以个案"判词"为中心。布政使主持批阅州县判册，不仅是对一定时间内州县官员按时结案、引起上控等情况从数量上做抽象关注，更是从判词着眼，对官员的司法素质及其体现的综合性行政能力做具体考察，用意乃是兼顾自理词讼的监督与办案指导："通民隐而显贤能。"② 与要求州县月报循环簿以备查核等制度类似，要求其报送判册供长官批阅，其用意当然是要监督州县司法，防止百姓蒙冤，学界已关注这一举措的监督效果。③ 本文则着眼于后一方面，即布政使在对州县自理判册的批阅中致力于增进判者的法律素养、提升下属的办案能力。在官员考察和人才培养上，樊增祥认为批阅判册的独到之处是，"既可觇牧令之断才，而每册加批又可增局员之识见。其不合者，以管见商之，窃附直谅之义，似觉彼此有益"，"觇同寅之断才，查百姓之冤否"④，"其能者揄扬之，可以资观感；不能者教导之，亦所以示祖绳"⑤。

---

① 樊增祥在《樊山政书》卷15《批洛川县孙令词讼册》《批山阳县刘令庚年词讼册》《批长武县李令焕墀词讼册》《批咸宁县词讼册》《批扶风县谭令词讼册》，卷16《批咸阳县词讼册》，卷18《批蒲城县曾令士刚词讼册》中，均称州县所报、自己所批的为"判册"。

② 樊增祥：《樊山政书》卷6《批凤翔府傅守禀》，第164页。

③ 胡谦：《从〈樊山政书〉词讼册批语看清代州县讼案审断监督》，《兰台世界》2014年第11期。作者指出，通过词讼册，上级衙门可以对州县讼案的审鞫、判决情况实施监督，从而保障州县审断质量以及考察州县官员才能，不过，受诸多因素的影响，上级衙门通过词讼册对州县词讼审理监督的效果比较有限。又如白阳博士在《讼师秘本成为清代诉状蓝本之原因探析》（《复旦大学法律评论》第3辑，法律出版社，2016）一文中，也辨析了樊增祥此举作为监督手段的效果。

④ 樊增祥：《樊山政书》卷12《批石泉县词讼册》，第342页。

⑤ 樊增祥：《樊山政书》卷6《批凤翔府傅守禀》，第164页。

樊增祥此类批语，点评的是州县自行审结、已经生效的案件判词。虽然题目中均带有“批”字，但对州县自理案件判册的批语不同于针对州县未结个案所做的批禀、批详、批呈等。

第一，从权限来看，樊增祥评阅判册，固然包含体察民情、维护公平、考察官员、培养人才等意图，但一般不修改具体判决、不推翻原判效力。这是因为，州县自理判册的报送是受长官提倡、同僚感召及自我展现才华等意愿所驱动，① 并非强制②，布政使也不宜越俎代庖侵夺州县官员断案之权。

第二，从文体来看，樊增祥给判册的批语，虽也属上级批阅州县官员报送材料的官府公文范畴，但此类批语不但内容丰富，而且相比其他内容确定和单一的公牍，风格也较为灵活和自由。首先，篇幅有长有短，既有对报送判词逐一分析、细细品味的长文，也有简单明了、只言片语的短文。其次，批语在态度上区别于其他公文用到的上级答复下级请示汇报时一丝不苟的严肃口吻。如樊增祥在《樊山政书》卷十《批朝邑县曾令自理词讼月报清册》中讲道：“吾属同官一省，如同在一舟，官职大小，偶然事耳。我既以直谅待人，亦愿人以直谅待我。所以丙夜篝灯，批牍不倦者，正以蚓投鱼之意也。”摆出同舟共济的姿态，以诚动人。最后，部分批语的结构相对松散，从批阅的判词又引申出其他内容。如卷十八《批韩城县张令瑞玑词讼册》，针对具体案件中官员的裁判表达不同见解，之后谈到官员以仁心判案的效果要受百姓道德水平的制约，又举例说明刑部以罚金代笞刑的弊端，结尾则“久别聊以笔谈，不当作批牍观也”。

第三，从主笔者看，樊增祥亲自批阅这些判册，谢绝幕友帮工。之所以如此，是因为判词的水平参差不齐，反映的问题不一而足，需要批阅者具有学问、见识等多方面的丰厚功底，以及付出“不惮烦劳，随到随阅，随阅随批”的努力，否则无法有效地考察官员。“若阅者漫无分别，举七十余属长短高下平奇难易种种不同之判册尽以‘尚属平允’四字了之，则吏治不必问也。”③ 总之，此类批语介于公文与私信之间，少打“尚属平允”官腔与“等因奉此”套话，风格较为亲切真诚，倾向于表现对州县的关爱教导。

---

① 如《樊山政书》卷14《批咸长两县词讼册》中樊增祥分析咸宁县、长安县报送判册的原因是“不惟各属之倡，亦‘酒逢知己饮，诗对会家吟’之意”。

② 如樊增祥在《樊山政书》卷12《批石泉县词讼册》所言：“各牧令如果为本司信心之人，虽一案不报亦可。其迫欲考察者，正在期其做得好。”

③ 樊增祥：《樊山政书》卷12《批石泉县词讼册》，第342页。

## 三 个别品评与登报示范的判册批阅方式

樊增祥评阅判册，依其受众可分为两类。一是品评判词并对判决者提供个案完善与综合素质提升方面的个别指导；二是在此基础上，借助《秦报》平台，将典型判词登报示范，面向更广大的读者群体以发挥效应。

**1. 品评判词，个别指导**

樊增祥批阅州县自理词讼判决的批语形式灵活、内容多样，归纳起来有两个层次。

第一层是根据判词中的案件事实，从情理角度讨论妥善处理具体民间纠纷，即评析个案之理，褒贬办案官员。

这又分为两个方面，一是指点应用于审判过程中的各种方法，二是以惩恶扬善、准情酌理的原则评价判决的质量与效果。不同的批语或者强调其中之一，或者二者兼顾。如《樊山政书》卷十二《批雒南县词讼册》描写雒南县令“能判断极轇轕之案，并善于叙述极缴绕之情，判断公允，则受者心服，叙述清晰，则阅者眼明”，肯定雒南县令“能说难说之话，能达难达之情”的审案、断案才能。又如山阳县刘县令“每案依律准理，执法原情。闻之民，自谓不冤，即达诸部，断无可驳”，樊增祥将刘县令符合情理、遵照法律，因此受到当事人认可、能够通过上级检验的判决称为“能品”①。对认真办案、判决平允的官员，樊增祥在批语中不吝给予鼓励和表扬，如《樊山政书》卷十《批临潼县李令自理词讼月报清册》称“此册所列六案，大半头绪纠纷，曲直互见，而一一分肌劈理，斧以断之，断者公明，讼者悦服，阅者惬心贵当”；卷十一《批三原县倪令度自理词讼月报清册》称“六案皆胶葛荒幻，自非老手莫能得其要领。而批郤导窍，使无情者不能尽其辞。阅之，既惬心又解颐也”，赞赏理清复杂案情并做出公允判决的官员。对懒惰粗疏、判决不公的现象，樊增祥也提出警告和批评，如在卷六《批咸宁县刘令自理词讼月报清册》中告诫咸宁县令，“以后再有此等谬断，定行查取委员职名记过停委不贷”。

第二层则是从判词写作展开，督促官员提高行政与司法技能，即提供综合指导、提升整体素质。

---

① 樊增祥：《樊山政书》卷15《批山阳县刘令赓年词讼册》，第418页。

整体工作上，樊增祥从官员的听讼活动延伸开来，论说从“文学”到“政事”各项工作的开展；具体到个人，他又从官员的文学功底和实践经验入手，注重培养素质全面的优秀人才。如《樊山政书》卷十八《批蒲城县曾令士刚词讼册》中，樊增祥仔细分析，判词要想写得精彩，在审理过程中一定要认真仔细，通过调查讯问了解事实和事实背后的情理，做到心中有数，才能“胸中雪亮，舌本翻澜”，判决得当；卷十二《批雒南县词讼册》中，樊增祥论述了判词写作要结合文采与实用，使“文学”“政事”相互促进，“判断公允，则受者心服，叙述清晰，则阅者眼明。尝谓言语、文学、政事本是一串，不会说话、不能作文之人，其政事虽妥当，而决难出色。听讼者，政事之一端，坐堂要口才，政事要文笔”，体现了其对培养官员综合素质的重视。

**2. 选取典型，登报示范**

樊增祥不仅品评州县官的判词，还将典型判词登报发表，即将自理词讼的判决书登载于《秦报》[①] 上，供官员传阅。《甲辰年变通秦报章程十一条》规定了州县判决案件判词登报的种类及登报原因：

> 州县判决词讼，有案涉奇异，审断公明者，冤狱平反者，大谬无理被参撤者，一概登报。盖公允者可以示劝，过于糊涂荒谬者告之通省并传诸邻省，不但可以示惩，且使现任各官各有戒心，从此不敢荒率任性，则所全者多矣。若寻常词讼，案情平平无奇，判词又简率鄙理，概勿登报。

可见登报判词的类型，排除了没有显著特点的“寻常词讼”[②]，倾向于选择审判难度大、判决水平高的案件，如具有平反冤狱等显著影响和效果的案件，或是草率办案、无理判决的反面典型案件。优秀判词登报是

① 《樊山政书》卷 6《秦中官报序》记述了《秦报》于 1903 年设置：“于省城设课吏馆，乃附官报局于内，而以馆员司选录校刊事，月得三册，分发各州、县、学堂，俾资观览。”办报机构为官报局，附属于培训预备官吏的课吏馆，用意是“使我同寅诸君子周知本省政要，兼知中外时局，用以扩其闻见，培成有用之才”。

② 由于官报馆登载了一篇书办照例拟批的详文，樊增祥有感而发，认为这种文章不但文字枯燥无味，而且沾染书办习气，重申“自秦报刊刻公牍、批判，办公所司抄录，官报管司选刻，要必有异于寻常通稿者，始足令阅者醒目”。参见樊增祥《樊山政书》卷 10《札官报馆》，第 269 页。

对官员的表扬，鼓励其进步；不佳判词登报是对官员的谴责，刺激其改正。

章程中规定的登报类型，具体到《樊山政书》批阅的判册时，对登报判词的选择一般具备以下几个特征：一是判决写作富有文采，二是判决结果准情酌理，二者结合则尤为出色，三是判词具有便于学习实践、激发理论探讨、介绍反面典型等实用功能。结合判词评语中的登报理由进行归纳，大致有如下几类。

一类登报判词的选择并非基于扑朔迷离的案情或复杂艰难的审理，而是着眼于官员对寻常案情的出色审判。因为这类判词可以作为还未熟悉司法工作的新任官员的学习材料，使他们了解和掌握法律知识及其运用，积累“老手”“老吏”的技能和经验。[①] 这些判词的案情清楚便于理解，方法普遍可资借鉴，关注和强调审理案件的常规手段。《樊山政书》卷十《批蒲城县李令自理词讼月报清册》中，樊增祥简要概括了上报的六个案件的案情及决断，认为“以上各案，看似平平无奇，然身坐堂皇，一问即明，一明即断，一断即了，是非曲直，较然明白，亦甚不易矣。特为拈出登报，俾初登仕者考镜焉”。这些较为寻常的户婚、田土案件，从判决中可以寻找如何查清事实、明白断案、了结争议的线索，登报发表可以为初次从事司法工作的官员提供参考。卷十九《批蒲城县徐令普词讼册》中，樊增祥认为“审案以得情为难，心知其情，而能当堂道破则尤难”，徐县令的判词成功地做到了这一点，因此“前两案登报，以为初学矜式”，供初涉审判的官员参考学习。

一类登报判词的选择则是从判词对情理的探求、律意的把握等方面寻找优秀的作品，以对司法提出更高要求，培养和发现审判人才。《樊山政书》卷十二《批雒南县词讼册》中，樊增祥表示“月报册多矣，能断案者亦正不乏，能说难说之话，能达难达之情，则莫临潼、雒南若也。此册前两案登报，以示共赏之意”。州县官员不仅能了结案件，还将错综复杂的案情叙述得清楚畅达，樊增祥在批阅这样的判词时表达了对其出色才能的赞赏之情和登报供读者赏鉴之意。樊增祥在《樊山政书》卷十三《批华阴县词讼册》开篇，即点明“天下事专论情理，尽人皆知。至情理中又有

① 兰州大学康建胜教授在其研究樊增祥与《樊山政书》的近作中，分析了“老手”与“好手”的办案评价标准。

情理，则非天资高才识敏者不知也”，在分析了判词后，又重申“心灵手敏，深知律意，此所谓情理中之情理，非聪明人见不到也。此案登报”。说明樊增祥认识到，情理是判案必须遵循的原则，但情理是多元的，律令是深刻的，能够在一团乱麻的事实和各执己见的争议中把握关键，则极为聪敏。判决登报，为其余州县官员展示一个“情理中又有情理”的更高境界。

此外，还有少数案件登报的原因则是判决不合情理，致使百姓蒙冤，是官员应尽量避免的反面典型，以示对官员不当行为的督促、批评。樊增祥在《樊山政书》卷十一《批扶风县自理词讼月报清册》中要求将“前任有过，后任补之，达之上司，百姓之冤抑可伸，前任之谬误亦可自儆，并可使同寅共儆”的平反前案的判词登报，“即如刘令见事不明，知过不改，诚为可恨。然今之作令者大抵不学而仕，身坐堂皇，知明处当者，七十余州县不过得半而已。但使肯受直言，肯学好，肯改过，即当观后效而贷前愆”。他批评了审判不公的官员，希望引起其他官员的注意，避免错误，知错能改。又如樊增祥要求登报批评赵知州懒惰、听讼不勤的行为：“人皆谓该牧懒于坐堂，并懒于相验。今观来册，尽冬月一月仅得此稀松平常之一案，足见人言非无因矣。此批登报，俾知愧励。”①

总之，在自理判册上，樊增祥尊重州县对自理案件的决定权，尽量不对其中的判决结果做实质性的修改，而是商讨与督促结合，从判词写作的文采和内涵等方面进行灵活的评价，使得其收效独特，不限于一案，不急于一时。

## 四　结论

在《樊山政书》中，樊增祥在陕西布政使任内所作各类公牍有 900 余篇，其批阅州县官员自理判册的百篇批语展现出一种有别于清代士人应试、初仕与习幕的常规法律学习。长官在尊重州县自理判册既判力的基础上，以个案褒贬、综合指导与登报为核心内容，从听讼、作判技术及传统司法理念层面提升下属办案质量。

① 樊增祥：《樊山政书》卷 12《批甯羌州赵牧自理词讼月报清册》，第 326 页。

### 1. 樊增祥批阅州县判册的基础

樊增祥批阅州县判册的活动，一言以蔽之，是其作为布政使依托权限而发挥特长，以取得州县官员配合的活动。

第一，判册的批语来自樊增祥的经验之谈，其既有文才，又有阅历，在官场中长期历练。樊增祥曾担任张之洞的幕僚，得到张之洞“云门智过数人，真幕府才”① 的称誉。王森然所作《樊增祥先生评传》则记载了他在地方处理政事，尤其是在司法方面的表现：“听讼明决，片言折狱，闻者悦服。所为判词，庄谐并茂，敏妙中窍，远近争传颂，脍炙人口。其公牍尤有名，法家咸奉为圭臬。受知鹿传霖，调补渭南，大邑也，历权诸烦剧，皆有能名，重儒劝学，嫉恶爱民，屡膺卓荐。”② 出色的表现来自卓越的学识和丰富的经验，余诚格在《樊山集序》中分析樊增祥行政的经验从何处得来：樊增祥“贫贱日久，阅历世故三十余年，其于物态诡随，情伪百变，无不揣摩已熟。又上自节镇，下至令长，出入宾幕，更事最多，故尤达于吏治”③。总之，批阅者是经验丰富的“过来人”与办案的行家里手，保证了此项活动得以开展。

第二，作为非强制性的活动，要争取州县官员的配合，就要注重示范与指导，“抓两头带中间”④。州县上报自理判册属自觉自愿，内容自选，选摘办过的几案或十几案，有别于例行公事、敷衍了事的登记造册。樊增祥的批语则“褒多于贬”，百篇中除 11 篇明确提出批评警告外，其余都以肯定为主。这是因为，藩司之尊虽为樊增祥贯彻主张提供了便利，但此举也要争取下属的配合，以鼓励为主，这样才有利于提高州县官员的积极性。樊增祥的批阅，强调其视属员为门生，指导性重于领导性，对州县官

---

① 樊增祥：《樊樊山诗集》，涂晓马、陈宇俊校点，上海古籍出版社，2002，第 2052 页。

② 樊增祥：《樊樊山诗集》，第 2036 页。

③ 樊增祥：《樊樊山诗集》，第 2029 页。

④ 魏淑民在《清代乾隆朝省级司法实践研究》（中国人民大学出版社，2013，第 61 页）中指出：“《樊山政书》后十卷出现了不少对州县月报自理词讼清册的积极评价，可以这样理解：从数量统计上看，陕西省有州县七十多个，批结清册涉及的州县约有四十五个，多数只是出现一两次，反复出现的州县仅有八九个，如临潼、朝邑、城固、洛南、山阳、扶风、咸阳、石泉、澄城和蒲城等。他们的守令给藩臬的印象多是判案持平公允文笔老到，并选择典型案件登入邸报以彰断才。个别懒于断案或审断糊涂者，也特别指出以示惩戒。这样奖勤罚懒，颇有以两头带中间的寓意。”从报送判册的州县数量来看，实则没底气、没能力的属官，大抵不敢也不肯“自投罗网”上交办案纪录。

员经常循循善诱，讨论好的判决应当符合哪些标准。如“准情酌理”[①]、“例案、文章两擅其胜”[②]，且往往据此指出州县判决不合自己心意或不尽如人意之处，或做出应当如何判决的设想，但不轻易进行改动。尊重州县判案权能，能不改便不改，但也不讳言其已办之案尚有可提升之空间，这便是《樊山政书》卷十四《批华州褚牧词讼册》中樊增祥所说的“案已断结，无复翻之理，本司特论其理耳”；又如卷十六《批城固县周令楠词讼册》中樊增祥直言“断案自有见解，于吾意不甚合也，然亦不能谓之不是”，则是虽然其与周县令意见相左，但仍对原判予以保留。纵是极不满意、逐一驳斥的判册，樊增祥还是称“此案往矣”，仅提醒判者今后不要重蹈覆辙。[③] 樊增祥在批阅自理判册过程中可更好地了解下属的情况，对其中能吏的要求精益求精。因为“酒逢知己饮，诗对会家吟”，下属办案水平越高，进步越快，樊增祥传授司法经验的自信心和积极性也越高，从“教学相长”的角度，这对其自身办案的精进，不无裨益。这也就是为什么他的“情理中又有情理”“情理外无法律”等名言会出现在对判册的批阅中。

第三，在“报送—批阅”的活动中，行政权力“隐而不发”但不可或缺。换言之，这属于布政使“分内事”的延伸。[④] 樊增祥的批阅当然也是个人化的，并未固化为制度，但其点评及择优登报等做法，是因其在陕藩任内着力推行、坚持不懈，才得以延续的。

樊增祥批阅时虽然极少改动州县判决，但常常直言不讳表达对州县官员才能的臧否：能力出众的精心培养、委以重任，能力欠缺的悉心教导、耐心帮助，不思进取者警告批评乃至处罚。《樊山政书》卷十八《批蒲城县曾令士刚词讼册》中，樊增祥指出，州县官员“不能者难于尽行更易，其能者不过空言嘉奖”，但仍晓以利害，“唯恐其做得不好之人果能按月册报，其好者可以释本司之疑，其不好者亦可规该员之过，若避而不出，则功过皆无

---

① 樊增祥：《樊山政书》卷 15《批凤翔县彭令词讼册》，第 424 页。

② 樊增祥：《樊山政书》卷 18《批富平李令经江词讼册》，第 499 ~ 500 页。

③ 《樊山政书》卷 12《批留坝厅词讼册》。或有州县官员对批语所说进行辩解或参考批语修改判决，但仍由其自主决定。

④ “布政使掌宣化承流，帅府、州、县官，廉其录职能否，上下其考，报督、抚上达吏部。三年宾兴，提调考试事，升贤能，上达礼部。十年会户版，均税役，登民数、田数，上达户部。凡诸政务，会督、抚议行。”（《清史稿》卷 116《职官三 · 布政使》，中华书局，1977，第 3346 页）

由知，而疑将滋甚矣”，即州县官在与藩司此种互动中的表现，关乎其仕途得失。譬如，被樊增祥严重警告责备为“存私心，昧公道，何以为民父母？如不改过，危哉矣”的白河县令，见到批语后随即解释说明所办案件的判决情况，叙述前任判决的原委，以求得上级对自己的改观。[①]

总体而言，樊增祥有信心、有能力、有意愿来指导州县办案，亦煞费苦心采取了非强制、鼓励性“报—批”的形式，并依托其布政使的地位来开展活动。一方面，长官的司法职能与监督职权，要求其确有必要设法了解州县官自理词讼的质量，及时发现下属不胜任、不公正等情况；另一方面，州县有其独立性，要期待其办好案，相比事后惩戒，培训更能治本。作为“过来人”的布政使樊增祥向州县官员传授经验、指点迷津，难能可贵，两面兼美。在樊增祥州县出身的阅历，长于听讼的能力，以文字为友朋的技艺，以及藩司留心民事、考察官员的立场等因素的共同作用下，一时间判册得以及时报送和批阅。下属积极自觉选报，上司因材施教细评，堪为当地当时州县官员法律培训的特殊一环。

**2. 对樊增祥批阅州县判册的评价**

如果说清代官员的自修和历练是其获取必要法律知识的主要途径，[②]那么批阅判册则是樊增祥对州县官员审理案件和判词写作工作的特殊指导。樊增祥试图通过州县判册报送、批阅以传授法律技能的法官培训方式，虽不多见，本质仍可以归于中国传统的法律教育。

首先，樊增祥通过批语培训州县官员的办案技能，着眼于判词，但未片面强调法律专业技能，还是追求与“经义取士”和“天理国法人情”等传统社会文化背景相契。

一则，通过何种途径做官，关系到官员受过何种教育或训练，具有怎样的基础知识和社会基础。科举取士为“正途”的传统观念，以及樊增祥自身的经历及对现实的观察，决定了其教育培养的对象侧重于受过传统儒学教育的读书人。

---

① 樊增祥：《樊山政书》卷 15《批白河县词讼册》，第 414 页。

② 张伟仁教授这样评析清代的法律教育：“清代正规学校教育和科举考试都不重视法学，当时直接从事法制工作的官吏、书役等人所需的法律知识，大致都由自修、历练而得。这种方法因人而异、不成制度，因而成果也难预测，所以中下层官都要依赖幕友。他们是从师受业的，其法学教育也比较制度化，成绩也显然不错，所以成了清代法制运作的筋脉。”（贺卫方：《中国法律教育之路》，中国政法大学，1997，第 238～239 页）

如《樊山政书》卷十九《批韩城县词讼册》所言："大凡有学问人，虽初任而即能了事。若胸无墨水，虽官服数年，历任七八州县，而冥顽如故。"然而事实上，他在《樊山政书》卷十一《批扶风县自理词讼月报清册》中也不得不承认，"然今之作令者大抵不学而仕，身坐堂皇，知明处当者，七十余州县不过得半而已"。现实如此，他不得不和光同尘，对非"正途"出身者亦不带偏见，不等闲视之。如《樊山政书》卷六《批商州尹牧昌龄禀》所言，"盖催科折狱，勿论军功捐纳，但有才具，便可做一好官，不专在读书人也"，即是说收税和司法这两项地方行政的基本工作，官员不论读书与否，都有潜力胜任。[①] 不过，所谓"正途"的观念日益受现实改制的冲击，樊增祥有时还是忍不住表明心迹："吾谓凡做官者皆须用读书人。即如现在科举改章，学堂经始，捐纳军功诸子正如盲人即路，聋俗求声，不辨东西，安知清浊？"[②]

樊增祥指导判词写作的批语，往往以应试写作为例，这也暗含了其以"学而优则仕"者为中心的取向：

> 听讼与作文同是一理，不能文者，尽气毕力作不满三百字，能者一题数艺仍沛然有余。每阅无用捐班之判册，有一案三行即了者，衍至十数行，则自觉气充词沛非凡得意矣。此岂所审之案皆无情节，无意味，三言两语即了乎？由其本人胸中本无道理，既不会说话，又不能动笔，官即如此，幕亦似之，求其叙述详明，如画如话，岂可得乎？若贤而有文之吏，当倾听时早已息气凝神，驳诘时真能掐筋擢肺，及断结时又复准情酌理，遇事持平，是每问一案，具有无限精神、无限心思在内，故出而质于人也。务将此案之层叠曲折及公堂判决之苦心一一叙出，以质于真知此种甘苦者。所谓言不足，又长言之，诚有不得已于言者在也。[③]

樊增祥批阅判册，往往注重判词的文笔优劣，偏爱将判词写作与举业作文对照。指出案审者只有聚精会神倾听将案情了然于心，问案

① 其重点则在于"独至学堂一事，则断非读书人不办"。

② 樊增祥：《樊山政书》卷3《批大荔县张令禀》，第58页。

③ 樊增祥：《樊山政书》卷18《批蒲城县曾令士刚词讼册》，第502～503页。

时才能把握关键，写作时才能有话可说，更要用心使叙事脉络清晰，从判决中体现社会的人情常理和官员的矜恤精神。具备这些能力，判词才能出彩；否则便如“无用捐班之判册”，淡而无味，无可观之处。《樊山政书》卷十八《批泾阳县蔡令宝善词讼册》和卷十九《批定远厅汪丞时悫词讼册》，樊增祥在前一篇中点评“断固允协，词尤雅令，文章粉泽，吏治增晖。做官须读书人，正在此等处标其俊异”，在后一篇中称赞“及观此册胪列四案，公允固不待言。而撰述详雅，出以骈俪，事理曲尽，文采斐然，是轩鹤之清而宜以威凤之彩也。能不佩服？”可见蔡、汪两官作判的优美文字不但体现了作者的学识，更为判词增光添彩，以相得益彰的内容和形式在同类作品中脱颖而出，获得樊增祥的青眼。

二则，作为施教者，樊增祥认为“情理外无法律”。依托个案，其传授的是司法的普遍知识和原理；其指点技巧，意在使官员用心写出高水平的判词；其坚持原则，力图使官员的司法活动合乎情理和道德；其擅长从儒家司法“惩恶扬善”“准情酌理”等原则层面指点法律的适用，要求判决不但要符合律例，而且要平允妥当，发挥良好的社会影响。

传统的法律教育本不限于就法律言法律的“刑名之学”，儒家圣贤之书乃是其依归。《樊山政书》卷十八《批长武县李令焕墀词讼册》中，樊增祥点评李县令判词“多方设难，澜翻不穷，亦与瓯北长歌相似，稍稍费辞矣，然于理、于例、于人情无不推求至当，夫岂俗吏所能耶？应登秦报，以志欣赏”，其沿用了儒家一贯的俗吏、循吏的区分，辨别判决的不同境界。又如《樊山政书》卷十六《批城固县词讼册》中，樊增祥肯定了判者的“仁人之心，长者之言”，又谆谆教导城固县令“凡问案有必应穷追者，有不可深究者。而于有玷门风、有关名节之事，总以宁宽勿刻为主，此非阴骘之谈，乃存心之要也”，如此才是担负起儒家“存人心，正风化”任务的循吏。

对州县官员司法，樊增祥指出判决应当具有的深度，即不但合法，而且合情合理，发挥良好的社会效果。如其在《樊山政书》卷十四《批临潼县词讼册》中称赞临潼县令“惩治刁顽，切心贵当”，认为“治民无他，择其可恶者而痛棰之，人心快而民遂其生矣”。其在《樊山政书》卷十四《批华州褚牧词讼册》中更是从情理角度分析原审官员认为“情理两得”的判决，宣称“老实人断案，至平妥为止。若天分高者，于平民则用巽语法言，于刁绅必施权谲手段"，意即对于审理词讼，老实人仅能做到"平妥"，尚有不足；若能深刻理解情理，权衡利害关系，则可以做出有良好社会效应的判决。这种从情理角度透视案件本身、透视社会生活的眼光，使得樊增祥所批判册，从指导听讼扩展到指导政事，从实现现实的仁政到修习内在的仁心，将儒家思想渗透到各个方面。个案、律例只是其中一环，办案要统一于施政整体才能彰显其意义。

由此可见，州县官员对法律知识的学习基于处理政事的需要，多从实践中积累经验，很难进行系统且有针对性的学习。而判词写作的"文理优长"，要求律意的提炼和情理的斟酌等，都不是一蹴而就的。作为判册的批阅者，樊增祥着意从官员的判词中发现问题并指点迷津，督促判者研读律令、体察情理，其批语力求实用，面向广泛的州县官群体，[①] 尤其切合科举出身者所需。州县官员阅读樊增祥的批语可获取知识、增长经验，是学习和提高法律技能的一个途径，不失为一种有益法律工作的历练。当然，也要看到，樊增祥所批的自理判册，未必均属实，批阅者也就未必总能"对症下药"[②]，且其技艺之传授、理念之灌输，还需要州县官员自行揣摩，培训的最终效果也终究有赖于州县官员的接受程度。不过"师傅领进门，修行在个人"的境况比比皆是，对这一不拘一格增设的批阅自理判册活动的效果也许不应过分苛求。

其次，樊增祥批阅判册之举的兴废，反映出传统法律教育所面临的挑战。其背后是传统教育所培养的法律人所遭遇的特殊的历史情境。

表面上是法官的教育和选拔方式的转换。法官日趋专业化，传统的州县行政长官负责司法的模式受到质疑，如"政刑丛于一人之身，虽兼人之资，常有不及之势，况乎人各有不能。长于政教者未必能深通法律，长于治吏者未必为政事之才，一心兼营，转致两无成就"[③]。

就趋新的法政之学，樊增祥在《樊山政书》卷十八《批泾阳县蔡令宝

① 一部分学习者为判词的作者，即上交判册的州县官员，更广泛的还包括，《秦报》刊载的判词的读者中有意研读判词、提高法律水平的官员。

② 批阅判册在很大程度上表现出行政、司法对文书的依赖和重视。判断某一案件判决是否合理要以判词叙述的情况为依据，当批阅州县自理案件时，因为不需要进行提审，没有亲自讯问涉案人的环节，很难保证能够排除判词对案件事实进行的"加工"。更何况在上级眼中，判词成为作者学识阅历、聪明智慧等职官考课所重点关注的能力的集中体现，更有粉饰的必要。《樊山政书》中确实有州县官员所报之判册极为拙劣者。

③ 沈家本：《历代刑法考》，中华书局，1985，第1962页。

善禀》中表白苦心：

> 吾非不以宪法为是，特以时未至而强为之，犹饭未熟而加餐，必为脏腑之患，兵未练而浪战，必贻军国之灾，此吾所以学堂、工艺、巡警、路况以及常备新军无一不实力举行，而法政独从其后也。惟课吏馆本有法政一科，来牍谓延请精通法政之教员来秦讲授，乃应有尽有之议。

樊增祥断定推行新式法政制度需要很多条件，条件不完善就急于求成，必将酿成不利后果。法政之学要举办，无非要借课吏馆培训候补官员的契机延请法律专家，而已就任的州县官员在自理词讼方面充其量还是接受藩司批阅判册时“准情酌理”标准的陶冶，二者能否合辙？

内里仍是法律制度与观念的新旧更替。这一巨变使司法活动经常要面临新法与旧法、固有法与移植法的冲突。对此，樊增祥坦承自己“弗娴西学”①，但对传统法律有深刻把握。其对从西方引入的各种制度，态度审慎而略显保守，认为外来法律适用范围有限，甚至本国律令也常常要参合情理方能作用于现实。他在《樊山政书》卷二十《批拣选知县马象雍等禀》中指出：

> 法政诚不可不学，中律亦不可尽弃。将来审判既设，对外人当用公法，对于吾民谁敢废《大清律例》者？既不可废，则须兼习矣。且州县终年听讼，其按律详办之案至多不过十余起，中简州县有终年不办一案者，其所听之讼皆户婚田土、诈伪欺愚，贵在酌理准情，片言立断，不但不能照西法，亦并不能用中律。

他深信“为政在人”，重视官员的综合素质，又对传统方式培养的人才之能力抱有信心，在中西比较中不妄自菲薄。如在《樊山政书》卷十三《批雒南县丁令词讼册》中勉励州县官员：“吾陕州县中问案好手高出外国律师奚啻万倍，固不必事事推逊，以为中不如西也。”这样的自信，也许是其乐此不疲地在判册批语中指点的动力。

① 樊增祥：《樊樊山诗集·附录二·序跋传记资料选集》，第2029页。

然而，樊增祥所处的时代在剧变，[①] 其批阅判册虽依托传统但并未制度化。其人在任，多年力行批阅判册或为一项突出政绩；其人调职，此种培训自然也就不了了之。而随着西方司法独立思想的传入，[②] 此类依托地方行政层级展开的司法官员培训，终归昙花一现，随旧体制凋零。

## Essentials of Judge-traning in Traditional Legal Education: Some Researches to Provincial Administrative Commissioner Reading and Comment on County's Verdict Volumes Published in *FanShan Administration Book*

*Zhang Tiantian*

**Abstract**: Because Chinese traditional imperial examination to select talents can't improve the judicial level of county's officials, the main way that these officials obtain the knowledge of law is self-studying and judicial experience and toughening, but *Fanshan Administration Book* which was written by Fan Zeng-xiang tell us another way to obtain effectively the legal knowledge. In order to promote the judicial skill of the subordinate officials, Fan had to read and comment on county's verdicts, and tell these officials how to make a correct verdict. This kind

---

① "清季迄今，变迁之大，无过于法制。综其大本，则由德治而趋法治，由官治而趋民治，漩流激荡，日在蜕变之中。而世界潮流，亦以此十数年中变动最剧。吾民竭蹶以趋，既弃吾之旧法以从欧美之旧法，又欲弃欧美之旧法而从彼之新法，思想之剧变，正日进而未有艾。"柳诒徵：《中国文化史》，中国大百科全书出版社，1988，第 831 页；转引自公丕祥《司法人道主义的历史进步——晚清司法改革的价值变向》，《法制与社会发展》2012 年第 4 期。

② 李贵连先生在新著《现代法治：沈家本的改革梦》中专章探讨沈家本试图"融合中西，推行审判独立"的理念与实践，指出晚清立宪风潮中也包含了司法独立思想，如沈家本在《调查日本裁判监狱情形折》中指出：州县"学无专精，由于官无专职"；"行政官易，司法官难"，官员避难就易，审判权旁落于"奸胥劣幕"之手；勘转有"稽延、株累"等弊；"领事裁判权"的屈辱这四条清廷有必要实施司法独立的理据。但"当进入实际的制度改革时，那就不是一件简单的事情了"。李贵连先生评价："上述沈家本所追求的司法独立，主要是司法的外部独立，即司法不受外部，特别是行政权的干预。这是他的追求，一个过了一个世纪仍然没有实现的理想，中国法治解不开的死结。"参见李贵连《现代法治：沈家本的改革梦》，法律出版社，2017，第 133 ~ 147 页。

of training mode is uncommon. As a reader and reviewer, Fan firstly paid more attentions to find the problems which exist in county's officials verdicts. Then, he would tell these officials how to get at a correct verdict, urge them to study the code, and observe the common sense and reasons which hide behind the explicit stipulation. In order to achieve that aim, Fan did his best to make his remarks as simple and practical as possible, especially fit in with the needs of those people who became an official by imperial exam. It is fair to say that Fan's method is an important legal education method, but there are some defects. For example, this method haven't been institutionalized and can't be easily institutionalized, so it is frequent that when a man dies his administration will be cast away. With the introduction of western judicial independence thought, this kind of judge-training method will be transient in the end and withered with the disappearance of old institution.

**Keywords**: Fan Zengxiang; *Fanshan Administration Book*; Verdict Volumes; Judge-training

外国法译评

# 良心和中世纪衡平法院*

〔加〕丹尼斯·R. 克林克著　苗文龙译

## 导　论

尽管笔者的研究主要关注近代早期衡平法中的良心，但也有必要考察它是从何处发源而来，其或许是在与中世纪衡平法院理解的良心概念的对立中建立起来的。这种理解在16世纪和17世纪长久地保存了下来，只是后来有所修正。

正如我们所见，“良心”是中世纪衡平法院的标志，在某个特定的时间点上，或许（前期）比后期表现得更为明显。辛普森（A. W. B. Simpson）指出，如果你询问一位15世纪后期的法律人，《在衡平法院发生了什么》一书的内容，他会毫不迟疑地告诉你是“良心”，而不是“衡平法”。[1] 因此，这段时期的请愿书往往要求大法官传唤被告，“在进入国王的衡平法院亦即良心法院之前，在这里，他要根据理性和良心的要求做出答辩”[2]。在1456年的一个案件中，请愿者对被告的诉答提出的抗辩理由是：因为“在普通法法庭未能获得救济，并且法令尚未生效，于是诉诸良心之法”[3]。

在这一语境中，确切地讲明什么是“中世纪”，特别值得玩味。罗伯

---

* 本文原载 Dennis R. Klinck, *Conscience, Equity and the Court of Chancery in Early Modern England* (Ashagate Publishing Limited, 2010), pp. 13 - 40。作者丹尼斯·R. 克林克，加拿大麦吉尔大学法学院荣休教授；译者苗文龙，重庆大学法学院讲师，主要研究方向为西方法理学、比较法学。

① A. W. B. Simpson, *History of the Common Law of Contract: The Rise of the Action of Assumpsit* (Oxford, 1975), p. 398.

② *Select Cases in Chancery A. D. 1364 to 1471*, eds., William Paley Baildon (London, 1896), case 123, p. 121.

③ Ibid., case 143, p. 146.

特·帕尔默（Robert Palmer）提出，“大法官的良心法庭大约出现于 1370 年”，并且在黑死病时期得以迅速发展。[①] J. L. 巴顿（J. L. Barton）声称，良心首次被提及与衡平法院有关，是在 1391 年。[②] 快速瞥一眼贝登（Baildon）汇编的判例报告，就可以知道，尽管一些诉讼中套用的语言规则如“为了上帝之爱并以慈爱的方式”在那段时期被频繁地使用，但诉诸良心是在 15 世纪后发展起来的。[③] 这并不是说，没有证据表明在 15 世纪早期，“良心”被理解为大法官发挥其职能所必需的元素。“良心”，除了在贝登收集的文献当中提到外，与 1450 年前衡平法院相关的文件中还有一些实例，包括美国弗吉尼亚大学的《英国衡平法院文选》所记录的案例。[④]

辛普森引用的所有用于支持——“判例年鉴中的辩论是针对确定良心的要求”——这一论点的案例，都是在亨利六世、爱德华四世以及亨利七世时期做出的裁决。[⑤] 因此，笔者提及的中世纪衡平法院实际上是 15 世纪的衡平法院，并且可能是 15 世纪后期的衡平法院。[⑥] 通过对比各种研究可

---

① Robert C. Palmer, *English Law in the Age of the Black Death, 1348 – 1381* (Chapel Hill, 1993), pp. 130, 131.

② J. L. Barton, "Equity in the Medical Common Law," in Ralph A. Newman, eds., *Equity in the World's Legal Systems* (Brussels, 1973), pp. 139 – 155, p. 146。其中说道："在衡平法院，御前大臣下达一个命令，并不是因为法律，而是凭借着好的信念和良心。"

③ Compare the earlier cases, 121 (1420 – 1422), 136 (1432 – 1443), 137 (1441), 138 (1441), 139 (1443 – 1450), 141 (1456), 143 (1456), 145 (1464), 上面这些案件涉及慈善问题，后面这些案件，即 140 (1454), 144 (1460 – 1465), 146 (1465 – 1467), 147 (1471) 等，涉及良心问题。因为很多请愿书已经被遗失或从来没有被记录下来，因此，我们研究早期案件中援引、参考的良心缺乏太多的资料，参见 P. Tucker, "The Early History of the Court of Chancery: A Comparative Study," *English Historical Review* 115/463 (2000): 791 – 811。

④ *Electronic Version, University of Virginia Library Electronic Text Center.* See texts numbered 39 (1418), 62 (1419), 73 (1420 – 1421), 89 (1420), 127 (after 1432), 168 (1423), 189 (after – 1432), 197 (1433 – 1450), 128 (after – 1432), and 157 (1446).

⑤ Simpson, p. 397.

⑥ Nicholas Pronay, "The Chancellor, the Chancery, and the Council at the End of the Fifteenth Century," in H. Hearder and H. R. Loyn, eds., *British Government and Administration* (Cardiff, 1974), pp. 87 – 103. 普罗尼指出，衡平法院在约克王朝时期得到大跨步的发展，参见 "The History of the Equitable Jurisdiction of Chancery Before 1460," *Bulletin of the Institute of Historical Research*, 42 (1969): 129 – 44. 艾弗里认为，在兰开斯特王朝时期（也就是说，在 1461 年前），衡平法院仍在持续发展。参见 J. A. Guy, "The Development of Equitable Jurisdictions 1450 – 1550," in E. W. Ives and A. H. Manchester, eds., *Law, Litigants, and the Legal. Profession* (London, 1983), pp. 80 – 86。

以发现，要想明确一个有意义的精确界限是很困难的。比如，尼古拉斯·普罗尼（Nicholas Pronay）认为，从亨利七世当政开始，衡平法院就深受“训练有素的法律人”影响；[①] 而与之相反，弗朗茨·梅茨格（Franz Metzger）则认为，红衣主教沃尔西（Thomas Wolsey，约 1473～1530）的任期是中世纪衡平法院的最后一个阶段。[②]

## 一　良心的内容

如果说“良心是中世纪衡平法的标志”是一码事，那么，给“良心”赋予具体内容则是另一码事。正如不止一位评论家所说的，“大法官们的推理并没有被留存”[③]。其中评论家赫尔穆特·科因（Helmut Coing）总结了大法官的推理可得以强制执行的情形：“这是一种应当被准确执行的许诺，是对受益人的道德和理性上的义务。”这种履行与“忠实”和“信心”有关。[④] 这一解释大体上看似乎合理，但多少带有推测的成分，并且遗留了一些尚未回答的问题。比如，对于没有做出许诺的人来说，对受益人负有的义务意味着什么？对于表面上未对其主张的利益做出评估的人又意味着什么？正如普罗尼所说的，大法官推理中适用的另一公认的要素——罗马法原理（civilian doctrines）——基于“良心”进行分析后做出的对特殊形式的探寻可能是“一种无望的追寻”[⑤]。相反，虽然辛普森知晓中世纪衡平法院的诉讼原则富有挑战性，但他仍然认为，“这一工作并非是…无望的”[⑥]。这一乐

---

① Pronay, “Chancellor”, pp. 91－92. 也可参见 M. Beilby, “The Profits of Expertise: the Rise of the Civil Lawyers and Chancery Equity,” in M. Hicks eds., *Profit, Piety and the Professions in Later Medieval England* (Gloucester, 1990), pp. 72－90。

② Franz Metzger, “The Last Phasa of the Medieval Chancery,” in Alan Harding , eds., *Law-Making and Law-Makers in British History* (London, 1980), pp. 79－89.

③ Timothy S. Haskett, “The Medieval English Court of Chancery,” *Law and History Review*, 14/2 (1996): 263.

④ Helmut Coing, “English Equity and the Denunciatio Evangelica of the Canon Law,” *Law Quarterly Review*, 71 (1955): 235. 更真实的御前大臣的指示出现于温彻斯特主教（Henry Beaufort，其于 1413～1417 年担任御前大臣）与巴斯主教（John Staffor，其于 1432～1450 年担任御前大臣）的通信中。在这一通信中，他们提到了一起关于不动产承受人用益权的案件。御前大臣在裁决中拒绝这位拥有土地用益权者的理由是：因为这是完全错误的、可憎的、让人厌恶的（*Chancery English*, *Text 127*）。

⑤ Pronay, “Chancellor”, p. 102.

⑥ Simpson, p. 397.

观的看法恰恰将我们带回到了我们的出发点。他所确定的原则就是我们常常提及的“良心”，但在人们提交给大法官的请愿书以及《判例年鉴》中却几乎从未有过详细的阐述。衍生于“良心”并在抽象的低层次上运行的原则更加难寻。

## （一）法律案卷中的暗示

在中世纪法院中，衡平性推理普遍缺乏证据的一个显著例外是，尼古拉斯·斯坦汉姆（Nicholas Stanham）在《自由年鉴文摘》（*Abridgment des libres annals*）中记载了1453年发生于财税法庭的一起案件，案件的总结报告以“良心”为标题。[①] 在这个案子中，首席法官约翰·福蒂斯丘（John Fortescue C. J.）明确且非常有名地宣称，“理性不是良心案件中的一个法律论证者”[②]，其中至少包含了低阶原则对良心的理解。

该案牵涉我们如今所称的“信托”（trust）问题——一块土地授权给不动产让与人的一个女儿，由其获得收益。如果这个女儿拒绝按照其父亲的意愿结婚，并且经营无方，[③] 则其父将撤销该信托，而另一个女儿将替代其成为受益人。不同的法官——通常都将其理由归因于“良心”——就此得出了不同的结论。例如，惠灵顿法官曾说，既然不动产让与人没有从中获得任何补偿，那么，他应当能够“凭良心”[④] 改变他的主意。在他看来，这一交易中需要满足的相互关系意味着父亲并没有受“良心”的约束。另外，他似乎将女儿的固执视为对其“良心”权利的损害。这个例子大概还隐含了这样一种观念，即每个人都有尊重父母的义务，或者至少是尊重父亲的义务。惠灵顿法官进一步假设，在地产权转移之后，如果该父亲陷入了贫困，那么，在“良心”上是否应要求受让人返还转让（re enfeoff）。在这里，到底说的是受让人的“良心”，还是女儿的“良心”，似乎在法庭上有争议；

---

① *Available in A Modern Edition as Statham's Abridgment of the Law*, trans. by Margaret C. Klingelsmith（Boston，1915），pp. 392 – 394.

② Statham，sig. G3v；EEBO image 9984：53. Willard T. Barbour，“Some Aspects of Fifteenth-Century Chancery，” *Harvard Law Review* 31/6（1918）：838。可以识别出这个实例明显带有衡平法院的思维方式，这个特征同样存在于非法律的语境中，见于威廉·帕斯顿的权利主张［*The Paston Letters*，*A. D. 1422 – 1509*，eds.，James Gairdner（6 vols，originally published London，1904；reprinted New York，1965），letter 30（1436），vol. 2，p. 41］。

③ Nicholas，Statham Abridgement of Case to the End of Henry Ⅵ，Rouen：Guillaume Le Talleur，1490，Statham's Abriargment，p. 392.

④ Ibid，p. 393. 所有下面的援引都出自本页。

并且，不动产让与人的需求应该在一定程度上取代他对他人的无条件赠予。福蒂斯丘同样认为，在良心的背景下，不动产让与人“可以基于一个特殊的理由而改变他的遗嘱（will），但其他原因则不可以”。他认为，这样的理由可能是，不动产让与人在将死之时赠予了不动产的用益物权，但随后又恢复了健康，并有了一个儿子：“基于良心，这个儿子应当拥有这块土地，因为他是继承人……”这里潜在的论据可能是，一个男人一般不会剥夺其儿子的继承权，或者如福蒂斯丘所说的，如果他知道自己将有一个继承人，他将不会那样处置他的土地，或者他具有将土地留给其继承人的自然义务。[①]

福蒂斯丘随后对“良心”做出了更概括的评论。他说：“良心这个词语，来自共同体与人类社会。”它使我们一起“与上帝共知”，从而获得智慧：尽所能地领会上帝的意志。这一观点在很多方面都具有重要的意义——显而易见的是，它让“良心”裁判成为领悟并实践上帝意志的一种尝试。这就十分坚定地使“良心”的斟酌依赖于上帝之法，并且表明，“良心”裁判在某种程度是如上帝一般洞察事情。

某些其他推论能从辛普森参考的资料以及15世纪的其他文献中提取出来——尽管并非“良心”的本质特征。正如我们已经看到的，每每提及衡平法院，人们都将其作为一个“良心的法院”，并且，“良心”在这个法院当中被称为“现行有效的法律”。人们诉诸的“良心”并不是诉讼当事人或者大法官的具体良心，而是某种无形的或者客观的观念。这与中世纪时更普遍的“良心”含义一致，也就是说，这是“我们共享的具有普遍意义的良心”，而不是“我的、你的或者个体的不同良心”[②]。因此，常见的控诉理由是某人的行为“违背了良心”，而非“违背他的良心”[③]。同理，大法官的判决通常根据的是“良心的要求”，而“不是根据自己特定的良心”给予救济。[④] 在一定程

---

① 这一假设援引自臭名昭著的“雪莱案”（Shelley's Case，1581），参见 I CO. Rep. 93b at 99b－100b，76 ER 206 at 225－226。在衡平法院作为一个良心的法院与衡平法院关注不动产转让人的意图之间构建一个连接，这可能表明，如此的法院拥有一种特别的能力，即会考察“内部的”事项。然而，推测这一不动产转让人的意图，仅仅是根据其后有一位男性继承人出生这一事实。

② *Oxford English Dictionary*，2nd ed.，s. v. “conscience”.

③ 例如 *Select Cases in Chancery* A. D. 1364 to 1471，cases 121（1420－1422），136（1432－1443），142（1456）。

④ Ibid，cases 121（1420－1422），137（1441），138（1441），139（1443－1450），140（1454），141（1456），142（1456），144（1460－1465），145（1464），146（1465－1467），147（1471）. 也可参见约翰·帕斯顿给御前大臣的请愿书 *Paston Letters*，letter 530（1462?），vol，4，p. 56。

度上，任何事情都可以根据这种构想描绘出来。他们提出，法庭争议事项并不是某一特定个体对事件正确或者错误的主观感受。一个相似的推论可以通过“良心”的相关物，甚至替代物——比如“法律”[①]、“理性”[②] 和“正义”[③] ——而获得支持，即使这些概念可能并不像“良心”与“善意”（good faith）之间的联系那么深。[④] 因此，当亨利五世命令他的大法官[⑤]向一个请愿者展示“所有的善行都可以通过法律和良心达到的”[⑥]，或者“按照法律良心和理性”[⑦]行事时；或当玛格丽特女王嘱咐亨利六世[⑧]“按照法律真实和善心”[⑨] 进行诉讼程序时，我们可以推断，这些“良心”都是共同的概念。正如笔者在《良心，衡平与近代英格兰的大法官法院》一书的第一章主张的，在那个时代，对于“良心”的重视超越了对个人道德感情的重视，这一发现不足为奇。[⑩]

## （二）其他文史资料的揭示

对于那个时代人们理解的“良心”的其他特征，我们也需要进一步阐明，即使不能从严格的法律记录中提取，至少也要对同时代的其他原始资料进行研究。

其中的一种原始资料可以称为“大众文学”。在当下语境，一些著名的例子并不是特别有价值。一部 13 世纪的作品《良心之针》（*The Pricke of Conscience*）[⑪] 描述了地狱、炼狱和天堂情形，并且生动地描述了人性的堕落，以此提醒读者思虑自己灵魂的命运，但就其本身而论，并没有对“良心”做出分析。与之相似，14 世纪的《良心的忏悔》（*Ayenbite of Inwit*）[⑫]，详细地描述

---

① *Select Cases in Chancery* A. D. 1364 *to* 1471, cases 121 (1420 - 1422), 136 (1432 - 1443).

② Ibid., cases 123 (no year), 138 (1441). 147 (1471) refers to right and conscience.

③ Ibid., case 141 (1456).

④ Ibid., cases 137 (1441), 139 (1443 - 1450), 140 (1454), 141 (1456), 143 (1456), 144 (1460 - 1465), 146 (1465 - 1467), 147 (1471).

⑤ Thomas Langley, Bishop of Durham (1417 - 1424).

⑥ *Chancery English*, Text 39.

⑦ Ibid., Text 73.

⑧ John Stafford, Bishop of Bath (1432 - 1450).

⑨ *Chancery English*, Text 157.

⑩ 有时，御前大臣的客观良心可能与其作为个人的精神状态相关。比如，亨利五世命令御前大臣兰勒去确认一块国王授予的土地产权，兰勒认为，这块土地产权在法律以及良心（也就是其作为御前大臣的良心）上都是无瑕疵的（*Chancery English*, Text 62）.

⑪ Richard Rolle, *The Pricke of Conscience*, eds., Richard Morris (Berlin 1863).

⑫ *Dan Michel's Ayenbite of Inwit or Remorse of Conscience*, eds., Richard Morris (London, 1866). "Inwit" is roughly equivalent to "conscience".

了七宗罪，并且祈祷人们的行为能远离这七宗罪。其中有很多被编者渲染为“公平”的[①]关于衡平（公义）的描述，但却很少有迹象表明，这是一个特殊的法律概念。在这本书中，个人的公义一度与司法产生了联系：一个拥有正义美德的人能成为“好的法官、行家”；他会密切关注“如何成为一个庄重的人，即法官”；这种人的第一要素是“他的内心庄重、心地善良”，他将“深入内心查验自己的良心和意志”[②]。然而，该书却没有明确此处所指的“公正”或者“庄重”是一种超越了个人道德评价的隐喻。在 14 世纪的一部寓言作品《圣灵修道院宪章》（*The Charter of the Abbey of the Holy Ghost*）当中，良心同样起到了核心作用。在这部作品中，“良心”被描绘成了修道院的基础，甚至是修道院本身，但仍然没有线索表明，“良心”被理解成了一种司法原则。

在威廉·兰格伦（William Langland）的《农夫皮尔斯》（*Piers the Plowman*）一书中，“良心”被显著而明确地描绘成与法律相关的事情，尽管这本书是在 14 世纪后半叶完成的，但一直到 15 世纪和 16 世纪都是“生命力旺盛的作品”[③]。在这本书中，“良心”出现在多种语境之下，比如，在某些背景下，它被描绘成了“致命罪孽的医师或者作为灵魂的教员”，“同意或拒绝某些行为”。此处，笔者注意到，“良心”被描绘成司法的附属物，虽然在那一时期这是可以理解的，但“良心”并没有被明确地与御前大臣的审判权联系起来。

在该书前面的部分里，当欺骗、奉承及其同伴要进入议会之中，并显然要“进入法律”之中时，是“良心阁下”告诉国王，它们即将到来。国王发誓要让它们“感受到法律的全部力量”。于是，当国王建议原本已经与欺骗订婚的费女士（Lady Fee）应该嫁给“最近从海外而来”的良心时，良心激烈地回应道：“她卡住了司法公正的喉咙！”后来，国王指示良心去接近和吸引理性。经过与良心协商，国王说：“从现在开始，只有理性可以独自引领我的国家并成为我的首席大法官。”在良心找到理性之后，就引导着它

① Dan Michel's Ayenbite of Inwit or Remorse of Conscience, *eds.*, *Richard Morris*, “*Table of Contents*”.

② Both in *Yorkshire Writers*: *Richard Rolle of Hampole and His Followers*, C. Horstmann, eds. (London. 1895 - 1896), p. 153.

③ William Langland, *Piers the Ploughman*, trans. by J. F. Goodridge (Harmondsworth, 1968), p. 10.

回到了国王的面前。在这一途中，它们一直逃避世故和狡猾的追赶，而世故和狡猾“往往对财税法庭和衡平法院有一定的影响”。后来，当世故和狡猾尝试着说服理性，试图要理性允许多次侵犯了和平的犯罪可以仅仅通过支付赔偿而得以逃脱时，理性却拒绝了。在听了有关这个问题的争论后，“国王，召唤理性和良心来到他的身边，决定支持理性”。从那以后，理性同意长久地伴随国王，但坚持务必让良心“作为我们的劝告者获允保留下来”①。

在这里，“良心”不仅仅具有一种司法权的特征，而且是法律本身得以实施的必要因素。实际上，是“良心”指导国王“严格按照正义”进行统治。也就是说，在表面上，是“良心”在保证法律的适用，避免费女士受其同类的哄诱。但是，在该书中，“良心”是作为对法律的必要补充而存在的，并且它在这里的功能与衡平法院的司法权功能是一致的，亦即使得原告在面对十分富有或力量强大的对手时，能够根据法律而获得救济，虽然“良心”不如涉及“严格法”限定的司法权那么明确。

尽管约翰·奥尔福特（John Alford）没有明显提到公平与良心，但他谈到了《农夫皮尔斯》一书“悲惨地狱”一章是如何描述法律和衡平法之间区别的。② 地狱中的魔鬼争论的法律问题是：是否可以从死亡中救赎亚当（并且扩展到全人类）？路西法说：“上帝创世时就已判定，亚当夏娃及其后代子孙，一旦触碰智慧树或偷食果实，即会死亡并下地狱。”地狱中众人的灵魂以及身体都归路西法管辖，这是他的权利，如果上帝想要剥夺这种权利，“就必须通过暴力”。上帝有权力做任何事情，但如果他释放了全人类，就会打破其旧律。亦即，路西法提出了关于严格的法律权利的争论。他认为，基于长期占有的原因，人类归他统辖。他说：“自从我已占有，已过七千余年，法律不会允许，让神为所欲为。”即法律站在他这一边。

奥尔福特指出，尽管在这场关于严格的法律辩论中，一位不那么邪恶的魔鬼援引教会法进行了这样的推理：“堕落至此境地，我们全无功绩，人类堕入地狱，全因背叛上帝。”也就是说，人类的堕落以及撒旦因此而获得的“依法占有”，是因为人类背叛和欺骗了上帝。尽管普通法可能不主动干扰

---

① 我们可以想起，在衡平法院的文件中，将良心与理性配对非常常见。

② “Literature and Law in Medieval England”, *PMLA* 92/5（1977）：944－945。笔者复制奥尔福特引用的中世纪英语，是因它们更生动地说明了法律层面的这个情形。

以如此方式取得的权利，但教会法“认可了罗马法原则”，即逆权占有或时效占有只有在“占有者的占有根据是正当的……并且是基于善意的占有时”才可以适用。[①] 笔者不评价这些观点的神学意义，或者这些言论是由魔鬼发表的这一事实的意义，对这些魔鬼的言论应当慎重地解读。但奥尔福特的理论很有力：法律的立场可能受到由与其相匹敌之物的管辖权而衍生出来的原则的限制。他提到了衡平法院：“善意不仅是教会法学者思想的基石，也是衡平法本身的基石。”[②] 并且他与兰格伦的思想异曲同工，即“欺骗”是恶魔，国王应在理性和良心的指引下抵抗“欺骗”。

另一个流行于中世纪的、能洞悉中世纪大众对“良心”理解的非法律的材料（而且，此材料并非虚构的）是《帕斯顿信札》（*Paston letters*）。它直率地记录了日常生活，包括15世纪诺福克家族参与法律事务的情况。

上述一些材料依据事例（而非基于实际的分析）指出了个人良心和受法院审判的良心之间的区别。因此，在1454年，约翰·帕斯顿（John Paston）代表与其感情不和的艾格尼丝·迪耐斯（Agnes Denyes）写信给牛津伯爵，他提出：“如果她为这段婚姻所摧毁，经过深思熟虑，我的良心认为，我对她有赔偿义务。”[③] 尽管他感知到良心的义务，却很难想象，她能基于任何理由到衡平法院去控诉他，或许因为她的不幸与他的行为关系不大，或许因为他的行为并不涉及欺诈、欺骗或者强制——或者这两种原因皆存。[④] 相较于御前大臣在该案中可能考量的良心，他自己的良心有更多的顾虑。与此相类似，约翰·帕斯顿爵士在1473年写信给他的兄弟约翰，关心其与安妮·海特（Anne Hault）之间的失败婚姻时，他说道：“我很想去找到‘救赎良心的方式’。”[⑤] ——想必是想挽救对他名誉的潜在损害，或者避免让他受到诽谤。再次，当约翰先生在1477年许诺，要像他一样善良地对待他的兄弟时，他的良心和信念得以保存；[⑥] 或者当诺威奇（Norwich）的前任把艾格尼丝·帕斯顿（Agnes Paston）描绘成一个“有好的判断力和良心”的女士

---

① “Literature and Law in Medieval England”, *PMLA* 92/5: 945.

② “Literature and Law in Medieval England”, *PMLA* 92/5: 945.

③ *Paston Letters*, letter 240 (1454), vol. 2, p. 306.

④ Ibid., letter 831 (1473), vol. 5, p. 181.

⑤ Ibid., letter 912 (1477), vol. 5, p. 287.

⑥ Ibid., letter 1013 (1487), vol. 4, p. 97.

时，个人良心的含义显然已经形成。[①] 当然，这并不是说，大量关于良心的评论仅仅是个人的或者私人的，重点是，尽管如此，观察这些可能暗含的价值是值得一做的。比如，御前大臣将其自身的良心视为法庭上的完善的良心。

个人与社会不断融合，并且，法律也潜在地受到这些过程的影响。约翰·帕斯顿爵士努力履行他对安妮·海特的良心责任，以此来避免任何可能影响他的道德毁谤，也就是说，这样做对他另一段婚姻的前途是有益的。首先，尽管诉诸了他的个人良心，但这并不足以使他的内在秉性如其外部的名誉一样，处于危险之中。相应地，这种矫正方法并不像物质性的弥补那样具有悔改性。其次，第三者能够提供履行其良心责任的方法。“良心”在这里虽然是不受法院审判的，但显然受外界的评判，即通过支付金钱赔偿或许可以避免社会的谴责。这种情况并不是一个法律过程，但其包含了模仿法律过程的因素：判定一个行为是错误的，更多的是根据社会习俗而不是个人内心的指引，并且，通过物质手段而不是心灵的改变来予以纠正。

另外，某个人良心责任的履行显然有法律上的后果。在老约翰·帕斯顿（John Paston Sr.）死后，他的妻子玛格丽特（Margaret）和儿子小约翰在取得适格管理权之前已参与了其财产的处理。母亲对儿子说道：“在对上帝的敬畏之下，我请求坎特伯雷爵士许可免除我和你良心上的重担。”这很明显，相较于可能的法律责任，她已经很少关注个人的道德，或者说，在将自己置于“良心”责任之下时，她更想要的是其良心的外部矫正。

在其他一些地方，不管诉诸的良心是可受法院审判的，还是仅仅只存在于精神层面的东西，其含义仍然是模棱两可的。威廉·帕斯顿（William Paston）在1426年写给一些人的信中说，他向一些“可敬的人”请教这一问题，但他们坦率地告诉他，不论是在法律上，还是在良心上，他们都无法对此做出可靠的解释。[②] 自身很博学的帕斯顿请教了所有神职人员以及准宗教人士，因此，他可能仅仅关注的是教会法和其个人精神领域的事情。[③] 然而，“不论是在法律上，还是在良心上”这一高度成疑的说法不过是“不论是在普通法上，还是在衡平法上”的习惯表达而已，并且，在这一语境下，

① Paston Letters, letter 629 (1466), vol. 4, p. 220.

② Ibid., letter 12 (1426), vol. 2, p. 27.

③ Ibid., letter 597 (1465), vol. 4, pp. 167 – 168. 这个文本表明他实际上考虑诉诸法院，也包括衡平法院。

他从一些神父那里获得的建议几乎不可能是协调的。事实上，那本来就是走过场而已。

这些材料阐释的另一个观点是："良心"的正常适用范围并不仅仅局限于出现在衡平法院的诉求之中，它成了诉求者在很多情况下都会诉诸的规则。如1455年的诉诺福克公爵一案，在衡平法院的案卷中，我们发现，约翰·法斯特尔夫（John Fastolf）先生引用了许多这样的句子："恳请阁下……施舍您的恩典，支持我的权利，遵守法律，顺应良心，使我免于与我的土地相分离。"① 随后的一年，约翰先生钻研议会通过的法案，想要寻求这一事件的救济方法，他期望由此而做到"理由正当且不悖良心"②。1464年，爱德华四世（Edward IV）授权凯斯特大学基金会拨款给约翰·帕斯顿，许诺帮助其对抗对手："如果发现他们在做思想、法律和良心意志以外的事情……（国王将酬赏帕斯顿）直至获得法律和良善的良心意志。"③ 在1472年，我们发现，小约翰·帕斯顿恳求诺福克公爵（the Duke of Norfolk）"敬畏上帝，乐善好义"——相同的准则也规范地存在于向御前大臣的诉求当中——"基于法律和善心"④，将占有的特定土地归还给他的兄弟；并且在1487年到1502年期间的某时，女王写信给牛津伯爵，期望他将土地归还给一个叫作西蒙·贝尔闫特（Symon Blyant）的人，"正如理性、正义和善意所要求的那样"⑤。

由此可以看出，在衡平法院之外的诉讼程序中，诉诸良心在正式的救济形式中并不少见。实际上，衡平法院中援引的"良心"可能是所有诉求者在那时都会明确使用的一种普遍形式。这并没有贬损"良心"作为司法原则的重要性，但这告诉我们，需要谨慎适用"良心"，因为在一定程度上，衡平法院是将"良心"作为救济市民不法行为基本原则的唯一场所。

辛普森的调查向我们揭示，15世纪的司法良心与更为现代的良心概念

---

① Paston Letters, letter 277 (1455), vol. 3, p. 20.

② Ibid., letter 319 (1456), vol. 3, p. 70. Compare letter 238 (1454)，在议会上，Ingham 在给国王的请愿书中抱怨道，托马斯·丹尼斯（Thomas Denyes）以极大的恶意蓄意袭击他，这是对上帝的不敬，并且违背好的良心与信念（vol. 2, p. 302）。

③ Ibid., letter 571 (1464), vol. 4, p. 115 Compare letter 572 (1464)，国王给 Sir John Markham (1479) 下达命令，说他已获知某些对抗帕斯顿的裁判违背了法律和良心（vol. 4, p. 117），在第618封信（1465）中，国王批评法官威廉·耶尔弗顿爵士（Sir William Yelverton）（1400？-1472），不敬神，并违背良心（vol. 4, p. 208）。

④ Ibid., letter 824 (1472), vol. 5, p. 173.

⑤ Ibid., letter 1020 (1487-1502), vol. 6, p. 106.

之间的区别在于：15 世纪的司法良心“并不仅仅意味着受损信赖或者善意的原则，它意味着我们现在所说的适用于特殊个人的道德法则，这种道德法则可以避免个人的灵魂陷入不可饶恕的大罪之危险”①。

与之类似，梅茨格说，中世纪后期御前大臣是典型但非唯一的神职人员，他们的“审判活动”在很大程度上促进了对某些当事人的永恒救渡，这些人本来可能陷入不可饶恕的大罪之危险境地。② 为了说明他的观点，辛普森提到了在《良心，衡平与近代英格兰的大法官法院》一书的第一章中提及的例子。在这个案子中，首席法官约翰·芬涅克斯（John Fineux）③ 认为，在法庭上争议的问题“仅仅是发生在个人及听取其忏悔的神父之间的事”④，并不是法院应处理的争议。大主教莫顿反驳道，除非被告忏悔赎罪，否则“他将下地狱，并且，本案应依照良心的要求准允提供相应的救济”⑤。在之前引用的斯坦森摘要的例子中，福蒂斯丘——顺便提一下，他不是一位神职人员——调查研究后总结道：“依据法律，这个人可以获得土地，但在良心上讲，他应受谴责。”⑥ 他并未区别在该案中适用的良心和使一个人受谴责的良心，也就是说，他并不认为司法良心与忏悔良心有很大的不同。

另外，在非衡平法院时代，或者说前衡平法院时代，也存在这样的观点。如，约翰·法斯特尔夫爵士，希望他的遗嘱执行者“按照智慧、正义和良心”的指引行事，劝诫他们“为了让我的灵魂能从火之炼狱的痛苦火焰中更为轻易地获得解脱”，“使我能带着善意离去”。⑦ 这里，争议事项是

① Simpson, p. 398. Emphasis in original.

② “Last Phase of the Medieval Chancery”, p. 83.

③ Chief Justice of the King's Bench (1495 – 1525).

④ Simpson, p. 399 citing (1491) Y. B. 7 Hen. VII P. f. 10, pl. 2.

⑤ 他援引另一个案件，即 Y. B. 8 Edw. IV, P. f. 4, pl. ll，其中暗含了上帝照顾死者的意味，也就是说，御前大臣要回复上帝的意志，必须采取适当的行动，以保护死者灵魂的安详(pp. 399 – 400)，罗伯特·斯蒂林顿（Robert Stillington, 1420 – 1491），1467 ~ 1470 年曾任巴斯与威尔斯的主教，以及御前大臣，他使用了另一种表达形式（Deus est procurator futures）。参见 George Cary, *Reports or Causes in Chancery* (London, 1665), p. 24.

⑥ *Statham's Abridgment*, p. 393.

⑦ *Paston Letters*, letter 385 (1459), vol. 3, pp. 159 – 160. Compare letter 407 (1460), vol. 3, p. 219，阿伯特·朗利（Abbot Langley）同样表示，遗嘱执行人的职责与立遗嘱之人的“好的灵魂”相关，在第 508 封信（1462, vol. 4, p. 31）中，约翰·帕斯顿要求澄清约翰·法斯特尔夫爵士指控他违反信托转让土地“因为你不履行职务，所以将主人的灵魂置于危险之中”，如果指控是错误的，约翰·帕斯顿灵魂的好坏就取决于是否被驳倒，如果他真的是清白的，那么诽谤者对于他来说也不足挂齿。

立遗嘱人的灵魂，而不是他的遗嘱执行人的良心。但其中却似乎暗示着，遗嘱执行人的良心承担了更多的责任，因为不只是遗嘱执行人的灵魂，还有立遗嘱人的灵魂，都将受到如何履行（或者未履行）职责的影响。代表立遗嘱人的遗嘱执行者的行为都将归属于其本身。

明确地表达良心，甚至将其作为一项司法原则，这种倾向在精神方面意味着，至少在这段较早的时期里，[①] 我们必须尝试考虑宗教的影响。笔者建议从以下两方面着手：第一，御前大臣表面上扮演着听取忏悔的角色，这暗含着他们的实践活动可能会受到教会法原则和程序的影响；第二，对“良心”进行理论上或神学上的思考，很可能构成了御前大臣关于“良心”概念理解的框架。

## 二　御前大臣听取忏悔的角色

中世纪的御前大臣，作为神职人员（因此作为听取忏悔者），受到了实在的宗教法影响，这一观点十分普遍。辛普森在这一方面的评论很有代表性。鉴于这些早期的御前大臣的“身份和职业”，他说道：“作为有良心的法官，他们的观点很难不受教会法和世俗法的影响。”[②] 这种可能性因将教会法作为一种正义之法的普遍认同而得以加强。“中世纪后期的宗教法学家”有多种称谓，他会被称为“异议之母”“爱之法则的化身”“正义之母”[③]。并且，辛普森认为，这些御前大臣必须非常精通当时盛行的《忏悔大全》——“忏悔神父的综合指南”——并且“在那时，他们需要依据良心的指引裁判案件，因此，他们极可能转而求助于论及该话题的著作——《良心决疑法概要》”[④]。

① 然而，正如我们所见，至少这种趋势的迹象确定的存在于后诺丁汉时期。

② Simpson, p. 400. 也可参见 Haskett, “Medieval English Court of Chancery”, pp. 311 - 313，概述了从爱德蒙·斯塔福德（Edmund Stafford，分别于 1396 ~ 1399 年和 1401 ~ 1403 年担任御前大臣）到托马斯·莫尔（Thomas More，1529 ~ 1532 年任御前大臣）时期御前大臣的背景，并强调他们之中的很多人都受到过教会法和世俗法的训练。

③ John Witte Jr., *Law and Protestontism: The Legal Teachings, of the Lutheran Reformation* (Cambridge, 2002), p. 39；这些绰号被至少一个请愿人用过，Bernard de Reco, to the Chancellor himself [Select Cases in Chancery, case 9 (1389), p. 10]。

④ Simpson, pp. 377, 401. 他指出，*Summa Angelica* 的一位作者阐述了他写这本书的主要目的之一是那些可怜的忏悔者的利益（p. 380）。

## （一）良心法则

除了确定中世纪御前大臣们实施的良心法则的“精神”渊源之外，一些评论家还运用良心法则来强调衡平法院执行的事项具有的受支配性特点。正如托马斯·坦特勒（Thomas Tentler）所说的，譬如《忏悔大全》“告诉我们……道德是能够确定的；人类统治者能界定它……”[①] 查尔斯·列斐伏尔（Charles Lefebvre）明确了“根据教会法而得到的衡平法”以及“依据理智而得到的衡平法”之间的区别——后者包含了法官自身对“何谓衡平法的模糊理解”，前者则是“依据法律而获得的”——建立在明确的原则基础之上。[②] 普罗尼（Pronary）强调，中世纪的许多御前大臣都接受过世俗法律的训练，以此证明这样的观点：他们所维持的正义比“常识和普通的公平”“更明确，与法律更相关”[③]。从这一观点出发，可以这样说，中世纪衡平法院的良心是类似法律的东西，无论其原动力是宗教的（教规）还是世俗的法律，皆是如此。在当时，是否有许多人明确地指出，若要证明衡平法院执行之事项具有法律上的正当性，就必须证明它们基于教会法，这是高度存疑的。

主流的观点可能认为，[④] 衡平法学说建基于教会法之上，或者受到了教会法的影响。但也存在一些相反的观点。波斯特（J. B. Post）认为，“教会法与衡平法院的衡平法之间的联系非常脆弱”[⑤]，许多较低级别的法院是基

---

① “The Summa for Confessors as an Instrument of Social Control,” in C. Trinkhaus and H. A. Oberman eds. , *The Pursuit of Holiness in Late Medieval and Renaissance Religion* ( Leiden, 1974), pp. 122 – 123.

② “Natural Equity and Canonical Equity,” trans. by Jeanne Rodes, *Natural Law Forum*, 8 (1963): 130.

③ “Chancellor”, p. 92. 在普罗尼之前，乔治·斯宾塞（George Spence）坚持将御前大臣的管辖权从主观主义中解救出来的是对于罗马法中衡平学说和原则的坚持，参见 *The Equitable Jurisdiction of the Court of Chancery* (Philadelphia, 1846), pp. 411 – 414。

④ See, for example, Willard T. Barbour, *The History of Contract in Early English Equity*, eds. , *Paul VINOGRADOFF* (New York, 1972), pp. 167 – 168; Paul Vinogradoff, “Reason and Conscience in Sixteenth-Century Jurisprudence,” in *The Collected Papers of Pual Vingradoff* ( Oxford, 1928; reprinted London, 1964), vol. 2, pp. 190 – 204, and C. C. Langdell, “The Development of Equity Pleading from Canon Law Procedure,” in Association of American Law Schools, eds. , *Select Essays Anglo-American Legal History* (Boston, 1908), vol. 2, pp. 753 – 778.

⑤ “Equitable Resorts Before 1450,” in E. W, lves and A. H. Manchester, eds. , *Law Litigants and the Legal Profession* (London, 1983), p. 78.

于常识和自由裁量而做出判决的。将衡平法院从它们之中区别开来的是衡平法院拥有“中央官僚权力”，而非其所维持的正义类型。[①] 哈斯科特（Haskett）提醒我们，梅特兰（Maitland）承认，“平民和牧师对于衡平法院的影响只是微乎其微的”[②]，D. E. C. 耶鲁（D. E. C. Yale）将这一发现归功于梅特兰，即“中世纪牧师不必然是教会法学家，也不必然是圣徒”[③]，必须当心“中世纪御前大臣 = 神职人员 = 教会法学家 = 宗教术语中的良心解释者”这样的论点。

一个对梅特兰怀疑论立场的可能的辩护出现在15世纪，出现在玛格丽特·帕斯顿（Margaret Paston）对其儿子约翰爵士（Sir John）于1469年迅速着手处理其父亲遗嘱的告诫当中。当时，坎特伯雷爵士、枢机主教鲍彻（Bourchier，1404～1486）仍然在世。玛格丽特在信中对约翰说，她已经年老，而且现在她的继承人对她很好，但如果她去世了，就无从知道她的继承人将怎样对待她，“并且，如果他是一个能干的人，能像他的父亲那样成为如此重要的人，他将令人刮目相看”[④]。这显然暗示了一种“普遍的”认知——可能在《农夫皮尔斯》中有所例证——这些高级教会成员也并非不受姻亲关系和钱财的影响。“良心法院”可能是中世纪政治估量的一部分。

## （二）福音告发制度

科因对比了衡平法院的程序和教会的福音告发制度，[⑤] 因此，比大多数理论更为具体地解决了教会法对英国衡平法产生的可能影响。科因认为，这种影响既有程序方面的，又有实体方面的。

福音告发制度在《圣经》中的根据是“马太福音”18章15～17节，

---

① Ibid.，p. 68.

② Haskett，“Medieval English Court of Chancery，” p. 257.

③ Introduction to Edward Hake，*Epieikeia*：*A Dialogue on Equity in Three Parts*，eds.，D. E. C. Yale（New Haven，1953），p. xiiin. 耶鲁并没有参考这种引用。西奥多·普拉克内特（T. F. T. Plucknett）也说过类似的话：“并不能认为每位低阶的神职人员都是教会法学家，神学家，或圣徒。”参见 *A Concise History of the Common Law*（Boston，1956；reprinted Union，N. J.，2001），p. 236。

④ Paston Letters，letter 70（1469），vol. 5，p. 11.

⑤ Coing cites De Luca，“Aequitas canonica ed equity inglesealla luce del pensierc，di C. St Germain，” Ephemerides Juris Canonici，3（1947），pp. 46－66. Barton appears to endorse at the least the general tendency of，Coing's argument：see *Equity in the Medieval Common Law*，pp. 144，147. See also Introduction to *St. German's Doctor and Student*，eds ，T. F. T. Plucknett and J. L. Barton，（London，1974），p xxxiv.

其为被兄弟冒犯的基督徒规定的一个程序。首先，在独处的情况下应让他自知有罪；如果无改善，则应在有一个或两个证人在场的情况下告知他；如果他还是不听你的话，那么，你可以去教会控诉。告发（denunciation）可能只是涉及第三个阶段，凭此，一个人的罪恶将可能“引起教会当局的注意，以至教会将采取措施，改造罪人，并拯救他们的灵魂”①。在其中，我们意识到，御前大臣的职责在有些时候（尤其是像辛普森描绘的那样）与福音告发多么相似。科因指出，教会得出的纯粹的判断本身就是一种判决，它命令冒犯者“从其罪恶中走出来”②。然而，让一个人从罪恶中走出来，有时并不只是包括忏悔和改造，还可能包括一种物质赔偿。③ 正如我们前面指出的，在这一点上，“纯粹的忏悔”程序“取得了一种法律属性”④。也正如我们注意到的，纯粹的忏悔程序与涉及衡平法院良心的程序之间存在可能的界限，这一界限正在于这种赔偿，或者说，衡平法救济会要求一些其他形式的物质性救济。分辨纯粹的私人良心与司法良心之间的区别，可能并不是基于罪恶本身固有的属性，而是基于其可能对其他人产生的可以补救的影响。⑤ 值得说明的是，物质性救济当然可能会与精神抚慰持续并存。因此，如果某个人仅仅因为害怕现世的惩罚而勉强地做出补偿，那么，他可能仍然没有“从罪恶中走出来”，并且，所有人都认为，包括大教主莫顿都说，这个人的灵魂可能仍处于危险的边缘。

实质上，正如科因指出的，问题是：在衡平法院，“被控诉人是否犯了罪”⑥，需要根据教会的道德教义做出裁判。而这种教义依据的是“神法”和“自然法”。而且，至少在理论上，衡平法院适用的标准不是法官的道德直觉，而是清晰的原则或规则。这些作为“自然义务”可能依据的原则是什么，我们可以举一些例子。科因就提到了巴尔多鲁（Bartolus de

---

① Coing, “Denunciatio Evangelica,” p. 225.

② Ibid, p. 229.

③ Tentler, “Summa for Confessors,” p. 119. 例如，坦特勒指出，教会权威“注重恢复损害的义务……将此作为一个减轻罪恶的绝对条件”。

④ Coing, “Denunciatio Evangelica,” p. 225; compare Barton, *Equity in the Medieval Common Law*, p. 144.

⑤ 再一次，必须对这种概括持谨慎的态度。我们会记得的一个例子是艾格尼丝·迪耐斯，他非常看重补救可能存在的影响。

⑥ “Denunciatio Evangelica,” p. 230.

Saxoferrato，1313～1357），认为巴尔多鲁认可自愿同意和不当得利。[1] 这些原则虽是概括性的，却不像“良心”那么抽象，并且，这些原则也可能为早期衡平法中的一些特别理论做出了解释。再举一个笔者曾经提及的例子，科因（仍遵循巴尔多鲁的观点）把为第三者利益而做出的承诺给予与“自愿同意”理论联系了起来，并阐述了可以强制适用这些条款的情形。显然，“自愿同意”必须有限制。因此，在适用的案例中，并非不动产受让人纯粹地自愿同意约束他的良心，而是对不动产赠予的信任让其自愿同意约束他的良心。这些情形也可以在不当得利条款中进行分析。所示之不动产赠予是一种无偿的附条件的财产转移；如果不动产受让人意图不执行该条件而持有这块土地，那么，他就是不当得利。依据这种分析，受让人的良心要求他将这块土地归还给转让人——因为这个受益人没有付出任何交换条件，故他持有这块土地将与其良心相违背。

坦特勒对《忏悔大全》——实质性（衡平法）规则的一个渊源——的论证研究阐述了一种非常不同的论点：这些程序是社会控制的一个重要机制。毋庸置疑，我们无须利用先人灵魂的重生来告诉我们，法律（甚至御前大臣们表面上适用的法律）是社会控制的一个工具。然而，问题的关键在于：在良心案件中——在个人处于道德困境的具体情形下——法律是被强加给人的。因此，坦特勒注意到，《忏悔大全》中“法律案件博览”的目标“是为了在忏悔法庭中代表法律，并且使遵循统治集团的规则成为一个严格的良心问题”[2]。就这一点而言，洛厄尔·加拉格尔（Lowell Gallagher）告诉我们，“良心”在官方用语中的衰落，是国家统辖主观的精神和道德领域正潜在地变得越来越不稳定的一种可能的方式。[3]

## （三）作为知悉真相的良心

福音告发和《忏悔大全》强调的这一点表明，我们需要仔细地审查事实，尤其是调查一个人知道的事情，或者通过诱导使其能够想起的事情。正如坦特勒指出的，《忏悔大全》需要忏悔者能够有条不紊地、清楚

---

① Ibid. , p. 234.

② “Summa for Confessors,” p. 117.

③ Lowell Gallagher, *Mediusa's Gaze*: *Casuistry and Conscience in the Renaissance* (Stanford. 1991), p. 6.

地说明其被指控的罪。[①] 这与衡平法院的诉讼程序有相似之处。正如我们在第一章中注意到的那样，即使普通法院在传统意义上是根据答辩事项和认可的证据行事，衡平法院也还是根据良心行事，最大限度地探寻事实，尤其是调查当事人双方的良心（遵守誓言），以使他们让步于内心的知悉，从而道出真相。

必须在中世纪关于事实的法庭评估争论的语境中看到这种区别，法庭评估的事项包括法官的良心。[②] 待解决的主要问题是，法官个人的知悉超过或抵触了基于其公共身份而被正式呈递给他的内容，也就是按照普通证据规则的答辩事项和认证证据让其所获得的知悉。如果法官按照良心行事，难道不意味着他必须将有关事实的个人知悉纳入他的判决中？解决这一难题的一个方法就是区分法官的公共身份（public persona）——这就要求法官“仅仅考虑在诉讼程序中已经被公开证实和获得确信的事实”[③]，基于其私人身份“可能获得的私人知悉则不在司法活动当中考虑”[④]。实际上，对于事实问题，法官将有两种良心，一是公共的，二是私人的。

这种区分的变体不仅经常出现在中世纪的原始资料中，而且贯穿了本文涉猎的整个时期。斯宾塞（Spence）引用了一个案件，在该案中，御前大臣罗伯特·斯蒂林顿（Robert Stillington）重申了这个规则，“法官根据良心而不是依据呈堂证供裁判”。并且，在此基础上，即使被告没有就不当行为的控诉做出答复，法官也会依靠自己对于事实的考量做出判决。[⑤] 在另一个案例当中，首席法官贝雷斯福德（Beresford）力促被告的律师，“以诚实的名义”承认一个未被证实的事实；律师回应道：“务必不要让良心妨碍你实施法律。”[⑥] 这暗示了，法律仅仅允许根据已证实的事实做出判决。

---

① “Summa for Confessors,” p. 115.

② See, for example, Walter Ullmann, *The Mediecal Idea of Law as Represented by Lucas de Penna* (London, 1946), pp. 126 - 131, and Mike Macnair, “Equity and Conscience,” *Oxford Journal of Legal Studies*, 27/4 (2007): 659 - 681.

③ Ullmann, p. 127.

④ Ibid., p. 127.

⑤ George Spence, *The Equitable Jurisdiction of the Court of Chancery* (philadephia, 1846), p. 375, 摘自 Y. B. 9 Edw. IV, 14, no. 9。

⑥ “Year-Books of Edward II, vol. 1, 1 and 2 Edward II, A. D. 1307 - 1309,” eds., F. W. Maitland (London, 1903), p. xix, 当然，司法良心并不仅仅关注事实，例如，在尼古拉斯·斯坦森（Statham）的《判例节略》（*Abridgment*）所载的一个案件中，争议焦点并不是事实，而是所适用的规范。

虽然依据良心进行诉讼活动明显包含对事实进行更广泛的调查，但我们必须谨慎地对待这样的观点——“这种调查是不受限制的”。也就是说，虽然衡平法院的程序可能受到更少的拘束，但这并不意味着，所有“确定或推断事实的根据”都是毫无限制的。当然，诺丁汉勋爵在——当然是更晚做出的——有关公共良心和私人良心之间的区别中提到，虽然御前大臣的良心可通过更多的方式为人所知悉，但这并不意味着能扩展到单纯的个人知悉，或者说御前大臣自身的“想象”。

因此，向御前大臣提起请愿的一种司空见惯的情形就是请求法官审查被告。请愿人请求御前大臣“查出真相”[①]；请愿人请求法官“审问（被告），让其说出真相”[②]；请愿人请求法官“无论是通过审问还是被告的忏悔，发现事实，并向其下令，让请愿人得到应有的赔偿”[③]。在另外一个案例中，被告人菲利普，在衡平法院中由可敬的神父、坎特伯雷大主教、英格兰大法官托马斯（Thomas）审问，并且向神圣的福音书真诚宣誓，“所说一切属实，并无虚言”[④]。一个请愿人要求被告“根据所控诉事项进行审问……依照信仰、理性和良心的要求做出答复”[⑤]。这好似，一旦事实经由仔细地调查（当事人的良心）而得以被发现，那么，适用的规则就不证自明了。这明显表明，良心参与了事实调查以及发现了相关的“法律”。

另外，《帕斯顿信札》在一种准法律语境之下，为这种调查的内涵提供了一些见解——那就是约翰·法斯特尔夫颇有争议的遗嘱事件。在1467年，小约翰·帕斯顿写信给其哥哥约翰·帕斯顿爵士，叙述了在这件事上莫斯的证词。莫斯修道士是布拉克利的神父，也是这封遗嘱的见证人，他说道：

> 我在布拉克利临死前听取了他的忏悔，我让布拉克利凭他的良心说明这个遗嘱问题的事实真相。布拉克利回答我：“为了卸除我违背上帝的良心重担，我要说出我的肺腑之言。”[⑥]

---

① *Select Cases in Chancery*, case 8, p. 9.

② Ibid., case 45, p. 49.

③ Ibid., case 42. p. 46.

④ Ibid., case 95, p. 89.

⑤ Ibid., case 138, p. 132.

⑥ *Paston Letters*, letter 666 (1467), vol. 4, pp. 275 - 276.

这里有一个忏悔的情形；答辩是在证人面前做出的；并且，证人被敦促通过道出真相来缓解其良心上的负担。在同样的案件中，托马斯·怀特（Thomas Howys）做出了这样的声明（诚然，并不是在忏悔时）：“为了澄清事件的过程和真相，以及为了解除我自己的良心重担。”[①] 就15世纪的衡平法院而言，一个诉讼当事人似乎可以解除其良心负担，第一是通过披露真相，第二是做一些因此而变得几乎不证自明的正确的事情。

## 三 良心理论

坦特勒说，《忏悔大全》是一部“旨在给出答案的工具书，而不是旨在引起争论的哲学考察”[②]。衡平法院亦大抵如此：它关注的是如何做出判决，而不是从事理论研究。然而，其所适用的良心概念，毫无疑问地影响着御前大臣的思考，这种影响或隐或现。蒂莫西·波兹（Timothy Potts）指出，在中世纪，有很多关于良心的哲学和神学反思，[③] 它们至少提供了一些“传统的”术语，而这些术语有助于人们对良心的理解。不仅是因为这些描述为教会的御前大臣理解良心提供了确定的框架，而且因为这些描述的余象也可在后世的作品中觅到踪迹，比如圣·杰曼（St. German）、黑克（Hake），以及其他一些新教决疑家，在这里提到他们是非常重要的。

笔者并不试图对这些分析做出详尽的解释，而是借此提出三个观点。第一，他们始终如一地说明了这样的事实：在中世纪的思维中，“良心”在很大程度上被理解为客观的。第二，他们描述了“良心”的理论结构；概括地说，这些理论被人们广泛接受，并在一定程度上贯穿了16世纪和17世纪。回看第一点，就这些理论而言，他们力图精确地解释在何种意义上，“良心”是客观的。此外，他们也探求第三点，其中描述的理论构架揭示了“良心”兼有规范的维度和事实理解的维度。第三，笔者已经谈到过，那就是，良心运作中的一个关键要素是：它除了确定适当的规则之外，还需证明相关的事实。

对于经院哲学家来说，“良心”是一个客观的概念，这非常明确。贝勒

① Ibid., letter 672 (1467), vol. 4, p. 285.

② “Summa for confessors,” p. 108.

③ T. C. Potts, *Conscience in Medieval Philosophy* (Cambridge, 1980), p. l.

（M. G. Baylor）宣称，他们全都“同意存在一个上天既定的、客观的道德秩序”，亦即，“是真正的对与错的标准，而不是一个主观的信念或信仰”[①]。并且，并不是因为“良心”是一种信念而具有权威性，而是“凭借其正确性”“符合神法”而具有权威性。[②]“良心”的标准是超越于自身却又可归因于自身的某些东西。再一次，正如我们所见，与“良心作为一种法律原则”这一观点相关的是，“良心”使自身与法律相协调，它并不是主观的、易变的或者专断的。

## （一）良心的要素及其运用

几乎所有的经院哲学家所描绘的良心的基本组成要素都包括心性本体（synderesis or synteresis）和良心。[③] 心性本体是人类的能力或者秉性，与外在的客观道德、法律相一致。它让人们理解法律。因此，阿奎那（Thomas Aquinas）说，人类思维“对行为的基本准则，也就是自然法的一般原则，有一种自然的秉性。这种秉性与心性本体相关”[④]。或者说，在波兹（T. C. Potts）的释义中，心性本体对于阿奎那来说就是“一种先天的理性秉性，借此，基本的道义前提对于我们来说就不言自明了”[⑤]。这里有几个关键词，“先天的”（人类本性所固有的）、“理性的”和“认知的”（与理解相关），以及“不言自明的”（基本前提“就摆在那里”[⑥]，而不是慎重考虑后所得的结果）。有人可能会粗略说到，在近代主观主义者的表述中，“良心”规定了这些基本准则，然而，在中世纪的表述中，是心性本体领会了这些准则。

作为限制条件，笔者必须提到，尽管阿奎那和其他一些人认为心性本体

① Michael G. Baylor, *Action and Person: Conscience in Lote Scholasticism and the Young Luther*（Leiden, 1977）, p. 107.

② Ibid, p. 107.

③ See Potts, p. 32. 在这个语境中长期使用的是圣杰罗姆（St. Jerome）对《以西结书》的评论，他指出灵魂的1/4部分就是希腊人所谓的 *synteresin*，这是良心的火花，即使在该隐的心中也没有被熄灭……（ibid., pp. 79 – 80）. See also T. C. Potts, "Conscience" in *The Cambridge History of Later Medieval Philosophy*, N. Kretzmann, A. Kenny and J. Pinborg, eds,（Cambridge, 1982）, p. 687。

④ 经院哲学家的争论焦点是，良心到底是一种潜能，还是一种习惯。

⑤ Thomas Aquinas, *Debated Questions on Truth* 16 – 17. trans. by T. C. Potts, *in Potts*, *Conscience in Medieval Philosophy*, p. 124.

⑥ Potts, *Conscience in Medieval Philosophy.*

存在于理解当中，强调它是一种理性的秉性或者才能，但并不是所有的经院哲学家都这样认为。波兹以博纳文图拉（Bonaventure）为例，博纳文图拉将心性本体看成（虽然不是一向如此）“一种期望的潜能”①，“一种想要做荣誉之事而非有用之事的先天倾向”②。并且，在前面提到过的一个“流行”作品——《圣灵修道院宪章》中，心性本体似乎更多地与意志而不是与理性有关；在这里，我们读到，“是心性本体让人们分辨好坏，遏恶扬善”③。贝勒（Baylor）说，“这种情感上或意志上的心性本体并不是不为中世纪后期的思想家所知”④，让·格尔森（Jean Gerson）是其中的一位杰出代表。在下一章中我们可以看到，格尔森显然对圣日耳曼在此问题上的看法有重大影响。贝勒也写到，在他事业的早期，在实质丢弃心性本体的观点之前，马丁·路德（Martin Luther）假设了“双重心性本体”，将“道德规范基本原则的先天知识”和“内在对善的向往”结合起来。⑤ 虽然我们必须非常谨慎地，把早期对意志的描述和良心的近代概念之间的联系假设为一种做好事（无论它可能是什么）的真诚欲望，但是他们确实指出了一种可选择的、更有主观论证特点的重点。我们可以看到，有迹象表明，确切地说是到 17 世纪为止，良心更多地被认为是一种真诚的意图而不是一种准确的理解。

与心性本体相比，“良心”还多了要把心性本体提供的知识适用于实际的具体情况。在阿奎那看来，良心，与心性本体是秉性不同，是一种行为或

① Ibid.，p. 32.

② Ibid.，p. 42.

③ Yorkshire Writers，p. 339. 的确，在一些“流行”作品中，心性本体被描述为良心的本质，良心中的同情。因此在纪尧姆·德奎尔维勒（Guillaume Deguileville）的 *Pelerinage de l'Ame*（1355 - 1358），eds，J. J. Stuerzinger（London，1895）中，心性本体是良心中潜伏的力量，它让人们远离灵魂的折磨，它也是撒旦的检察官。See *Hope Traver*，*The Four Daughters of God*（Philadelphia，1907），pp. 71 - 72，J. B. Drewes，“Sinderises，Hell's Public Prosecutor：Origin，Name and Function，” *Neophilologus*，53/1（1969）：257 - 260，and Robert A. Greene，“Synderesis，the Spark of Conscience，in the English Renaissance，” *Journal of the History of Ideas*，52/2（1991）：202. In his translation of the second version of Deguileville's Pelerinage *de la Vie Humaine*，约翰·利德盖特（John Lydgate）为心性本体的描述做了注释，将其作为良心的忏悔，并以更为正统的术语描述它，“The hiher party of Resoun；/ Whereby A man shal best discerne/His conscience to governe”。参见 John Lydgate，*The Pilgrimmage of the Life of Man*，eds ，F. J. Furnivall and Katherine B. Locock（London，1899 - 1904），p. 130。

④ Baylor，p. 161.

⑤ Ibid.，p. 157.

者“现实化”。波兹提到，“我们可以说心性本体由规则（或者，更严格地说，我们对规则的理解）组成，然而，良心则与它们的适用（或者错误适用）有关”[①]。相似地，路易斯（C. S. Lewis）说，心性本体是一位内在的“立法者”，而良心则是一位“证人”，尤其在涉及其识别真相和事实理解的功能时。[②]

这种基本结构带来的就是，良心的运作有一般形式。这种形式是由贝勒提出的，以老生常谈的三段论形式表达了出来：

心性本体赋予的“一种普遍的道德规范”[③]。（大前提）

对建议行为，由感知（对过去行为则是由记忆）所提供的事实知识。[④]（小前提）

对判决的特定道德总结。

## （二）良心的两个层面：事实与规范

从这一描述中我们可以看到，良心既有规范的（大前提）成分，又有事实的（小前提）成分。良心不仅规定适用的法律，而且规定这些规则必须适用的事实（过去的、现在的或者预期的）。良心的适用很复杂，它不仅适用于御前大臣适用的权利原则中，而且适用于要求当事人通过回想或供述事实的过程中，以及调查这些事实是否足以满足法庭的良心过程中。

令波兹惊讶的是，中世纪的哲学家对“确定心性本体赋予的基本道义论规则”的努力不够坚持。[⑤] 的确，如一些非常普遍的例子，“爱邻犹如爱己”，“不害他人”。贝勒注意到，事实上，这些普遍的原始规则并不能真正地算作良心三段论的大前提。“良心”，他说，“并没有直接依赖于心性本体在其中运作的内容。”与其说，它是三段论中的大前提，不如更准确地说，它是“心性本体派生出或间接提供的一种规则”[⑥]。关于这一点，或许可以

---

① Potts, *Conscience in Medieval Philosophy*, p. 18.

② C. S. Lewis, *Conscience and Conscious*, in *Studies in Words* (2nd ed., Cambridge, 1967), pp. 181 - 213, pp. 190 - 191.

③ 阿奎那结合心性本体三段论的主要术语，然而他并没有阐明对心性本体的直接理解。

④ 例如，阿奎那区分随后的良心与先发的良心（see Baylor, p. 42）。According to C. A. Pierce, *Conscience in the New Testament* (London, 1955), p. 111。在早期基督教思想中（本质上是 St. Paul 的思想），良心是和过去、现在、未来所采取的行为相关的。

⑤ Baylor, pp. 47 - 48。正如我们所看到的，这一过程有时候会更为复杂。

⑥ Potts, *Conscience in Medieval Philosophy*, p. 60.

做如下的说明。假设“尊敬父母”这一戒律是一条基本的道义规则，兼具神法以及自然法的性质。但是，在特定的情况下，一些衍生或者次级规则可能是良心规则。比如“服从父母”或者“为了父母的利益做审慎的事，无论他们叫你做什么”[①]。因此，将出现一些更为具体的衍生规范；而且，它们可能并不是相互兼容的。另外，事实与规范之间可能具有映射关系：也就是，事实情况（比如父母的溺爱）可能会影响衍生规范在“良心”中的适用。当然，对事实的理解可能存在问题——比如，由理解者的个人利益或者缺乏敏锐的知觉造成。

在这一描述中，贝勒（主要参照阿奎那）判明了良心结构中可能出现的三个问题。根据假设，心性本体本身并不是其中的问题之一。波兹解释道，中世纪对心性本体（一般）的分类是“一种知识形态”，这意味着，它不可能是错的。如果某个人认为他了解一些东西，但其实他并不了解，那么，他就没有知识，他所有的只是信念而已。如果他有知识，那么，它必须被设想为正确的。[②] 这留下了三点可能的错误：对于正确的由衍生而来的道德规则不知情；对案件的事实情况不知情；将规则适用于事实时出现带漏洞的推理。因此，据推断，当御前大臣纠正良心时，他的行为可能与这三种可能的错误相关。

关于事实，可能出现两种潜在的错误：不可改变的或者不可纠正的错误，以及应受处罚的错误。不可纠正的错误是指“在极力试图探求给定案件中道德相关事实的本质之后不可避免地存留的错误”[③]。这种错误，至少在阿奎那和其他一些人看来，是唯一可原谅的良心错误。应受处罚的错误则是指在努力辨别真相时因疏忽而留下来的错误。因此，很明显，良心活动的一个重要方面就是通过“仔细审查某个具体案件的事实情况”[④]，发现真相。因此，斯宾塞举出了另一个发生于15世纪的案件。在这个案件中，御前大臣斯蒂林顿说，他“并不只是根据法官的良心进行裁判”，允许遗嘱执行人提出异议，并且，遗嘱执行人是这三方中唯一“不能根据良心而被单独起诉的，以免他对已经发生的且可能使他受损的

① Baylor, p. 52.

② Potts, *Conscience in Medieval Philosophy*, p. 16. See also p. 59, respecting Aquinas's view. Compare Baylor, p. 36.

③ Baylor, p. 90.

④ Ibid., p. 89.

事情不知情”①。

小约翰·帕斯顿 1482 年曾写信埋怨他的母亲说，他母亲曾暗中请求他的妻子向他求情，供养他母亲的亲族，以保证她死后这些亲戚能维持生活。他说，他希望母亲直接跟他说，因为他会做她命令的任何事情。“无论我知不知道，我都真诚地请求上帝和你原谅。”② 根据笔者刚刚所说的框架，我们可以从他的抱怨中确定良心的要素（有些仅仅是暗含的）。第一，他知道他对他母亲负有义务，这可能是心性本体赋予的一条基本道义规则。进一步地，从中又衍生了次级规则，也就是：他将遵从她的意愿，这些意愿至少包括对她有权处理的财产的处置。比如说，如果他（如她母亲设想的）认为，按照他自己的判断来处置母亲的财产才能更好地尊敬她，那么，就衍生规则这一层面来说，这可能就是一种在衡平法院中可以被纠正的错误。然而，问题在于：他不知道这一事实。也就是说，有一个指引他的良心的大前提，但他缺乏一个由知悉事实（即母亲的意愿）而后获得的小前提。由此可推测，因为他能发现这些事实的唯一途径是他的母亲告诉他，然而，她可能没有告诉他其所需要知道的东西，因此，他所犯的事实错误就是“不可改变的”。这显然是他的理解，因为他祈求在“诚意”（或良心）上能得到原谅。

## （三）一位中世纪主教对于“良心”的描述

我们注意到，描绘中世纪衡平法院中的“良心”的特征存在根本的困难，即缺乏直接的证据。我们从来没有看到一个例子说，一个御前大臣通过参照一个既定的规则完成了对于良心的论证；也没有任何御前大臣明确地说过：“我适用了福音告发程序或者《忏悔大全》中阐释的规则。”他们也没有明确地参照经院哲学家们阐释的良心规则：我们所能有的最近似的东西可能就是福蒂斯丘关于“con”和“scio”的词源学调查。他认为，“良心”意味着与上帝共知。我们必须依靠当时流行于词源学文化中的、对于良心的描述来推断——或者推测——御前大臣们可能想的是什么。

另一个关于“原始资料”的例子，一个更接近于起源的例子，可以说

① Spence, p. 373, citing Y. B. 8 Edw. IV, 5.

② *Paston Letter*, letter 979 (1482), vol. 6, p. 54.

是雷金纳德·皮库克（Reginald Pecock，1395～1460）于1443年著述的《基督教规范》（*the Reule of Crysten Religioun*）。皮库克当然从没做过御前大臣，但与很多中世纪的御前大臣一样，他是一个主教，并且是枢密院的委员。或许他的思想代表了同类神职人员的思维模式，并且，他对良心进行了描述。

他特别关注“我们的理性的法（doom）”。他说，理性法有两个来源：“一是根据自然指引的法律，这种法律被称为人类自然本质之法［lawe of the mannys kynde（nature）］，另一是通过启示（reuelacioun）而得到的关于一些事的法，这种法被称为信仰条规（lawe of fieþ）。”这两种法律都被称为“良心之法”。人类有能力知晓这些法律，“因为我们有能力了解法律，因此，我们有能力了解对错。除了通过信仰可以知道某些事情以外，理性也让我们能发现和了解抵触法律之罪的本质”。在适用理性法时，一个行为的所有具体情形都应当被考虑到：

> 理性之法必须是规则性的，不仅要考虑过去发生的行为，而且要考虑当时的年代和地区的情况，还要考虑行为人实行此事的方法，还要考虑群众对此的认知情况，以及是否是蓄意谋划的。[①]

换句话说，道德裁判包括了理性法或法律，人类分辨法律的能力，针对有争议事实的所有情况而进行的调查，以及对所涉错误或者罪的性质的判断。若“理性从清白跌入罪恶”[②]，道德真理就不容易被理性发现，人们必须努力（比如凭借专家的权威）去探寻法律真理。这一点在我们看到的其他关于良心的发展进程的描述中曾多次被人们强调。

## 四　内部行为和外部行为

在离开中世纪之前，我们在考虑“罪”时，需要重新区分外部行为

① Reginald Pecock, *The Reule of Crysten Religioun*, eds., W. C. Greet（London, 1927）, p. 230.

② 这种观点在评论家中很常见，例如菲利普（Philip, Chancellor of Paris, 1160～1236）写到人的力量中的原始公义可能堕落而完全沦丧，而心性本体则完全不会泯灭。参见 *Treatise on Conscience*, trans. by T. C. Potts *in Conscience in Medieval Philosophy*, p. 100。

（比如物质赔偿）和与之相伴而生的内在道德规则，这一点是非常重要的。皮库克说，我们所有的行为都是内发的或外源的，或者说有内在或外在方面的因素。这一区别不仅对“良心”本身的描述很重要，而且对认识良心和法律的关系也非常重要。

良心当然与某个人所为之事和行事之时的想法有关。但在道德评价中，其中之一或者其他的因素可能会被人们强调。坦特勒指出，对于良心案例指南的一种常见批判是：它们经常可能使犯罪以及道德更多地成了一种外部行为，而不是一种内在秉性。[①] 因此，托马斯评述“他所处时代的决疑家”——天主教决疑家——道：“他们对案例太过具体的解决，并没有起到教诲人们不去犯罪的作用，而是向人们展示了处于犯罪边缘但又被允许的行为，某个人逼近犯罪边缘却又没犯罪的行为。”[②] 此种观点下的“良心”成了一种对人们需要远离且不能做的事情的精确计算。对这种倾向的回应，人们有时会说，至少在某些程度上看，新教更强调内在而非外在——强调符合基于信仰而非基于行为的正当理由。因此，例如，贝勒告诉我们，路德宗认为，“良心自身应关注其内在品质的适用”[③]。当然，我们必须警惕一般化的扩大。因此，皮库克——他可能已经预测到了新教的某些方面——写道：“人们何时会做出外发行为而不是将其留在内部思虑呢？大概发生在判断将这个行为发乎于外而获得的荣誉与美德会超过将同样的行为欲望深藏于内之时。”[④] 然而，我们可以证明，在中世纪末期和本文所主要关注的时期之间的某些时期，“良心”的重点已经从外在转向了内在。在适当的时候，笔者将进一步论述这个问题。

目前，笔者只试图说明，我们推定的这一转变与作为一种司法原则的“良心”至少存在两方面的关系——一是实质方面的，二是证据方面的。就实质方面而言，法律——可以肯定，在其初期阶段——更多地是在干预外在的行为。诚然，伴随着外在行为的内在意向对于法律对其所做的评价来说是

① “Summa for Confessors”, pp. 123 – 124. 他本人不同意这种批判。

② John Tillotson，“Wherein lies that exact Righteousness，which is required between Man and Man” in Samuel Annesley eds.，*The Morning-Exercise at Cripp Zegate or*，*Several Cases of Conscience Practically Resolved*，*by sundry Ministers*，*. September* 1661（London，1664），p. 235；EEBO image 105033：12.

③ Baylor，p. 198.

④ Pecock，p. 487.

十分重要的，但最终，法律干预的是内部状态在实际行为中的表现形式。当然，法律很少（就算曾经有过）只关注内在的状态；就法律而言，“思想是自由的”[①] ——尽管它的表现并非如此。当“良心”的主要性质是内在的时，它就“超出了法律管辖的范围”，在表面上就与法律少了一些关联。相应地——也就是基于证据的一面——如果是伴随行为的内在意向决定了该行为依照良心的评判是好或是坏的，那么，就更难证明这个行为的良心性质。正如福蒂斯丘所说——并且在其他地方也被经常重申的那样，如果良心在本质上是“上帝的知识”，或者说与上帝同在、仅仅受制于上帝本人的知识，那么，它就倾向于不被他人轻松地获知。如果说“良心”可通过在其背景下对行为进行精确的计算从而得以测度，而非将良心抽象领会为个人体验的内在状态，那么，良心将更加经受得起法律的检验。当然，中世纪关于良心的理论强调，一个第三方当事人，亦即神父，能知悉某个人的良心；并且，相应地，衡平法院也有“聆听忏悔”的责任——他们声称能查明只有当事人自己才知道的事实。然而，我们看到，如果是当事人未供认的事实，那么，衡平法院的权力将无从施展。甚至在寻求忏悔信息时，相较于当事人的内在意向，衡平法院对当事人知道的外在事实更感兴趣。比如，为了辨别是否存在用益权，衡平法院将更多地考察，不动产受让人为了他人的利益而占有这块土地所做承诺的外在表现，而不是他做出承诺时的诚意。从这一点来看，“良心”被理解成主要与内在事情有关，且带有“私人的”固有属性。

## 五　结论

在提到早期的衡平法院时，约瑟夫·斯托里（Joseph Story）认为：“衡平法依照良心和自然正义原则行事，没有任何形式的约束。”[②] 这一观点可能意指，早期的御前大臣“照着感觉行事”。我们不应忽视这种可能性。与

---

① 参见 Macnair，“Equity and Conscience，” p. 678，马克内尔提醒我们，布赖恩（Bryar）曾在1477年评论到，“意图本身并不能被裁判，因为魔鬼不知道这种意图”（citing YB P 17 Edw. IV fo. la pl. 2）。麦克尼尔认为自白的这个方面有助于早期的衡平法院去接近内在的意向，反过来这种接近有助于将精神元素添加到法律责任的实质性要求中。

② *Commentaries on Equity Jurisprudence*（Boston，1836），p. 23，referring to James Kent，“Lecture 21：Of Reports of Judicial Decisions” in Commentaries，on *American Law*（2nd ed.，4 vols，New York，1832，vol. 1471 - 1498），pp. 490 - 492.

此同时，我们也看到，艾伦（Carleton Kemp Allen）说，衡平法官依赖的良心概念是“哲学上的和神学上的”[①]。如果真是这样，那么，关于良心的理论将唾手可得：其存在于对心性本体的标准描述以及更具有实践性特点的《忏悔大全》之中。笔者不希望被别人说成是我持有这样的观点。每当御前大臣适用“良心”时，他们在一开始就会说，“这是心性本体赋予的基本原则，从其中衍生出了适用于本案的次级规则‘X’”。当然，他们所为之事更加含蓄。而且，他们可能做的事情中似乎暗含了这种理论。笔者猜想，即使受到了逼迫，他们也不会说，“良心指引每个人真诚而主观地按照其感受到的最佳引导行事”。笔者猜想，他们会将良心详细地阐述成一种客观的概念，最终归属为一个确定的道德法，并且能够为人类的理性所获取。笔者猜想，此处借用诺丁汉的表述，他们会主张说，良心是“一种确定的尺度，尽管没有在任何人类的实定法中公之于众”。并且，在一定程度上，他们会将自己理解成良心的权威发言人——这不仅仅是因为他们拥有权力，而且是因为他们能理解什么是正确的。

① Carleton Kemp Allen, *Law in the Makting* (6th edn, Oxford, 1958), p. 389.

# 学术快讯

# 2017 年全国法律文化研究新进展

## ——第十一届全国法律文化博士论坛会议综述

张晓蓓　雷安军*

2017 年 12 月 16～17 日，由中国法律史学会主办、重庆大学法学院承办的第十一届全国法律文化博士论坛在重庆大学法学院二楼学术报告厅隆重举行。来自中国社会科学院、中国政法大学、中国人民大学、清华大学、四川大学、重庆大学、山东大学、西南政法大学等 10 余所高校、科研院所的 60 余位学者和青年学子出席了博士论坛。本届全国法律文化博士论坛主题为"中国法律文化研究"，与会学者和青年学子围绕"文献中的法文化研究""中国古代法律与文化研究""历代法制与社会管理制度创新"等主题展开了热烈讨论。与会者展示了最新研究成果，无论是在深度上还是在广度上，都推进了中国传统法律文化研究。会议分为四个单元，现将各单元的主要观点综述如下。

## 一　第一单元观点综述

第一单元有五位发言人。第一位是南京师范大学泰州学院陆娓副教授。陆娓副教授发言的题目是《唐不应得为律》。陆娓副教授认为，"不应得为"条为唐"概括性禁律"之一，只有在"理不可为"且"律令无文"时方可适用，其作用是补律之不足。唐律中共出现了 30 条"不应得为"例。从这些例文可见，"不应得为"实为主条款的延伸，其中的"事理"概念非一种

---

* 张晓蓓，重庆大学法学院教授，主要研究方向是中国法制史、民族法学；雷安军，重庆大学法学院副教授，主要研究方向为法律史学与刑法理论。

笼统的概念，而是特定的域化概念；量刑之轻重分界亦以主条款为参照，具有一定的规律性；立法逻辑亦有固定的模式可寻，是儒家治道观在立法及司法中的典型体现。评议人中国法律史学研究会执行会长、中国政法大学的张中秋教授首先对陆娓副教授的研究进行了肯定，指出该项研究在继承钱大昕、黄源盛等先生的研究基础上有所推进。张中秋教授特别肯定了陆娓对"事理"之"理"的解读。接着，张中秋教授提出了完善的建议，他认为，"不应得为"中"理"具有多个面相：理既是法条，又是法条的展开，同时还指法理，以及法条之外与法理相关的事理。陆娓的研究如能对"理"的多个面相进行深入探讨就更好了。随后，张中秋教授指出，"不应得为"是兜底条款，这是传统中国法律的一项重要立法技术，它有助于法典适应千变万化的实践。"不应得为"之类的兜底条款的合理性在于：传统中国法律追求实质正义，任何不应当为的行为都要追究法律责任。

第二位发言人是清华大学博士生肖飞，他的发言题目是《僧尼拜父母律研究——兼对薛允升观点之辨正》。肖飞认为，东晋以来的僧尼礼敬问题论争以明代僧尼拜父母入律而画上了句号。相比僧尼拜父母这一表层意义，"僧尼拜父母"律中的僧尼服制规定具有更重要的意义，该规定实现了传统儒家伦理对佛教的全面统摄。薛允升认为，"僧尼拜父母"律中的僧尼服制规定与《大清律例》中的其他相关条款互有参差。肖飞通过对《大清律例》的体系化解读，试图对薛允升的观点做逐一辨正。并且，在此基础上，肖飞认为，僧尼服制规定是传统政权及儒家主动追求对佛教进行全面统摄，而非薛允升所谓的无奈之举。在对薛允升观点做出辨正的同时，肖飞还提出了僧尼犯罪从重处断这一与僧尼服制规定并行不悖的律例原则，二者共同规范着清代的僧尼行为。评议人张中秋教授基本同意肖飞的观点，同时指出，肖飞如果能对"僧尼拜父母"律自唐至明清的变化进行研究就更有意义了。张中秋教授认为，"僧尼拜父母"律出现的原因值得关注。佛教进入中国时，中国传统的家庭法已经形成，因此，僧尼制度对传统中国家庭法难以形成大的冲击。此外，张中秋教授还认为，应从社会结构的角度分析"僧尼拜父母"律。他认为，"僧尼拜父母"律体现了儒家伦理和世俗皇权对社会的控制。儒家伦理之所以能压制僧尼制度，是因为儒家伦理适应了传统中国的宗法社会，而传统中国的宗法社会符合农耕社会的要求，因此具有深厚的根基，绝非僧尼制度所能撼动。

第三位发言人是西南政法大学博士生刘奇，他的发言题目是《〈尚书〉

中“天”字的法律内涵》。刘奇认为，“天”在中国传统文化中具有极为重要的地位，不论是在传统学术话语中，还是在传统生活实践中，都能察觉其特殊意义；《尚书》中“天”字所蕴含的丰富内涵即为明证。通过统计、梳理和分析，《尚书》中的“天”字具有物质天、人格天、抽象天三个层面的语义内涵，这三个层面的“天”与《尚书》中广义层面的法律之制定、运行有着直接的关联。与此同时，“天”字与法律发生关系的背后，是内涵丰富的法律理念，主要包括“君权天授”、“天人合一”和“天理至上”等。另外，通过对《后汉书》的考证，初步证明了《尚书》中的“天”对后世吏治整顿与狱讼处理有着直接的作用。张中秋教授在评议中认为，“天”的含义丰富。从总体上看，“天”有三种含义，自然之天、神之天、义理之天（包括自然法则以及与自然法则相通的道德法则）。三种“天”的含义都涉及正当性，因而都具有法律意义。张中秋教授认为，对“天”的含义还可以进一步阐释。在传统中国法律观念中，天命和天理是最为主要的“天”的概念。天命曾经占据重要的地位；但自西周特别是秦汉以来，天理的重要性超过了天命，成为更为重要的法律概念。有天命无天理是不正当的。因此，“替天行道”是替天理行道，而不是替天命行道。

第四位发言人是中国人民大学博士生时晨，他的发言题目是《浅论皋陶的法文化意义》。时晨认为，皋陶是我国传统法中极为重要的法律文化符号。作为一个上古时代的人物，皋陶不仅被认为创造了很多具象的法律工具、刑具以及庭审模式和刑罚的执行方式，更借由对于法律功能以及法律、皇权、人民之间关系的精辟论述，体现出了传统司法不仅遵循“天道”更遵循“人道”的重要特征。到了现代，与其说皋陶的文化形象消散了，不如说其符号化背后的指代意义发生了变化。西方的法律话语体系占领中国以后，司法者将包括监狱在内的各类法律机器进行了通盘改造，不得不在表面意义上抛弃了传统法律文化及其表现形式，但他们却无法抛弃传统法律文化背后的价值体系，自然，他们也无法抛弃皋陶所代表的持中精神。评议人张中秋教授认为，时晨从传说中的皋陶、司法中的皋陶和观念中的皋陶三个层面阐述了皋陶的法文化意义，其实，皋陶的法文化意义还可以进一步深入阐述。中国近代是法治体系，秦汉以来是礼法结构，秦汉以前是礼乐文明。礼乐文明包括了礼、乐、政、刑。刑是其中之一，秦汉以后刑演变为法，但不管是刑还是法，都以皋陶为代表。因此，皋陶在法文化中的实质意义是构成传统中国法结构的重要一环。张中秋教授还透露，中国法律史学会曾讨论以皋陶来设立中国的法官日。

第五位发言人是西南政法大学讲师郭航，他的发言题目是《我国刑事被告人对质诘问权的历史考察与反思》。郭航认为，对质诘问权是刑事诉讼庭审中由被告人享有的保障其辩护权利、查明案件事实真相的重要权利。中国刑事诉讼中的对质诘问程序肇始于西周时期，其后虽然不断发展，但自世界文明迈入近代以来，却逐渐落后于主要法治国家。对质诘问程序在清末修律及民国时期不断完善，逐渐与当时的主要法治国家接轨。自 1949 年以后，海峡两岸在立法上开始分野并呈现两种截然不同的结果：台湾地区在民国立法的基础上两次修法，最终确立了旨在保障被告人基本人权的对质诘问权；大陆地区则因历史原因相对滞后，至今仍未赋予被告人对质诘问权。中国大陆地区当代立法中存在法律传统、司法体制和诉讼模式三方面的障碍，必须破除上述障碍方可开垦出对质诘问权的良性土壤。评议人张中秋教授认为郭航对历史进行了很好的梳理，并提出了完善的建议。

在总结第一单元的评议中，张中秋教授提出了三点极有分量的观点。其一，研究传统中国法律应有整体观。我们研究传统中国法律不可避免要借用现代的概念，而现代概念来自西方，这些概念是分析性的，这与中国传统文化的整体性和综合性存在内在的冲突。因此，当用现代概念来研究传统中国法律时，我们应警惕现代概念对我们的误导。其二，研究法律史要从外面进去，从里面出来。张中秋教授强调应进入传统中国法律文化的内部，深入探讨其内在的合理性和依据，这样才能真正揭示传统法律文化的内涵，并阐发其现代意义。其三，张中秋教授高度评价了第一单元的五篇论文，认为都是有根有据。张中秋教授认为，法律史研究要有史料和论证，但最终要产生思想。

## 二　第二单元观点综述

第一位发言人是清华大学助理研究员刘猛，他的发言题目是《宋代帝制中国司法的运作理路：以阿云案为标本》。刘猛认为，从阿云案这一个案例来看，古代司法实践也展示了律学的内涵，包括以天理人情和礼制为自然法意向；司法追求个案正义亦追求普遍正义；注重对成文法的应用和解释，遇有辗转之处，为了实现实体目标，不惜对律条进行歪曲解释；虽然司法与行政最终不分，但司法运作的理念却是专业化的；司法和政治在一定程度上是分立的，但到了一定的临界点就会纠合于一处，共同作为实现契合人间秩序的工具。总而言之，帝制中国有一套独特的治道模式，其中不乏现代法学的理念。评议人中国法律史学会执行会长、中国人民大学赵晓耕教授认为，刘猛的论文选题大，但基本赞同刘猛对阿云案的归纳。赵晓耕教授认为，对于阿云案还有更多的解释空间，除了法律文本，还可以从官员的角度来看待传统法律。这些朝堂之上的人对法律的认同和价值观特别值得关注，这一点放在当代中国特别有意义。当今中国强调依法治国，但实际做法却不一定如此。阿云案是关注传统官场与传统法律关系的重要案例。此外，赵晓耕教授还强调，我们应当更多关注传统中国的代表性案例，而不是关注西方的案例。对于当代中国来说，研究根据地时期的案例尤为重要。

第二位发言人是山东师范大学讲师林丛，他的发言题目是《“〈春秋〉为汉制法”发微》。林丛认为，两汉时期，春秋学大兴。东汉学者王充提出的“《春秋》为汉制法”命题，反映了两汉时人对《春秋》在政治生活中之重要性的认识。不过，由经书而汉法，《春秋》地位的变化并非一蹴而就。作为六经之一，它本身就以“说理”“道义”“治人”“断事”而著称。在董仲舒的解释下，它为汉王朝统治合法性提供了理论依据，具有了“根本大法”的意味。此后，经由汉儒的推动，它成为一部经世致用之作，尤其可以被适用于司法领域充当断案的依据。东汉中兴后，在谶纬内学的影响下，它又被渐渐神圣化，成为时人心目中素王孔子专门为汉代制定的神圣法典。评议人赵晓耕教授认为，法律文化与法律史的研究有所不同。林丛强调了《春秋》四个层面的区别，这一点值得肯定但其论文还可以更加深入，从两汉的背景出发，才能更好地理解《春秋》对汉代及后世的意义。例如，法律学人对“春秋决狱”极为重视，但“春秋决狱”实则只在汉书中占据两句话的地位。传统中国法律的地位也是如此，始终在中国历史上占据不太重要的位置。这是我们研究中国法制史应有的立论基础。

第三位发言人是山东大学博士生于瑶，她的发言题目是《法治中国视阈下西周“祥刑”理论及其当代价值》。于瑶认为，“祥刑”是《尚书·吕刑》中记载的法制理论，其以实现国治民安为最终目标，以“明德慎刑”为指导思想，以罪刑相当为基本原则，以公平公正为价值追求，以“治”道、“恕”道、“中”道、“敬”道等构成丰富而深刻的思想理论基础。以古为新，古为今用。西周的“祥刑”理论对当今中国的法治建设仍具有重要的理论价值和实践价值。主要表现在建设法治中国应德治和法治相结合，落实宽严相济的刑事政策，确保司法公平公正，加强法治工作队伍建设等几个方面。评议人赵晓耕教授认为，于瑶选择的“祥刑”是一个法律史和史学界聚讼纷纭的题目。赵晓耕教授认为，题目中的“视阈”一词，是来自物理学中的概念，指的是极值，用在此处不太恰当。赵晓耕教授同意于瑶对“祥刑”的归纳，但他指出，于瑶应当首先介绍史学界对“祥刑”通行的观点之后再做阐述。最后，赵晓耕教授肯定了于瑶将“祥刑”与“赎刑”联系在一起的做法，并提出，此问题还可以深入展开论证。

第四位发言人是东北师范大学的叶凡，他的发言题目是《从“明法”到“普施明法”——普法由思想转向实践的词汇史考察》。叶凡认为，我国先秦时期，“明法”表达的是“严明法令”“彰明法令”“明确的法令”“通晓法令”“明显的规律”“篇章名”等意思。秦汉时期，除了继续使用先秦以来的义项以外，还出现了新的含义——作为吏员考选科目的“明法”科。“明法”科指因通晓法令而入仕，它的出现和“通晓法令”这一义项联系紧密。先秦时期作为“通晓法令”的“明法”不过是指法家在其构设的法治蓝图里明君、忠臣应具备的“素养”；到了秦汉时期法家的这种期望得到了很大程度的实现，“通晓法令”的“明法”已经成为描述、展现一个人才能的常用标签。被贴上这样标签的人在秦汉史籍中俯拾即是，这正反映了秦汉时期法律普及工作的深入开展及取得的实效。这样的转变，又恰好暗合表达了“彰明法令”的“明法”在使用时那种思想主张或倡导要求的色彩从先秦到秦汉逐渐消亡的趋势。如果我们以“彰明法令”亦即法律普及为线索，可以看到先秦尤其是春秋以来法律普及思想的宣传如火如荼。从战国开始部分诸侯国在变法中纷纷出台、颁行新的律令，出现了“明法”思想与实践共存的局面；秦汉时期则完全步入法律普及的践行落实阶段，法律普及工作——“普施明法”在帝国范围内全面、深入开展。评议人赵晓耕教授肯定了叶凡从词源学上研究中国法律史的方法。随后，赵晓耕教授指出汉字的特点是一个字一个意思，至少在魏晋之前如此，因此，他认为，叶凡可以从普、施、明三个字分别去解读，即普法、施法、明法。这三个字反映了法家的理论变为实践的过程。最后，赵晓耕教授指出，还应从当时的历史背景来看待“普施明法”的地位，尽管“普施明法”的提法有新意，但这一说法始终在史料中出现较少。

## 三　第三单元观点综述

第一位发言人是重庆大学讲师颜丽媛，她的发言题目是《法律史视野下的近代中国域外游记》。颜丽媛首先界定了近代中国的概念，即晚清民国，一般指 1840～1949 年，也就是从鸦片战争爆发到新中国成立时期的中国；域外游记，则是中国人记述海外旅行活动的一种主要的文学体裁，也包括日记、诗歌等形式。近代中国域外游记主要是中国知识分子关于欧洲、美国、日本等地区风土人情的记叙，涉及政治法律制度等内容。域外政治法律制度的相关游记，特别是关涉清末民初中国变革的史实恰恰可以作为研究近代中国法律史的重要资料。评议人重庆大学法学院陈锐教授认为，颜丽媛的论文选题有意义，但存在一些不足：取材的时间段较短；主要参照的是官方人物的游记，缺少私人游记；且东游记与西游记未能比较。

第二位发言人是四川大学博士后景风华，她的发言题目是《不法儿童感化教育的“行政模式”——以民国时期北京感化所为例》。景风华认为，民国时期对于未达刑事责任年龄却有犯罪行为的儿童所实施的感化教育是中国近代法制变革的一大亮点。但相较于学者对感化教育场所的重视，感化教育决定的做出机关，即不法儿童进入感化教育机构的方式却一直暧昧不明。通过对民国时期北京地区感化所的档案实例进行研究，景风华归纳出法院裁定、检察处建议、警察局决定三种宣告感化教育的方式。其中，“行政模式”在实践中居于主导地位，警察机构替代法院成为实际的收容决定做出机关和执行机关，并在受感化儿童能否如期释放方面起着至关重要的作用。这其中既有警察权扩张的因素，又有不定期刑及法院机构设置的影响，还根植于中国传统“家长式”的治理模式与纠纷处理机制。然而，“行政模式”凸显了警察权任意与专断的弊病，其与感化教育相承接的收容教养制度在当今备受诟病，是否应当转向“司法模式”还需综合考虑儿童权利保护、法律秩序与文化习惯。评议人陈锐教授认为，景风华应首先交代档案材料的情况、感化所的基本情况等。其次，陈锐教授认为景风华所提的感化的三种模式中有一种将司法异化为“行政模式”，似乎不太合理，论证中也存在逻辑问题。

第三位发言人是西南政法大学讲师武夫波，他的发言题目是《法家法本体研究》。武夫波认为，长期以来，学界对先秦法家思想的研究成果虽多，但缺少从法哲学角度对法家法本体进行深入剖析的研究。法家以人性论为其学说的逻辑起点，通过对人性好利恶害的诠释，构建起一套以法为核心的理论与实践体系，这套体系最终以君主利益为依归。从法本体的角度加以考察，就会发现，先秦法家对于“法是什么”“法为什么是法”等本体论问题有着独到且深刻的理解，这正是法家学说有别于其他诸子之学的根本所在。评议人陈锐教授首先对武夫波的论文进行了肯定，随后指出其不足：仅以韩非子的观点代表法家，代表性不足；法本体中的“本体”是一个高度复杂的概念，需要说明其与哲学中的“本体论”概念的关系。陈锐教授认为，法本体不是指法的本身，而是指法背后的东西和根据。法本体论应回答“法律应当是什么”，是对法律终极价值的追寻，而武夫波则理解成“法律是什么”的问题。此外，陈锐教授指出，武夫波认为法哲学的核心是法，这种提法不准确，与前面的本体论概念也相抵触；在法家的法概念一节下面将法概念与君主之利对应，在概念上有不协调之处。

在自由发言阶段，三位青年学子对评议人的观点进行了回应，陈锐教授、张中秋教授、苗文龙博士围绕“法本体”进行了精彩的探讨。特别是张中秋教授点明了“法本体”所具有的双重含义：一是还原古代人如何理解法律；二是揭示儒、道、法是如何追问法的终极正当性，反映出各家对法和秩序最核心的理解。

## 四　第四单元观点综述

第一位发言人是西华师范大学讲师朱仕金，他的发言题目是《里耶秦简所见秦代基层法律秩序——以“……作徒薄（簿）”为线索》。朱仕金认为，编户人口约1000人的迁陵县，却生活着约100人的官佐群体、约350名徒隶以及约150名各类戍卒。同时，在迁陵这个人口不满2000的西南偏僻小县，大量劳作工程的开展与运转让迁陵基层社会的运行处于负荷超载、运转过速的状态。进而，为了维持高强度的迁陵基层社会秩序，构建完备而系统的行政文书体系以及支撑文书体系运行的秦代法制势在必行。

第二位发言人是西南政法大学博士生李永军，他的发言题目是《秦简中赀、甲、盾辨正》。李永军认为，赀、甲、盾这一刑罚用语在出土的很多秦简法律条文中都有出现，对于赀、甲、盾的缴纳形式、等级与价值比，里耶秦简中较少出现赀、甲、盾的原因以及其在秦国终世流行的原因等问题，学者们只是进行了推测性论证，缺乏简文的证据支持。其实，赀、甲、盾在执行上应该是以实物为主流，甲和盾具有一般等价物属性，不分等级，甲与盾比价不是 1∶2。里耶秦简中赀、甲、盾较少再现的原因是钱币的流行和书写的规范，赀、甲、盾在秦国终始盛行是由于军事战争需要。

第三位发言人是中国政法大学博士生杨扬，他的发言题目是《尸体的“复活”：清代图赖的微观考察——以嘉道时期图赖事件的解读为例》。杨扬认为，清代社会存在广泛利用尸体泄愤或获取利益的行为。这类行为的出现自乾隆朝开始显著增多。从类型学的研究方法来看，基于人命重大、人命关天的理念，案件的处理较为复杂。清代律例对图赖案有专门规定禁止图赖、恐吓取材与威逼人致死的律例条文。这其中经历了例文与司法实践相互调适进而修改的立法过程，大体而言，立法旨趣逐渐趋于具体化。司法实践中以嘉道时期中央刑科题本中图赖案件为核心，分析图赖者利用尸体的方式、尸体与图赖者的关系以及图赖发生的原因，试图对清代图赖行为进行微观的考察，拟从社会与司法等方面剖析其生成机制，借此展现清代司法在案件审理中运作实态的某些方面。

评议人西南政法大学曾代伟教授对上述三位发言人进行了点评。曾代伟教授认为，三位发言人的论文选题适当、具体、接地气、有特色、引证充分，具有一定的创见。三位发言人运用了法社会学、考据学的方法。随后，曾代伟教授分别指出了三位发言人论文的不足。曾代伟教授指出，朱仕金论文中的余论应为结论；应交代里耶秦简的时代背景，指出里耶秦简是基层治理的缩影。曾代伟教授指出，朱仕金应注意迁陵县的特殊性。关于迁陵县的“新地说”，曾代伟教授认为朱仕金的论证不够。对于李永军的论文，曾代伟教授指出，李永军对资料本身的考察不够，例如对《国语》未能注明版本和页码，未能引用岳麓书院整理的简牍和页码。对于杨扬的论文，曾代伟教授指出，选题很好，文献充分，但未能深入。图赖是一种社会现象，是一种无赖行为，一开始没有成为犯罪行为。图赖与其类似的行为如诬赖、诬告、图诈、栽赃之间的关系也需要辨析和阐明。三位青年学子对曾代伟教授的评议进行了回应和讨论。曾代伟教授在讨论中特别对资料的分类选取提出了有价值的观点。

第四位发言人是重庆邮电大学教师郭亮，他的发言题目是《文斗诉讼文书与清代清水江流域苗族村寨纠纷解决》。郭亮通过简析文斗诉讼文书内容及学术价值，辅之以文斗习俗规范、碑刻等田野调查材料，考察改土归流前后文斗苗寨多元纠纷解决模式及法秩序变迁情况，记述并解读国家法冲击下民间规范的调控功能及其价值，初步还原了清代清水江流域苗族村寨法律生活的真实图景。大多数纠纷案件都混杂了请中理讲、禀官提究、鸣神裁决等多种纠纷解决方式，贯穿着纠纷参与各方不同的解纠目的和行为方式。每种解纠方式之适用并没有严格的程序先后性，也没有非此即彼的限制，各种方式通常重叠适用，融为一体，互通互补。

第五位发言人是中国人民大学博士生金欣，他的发言题目是《变革社会中的法律与人——吴虞父子争讼案研究》。金欣认为，吴虞父子两次争讼发生在20世纪初期中国社会变革最急剧的时期，这一时期，整个社会结构正在改变，相应的思想、价值和观念都在变化中，法律观念也随之发生着巨大的变化。中国传统的道德和法律合一的礼法秩序开始解体，不同的人也因接受了新旧不同的观念而变成了“新人”和“旧人”。“旧人”吴兴杰还坚持着传统的宗法观念和礼法观念，但是吴虞这样接受过现代西方法政教育的“新人”，则重视法律条文的规定和权利观念。“旧人”和“新人”所坚持的观念有着巨大的冲突，对法律的理解亦完全不同，所以父子争讼必然不能得到让双方都满意的结果。其内在原因是近代中国法律制度和整个社会转型都面临着“古今中西之争”的难题。

第六位发言人是中国政法大学博士生潘萍，她的发言题目是《寻求正义与秩序的平衡：宋代民事诉讼时效论略》。潘萍认为，诉讼时效制度是现代民事法律中的一项重要制度。传统中国法律虽然没有这一法律术语，但是从规范内容、法律事实和法学原理上考察，诉讼时效是客观存在的。尤其是在宋代，民事诉讼时效事实上已初步形成了自己的体系。从诉讼主体之间有无伦常关系、纠纷的种类等综合来考量，宋代民事诉讼时效可以分为一般田宅交易纠纷诉讼时效、与“家”相涉的田宅交易纠纷诉讼时效、与继承相关的纠纷诉讼时效和债务纠纷诉讼时效四类。基于其对专制统治秩序、社会经济秩序和人伦秩序等建构的利害关系程度不同，宋代法律规定了不同类型的民事纠纷的诉讼时效亦不尽相同。并且，宋代还逐步完善了诉讼时效的细节性规定，主要包括适用时效的主体、时效的起算时间、时效中止、法律后果等。与此同时，随着商品经济进一步发展，田宅流转速度进一步加快等社会现实因素的变化，宋代民事诉讼时效呈逐步缩短的趋势。民事诉讼时效在宋代的发展变化表明，立法者、司法者已经意识到秩序在民事交易过程中的重要性，并开始试图在户婚、田土类纠纷中寻求正义与秩序的平衡。

评议人中国政法大学沈厚铎教授分别对三位发言人进行了评议。沈厚铎教授认为，郭亮的论文选题很重要，具有现实意义，但重点不突出，没有很好地揭示文书在当时清水江的作用及其对百姓生活的影响等内容。对于金欣的论文，沈厚铎教授认为，吴虞父子争讼案在当时是各大媒体关注的一件大事，这个案件与沈家本修律时的礼法之争有一定关系。礼法之争起到了普法的作用，吴虞父子争讼案是其延续和扩展。礼法之争在当代中国同样存在。对于潘萍的论文，沈厚铎教授认为宋代成文的法律不多，可研究、可讨论的东西不多。诉讼时效是现代法律的概念，用在中国古代法中不一定合适。

最后，会议主办方对论坛进行了总结，强调了法律文化博士论坛奖掖后进、提携新人、“立人、达人”的宗旨。

总之，第十一届全国法律文化博士论坛的发言和讨论在选题、方法、材料以及观点等方面对已有研究都有所推进，体现了法律文化研究的最新成果。

# 《重庆大学法律评论》 稿约格式体例

1. 题名。中文题名一般不超过 20 个汉字，必要时可加副标题。论文应有英文题名。

2. 作者单位。包括单位全称、所在省市名称及邮政编码，单位全称与省市名称之间应以逗号“,”分隔，整个数据项用圆括号“（）”括起，且要有相应的英文。

3. 文稿必须附有 200 ~ 300 字的中文和英文内容摘要，摘要应具有独立性和自含性，应是文章主要观点的浓缩。不能出现评论性的语言，如“本文（文章）和作者认为……”“本文（文章）分析了……”“本文（文章）论述了……”等。

4. 关键词。关键词是反映文章主要内容的术语，对文献检索有重要作用。一般每篇文章可选 3 ~ 8 个关键词，多个中文关键词之间以空格隔开；并附英文关键词，多个英文关键词之间用分号“;”隔开。

5. 作者简介。可按以下顺序标出简介：姓名（出生年—　），性别（男可省略），民族（汉族可省略），籍贯（具体到省市县），职称，学位，研究方向。其他简历可视情略述。

6. 基金项目。获得基金资助的论文应以“基金项目:”标明基金项目名称，并在圆括号“（）”内注明其项目编号。

7. 文内标题。力求简短、明确，题末不用标点符号（问号、叹号、省略号除外）。层次不宜超过 5 级。层次序号可采用一、（一）、1、（1）、1），不宜用①，以与注释号区别。

8. 附表应有表序、表题，一般采用三线表；插图应有图序和图题。序号用阿拉伯数字标注。

9. 引用原文必须核对准确，注明准确出处。

10. 注释一律采用脚注的形式，用①②等表示。

注释的格式如下：

（1）专著、论文集、学位论文、报告

格式：［序号］主要责任者：文献题名，出版者，出版年，页码。

示例：①徐祥民、田其云：《环境权——环境法学的基础研究》，北京大学出版社，1957，第120页。

（2）期刊文章

格式：［序号］主要责任者：文献题名，刊名，年卷（期）。

示例：①王泽农：《一项不该收取的费用何来减免?》，《中国水产》2007年第1期。

（3）论文集中的析出文献

格式：［序号］析出文献主要责任者：析出文献题名，原文献主要责任者：原文献题名，出版者，出版年，析出文献起止页码。

示例：①刘长兴：《环境法上的押金制度探析》，载《环境资源法论丛》第2卷，北京法律出版社，2002，第123页。

（4）报纸文章

格式：［序号］主要责任者：文献题名，报纸名，出版日期（版次）。

示例：①阳妍：《明确海陆分界线重点保护七类海域》，《中国海洋报》2007年2月12日，第2版。

（5）电子文献

格式：［序号］作者：电子文献题名，电子文献的出处或可获得地址，发表或更新日期/引用日期（任选）。

示例：①张颖：《道德与法律的嬗变》，http：//www. queshao. com/news/200708/17992. shtml，最后访问日期：2003年7月20日。

11. 引用马克思主义经典著作，请用人民出版社最新权威版本。

图书在版编目（CIP）数据

重庆大学法律评论．第一辑/陈锐主编．--北京：社会科学文献出版社，2018.7

ISBN 978-7-5201-3033-2

Ⅰ.①重… Ⅱ.①陈… Ⅲ.①法学-文集 Ⅳ.①D90-53

中国版本图书馆 CIP 数据核字（2018）第 146885 号

重庆大学法律评论（第一辑）

主　　编／陈　锐

出 版 人／谢寿光
项目统筹／李　晨
责任编辑／李　晨　汪延平

出　　版／社会科学文献出版社·社会政法分社（010）59367156
地址：北京市北三环中路甲 29 号院华龙大厦　邮编：100029
网址：www.ssap.com.cn
发　　行／市场营销中心（010）59367081　59367018
印　　装／三河市尚艺印装有限公司

规　　格／开　本：787mm×1092mm　1/16
印　张：20.75　字　数：351 千字
版　　次／2018 年 7 月第 1 版　2018 年 7 月第 1 次印刷
书　　号／ISBN 978-7-5201-3033-2
定　　价／79.00 元

本书如有印装质量问题，请与读者服务中心（010-59367028）联系